普通高等学校土木工程专业创新系列规划教材

道桥与管廊工程概论

主　编　马洪建　袁其华
副主编　范　雪　于　佳
主　审　王凤国

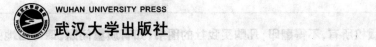

WUHAN UNIVERSITY PRESS
武汉大学出版社

图书在版编目(CIP)数据

道桥与管廊工程概论/马洪建,袁其华主编.—武汉:武汉大学出版社,
2018.5
普通高等学校土木工程专业创新系列规划教材
ISBN 978-7-307-20090-6

Ⅰ.道⋯　Ⅱ.①马⋯　②袁⋯　Ⅲ.①道路工程—高等学校—教材
②桥梁工程—高等学校—教材　③市政工程—地下管道—管道工程—高等
学校—教材　Ⅳ.①U41　②U44　③TU990.3

中国版本图书馆 CIP 数据核字(2018)第 058512 号

责任编辑:方竞男　路亚妮　　责任校对:李嘉琪　　　装帧设计:吴　极

出版发行:**武汉大学出版社**　　(430072　武昌　珞珈山)
　　　(电子邮件:whu_publish@163.com　网址:www.stmpress.cn)
印刷:荆州市鸿盛印务有限公司
开本:850×1168　　1/16　　印张:19.5　　字数:534 千字
版次:2018 年 5 月第 1 版　　2018 年 5 月第 1 次印刷
ISBN 978-7-307-20090-6　　　　定价:58.00 元

普通高等学校土木工程专业创新系列规划教材
编审委员会

（按姓氏笔画排名）

特别提示

教学实践表明,有效地利用数字化教学资源,对于学生学习能力以及问题意识的培养乃至怀疑精神的塑造具有重要意义。

通过对数字化教学资源的选取与利用,学生的学习从以教师主讲的单向指导模式转变为建设性、发现性的学习,从被动学习转变为主动学习,由教师传播知识到学生自己重新创造知识。这无疑是锻炼和提高学生的信息素养的大好机会,也是检验其学习能力、学习收获的最佳方式和途径之一。

本系列教材在相关编写人员的配合下,逐步配备基本数字教学资源,主要内容包括:

文本:课程重难点、思考题与习题参考答案、知识拓展等。

图片:课程教学外观图、原理图、设计图等。

视频:课程讲述对象展示视频、模拟动画,课程实验视频,工程实例视频等。

音频:课程讲述对象解说音频、录音材料等。

数字资源获取方法:

① 打开微信,点击"扫一扫"。

② 将扫描框对准书中所附的二维码。

③ 扫描完毕,即可查看文件。

更多数字教学资源共享、图书购买及读者互动敬请关注"开动传媒"微信公众号!

前　言

2016 年 12 月，中华人民共和国国务院发布了《中国交通运输发展》白皮书，介绍了我国交通运输发展的有关情况。截至 2016 年年初，我国建立了广覆盖的公路网，高速公路里程达 12.4 万公里，居世界第一。"十三五"时期，我国交通运输发展继续深化交通运输改革，构建内通外联的运输通道网络，建设现代高效的城际城市交通，打造一体衔接的综合交通枢纽，大力推进城市综合管廊工程建设和海绵城市建设，推动运输服务绿色智能发展，进一步提升交通运输安全管理水平。在交通运输方面，同样要着力解决人民日益增长的美好生活需要和不平衡不充分的发展之间的矛盾。面对当前交通运输大力发展和信息化技术全面渗透的形势，结合"十三五"规划教育领域中推进教育现代化的精神，伴随着宽带网络校校通、优质资源班班通、网络学习空间人人通的新环境，"互联网＋教育"模式正在形成。

本书的编写，正是在配合普通本科高校向应用型本科高校转变的具体要求，结合最新规范和技术要求，贯彻最新交通运输理念，运用"互联网＋教育"中网络数据平台的建设，力争打造一本基础理论全面概括、工程实际平面图文与立体影音相互结合的应用型人才培养教材。其主要内容包括公路交通、城市道路、路基路面工程、桥涵工程、隧道工程、高速公路沿线设施及城市综合管廊工程的基本知识及其设计、施工的一般常识，并重点运用互联网平台配套链接了大量的图片、动画、视频以及 PPT 等资料，供读者学习和查阅。

本书由中铁二十二局集团市政工程公司副总工程师兼广州黄埔区轻铁一号线投资建设有限公司总工程师马洪建和吉林建筑大学城建学院袁其华担任主编，吉林建筑大学城建学院范雪、于佳担任副主编，吉林建筑大学城建学院单珂，中铁二十二局集团市政工程公司王峰、韩帅，深圳市市政设计研究院有限公司宋振丰担任参编。具体编写分工如下：第 1 章由马洪建、范雪、韩帅编写，第 2 章由袁其华、范雪编写，第 3 章由范雪、袁其华、单珂编写，第 4 章由马洪建、于佳编写，第 5 章由马洪建、王峰、韩帅编写，第 6 章由于佳编写，第 7 章由马洪建、宋振丰、单珂编写。范雪负责全书统稿。吉林建筑大学副教授王凤国担任本书主审。

本书在编写过程中得到了长春工程学院副教授李栋国，吉林建筑大学副教授张云龙，北京工业大学高级工程师、副教授张文学以及深圳市市政设计研究院有限公司高级工程师涂俊的热情帮助，在此表示衷心的感谢。本书参考和引用了大量研究报告、技术总结等资料，虽在每章末列出了主要参考文献，但挂一漏万，在此对广大作者一并表示谢意。

限于编者水平，书中定有不妥之处，恳请广大读者批评指正。

编　者
2017 年 12 月

目　录

数字资源目录

1 道路概述

内容提要

本章主要介绍道路在交通运输系统中的地位及作用,道路的发展状况及规划,道路分级及基本组成,道路基本建设程序及勘测设计程序,并简要介绍高速公路与城市道路的特点及组成。本章的教学重点为道路分级及基本组成;难点为对道路勘测设计程序的深入理解。

能力要求

通过学习本章,学生能了解道路在交通运输系统中的重要地位,掌握道路分级和基本组成,以及道路勘测设计的基本程序。

5分钟
看完本章

1.1 道路在交通运输系统中的地位及作用

交通运输是社会生产和人类生活中不可缺少的组成部分。人们生产和生活的各种需要必须克服空间上的障碍,实现人和物的移动。为具体实现这种移动提供服务所进行的经济活动称为交通运输。

交通运输是国民经济的命脉,是联系工业和农业、城市和乡村、生产和消费的纽带。交通运输是实现国民经济现代化的首要条件。

1.1.1 道路在交通运输系统中的地位

一个完整的交通运输系统由铁路、道路、水运、航空和管道等运输方式构成,现代信息社会中,互联网作为信息运输的新形式,也作为第六种新兴运输方式而得到大量的关注和发展。这些运输方式都有其各自的特点,承担各自的运输任务。它们之间在整个国民经济运输体系中可以合理分工、互相衔接、互相补充,形成完善的综合运输体系。铁路特点是运力大,速度快,运输成本低,连续性强,通用性能好,易于承担中长距离客货运输和大宗物资运输,但只能实现路线上的运输,建设周期相对较长且投资大;航空特点是可快速运输旅客和货物,但成本高、运量小、耗能大;水运特点是运价低廉,但是速度较慢;管道是随着石油工业而发展起来的一种运输方式,具有连续性强、成本低、安全性高、损耗少的优点,但其仅适用于水、油、气等货物产品的运输;互联网作为信息运输的新形式,其产生的"互联网+"连锁效应正在整个运输领域发生着深刻的变革。道路运输以其快速、灵活的运输方式适合中、短途运输,它可以与其他运输方式互相配合,承担客货集散、运输衔接的任务,实现"门到门"的直达运输。

公路与城市道路是道路运输的基础设施,公路是指城市郊区以外的道路,连

接城乡间的较长距离的道路;城市道路是指城市范围内的道路,主要担负交通运输任务,并能反映城市建设水平和建筑面貌的布局风格。道路运输在综合运输体系中占有极其重要的地位,其主要特点有:

①机动灵活。汽车车辆可随时调动,可随时起运、装卸,可单独运输,也可组队运送大宗货物。

②运输面广。由于道路网密度大,分布面宽,汽车能开往任何角落,直达运输,可以实现面对面的运输。

③运输快捷。高等级公路汽车运行速度比铁路运输更快,特别是中短途运输,汽车运输不但速度快,而且周转快,可迅速疏散四面八方的旅客,减少货物积压,及时快捷。

④投资相对较少,见效快。道路建设比铁路建设投资少,车辆购置费也低。而且道路可建成一段通一段,见效快,经济效益和社会效益显著。

⑤运费较高。汽车运输费用比铁路和水运都高,特别是低等级道路的长途运输,因车速低,造成运输成本增加。

⑥环境问题。汽车运输过程排出的有害废气在道路密集地区会造成环境污染,这种污染在大城市中表现得尤为突出,对雾霾现象的形成也有一定的影响。

1.1.2　道路在交通运输系统中的作用

道路具有交通运输、城乡骨架、公共空间、抵御灾害和发展经济的功能。

①道路的功能首先表现在交通运输方面,它是人们工作、学习、生活、旅游出行的通道,具有实现城乡旅客、货物交通中转、集散的功能。社会活动要求必须有一个安全、通畅、方便、快捷和舒适的道路交通体系。

②道路是城乡结构的骨架。城市道路是城市建设的基础,城市建筑是按照道路网的布局走向进行布置的。同样,地方道路是乡镇布局的骨架,乡镇依靠主干公路网与各个城市连接起来,使主干公路网成为整个国土结构的骨架。

③道路本身又是公共空间。它不仅是公共交通体系的空间,而且是保证日照、通风,提供绿化、排水管线布置的空间。

④道路又是抵御灾害的通道。在发生火灾、水灾、地震等自然灾害和战争时,能迅速疏散、避险和集结军队。

⑤道路是社会发展的基础产业。它是经济发展的先行设施,"要想富,先修路"已经成为全社会的共识。工农业生产、商品流通、国土开发、国防建设、旅游事业等均依赖道路先行来实现,可见在人类的政治、文化、生活、军事和经济等各个方面的发展中,道路建设都起着举足轻重的作用。

1.2　道路的发展状况及规划

1.2.1　我国道路发展历程

中华人民共和国成立之初,国内道路运输面貌十分落后,能通车的公路仅 8.08 万公里,民用汽车 5.1 万辆。中华人民共和国成立后,我国明确提出首先要创造一些基本条件恢复道路运输。经过 3 年的国民经济恢复期,修复了被破坏的部分道路运输设施设备。

1953 年起,开始有计划地进行道路运输建设。1978 年,改革开放揭开了中国经济社会发展的新篇章,道路运输步入了快速发展阶段。我国政府把道路运输放在优先发展的位置,出台了适应当时国情的提高养路费征收标准、开征车辆购置附加费以及"贷款修路、收费还贷"等扶持公路发展三项政策,同时,公路工程建设项目开始实行招投标制度。1988年,沪嘉高速公路通车,实现中国大陆高速公路零的突破。

1992年,我国确立了建立社会主义市场经济体制的改革目标,开始实施公路主骨架规划,使我国公路建设投资进入"快车道",高速公路建设大规模兴起。实施西部大开发战略,全面加强西部地区公路建设。提出"修好农村路,服务城镇化,让农民兄弟走上油路和水泥路"发展目标,掀起了农村公路建设新高潮。同时,《国家高速公路网规划》等一系列规划陆续出台。

2008年,国家组建交通运输部,交通运输大部门体制改革迈出实质性步伐。党的十八大以来,道路运输进入了加快现代综合交通运输体系建设的新阶段。2013年,西藏墨脱公路建成通车,中国真正实现县县通公路。

60多年来,中国道路运输总体上经历了从"瓶颈制约"到"初步缓解",再到"基本适应"经济社会发展需求的奋斗历程,与世界一流水平的差距快速缩小,部分领域已经实现超越。

1.2.2　我国道路运输体系建设

1.2.2.1　基础设施网络

截至2015年年底,广覆盖的公路网已建立起来。截至2015年年底,全国公路通车总里程达457.73万公里;高速公路通车里程达12.35万公里,位居世界第一。国省干线公路网络不断完善,连接了全国县级及县级以上行政区。农村公路里程达到398.06万公里,通往99.9%的乡镇和99.8%的建制村。路网技术结构不断优化,等级公路里程占公路总里程的88.4%。

1.2.2.2　运输服务能力

2015年,我国公路客货运输量及周转量居世界第一,运输工具技术水平不断提高。截至2015年年底,民用汽车数量达到17228万辆,公路客货营运车辆总数达1473万辆,货运车辆平均吨位数由6.3t增加至7.5t,专用货车(含甩挂运输车辆)占比由5.1%提高至27.2%,营运客车高档化、舒适化和货运车辆大型化、专业化程度不断提高。

1.2.2.3　科技创新和应用

信息化、智能化技术广泛应用。大数据、云计算、物联网、移动互联网等信息通信技术在交通运输领域广泛应用,线上线下结合的商业模式蓬勃发展。高速公路电子不停车收费系统(ETC)基本实现了全国联网。

1.2.2.4　改革与法治建设

法律法规体系基本形成。目前,有《中华人民共和国公路法》《公路安全保护条例》《中华人民共和国道路运输条例》等多部行政法规。

1.2.3　我国道路发挥的服务作用

我国道路在推动经济社会发展方面,不仅做到了支撑经济增长,保障物资运输,还在服务和改善民生等方面发挥着重要作用。

①随着"互联网+交通运输"的快速发展,提供实时交通运行状态查询、出行路线规划、线(网)上购票、智能停车等"一站式"服务。12328交通运输服务监督电话全面开通。

②助力扶贫脱贫上,进入21世纪以来,先后实施乡镇和建制村通达通畅工程、集中连片特困地区交通扶贫等10多个专项建设计划,加大对农村地区、贫困地区交通建设的支持力度,"十二五"期

间,投入车购税资金超过 5500 亿元支持交通扶贫建设,集中连片特困地区 83.8% 的县城通二级及二级以上公路,86.2% 的建制村实现通硬化路,提高贫困地区农村客运车辆通达率,逐步解决溜索等特殊问题。

③有效应对突发事件。道路运输应急体系在重大自然灾害、安全事故等突发事件应急救援中发挥重要作用。在汶川、玉树等地震灾害和南方雨雪冰冻灾害中,交通运输救援队伍第一时间抢通救灾“生命线”,为抢救生命赢得宝贵时间。

④保护生态环境。在交通运输规划、设计、建设、运营等环节贯彻生态保护理念,逐步建设了一批示范性公路,公路路面废旧料循环利用率达到 40%。

1.2.4 　“十三五”时期道路运输发展目标

“十三五”时期,全面深化交通运输改革,构建内通外联的运输通道网络,完善国家高速公路网络,适度建设地方高速公路,增强枢纽机场和干支线机场功能,推进普通国省道提质改造和瓶颈路段建设,加强农村公路建设。到 2020 年,新改建高速公路通车里程约 3 万公里。具备条件的建制村通硬化路和班车。建设现代高效的城际城市交通,打造一体化衔接的综合交通枢纽,推动运输服务绿色智能发展。实施“互联网＋交通运输”行动计划,加快智能交通发展,推广先进信息技术和智能技术装备应用,加强联程联运系统、智能管理系统、公共信息系统建设,加快发展多式联运,提高交通运输服务质量和效益,不断提升交通运输安全管理水平。

1.2.5 　国家公路网规划

公路图

虽然我国道路交通发展快速,但随着经济社会的快速发展,现有的国家公路网规划与建设仍面临一些亟待解决的问题,因此需要对国家公路网的建设进行全面科学的规划,因此,我国制订了《国家公路网规划(2013—2030 年)》,其中明确了国家公路网规划总规模 40.1 万公里,由普通国道和国家高速公路两个路网层次构成。

普通国道网规划层次,由 12 条首都放射线、47 条北南纵线、60 条东西横线和 81 条联络线组成,总规模约 26.5 万公里。按照“主体保留、局部优化,扩大覆盖、完善网络”的思路,调整拓展普通国道网;保留原国道网的主体,优化路线走向,恢复被高速公路占用的普通国道路段;补充连接地级行政中心和县级节点、重要的交通枢纽、物流节点城市和边境口岸;增加可有效提高路网运行效率和应急保障能力的部分路线;增设沿边沿海路线,维持普通国道网相对独立。

(1)首都放射线(12 条)

北京—沈阳、北京—抚远、北京—滨海新区、北京—平潭、北京—澳门、北京—广州、北京—香港、北京—昆明、北京—拉萨、北京—青铜峡、北京—漠河、北京环线。

(2)北南纵线(47 条)

鹤岗—大连、黑河—大连、绥化—沈阳、烟台—上海、秦皇岛—深圳、威海—汕头、乌兰浩特—海安、二连浩特—淅川、苏尼特左旗—北海、满都拉—防城港、银川—榕江、兰州—龙邦、策克—磨憨、西宁—澜沧、马鬃山—宁洱、红山嘴—吉隆、阿勒泰—塔什库尔干、霍尔果斯—若羌、喀纳斯—东兴、东营—深圳、同江—哈尔滨、嘉荫—临江、海口—三亚（东）、海口—三亚（中）、海口—三亚（西）、张掖—孟连、丹东—东兴、饶河—盖州、通化—武汉、嫩江—双辽、牙克石—四平、克什克腾—黄山、兴隆—阳江、新沂—海丰、芜湖—汕尾、济宁—宁德、南昌—惠来、正蓝旗—阳泉、保定—台山、呼和浩特—北海、甘其毛都—钦州、开县—凭祥、乌海—江津、巴中—金平、遂宁—麻栗坡、景泰—昭通、兰州—马关。

（3）东西横线（60 条）

绥芬河—满洲里、珲春—阿尔山、集安—阿巴嘎旗、丹东—霍林郭勒、庄河—西乌珠穆沁旗、绥中—珠恩嘎达布其、黄骅—山丹、文登—石家庄、青岛—兰州、连云港—共和、连云港—栾川、上海—霍尔果斯、乌鲁木齐—红其拉甫、西宁—吐尔尕特、长乐—同仁、成都—噶尔、上海—聂拉木、高雄—成都、上海—瑞丽、广州—成都、瑞安—友谊关、瑞金—清水河、福州—昆明、广州—南宁、秀山—河口、连云港—固原、启东—老河口、舟山—鲁山、洞头—合肥、丹东—阿勒泰、萝北—额布都格、三合—莫力达瓦旗、龙井—东乌珠穆沁旗、承德—塔城、天津—神木、黄骅—榆林、海兴—天峻、滨州港—榆林、东营港—子长、胶南—海晏、日照—凤县、大丰—卢氏、东台—灵武、启东—那曲、上海—安康、南京—德令哈、武汉—大理、察雅—萨嘎、利川—炉霍、台州—小金、张家界—巧家、宁德—福贡、南昌—兴义、福州—巴马、湄洲—西昌、东山—泸水、石狮—水口、佛山—富宁、文昌—临高、陵水—昌江。

此外包括 81 条联络线。

国家高速公路网规划层次，将在后续章节详细介绍。

1.2.6 城市道路规划

我国许多城市已经在进行城市交通规划工作。所谓城市交通规划，是指通过对城市交通需求量发展的预测，为较长时期内城市的各项交通用地、交通设施、交通项目的建设与发展提供综合布局与统筹规划，并进行综合评价。结合城市各自特点，使用现代城市道路系统规划的新观点和规划设计方法，针对城市主要交通问题，以城市道路系统的整体运输效率提高和交通环境改善为目标，结合道路所承担交通流特征，综合考虑城市客运交通系统和货运交通系统进行道路网络规划，为城市用地发展、功能调整创造良好的交通条件。

全国各城市自身特点不同，因此城市道路的规划建设不尽相同。除了新建城市以外，总的发展方向是在原有城市道路网的基础上，重新调整规划道路网，使之更能适应城市交通和城市发展的需要；按规划逐步建设城市直达快速道路、环城快速道以及放射状快速出入道路；积极修建城市与卫星城高速公路、机场高速公路、港口高速公路、经济开发区高速公路、旅游风景区高速公路；一些大城市已修建或正在拟建城市快速高架道路；同时对原有道路的拓宽改造和重要交叉口的渠化交通或立体交叉修建也在快速发展。

截至 2015 年年底，随着我国民用汽车数量达到 17228 万辆，我国城市道路的发展也面临着巨大的挑战，需要解决的城市道路发展目标要与城市经济发展相适应，与人口、车辆的增长相适应，建成布局合理、设备完善的城市道路系统。因此，城市道路要做好路网规划，加快主次干道和快速路建设；安排好立交、停车场、人行过街设施；加强旧路特别是瓶颈地段的改造，加强养护和交通管理，发挥城市道路的整体功能。

1.3　道路分级及基本组成

道路按其使用特点分为公路、城市道路、林区道路、厂矿道路及乡村道路等，道路分级和组成如下。

1.3.1　公路分级与组成

1.3.1.1　公路分级

公路分级图

为了满足经济发展、规划交通量、路网建设和功能等的要求，公路必须分等级建设。交通运输部自 2015 年 1 月 1 日起实施的《公路工程技术标准》(JTG B01—2014)(以下简称《标准》)，将公路根据功能和适应的交通量分为 5 个等级，见表 1-1。

表 1-1　　　　　　　　　　　　　　各级公路主要技术指标表

公路等级	设计速度/ (km/h)	车道数	车道宽度/ m	路基宽度/m		极限最小 半径/m	停车视距/ m	最大纵坡/ %	汽车荷载
				一般值	最小值				
高速公路	120	8	3.75	45.00	42.00	650	210	3	公路 Ⅰ级
		6		34.80	—				
		4		28.00	26.00				
	100	8	3.75	44.00	41.00	400	160	4	
		6		33.50	—				
		4		26.00	24.50				
	80	6	3.75	32.00	—	250	110	5	
		4		24.50	21.50				
一级公路	100	8	3.75	44.00	41.00	400	160	4	
		6		33.50	—				
		4		26.00	24.50				
	80	6	3.75	32.00	—	250	110	5	
		4		24.50	21.50				
	60	4	3.50	23.00	20.00	125	75	6	
二级公路	80	2	3.75	12.00	10.00	250	110	5	公路 Ⅱ级
	60	2	3.50	10.00	8.50	125	75	6	
三级公路	40	2	3.50	8.50	—	60	40	7	
	30	2	3.25	7.50	—	30	30	8	
四级公路	20	2 或 1	3.00 (双车道) 3.50 (单车道)	6.50 (双车道) 4.50 (单车道)	—	15	20	9	

（1）高速公路

高速公路为专供汽车分向、分车道行驶并应全部控制出入的多车道公路。依据它所能适应的交通量不同可分为三种类型：四车道高速公路应能适应将各种汽车折合成小客车的年平均日交通量为 25000～55000 辆；六车道高速公路应能适应将各种汽车折合成小客车的年平均日交通量为 45000～80000 辆；八车道高速公路应能适应将各种汽车折合成小客车的年平均日交通量为 60000～100000 辆。

全部控制出入的高速公路应符合的条件是必须具有四条或四条以上的车道，必须设置中间带，必须设置禁入护栏，必须设置立体交叉。

（2）一级公路

供汽车分方向、分车道行驶，可根据需要控制出入的多车道公路。四车道一级公路应能适应将各种汽车折合成小客车的年平均日设计交通量为 15000～30000 辆；六车道一级公路应能适应将各种汽车折合成小客车的年平均日设计交通量为 25000～55000 辆。

（3）二级公路

供汽车行驶的双车道公路。二级公路应能适应将各种汽车折合成小客车的年平均日设计交通量为 5000～15000 辆。

（4）三级公路

供汽车、非汽车交通混合行驶的双车道公路。三级公路应能适应将各种汽车折合成小客车的年平均日设计交通量为 2000～6000 辆。

（5）四级公路

供汽车、非汽车交通混合行驶的双车道或单车道公路。双车道四级公路应能适应将各种汽车折合成小客车的年平均日设计交通量在 2000 辆以下；单车道四级公路应能适应将各种汽车折合成小客车的年平均日设计交通量在 400 辆以下。

1.3.1.2 公路基本组成

（1）路基

路基是道路结构体的基础，是由土、石等材料按照一定尺寸、结构要求所构成的带状土工结构物。路基必须稳定、坚实。道路路基的结构、尺寸用横断面表示。

（2）路面

路面是在路基表面的行车部分，是用各种筑路材料分层铺筑的结构物，以供车辆在其上以一定速度安全、舒适地行驶。路面使行车部分加固，使之具有一定的强度、平整度和粗糙度。

（3）桥涵

道路在跨越河流、沟谷和其他障碍物时所使用的结构物称为桥涵。桥涵是道路的横向排水系统之一。

（4）排水系统

为了确保路基稳定，免受自然水的侵蚀，道路还应修建排水设施。道路排水系统按其排水方向的不同，可分为纵向排水系统和横向排水系统；按排水设施位置又分为地面排水设施和地下排水设施两部分。地面排水设施用于排除危害路基的雨水、积水及外来水；地下排水设施主要用于降低地下水位及清除地下水。

（5）隧道

隧道是为道路从地层内部或水下通过而修筑的建筑物。隧道在道路中能缩短里程、避免道路翻越山岭，保证道路行车的平顺性。

（6）防护工程

陡峻的山坡或沿河一侧的路基边坡易受水流冲刷，会威胁路段的稳定性。为保证路基的稳定性，加固路基边坡所修建的人工构造物称为防护工程。

（7）特殊构造物

除上述常见的构造物外，为了保证道路连续、路基稳定，确保行车安全，还在山区地形、地质特别复杂路段修建一些特殊构造物，如半山桥、防石廊等。

（8）沿线设施

沿线设施是道路沿线交通安全、管理、服务以及环保设施的总称。主要有以下几项：

①交通安全设施。包括跨线桥、地下横道、色灯信号、护栏、防护网、反光标志、照明等。

②交通管理设施。包括道路标志（如指示标志、警告标志、指路标志、禁令标志等）、路面标志、立面标志、紧急电活、道路情报板、道路监视设施、交通控制设施、交通监视设施以及安全岛、交通岛、中心岛等。

③防护设施。包括抗滑坡构造物、防沙棚、挑坝等。

④停车设施。其是指在道路沿线及起终点设置的停车场、汽车停靠站、回车道等设施。

⑤路用房屋及其他沿线设施。包括养护房屋、营运房屋、收费所、加油站、休息站等设施。

⑥绿化。包括道路分隔带、路旁、立交枢纽、休息设施、人行道等处的绿化，以及道路防护林带和集中的绿化区等。

1.3.2　城市道路的组成及分类

城市道路有各种类型，在生产、生活服务方面所起的作用也各有特点，下面简要介绍城市道路的组成及根据城市道路在城市中的地位、功能作用和交通特征对其进行分类。

1.3.2.1　城市道路的组成

在城市里，沿街两侧建筑用地分界控制线之间的空间范围为城市道路用地，该用地由以下不同功能组成。

①供各种车辆行驶的车行道，其中包括供汽车、无轨电车、摩托车行驶的机动车道，供有轨电车行驶的有轨电车道，供自行车、三轮车、畜力车行驶的非机动车道。

②专供行人步行的人行道。

③起卫生、防护与美化作用的绿化带。

④用于排除地面水的排水系统，如街沟或边沟、雨水口、窨井、雨水管等。

⑤为组织交通，保证交通安全的辅助性交通设施，如交通信号灯、交通标志、交通岛、护栏等。

⑥交叉口和交通广场。

⑦停车场和公共汽车停靠站台。

⑧沿街的地上设施，如照明灯柱、架空电线杆、给水栓、邮筒、清洁箱、接线柜等。

⑨地下的各种管线，如电缆、煤气管、给水管、污水管等。

⑩架空高速道路、人行过街天桥、地下管道、地下人行道、地下铁道等。

相应的位置及技术指标等将在后续章节中详细介绍。

1.3.2.2　城市道路的分类

城市道路作为城市的骨架，必须满足不同性质的交通流的需要。按照道路在城市道路网中的地位、交通功能以及对沿线建筑物的服务功能，我国《城市道路工程设计规范（2016年版）》（CJJ 37—2012）（以下简称《城规》）将城市道路分为快速路、主干路、次干路、支路四类。

（1）快速路

快速路，为城市中长距离快速交通服务。其又称城市快速干道，属于城市主干道，是连接大城市外围的卫星城镇与中心市区之间的道路。快速路布置有四条以上车道，中间设有中央分隔带，全部采用立体交叉，且全部控制出入，保证车辆分向、分车道行驶。

（2）主干路

主干路，为连接城市各主要分区的干线道路，以交通功能为主。其又称城市主干道，是城市的主要常速交通道路，构成城市道路的骨架。主干路上机动车和非机动车应分隔行驶，避免机动车和非机动车之间相互干扰。

（3）次干路

次干路，与主干路结合组成城市干道网，起集散交通作用。次干路兼有服务功能，两侧可设吸引车流、人流的公共建筑，并可设置机动车与非机动车的停车场、公共交通站点和出租车服务站。

（4）支路

支路，又称城市一般道路和地方道路，是次干路与相邻道路及小区的连接线，起缓解局部交通作用。

1.4 高速公路简介

我国《国家公路网规划（2013—2030年）》中明确了国家公路网规划总规模为40.1万公里，由普通国道和国家高速公路两个路网层次构成。而随着我国国民经济迅速增长，高速公路的重要地位得到了凸显，因此本小节将对高速公路进行简单介绍。

1.4.1 高速公路的主要特点

1.4.1.1 行车速度快、通行能力大

我国高速公路平原微丘区最高设计运行速度为120km/h，山岭地区最低也达到80km/h。由于高速公路是分车道行驶，各行其道，互不干扰，故平均时速高。另外，所有与高速公路相交的公路均设置立体交叉，保证了高速公路上车辆保持原有车速通过，不受其他公路上的车辆干扰，因此通行能力大。

1.4.1.2 物资周转快、经济效益高

高速公路运输可直达用户，不需要中转和装卸，快速、便捷。运距在300km以内，使用大吨位车辆运输，从时间效率和经济方面考虑，均优于铁路和普通公路运输。尽管高速公路投资大，但它带来的综合经济效益是巨大的，如广佛高速公路，其投资费用回报期不到6年，并带动了沿线新的工业企业建设。

1.4.1.3 交通事故少、安全舒适好

由于高速公路上有严格的管理系统，全路段采用先进的自动化交通监控手段和完善的交通设施，且所有相交道路都建成立体交叉，高速公路两侧还设置了隔离网（墙），防止人、畜进入高速公路，无横向干扰，故交通事故数量可大幅度下降。另外，高速公路的线形标准高，路面坚实、平整，行车平稳，乘客不会感到颠簸，且高速公路与周围景观协调，给予驾驶员和乘客以安全感和舒适感，不易疲劳。

1.4.2 高速公路建设的意义

通过高速公路的运输特点，可以看出其对国名经济发展的重要意义。

1.4.2.1　提高车速,提高运营经济效益

提高速度是交通运输始终努力追求的目标,不论何种交通运输,都是通过提高速度来实现提高运营经济效益的。现代汽车,尤其是小汽车的运行速度在技术上早已达到 200km/h 以上,而普通公路由于混合交通,横向干扰大,不能发挥汽车高速的特点,只有高速公路才能有效发挥汽车快速行驶的性能,提高运输速度,就会提高交通运输的运营经济效益。

1.4.2.2　发展市场经济,推动经济发展

高速公路的高速运输是加快商品流通的有力工具,实践证明,高速公路越发达,商品流通就越快,交换越充分,经济建设就越快。同时,高速公路沿线城镇的工业也迅速发展,改革开放以来,广为流传的"若要富、先修路"等俗语,就表达了道路交通运输与经济发展之间的关系。

1.4.2.3　改善投资环境,促进相关产业发展

投资环境中极为重要的一个条件,就是交通条件。交通便捷,就会给投资商创造一个良好的投资环境,就有吸引力。而高速公路作为运输效率高、运输成本较低的公共交通基础设施,对加快改革开放,改善投资环境起到巨大作用。另外,作为重要基础设施建的高速公路,直接促进了汽车、石油、橡胶、通信事业及其他工业的发展。

1.4.3　高速公路的沿线设施

1.4.3.1　安全设施

为了保障高速公路的行车安全和顺畅,沿线必须设置的安全设施包括标志、标线、护栏、照明、防眩设施和视线诱导设施等。

1.4.3.2　交通管理设施

高速公路的管理和交通设施是保证高速、安全行驶的必要条件。高速公路除上述安全设施外,还要设置交通监控设施,主要包括检测器监控、工业电视监控、通信联系和巡逻车监视等。

1.4.3.3　服务性设施

高速公路的出入是完全受控制的,为方便交通参与者,缓解驾驶员和乘客疲劳,并考虑人员食宿以及汽车加油、维修等,沿线应设置各种服务设施,如综合性服务站(区)、小型休息点或停车场等。

1.4.3.4　环境美化

高速公路的环境美化是保证高速行车舒适和驾驶员在视觉上、心理上协调的重要环节。沿线应合理利用地形,搭配树木风景,充分考虑桥隧设计与自然的结合,保持生态平衡。

1.4.4　我国高速公路的规划

根据我国《国家公路网规划(2013—2030 年)》,高速公路网规划层次由 7 条首都放射线、11 条北南纵线、18 条东西横线,以及地区环线、并行线、联络线等组成,约 11.8 万公里,另规划远期展望线约 1.8 万公里。按照"实现有效连接、提升通道能力、强化区际联系、优化路网衔接"的思路,补充完善国家高速公路网;保持原国家高速公路网规划总体框架基本不变,补充连接新增 20 万以上城镇人口城市、地级行政中心、重要港口和重要国际运输通道;在运输繁忙的通道上布设平行路线;增设区际、省际通道和重要城际通道;适当增加有效提高路网运输效率的联络线。

(1)首都放射线(7 条)

北京—哈尔滨、北京—上海、北京—台北、北京—港澳、北京—昆明、北京—拉萨、北京—乌鲁木齐。

（2）北南纵线（11 条）

鹤岗—大连、沈阳—海口、长春—深圳、济南—广州、大庆—广州、二连浩特—广州、呼和浩特—北海、包头—茂名、银川—百色、兰州—海口、银川—昆明。

（3）东西横线（18 条）

绥芬河—满洲里、珲春—乌兰浩特、丹东—锡林浩特、荣成—乌海、青岛—银川、青岛—兰州、连云港—霍尔果斯、南京—洛阳、上海—西安、上海—成都、上海—重庆、杭州—瑞丽、上海—昆明、福州—银川、泉州—南宁、厦门—成都、汕头—昆明、广州—昆明。

此外包括 6 条地区性环线以及若干条并行线、联络线等。

1.5　城市道路简介

1.5.1　城市道路的作用和特点

（1）城市道路的作用

①承担交通。城市里各种座位的客车，各种吨位的货车、非机动、行人，都是在道路上行进，完成客、货运送任务。

②布设基础设施。城市地面上的各种杆线、地下管道、地下轨道、高架道路，都沿道路布设。在某些路段还开辟有路边停车场地。

③美化城市。城市道路是交通设施，也是线形构筑物，它与其他建筑物一样，其设计、修建应体现出艺术品位。道路两侧和分隔带上的绿化、街头艺术品应当反映城市风貌，成为美化城市的组成部分。

④通风、采光、防火。城市道路是城市的风道，各方来风，经道路上部的空间送到街坊、住室；沿街建筑物的日照、采光与道路走向、宽度密切相关；城市防火设施也沿街而设。城市道路的设计，应综合考虑，并协调好各方面的要求。

（2）城市道路的特点

城市道路与公路相比较，具有如下特点：

①功能多样。城市道路除了用作城市交通运输外，还用于布置公用设施、停车场、城市通风、房屋日照、城市艺术轴线等。所以，在规划布局城市道路网和设计城市道路时，要兼顾各个功能方面的要求。

②组成复杂。城市道路的组成很多，包括车行道、人行道、绿化、照明、停车场、地上杆线、地下管道，有的还可能设有架空道路、地下道路、地下铁道、人防工程等。在进行道路横断面设计时，各个组成部分要布置得当，各得其所。

③行人交通量大。城市道路的行人交通量大，尤其是商业区车站码头大型公共娱乐场所等处的道路，人流量尤为集中，要妥善设计和组织好行人交通。

④车辆类型杂、车速差异大。城市道路交通运输的车辆类型多，有各种大小吨位的机动车，还有大量的非机动车和畜力车。它们的交通量大，车速差别大，相互干扰大，在道路设计和交通组织管理中要很好地解决这"三大"所带来的问题。

⑤道路交叉点多。纵横交错的城市道路网有很多交叉点（口）。由于大量交叉口的存在，既影响车速，也影响道路的通行能力，因此，交叉点（口）设计是否合理往往是能否提高道路通行能力的关键所在。

⑥沿路两侧建筑密集。道路一旦建成,沿街两侧的各种建筑也相应建成并固定下来,以后很难拆迁房屋拓宽道路。因此,在规划设计道路的宽度时,必须充分预计到远期交通发展的需要,并严格控制好道路红线宽度。

⑦艺术要求高。城市干道网是城市的骨架,城市总平面的布局是否美观合理,很大程度上体现在道路网,特别是干道网的布局;而城市环境的景观和建筑艺术,也必须通过道路才能反映出来。所以,不仅要求道路本身具有良好的景观,而且要求与城市的建筑群体、名胜古迹、自然风光等协调,以取得良好的艺术效果。

⑧城市道路规划设计的影响因素多。城市道路组成复杂,行人交通量大,车辆类型多而杂等特点,都是城市道路规划设计的影响因素,在规划设计时必须综合考虑。

⑨政策性强。在道路网规划和道路设计中,经常需要考虑城市发展规模、技术设计标准、房屋拆迁、土地征用、工程造价、近期与远期需要以及局部与整体等问题,这都涉及有关的方针、政策。所以,城市道路规划与设计工作是一项政策性很强的工作,必须贯彻实施有关的方针、政策。

1.5.2　城市道路的分级

城市规模的大小是按城市人口规模划分的。我国按市区和近郊区(不包括所属县)的非农业人口总数划分为四类:人口在100万以上的称为特大城市,人口在50万~100万的城市称为大城市,人口在20万~50万的称为中等城市,人口少于20万的为小城市。

根据城市规模、规划交通量和地形等因素,除快速路外,各类道路划分为Ⅰ、Ⅱ、Ⅲ级,特大城市及大城市采用各类道路中的Ⅰ级标准;中等城市采用Ⅱ级标准;小城市采用Ⅲ级标准。在选用城市道路等级分级时,受地形限制的山城可降低一级,特殊发展的中、小城市可提高一级。有特殊情况需要变更级别时,应做技术经济论证,报规划审批部门批准。

《城规》规定了各类各级城市道路的技术指标,见表1-2;当旧路改建有特殊困难,如商业街、文化街等,经技术经济比较认为必要时,可适当降低设计速度。

表1-2　　　　　　　　　　　　各类各级城市道路主要技术指标表

类别	级别	设计速度/ (km/h)	双向机动车 道数/条	机动车道 宽度/m	分隔带设置	横断面采用形式
快速路		80、60	≥4	3.75	必须设	双、四幅
主干路	Ⅰ	60、50	≥4	3.75	应设	单、双、三、四
	Ⅱ	50、40	3~4	3.75	应设	单、双、三
	Ⅲ	40、30	2~4	3.5~3.75	可设	单、双、三
次干路	Ⅰ	50、40	2~4	3.75	可设	单、双、三
	Ⅱ	40、30	2~4	3.5~3.75	不设	单
	Ⅲ	30、20	2	3.5	不设	单
支路	Ⅰ	40、30	2	3.5	不设	单
	Ⅱ	30、20	2	3.5	不设	单
	Ⅲ	20	2	3.5	不设	单

城市道路规划交通量达到饱和状态时的设计年限,《城规》规定:快速路、主干路为 20 年;次干路为 15 年;支路为 10~15 年。

1.6 公路基本建设程序

目前,我国道路基本建设程序分为六个阶段,即编制项目建议书、可行性研究、项目设计、项目准备、项目施工、竣工验收。每个阶段又包含着许多环节,并且各有不同的工作内容。

1.6.1 项目建议书阶段

项目建议书是由建设单位提出要求建设具体项目的建议文件,是对建设项目的轮廓设想。项目建议书的主要作用是推荐一个拟进行建设项目的初步说明,论证建设的必要性、条件的可行性和获利的可能性,供决策部门选择并确定是否进行下一步工作。项目建议书的内容视项目的情况不同而不同,但一般应包括以下内容:

①建设项目提出的必要性和依据。
②拟建道路项目的规模、等级及主要控制点。
③资金情况、建设条件、协作条件等初步分析。
④投资估算和安全项目筹措。
⑤经济效益和社会效益估计。

建设单位应根据国民经济和社会发展的长远规划、部门规划、行业和地区规划等的要求,调查、预测分析后,提出项目建议书,并按照规定的审批权限报批。

1.6.2 可行性研究阶段

可行性研究是在项目建议书批准后进行的,是基本建设前期工作的一项重要内容,是项目决策和编制设计任务书的依据。道路工程可行性研究的目的是对项目工程建设的必要性、技术的可行性、经济的合理性、实施的可能性等方面进行综合研究,推荐最佳方案。进行投资估算,并通过财务评价和国民经济评价,为建设项目决策和审批提供科学依据。

道路工程基本建设投资较大,工程建设造价一般是几百万元、上千万元,甚至几十亿元、上百亿元,所以项目决策非常重要,通过可行性研究确定项目是否可行,以避免项目决策失误,造成投资浪费。可行性研究一般包括以下内容:

①道路建设项目提出的背景和依据。
②道路建设规模、市场预测和确定的依据。
③技术工艺、主要设备。
④资源、原材料、燃料供应、动力、运输、供水等协作配合条件。
⑤主要控制点及公路走向。
⑥项目设计方案、协作配套工程。
⑦环境保护及"三废"治理初步方案。
⑧建设工期和实施进度。
⑨社会效益和经济效益的评价。

承担可行性研究工作的单位应是经过资格审定的规划、设计或工程咨询单位。

可行性研究报告按照规定的审批程序报批。可行性研究报告一经批准,不得随意修改和变更。经过批准的可行性研究报告作为勘测设计的依据。

1.6.3 项目设计阶段

设计是对拟建设工程的实施在技术上和经济上进行全面详尽的安排,是基本建设项目的具体化,是整个工程的决定性环节。建设项目的可行性研究报告批准后,应通过招投标的方式选择设计单位。设计单位应按批准的可行性研究报告进行设计,编制设计文件。根据建设项目的资金、工期等具体情况,设计阶段可采用一阶段设计、两阶段设计和三阶段设计。设计文件是安排建设项目和组织施工的主要依据。

1.6.4 项目准备阶段

建设单位应按规定进行建设准备。在"三通一平"完成,物资、材料、设备和资金落实,有满足施工使用的设计文件和图纸后,编制招标文件,发布招标公告,组织项目招标。通过招投标方式,优选比较后确定施工单位。

1.6.5 项目施工阶段

道路建设项目施工阶段要求施工单位必须按照设计图纸进行施工。如存在需要变更设计的问题,必须经设计单位签发设计变更单才能进行变更。施工活动存在很多不可预见的因素,所以施工是非常复杂的生产活动,应严格按设计要求、合同约定、质量标准和施工验收规范的要求组织施工。

1.6.6 竣工验收阶段

竣工验收是检验工程项目从计划、设计到施工各项工作质量的关键环节。竣工验收是建设单位组织,监理单位、设计单位和施工单位参加,将其投资成果的生产能力、质量、成本、收益等情况向国家汇报。竣工验收可分为单项工程验收和建设项目验收。只有通过了单项工程验收,才能进行建设项目验收。

竣工交付使用的工程必须符合有关法律法规、技术标准、技术规范、设计图纸和合同规定。竣工交付使用的工程应实行保修并提供有关使用、保养、维护的说明。

1.6.7 项目运营阶段

目前,我国推行项目法人责任制。项目法人对项目策划、资金筹措、建设实施、生产经营、债务偿还等实行全过程负责。

我国推行项目监理制,建设单位(项目法人)一般通过招标、投标方式确定监理单位。监理单位在设计阶段,特别是在施工阶段,依据合同、设计图纸、质量标准、施工技术规范等,对项目进行控制,保证项目工期、造价和质量目标的实现。

1.7 道路勘测设计程序

1.7.1 道路勘测设计阶段分类

道路勘测设计阶段可分为一阶段设计、两阶段设计、三阶段设计。

通常情况下,勘测设计采用两阶段设计,即初步设计和施工图设计。对技术简单、方案明确的小型建设项目,可采用一阶段设计,即施工图设计。对技术复杂而又缺乏经验的建设项目中的个别路段、特殊大桥、互通式立体交叉、隧道等,必要时可采用三阶段设计,即初步设计、技术设计和施工图设计。

1.7.2　道路工程勘测设计步骤

1.7.2.1　一阶段设计

　　一阶段设计是根据批准的设计任务书(或勘测设计合同)的要求,进行实地造线,一次定线测量(简称为一次定线),直接编制施工图设计文件,并编制施工图预算,作为道路施工依据。

1.7.2.2　两阶段设计

　　两阶段设计是根据批准的设计任务书(或勘测设计合同)的要求,布设导线,进行控制测量,经过初步测量(简称为初测)、纸上定线后编制初步设计文件和设计概算,然后根据批准的初步设计,实地放线,通过定线量测(简称定测)、编制施工图设计文件和施工图预算,作为道路施工的依据。

1.7.2.3　三阶段设计

　　三阶段设计是根据批准的设计任务书(或勘测设计合同)的要求,经过初步测量,编制初步设计文件和设计概算,根据批准的初步设计补充初测,编制技术文件和修正概算,最后根据批准的技术设计文件进行测定,编制施工图设计文件和施工图预算,作为道路施工的依据。

1.7.2.4　设计文件组成

　　设计文件是道路勘测设计的最后成果,经审查批准后作为道路施工的依据。其组成、内容和要求随设计阶段不同而异。

　　根据《公路工程基本建设项目设计文件编制办法》规定设计文件的组成和内容如下。

　　(1)初步设计文件

　　由总体设计,路线,路基、路面,桥梁、涵洞,隧道,路线交叉,交通工程及沿线设施,环境保护与景观设计,其他工程,筑路材料,施工方案,设计概算共十二篇组成。其表达形式包括文字说明、设计图和表格三种。

　　(2)施工图设计文件

　　由总体设计,路线,路基、路面,桥梁、涵洞,隧道,路线交叉,交通工程及沿线设施,环境保护与景观设计,其他工程,筑路材料,施工组织计划,施工图预算共十二篇组成。

　　城市道路设计文件编制,根据《市政公用工程设计文件编制深度规定》(2013年版)中对给排水、道路、桥涵、隧道以及防洪、燃气、热力、环境卫生、园林和景观、投资估算、经济评价和概预算文件的编制都进行了详细的规定,由于篇幅受限,不再赘述。

📚 知识归纳

　　(1)道路在交通运输系统中的地位及作用,道路的发展状况及规划。

　　(2)道路分级及基本组成。

　　(3)道路基本建设程序及勘测设计程序。

　　(4)高速公路与城市道路的特点及组成。

思 考 题

1-1　我国公路工程技术标准将公路分为几个等级？

1-2　我国城市道路有何特点？按城市骨架可分为哪几类？

1-3　我国道路建设的基本程序是如何规定的？

1-4　道路勘测设计为什么要分阶段进行？初步设计、施工图设计的主要任务各是什么？

思考题答案

2 线 路

内容提要

本章对道路设计的控制因素、道路平面设计、纵断面设计、横断面设计以及道路交叉口设计等内容进行了阐述,重点介绍道路平面设计、纵断面设计和横断面设计相关知识和内容。本章的教学重点和难点为道路平面设计中基本型曲线主点桩号的计算、纵断面设计中桩高程的计算、平总组合设计和横断面设计相关知识和内容。

能力要求

通过学习本章,学生应该了解道路设计的控制因素以及道路交叉口设计的相关内容,重点掌握道路平面设计、纵断面设计和横断面设计相关知识和内容。

2.1 概 述

道路是一种带状的三维空间结构物,包括路面、路基、桥涵、隧道等工程实体。道路的设计是从几何和结构两大方面进行研究的。在结构方面,对于路面、路基、桥涵、隧道这些工程设计来说,在合理的养护条件下、设计年限内,运用较少的材料和资金使它们在自然破坏力和汽车行驶所产生的各种力的作用下能够正常使用。道路设计的几何方面主要是研究汽车行驶与道路各个几何元素的关系,以保证在设计速度、预计交通量以及地形和其他自然条件下,行车的安全性、经济性和旅客的舒适性。因此,道路的几何设计主要涉及行人、车辆、道路以及自然环境的相互关系。汽车的行驶轨迹、动力特性以及交通流量和交通特性和道路的几何设计有着直接的联系。道路是一个三维的空间体,设计时既要把它作为整体来考虑,也要把它分解成平面、纵断面和横断面来分别进行研究。一般所说的路线,是指道路中线的空间位置。路线在水平面上的投影称作路线的平面。沿道路中线的竖向剖面图,再行展开即是路线的纵断面。道路中线上任意一点的法向切面是道路在该点横断面。将道路的平面图与纵断面图、横断面图结合起来,就能够完整地表达出道路的空间位置和立体线形。

5分钟
看完本章

道路设计图

无论是公路还是城市道路,其路线位置受社会经济、自然地理和技术条件等因素的制约。设计者的任务就是在调查研究、掌握大量材料的基础上,设计出一条有一定技术标准、满足行车要求、工程费用最省的路线来。在设计的顺序上,一般是在尽量保持纵、横断面平衡的前提下先定平面,沿这个平面线形进行高程测量和横断面测量,取得地面线和地质、水文及其他必要的资料后,再设计纵断面和横断面,力求线形的均衡和土石方数量的节省,必要时再进行平面修改,这样经过几次反复,就能得到一个满意的结果。

2.1.1　公路设计控制要素

2.1.1.1　设计车辆

道路上行驶的车辆主要是汽车。汽车的物理特性以及行驶在道路上的各种大小车辆的组成对于道路的几何设计有着决定性意义,因此选择有代表性的车辆作为设计车辆是必要的。研究公路路幅的组成、弯道加宽、交叉口的设计、纵坡、视距等都与设计车辆的外轮廓尺寸有着密切的联系。汽车的种类很多,按照使用目的、结构或发动机的不同分成不同的类型,作为道路设计依据的汽车可分为小客车、大型客车、铰接客车、载重汽车、铰接列车五类。根据我国行驶车辆的具体情况、汽车发展远景规划和经济发展水平,出于经济和实用的考虑,设计车辆的外轮廓尺寸是按现有车型的尺寸进行统计后满足85%以上车型的外轮廓尺寸作为设计标准。公路设计所采用的设计车辆外轮廓尺寸根据《标准》规定,见表2-1。

表2-1　　　　　　　　　　　公路设计所采用的设计车辆外轮廓尺寸

车辆类型	总长/m	总宽/m	总高/m	前悬/m	轴距/m	后悬/m
小客车	6	1.8	2	0.8	3.8	1.4
大型客车	13.7	2.55	4	2.6	6.5+1.5	3.1
铰接客车	18	2.5	4	1.7	5.8+6.7	3.8
载重汽车	12	2.5	4	1.5	6.5	4
铰接列车	18.1	2.55	4	1.5	3.3+11	2.3

注:铰接列车的轴距(3.3+11)m:3.3m为第一轴至铰接点的距离,11m为铰接点至最后轴的距离。

汽车外轮廓尺寸限界是对汽车的总高、总宽、总长的限制规定,这项规定适用于公路和城市道路运输用的汽车及汽车列车。

车高:一般以载重车及半挂车的高度确定净空高度,以小客车的高度确定驾驶员的视线高度。

车宽:世界各国大型客货运输汽车的宽度大致相同,一般是2.5m。若超过2.5m,则会严重降低道路的通行能力。参照国际惯例以及我国的实际情况,确定了设计车辆的宽度为2.5m。

车长:载重汽车的长度不超过12m,车辆宽度限制以后,考虑车辆的运输效率,车辆的长度有向长的方向发展的趋势。根据调查显示,当前运营车辆的外轮廓尺寸有较多车辆超过了16m,出现了18m、20m甚至是26m的超长车辆。考虑满足标准运营车辆100%的需求条件,《标准》中增加了大型客车和铰接客车两种车型,并将以前的鞍式列车调整为18.1m长、2.55m宽的铰接列车。

2.1.1.2　设计速度

在气象条件良好,车辆行驶只受公路本身条件影响时,具有中等驾驶技术的人员能够安全、顺适驾驶车辆的速度,称为设计速度。设计速度是公路设计时确定几何线形的基本要素,它与运行速度密切相关。从工程角度,设计车速为设计符合汽车安全行驶要求的道路外轮廓特性而采用的速度,又称为计算行车速度。从交通角度,设计车速是指在气候正常,交通密度小,汽车运行只受道路本身条件(几何要素、路面、附属设施等)的影响时,一般驾驶员能保持安全而舒适地行驶的最大行驶速度。在公路设计时,计算行车速度是确定公路几何线形并能使其相互协调的基本要素。曲线半径、超高、视距等技术指标都起着决定性作用,同时也影响车道的尺寸和数目以及路肩宽度等指标的确定。设计速度一经选定,公路的所有相关要素如曲线半径、超高、视距等指标均与其配合获得均衡设计。在实际行驶过程中,驾驶人员往往不是以计算行车速度行驶,而是根据公路沿途的地形条件、道路条件、交通条件以及自身的驾驶技术选择各自适合的行驶速度。据统计,当计算行车速度较低时,平均行车速度为计算行车速度的90%～95%;当计算行车速度较高时,平均行车速度约为计算行车速度的80%。故同一等级的公路按不同的条件采用不同的设计速度是合适的。

根据汽车性能,并参考国内外的实际经验,从节约能源和人在感官上的感觉出发,设计速度的最小值采用120km/h是适宜的。根据我国的实际地形条件、土地利用和投资的可能性,确定设计速度的最小值为20km/h。各级公路设计速度规定如表2-2所示。

表2-2　　　　　　　　　　　　　各级公路设计速度

公路等级	高速公路			一级公路			二级公路		三级公路		四级公路
设计速度/(km/h)	120	100	80	100	80	60	80	60	40	30	30	20

高速公路设计速度不应低于100km/h,受地形、地质等条件限制时,可以选用80km/h。

作为干线的一级公路,设计速度宜采用100km/h,受地形、地质等条件限制时,可以选用80km/h。作为集散的一级公路,设计速度宜采用80km/h,受地形、地质等条件限制时,可以选用60km/h。

高速公路和作为干线的一级公路的特殊困难局部路段,且因新建工程可能诱发工程地质灾害时,经论证,该局部路段的设计速度可采用60km/h,长度不宜大于15km,或仅限于相邻互通式立体交叉之间的路段。

作为干线公路的二级公路,设计速度宜采用80km/h;受地形、地质等条件限制时,可以选用60km/h。作为集散的二级公路,设计速度宜采用60km/h;受地形、地质等条件限制时,可以选用40km/h。

三级公路设计速度宜采用40km/h;受地形、地质等条件限制时,可以选用30km/h。

四级公路设计速度宜采用40km/h;受地形、地质等条件限制时,可以选用20km/h。

不同设计速度的设计路段间必须设置过渡段。设计速度变更点的位置,应选择在驾驶人员能够明显判断路况发生变化而需要改变行车速度的地点,如村镇、车站、交叉口或地形明显变化等处,并应设置相应的标志。城市道路设计速度与公路相比,城市道路具有功能多样、组成复杂、行人交通量大、车辆多、车速差异大、交叉口多的特点,平均运行速度比公路小。《城规》规定的各类各级城市道路的设计速度见表1-2。当旧路改建(如商业街、文化街等)有特殊困难,经技术经济比较认为合理时,可适当降低设计速度,但应考虑夜间行车安全。

2.1.1.3　交通量

交通量是指在单位时间内通过道路某一断面的车辆数量,又称交通流量。具体数值是由交通调查和交通预测确定。交通调查和交通预测是项目可行性研究阶段中进行的项目建设必要性和可行性的现状评价和综合分析。其评价、分析和预测水平的高低,特别是公路远景预测年限的准确度,将直接影响项目决策的科学性和工程技术设计的经济合理性。

设计交通量是指预建公路到达远景设计年限时能达到的年平均日交通量(辆/日)。它在确定道路等级,论证道路的设计费用或各项结构设计等方面有重要作用。交通量的概念根据单位时间可分为:日交通量(单向/双向,汽车/混合交通)、小时交通量和年累计交通量。

(1)年平均日交通量

一条公路交通量的普遍计量单位是年平均日交通量(简写为AADT),用全年总交通量除以365而得。由于在一年中的每月、每日、每一小时交通量都在变化,在某些季节、某些时段可能会高出年平均日交通量数倍,不宜作为具体设计的依据。

远景设计年平均日交通量依道路使用任务及性质,根据历年交通观测资料推算求得。目前一

般按年平均增长率累计计算确定:

$$N_d = N_0(1+\gamma)^{n-1} \tag{2-1}$$

式中　N_d——设计交通量,辆/日。

　　　N_0——起始年平均日交通量,辆/日。

　　　γ——年平均增长率,%。

　　　n——预测年限,年。其规定如下:

①高速公路和具有干线功能的一级公路的设计交通量应按 20 年预测;具集散功能的一级公路,以及二、三级公路的设计交通量应按 15 年预测;四级公路可根据实际情况确定。

②设计交通量预测的起算年应为该项目可行性研究报告中的计划通车年。当提交可行性研究报告年到公路通车年超过 5 年时,在编制初步设计前应对设计交通量予以核对。

③设计交通量的预测应充分考虑走廊带范围内远期社会、经济的发展和综合运输体系的影响。

(2)设计小时交通量

设计小时交通量是根据交通量预测所选定的作为道路设计依据的小时交通量,是确定车道数和车道宽度或评价服务水平时的依据。设计小时交通量越小,公路的建设规模就越小,建设费用也就越低。但是,不恰当地降低设计小时交通量会使公路的交通条件恶化、交通阻塞和交通事故增多,公路的综合效益降低。

在一天以及全年时间,每小时交通量都在变化。若采用一年中最大的高峰小时交通量,必然造成浪费,若采用日平均小时交通量,则不能满足实际需要,可能造成个别时段交通拥挤甚至阻塞。为了既保证交通安全畅通,又使工程造价经济、合理,可按如下方法进行设计交通量的取值:将一年 8760 h 交通量按其与年平均日交通量的百分数的大小顺序排列起来并画成曲线,如图 2-1 所示。该图表明:在第 30~50 位小时交通量附近,曲线急剧变化,从左向右曲线明显变缓,其左侧曲线坡度则急剧加大。根据该曲线规律,设计小时交通量的合理取值,显然应选在第 30~50 位小时的范围以内。若以 30h 交通量作为设计依据,意味着在一年中有 29h 超过设计值,将发生拥挤,占全年小时数的 0.37%,即顺利通过的保证率达 99.67%。目前,许多国家包括我国均采用第 30 位小时交通量作为设计依据。

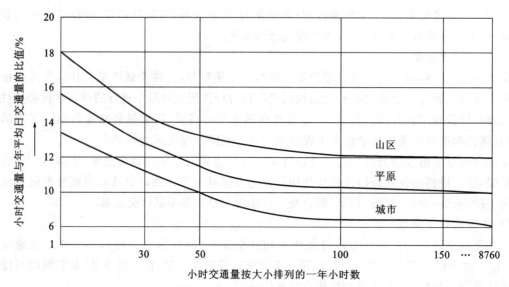

图 2-1　年平均日交通量与小时交通量关系曲线

确定设计小时交通量时,应绘制各路线交通量变化图,若无观测资料,可以参考交通情况相仿的其他道路观测资料进行推算。设计小时交通量按式(2-2)计算:

$$DDHV = AADT \cdot D \cdot K \qquad (2-2)$$

式中 $DDHV$——单向设计小时交通量,辆/h;

$AADT$——预测年度的年平均日交通量,辆/h;

D——方向不均匀系数,%,宜选用50%~60%,也可根据当地交通量观测资料确定;

K——设计小时交通量系数,%,选定时位的小时交通量与年平均日交通量的比值。

据调查资料分析,第30位小时交通量与年平均日交通量的比值 K 比较稳定,一般为15%。新建公路的设计小时交通量系数,可参照公路功能、交通量、地区气候、地形等条件相似的公路观测数据确定;缺乏观测数据地区,设计小时交通量系数可参照表2-3。

表2-3　　　　　　　　　　　　　　　设计小时交通量系数　　　　　　　　　　　　　　(单位:%)

公路环境及分类		华北	东北	华东	中南	西南	西北
		京、津、冀、晋、蒙	辽、吉、黑	沪、苏、浙、皖、闽、赣、鲁	豫、湘、鄂、粤、桂、琼	川、滇、黔、藏	陕、甘、青、宁、新
近郊	高速公路	8.0	9.5	8.5	8.5	9.0	9.5
	一级公路	9.5	11.0	10.0	10.0	10.5	11.0
	双车道公路	11.5	13.5	12.0	12.5	13.0	13.5
城间	高速公路	12.0	13.5	12.5	12.5	13.0	13.5
	一级公路	13.5	14.0	14.0	14.0	14.5	15.0
	双车道公路	15.5	17.5	16.0	16.5	17.0	17.5

城市道路的设计交通量按照《城规》规定,确定城市道路设计小时交通量按式(2-3)计算:

$$N_h = N_{da} \cdot K \cdot \delta \qquad (2-3)$$

式中 N_h——设计小时交通量,辆/h;

N_{da}——预测年限年平均日交通量,辆/h;

K——设计小时交通量系数,%;

δ——主要方向交通量与断面交通量的比值。

年平均日交通量或平均日交通量与 K、δ 值均应由各城市观测取得。未进行观测的城市可参照性质相近的邻近城市的数值选用。新辟道路可参照性质相近的同类型道路数值选用。不能取得时,K 值可采用11%,δ 值可采用0.6。

确定预测年限的年平均日交通量时,应综合考虑现有交通量、正常增长交通量、吸引交通量和发展交通量等。

（3）交通量的折算

交通量换算中的车型分为小客车、中型车、大型车和汽车列车四类,并采用小客车作为标准车型。在公路前期规划阶段确定公路等级的各汽车代表车型的车辆折算系数规定如表2-4所示。

表2-4　　　　　　　　　　　　　　　各汽车代表车型与车辆折算系数

代表车型	车辆折算系数	车型说明
小客车	1.0	不大于19座的客车和载重量小于或等于2t的货车

代表车型	车辆折算系数	车型说明
中型车	1.5	大于 19 座的客车和载重量为 2~7t(含 7t)的货车
大型车	2.5	载重量为 7~20t(含 20t)的货车
汽车列车	4.0	载重量大于 20t 的货车

公路设计与运营阶段,应针对不同的公路设施类型、地形条件和交通需求,分别采用相应的折算系数。

畜力车、人力车、自行车等非机动车按路侧干扰因素计。公路上行驶的拖拉机每辆折算成 4 辆小客车;公路通行能力分析所要求的车辆折算系数应针对路段、交叉口等形式,按照不同的地形条件和交通需求,采用相应的折算系数。

2.1.1.4 通行能力

道路通行能力是在一定的道路和交通条件下,道路上某一路段适应车流的能力,以单位时间内通过的最大车辆数表示。单位时间通常以小时计(每小时),车辆数对于多车道道路用一条车道的通过数表示,双车道公路用往返车道合计数表示,它是正常条件下道路交通的极限值。

(1)基本通行能力

基本通行能力是指在理想条件下,单位时间内一个车道或一个车道某一路段可以通过的小客车的最大数量,是计算各种通行能力的基础。所谓理想条件,包括道路本身和交通两个方面,即道路本身应具有足够的宽度,平、纵线形及视距良好;交通上只有小客车行驶,没有其他车型混入且不限制车速。

(2)可能通行能力

可能通行能力是由于通常现实的道路和交通条件与理想条件有较大差距,考虑了通行能力的诸多因素如车道宽、侧向净宽和大型车混入后,对基本通行能力进行修正后的通行能力。

(3)服务水平及服务交通量

服务水平及服务交通量是指道路使用者根据交通状态,从行车速度、舒适、方便、经济和安全等方面所得到的服务程度。我国按照车流运行状态,把从小交通量自由流至交通量达到可能状态的受限制车流这一运行条件范围分为四级服务水平。《标准》规定了各级公路设计采用的服务水平等级,如表 2-5 所示。与每一级服务水平相应的交通量称为服务交通量。

表 2-5　　　　　　　　　　　　　各级公路设计采用的服务水平

公路等级	高速公路	一级公路	二级公路	三级公路	四级公路
服务水平	三级	三级	四级	四级	—

注:1. 一级公路作为集散公路时,可采用四级服务水平设计。
　　2. 长隧道与特长隧道路段、非机动车及行人密集路段、互通式立体交叉的分合流区段以及交织区段,设计服务水平可降低一级。

各级服务水平的含义如下。

一级水平:驾驶员能自由和较自由地选择期望的车速,交通流属基本自由流状态及稳定流状态中的较好范围。

二级水平:驾驶员自由度受到一定限制,到二级水平下限时,所受到的限制已达到大部分驾驶员所能允许的最低限度了,交通流状态属于稳定流的中间及中下范围,有拥挤感。

三级水平:驾驶员选择车速的自由度受到很大限制,在三级水平上限时,交通流已接近不稳定流,本级水平大部分范围处于不稳定流状态,时常出现交通拥挤现象。此级水平服务质量很差。

四级水平:靠近上限时,每小时可通行的交通量达到最大值,很快驾驶员就处于无自由选择行车速度余地的状况,交通流变成完全强制状态,跟着前面的车辆行进时停车,能通行的交通量很不稳定,从很大直至降低到零,且时常发生交通阻塞现象。此级水平的服务质量已达到不能容忍的程度。

(4)设计通行能力

设计通行能力是指作为道路规划和设计标准,要求道路交通的运行状态保持在某一服务水平时道路承担的通行能力,又称适用通行能力。设计通行能力由可能通行能力乘以与该路服务水平相应的交通量和基本通行能力之比(v/c)得到。v/c 是在理想条件下,各级服务水平最大服务交通量与基本通行能力之比。其值小,说明最大服务交通量小,车流运行条件好,服务水平高,反之 v/c 值大,服务交通量也大,车流运行条件差,服务水平也低。当设计小时交通量超过设计通行能力时,意味着道路将发生堵塞。

2.1.2 道路网

2.1.2.1 公路网

公路网特指一定区域内的道路系统,称为路网。区域内的城市、集镇以及某些运输集散点(如大型工矿、车站、港口等),称作节点(或运输点)。公路网就是指按一定要求或规律连接区域内各节点间公路连线的集合,形成一个有机整体的公路系统。公路设计是以公路网为基础,按其规划要求分段分级逐步实施。对公路网的基本要求是四通八达、干支结合、布局合理、效益最佳。合理的公路网一般应具备下述条件:具有必要的通达深度和公路里程长度,具有与交通量相适应的道路技术标准和使用质量,具有经济合理的平面网络。公路网的主要功能是:满足区域内外的交通需求,承担城市之间的运输联系;维持区域内交通的通畅及保证交通运输的快速和高效,以确保交通安全并提供优质运输服务;维护生态平衡;防止水土流失,注意环境保护,方便人民生活。公路网系统具有如下特性。

(1)集合性

公路网是由众多点和线的集合按一定规律组成的系统,由于各点的重要性不同,形成了不同的路网结构和层次。我国公路网分为国道网、省道网和地方道路(县乡公路)网三个层次,见表2-6。国道网为沟通全国主要节点的道路系统,是全国公路网的主骨架,它与省道网形成全国和省(市)公路运输的主动脉,与地方道路网形成微血管,三者组成一个有机整体。

表 2-6 我国公路网的行政分级

网级	区域范围	运输点构成	主要作用
国道网	全国	各省、市、自治区、各大军区机关所在地、大型工农业基地和重要交通枢纽等	为全国范围内沟通各主要运输点的高效、快速运输联系
省道网	省、直辖市、自治区	省市自治区所辖各县(市)及主要工农业基地和重要交通枢纽等	为国道网的重要补充,沟通各运输点的运输联系,包括相邻区横向联系
地方道路网	县和相当于县的地区	县属各乡、镇和主要居民密集村,以及相关的工农业基地和车站、码头、渡口等	为以上两级网的延伸,直达门户的公路运输,包括与邻县和地区的横向联系

（2）关联性

公路网的布局或结构组成是与区域的自然条件、经济条件以及交通等有关条件相适应的；是一个具有特定功能和高效益的有机整体。路网中任意一条道路的新建或改建，都要受到全局因素的制约。由于区域经济和交通运输需求是随着时间变化和发展的，因此公路网建设是一个动态的发展过程。

（3）目标性

公路网具有特定的功能，是有明确目标的，各条公路正是按照既定目标组合成公路网系统，否则就不能充分发挥公路网的整体效益。

（4）适应性

公路网应该适应于区域国土开发利用和经济发展规划，适应于区域综合运输规划和公路交通需求。

区域公路网作为一个整体，在平面上表现的结构形式是由节点和连线组成的形式。节点的位置主要取决于区域内各运输点的地理位置，一般不会有大的变动，而连线是表示公路的基本走向，作为网络形式可以是直线，但实际上为迂回的曲线。公路网的结构形式受区域内运输点地理位置和制约公路走向诸因素的影响而千差万别，各区域的路网形式不可能是相同的格式，图2-2为归纳总结的几种典型公路网结构形式。一般而言，平原、微丘区宜采用三角形、棋盘形和放射形路网；而

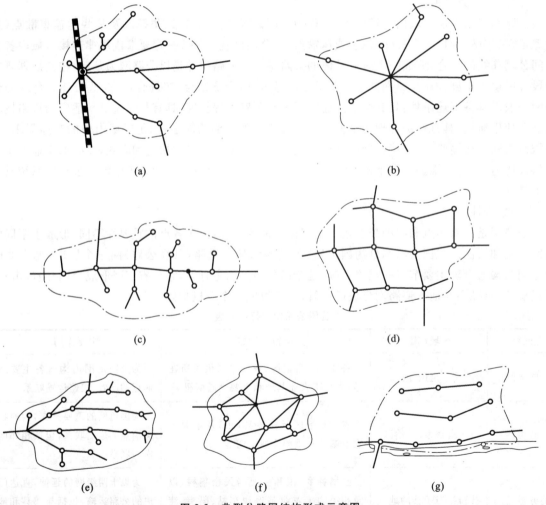

图2-2　典型公路网结构形式示意图

(a)扇形；(b)放射形；(c)条形；(d)棋盘形；(e)树枝形；(f)三角形；(g)并列形

重丘区和山区因受山脉及河川的限制,适宜采用并列形、树枝形或条形路网;区域内的主要运输点(省、市或县的行政机关所在地等)偏于边缘时,可能产生扇形或树枝形路网,一般在狭长地带的地方道路网中也可以采用条形路网;在较大区域内各种形式可相互配合使用而形成混合型路网。我国国道网就是采用放射形和格网形组合的。

公路网的规划是公路建设发展到一定阶段所必须做的工作。公路网规划是依据经济发展预测未来路网结构形式并安排建设项目实施的过程或行为,公路网规划的目的是依据区域社会经济发展对公路交通的需求,确定公路网建设的合理规模(通车里程和等级结构)及其合理布局,做出公路网项目建设分期实施计划,以使公路网建设最大限度地满足公路交通的需求。公路网规划的主要内容包括:收集资料和调查分析;现状剖析和评价;社会经济发展与公路交通需求预测;合理规模确定;路网布局优化;建设序列安排和方案实施计划;综合评价;资金筹措及跟踪调整等。其中,合理规模确定及路网布局优化是核心内容,合理的路网布局是指能满足给定条件并达到预期目标的一个公路网整体设计方案,从效果上应能充分体现快速、畅通、安全、经济、方便、舒适、低公害和低能耗等较高的服务水平。

2.1.2.2 城市道路网

从宏观上讲,城市道路网就是公路网的某一节点;从微观上看,城市道路网是由城市范围内所有道路组成的一个体系。城市道路网是编制城市规划时就拟定的,它从整体上对每条道路都提出了明确的目的与任务。新建或改建一条城市道路时需首先了解该道路在城市道路网的地位、意义及其与相邻道路的关系,然后才能做出技术经济合理的设计。对城市道路网的基本要求是必须满足交通方便、安全、快速和经济,满足城市环境宁静、清洁、朴实和美观。城市道路系统是城市中组织生产、安排生活所必需的车辆、行人交通往来的道路,连接城市各组成部分,并与郊区公路、铁路场站、港口、码头、航空机场相贯通的交通纽带。城市道路系统不仅是组织城市交通运输的基础,而且是布置城市公用管线、街道绿化、组织沿街建筑和划分街坊的基础。因此,城市道路网是城市市政设施的重要组成部分。城市道路网的特点表现在:功能多样、组成复杂;车辆多、类型杂、车速差异大、行人交通量大;道路交叉点多、沿线建筑密集;景观和建筑艺术要求高;规划设计影响因素多、政策性强。

城市道路网的结构形式是指一座城市中所有道路组合的轮廓或几何形状。它与城市的规模、城市中交通吸引点的分布以及城市所在地自然条件等密切相关。城市道路网的几何形状一旦形成,整个城市的运输系统、建筑布置、居民点以及街区规划也就确定了。通常改变一个城市的道路网是很困难的,也是不经济的,对城市道路网的改造和规划应在原有结构基础上进行,对国内外已建城市路网结构进行归纳与总结,城市道路网可有四种基本形式:方格网式、环形放射式、自由式和混合式。

(1)方格网式

每隔一定间距设置接近平行的干道,在干道之间再设次要干道,形成方格棋盘状道路网。方格网是常见的城市道路结构形式,其特点是街坊整齐,有利于建筑布置和方向识别;交叉简单,多为十字交叉,所有交叉口都是两条道路相交,个别为 T 形,交通组织简单便利;交通分散,不会造成市中心的交通压力过重;车流重新分配灵活性大,车辆绕行方便;但对角线方向交通不便,非直线系数(两点间实际交通距离与直线距离相比)高达 1.2～1.41。为解决对角线方向交通,可采用方格对角线式,但因不规则街坊和畸形交叉口多,故采用城市不多,长春、沈阳有类似布置。方格网适用于地形平坦的中、小城市和大城市的局部地区。我国许多建于平坦地区的古城,如北京、西安、太原、郑州、石家庄、开封等的旧城区均属于方格网式,另外一些沿江(河)、沿海的城市,由于顺应地形而形成了不规则的棋盘状道路网,如洛阳、福州等。

（2）环形放射式

由放射状道路与环形道路组成的道路网。放射状道路承担着对外交通联系,环形道路承担各区间联系,并连接放射状道路以分散部分过境交通。一般由旧城中心地区逐渐向外扩展,并在外围布设环城道路演变而来。其特点是能使市中心区与郊区、外围相邻各区间交通联系方便;非直线系数小,一般在1.1左右;道路有直有曲,易与地形相适应;但市中心区交通压力大,交通灵活性不如方格网式好,小范围内使用会出现不规则街坊。为分散市中心区交通,放射性干道的布设应止于内环路或二环路,并禁止过境交通进入市区,有些大城市可以设置两个或两个以上市中心区。环形放射式道路网应结合城市自然条件规划,不应机械地追求几何图形,环形道路可以是半环或多边折线,放射道路也不一定在城市各个方向都设。

环形道路网适用于大城市或特大城市的干道系统。国内外许多城市都采用这种道路网形式,如成都、莫斯科、伦敦等。图2-3为成都市道路网。

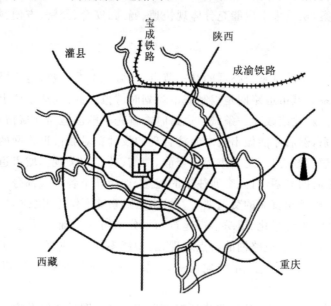

图2-3　成都市道路网

（3）自由式

道路弯曲自然、无一定规则的几何外形的道路网。一般是由于城市地形起伏,道路结合地形条件而形成的。其特点是能充分利用地形,使线形自然顺适、工程造价降低,但因路线曲折而使非直线系数大、不规则街坊多、建筑用地分散。自由式道路网适用于地形起伏较大的中小城市或大城市的局部区域。我国许多山丘区城市,如青岛、重庆、渡口、南宁等均属于自由式道路网。图2-4为重庆市区干道系统图,重庆为山区城市,地形特陡处的干道间采用隧道连接。

（4）混合式

结合城市用地条件,采用前三种形式组合而成的道路网。有一些城市是分阶段发展的结果,如在旧城区方格网式基础上,分期修建放射道路和环形道路而形成混合式道路网。其特点是因地制宜,发扬前三种形式的优点,避免缺点,达到较好的效果。

混合式道路网适用于大、中城市的道路系统。我国许多大、中城市,如上海、北京、忻州、武汉等都采用混合式道路网。图2-5为北京市区道路网。

为了优化城市用地布局,提高城市的运转效能,提供安全、高效、经济和低公害的交通条件,应对城市道路交通进行科学、合理的规划。城市道路交通网络规划的内容包括:确定城市公共交通系

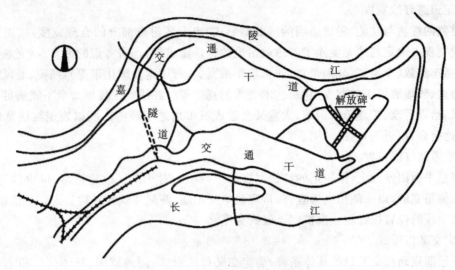

图 2-4 重庆市区干道系统图

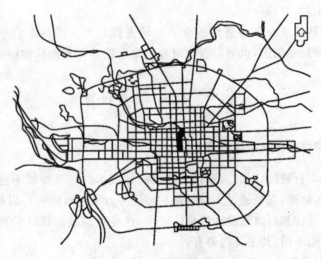

图 2-5 北京市区道路网

统、各种交通的衔接方式、大型公共换乘枢纽和公共交通场站设施的分布和用地范围;确定各级城市道路红线宽度、横断面形式、主要交叉口的形式和用地范围,以及广场、公共停车场、桥梁、渡口的位置和用地范围;平衡各种交通方式的运输能力和运输量;对网络规划方案做技术经济评估;提出分期建设与交通建设项目排序的建议。

2.1.2.3 城市道路红线规划

道路红线是指城市道路用地分界控制线,红线之间的宽度即道路用地范围,称为道路总宽度或路幅宽度。规划道路红线也就是确定道路的边线或道路红线的宽度,其目的在于全面规定各级道路、广场、交叉口等用地范围,便于道路设计、施工及两侧建筑物的安排布置,也是各项管线工程设计、施工和调整的主要依据,道路红线一经确定,红线以外的用地就要按规划进行建设,各种管线也要按红线进行布设,一旦建成就难以改变,因此规划红线是十分重要的。道路红线通常是由城市规划部门依据城市总体规划确定的道路网形式和各条道路的功能、性质、走向和位置等因素确定的。道路红线规划设计的主要内容包括以下几个方面。

（1）确定道路红线宽度

根据道路的性质与功能，考虑适当的横断面形式，定出各组成部分的合理宽度，从而定出合理的道路红线宽度。确定红线宽度除了考虑政治上的特殊需求外，还需考虑的因素有：交通功能需要的宽度（包括车道数、车道宽、分隔带宽、非机动车道宽、人行道宽及绿化带等），照明、通风需要的宽度，防空、防火、防地震要求的宽度，建筑艺术要求的宽度等。红线宽度规划太窄不能满足各种影响因素的要求，给以后改、扩建带来困难，太宽又会造成城市用地不经济。所以确定红线宽度时应充分考虑"近远结合，以近为主"的原则。

（2）确定道路红线位置

在城市总平面图基础上，按拟定的红线宽度画出红线。对于旧区改建道路，以少拆迁为原则，可一侧或两侧拓宽的，以一侧拓宽为宜；保持现状中线不动，两侧建筑物平均后退。对于新区道路，根据规划路中线的位置按计划一次扩宽至红线宽度。

（3）确定交叉口形式

按照近远期规划和交叉口处具体条件，确定交叉口的形式、用地范围、具体位置和主要几何尺寸，并以红线方式绘于平面图上。

（4）确定控制点坐标和标高

规划道路中线的转折点和各条道路的交叉点即为控制点。控制点的平面坐标可直接实地测量，控制标高则由竖向规划确定，也可以根据可靠的地形图计算其坐标和标高。

2.2　汽车行驶特性

2.2.1　汽车行驶性能和对路线的要求

道路主要是供汽车行驶的，因此道路设计应以满足汽车的行驶要求为前提。汽车行驶总的要求是安全、快速、经济、舒适，它是通过人、车、路和环境等方面来保证的。因此，在道路线形设计时，需要研究汽车的行驶特性和对道路设计的具体要求，这是道路线形设计的理论基础。汽车的行驶性能随汽车类型不同而不同，其主要内容有：

①动力性，指汽车具有的加速、上坡和最大速度等的性能。汽车的动力性愈好，速度就越高，爬坡能力和加速能力越大。动力性在很大程度上影响道路最大纵坡、连续陡坡的组合坡长等。

②行驶稳定性，指汽车在行驶过程中，在外部因素作用下，汽车尚能保持正常的行驶状态和方向，不致失去控制而产生滑移、倾覆等现象的能力。它直接关系行车的安全，并决定最大纵坡值、圆曲线最小半径、合成坡度最大值的取值。

③操纵稳定性，指汽车是否按驾驶员的意图控制汽车的性能，包括汽车的转向性、高速稳定性和操纵轻便性。汽车的转向性直接影响汽车在弯道上的行驶轨迹，间接影响平面线形的设计。

④制动性，指汽车在行驶中强制降低车速以至停车，或在下坡时能保持一定速度行驶的能力。汽车的制动性直接关系汽车的行驶安全，影响路线设计，如行车视距、山区公路中陡坡长度以及缓和坡段的设置等。

⑤行驶平顺性，指汽车在不平道路上行驶时，汽车免受冲击和震动的能力。汽车行驶平顺性，对汽车平均行驶速度、驾驶员和乘客的舒适性、运货的完整性等有很大影响。

⑥燃油经济性，指汽车以最少的燃油消耗量完成单位运输的能力。从道路设计的角度，减少单位运输中的燃油消耗量，可以降低运输成本。同时，一条道路的燃油消耗量也是评定道路质量的重

要经济指标之一。

以上行驶性能中与公路线形设计关系密切的是汽车的动力性、稳定性、制动性。要满足汽车在道路上安全、快速、经济、舒适的行驶,就道路路线设计而言,主要从以下几个方面来保证:

①保证汽车在道路上行驶的稳定性。为保证汽车在行驶时不发生翻车、滑移、倾覆,道路线形设计时,在保证稳定性的前提下,需要合理地选用圆曲线半径、纵坡、超高横坡等,并提高车辆与路面间的附着力。

②尽可能地提高车速。速度是影响运输工作效率的主要因素之一。为提高车速,就需要充分地发挥汽车行驶的动力性能,因此在道路线形设计时必须严格控制平竖曲线半径、最大纵坡和坡长,合理地设计缓和坡段,并尽可能地采用大半径平曲线及平缓的纵坡。

③保证道路上的行车畅通。为了保证道路上的行车畅通,公路线形设计需要保证有足够的视距和路面宽度,合理地设计平、竖曲线,正确地设计交叉口等。

④尽量满足行车舒适。在道路线形设计时,需进行平纵线形组合设计,尽量避免或减少不利组合,以满足视觉和心理方面的舒适性;线形设计还要注意与周围环境的协调。

综上所述,道路线形设计与汽车的主要行驶性能是密切相关的,因此本章重点讲述汽车的行驶性能,为道路线形设计打下基础。

2.2.2 汽车的驱动力和行驶阻力

2.2.2.1 汽车的驱动力

为研究汽车在道路上的运动状况,首先应分析汽车行驶方向作用于汽车的各种外力即驱动力和行驶阻力。汽车在道路上行驶时,需要有足够的驱动力来克服各种行驶阻力。汽车行驶的驱动力来自内燃发动机,在发动机里将热能转化成机械能,产生有效功率 N,驱使曲轴以 $r(\text{r/min})$ 旋转,发生扭矩 M,再通过一系列的变速和传动,将曲轴的扭矩传给驱动轮,产生扭矩 M_k 驱动汽车行驶。

(1)发动机曲轴扭矩

如将发动机功率 N、扭矩 M 以及燃料消耗率与发动机曲轴转速之间的函数关系以曲线表示,当发动机节流阀全开时,该曲线称为发动机外特性曲线。

在进行汽车驱动性能分析时,只需研究发动机功率 N、扭矩 M 与转速 n 之间的关系曲线。对于不同类型的发动机,其输出功率不同,产生的扭矩也不同,其关系见式(2-4),某汽车发动机的外特性曲线见图 2-6。

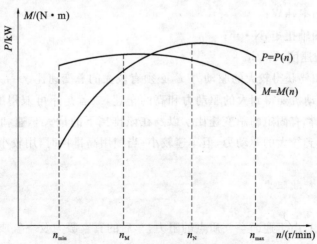

图 2-6 某汽车发动机的外特性曲线

$$M = 9549 \frac{N}{n} \tag{2-4}$$

式中　M——发动机曲轴扭矩，N·m；

　　　N——发动机有效功率，kW；

　　　n——发动机曲轴的转速，r/min。

（2）驱动扭转轴

发动机曲轴上的扭矩经过变速箱（速比i_k）和主传动器（速比i_0）两次变速传动系统的机械效率为η_T，则传到驱动轮上的扭矩M_k为：

$$M_k = M \cdot i_0 \cdot i_k \cdot \eta_T \tag{2-5}$$

式中　M_k——汽车驱动轮扭矩，N·m；

　　　M——发动机曲轴扭矩，N·m；

　　　η_T——传动系统的机械效率，一般载重汽车为0.80～0.85，小客车为0.85～0.95。

如图2-7所示，把驱动轮上的扭矩M_k用一对力偶T_a和T代替，T_a作用在轮缘上与路面水平反力F抗衡，T作用在轮轴上推动汽车前进，称为驱动力（或牵引力），与汽车行驶阻力R抗衡，其函数关系见式（2-6）。

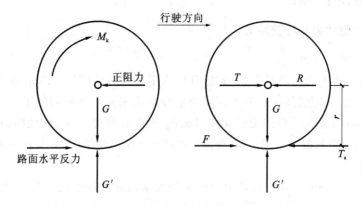

图 2-7　汽车驱动轮受力分析

$$T = \frac{M_k}{r} = \frac{M \cdot i_0 \cdot i_k \cdot \eta_T}{r} = 0.377 \frac{n}{V} M \eta_T = 3600 \frac{N}{V} \eta_T \tag{2-6}$$

式中　N——发动机功率，kW；

　　　M——发动机曲轴扭矩，N·m；

　　　V——汽车行驶速度，km/h。

由式（2-6）可知，如要获得较大的驱动力T，必须有较大的总变速比$\gamma = i_0 i_k$。但γ增大，则车速V降低，因此对同一发动机要得到大的驱动力和高的车速，二者是不可兼得的。为此，对汽车都设有几个排挡，每个排挡都有固定的总变速比γ以及在该排挡下的最大车速和最小车速。当使用低排挡时，用较大的γ得到较大的驱动力，但车速较小；当使用高排挡时，用较小的γ可获得较小的驱动力和较高的车速。

2.2.2.2　汽车的行驶阻力

（1）空气阻力

汽车在行驶过程中，由于迎面空气质点的阻力，车后的真空吸力及空气质点与车身表面的摩擦力阻碍汽车的前进，称为空气阻力。汽车在运动时产生的空气阻力R_w(N)可以用式（2-7）计算：

$$R_w = \frac{KAv^2}{21.15} \tag{2-7}$$

式中 K——空气阻力系数,可参考表 2-7 选用或查阅有关资料;

A——汽车迎风面积,m^2;

v——汽车与空气的相对速度,km/h,可近似地取汽车的行驶速度。

表 2-7 汽车的空气阻力系数与迎风面积

车型	迎风面积 A/m^2	空气阻力系数 K
小客车	1.4~1.9	0.32~0.50
载重车	3.0~7.0	0.60~1.00
大客车	4.0~7.0	0.50~0.80

(2)道路阻力

道路阻力是由于弹性的轮胎变形和道路的不同路面类型及纵坡度而产生的阻力,主要包括滚动阻力、坡度阻力和惯性阻力。

①滚动阻力,指车轮在路面上滚动时所产生的阻力,是由轮胎与路面变形引起的。它与路面类型、轮胎结构及行驶速度有关。滚动阻力与汽车的总重成正比,若坡道倾角为 α,其计算公式如下:

$$R_f = G \cdot f \cdot \cos\alpha \tag{2-8}$$

由于坡道倾角一般较小,认为 $\cos\alpha \approx 1$,则

$$R_f = G \cdot f \tag{2-9}$$

式中 R_f——滚动阻力,N;

G——车辆总重力;

f——滚动阻力系数,其与路面类型、轮胎结构和行驶速度等有关,一般应由试验确定。在一定类型的轮胎和一定车速范围内,可视为只与路面状况有关的常数,见表 2-8。

表 2-8 各类路面滚动阻力系数 f 值

路面类型	道路滚动阻力系数	路面类型	道路滚动阻力系数
良好沥青或混凝土	0.010~0.018	压紧土路、干燥	0.025~0.035
一般沥青或混凝土	0.010~0.020	压紧土路、雨后	0.050~0.150
碎石	0.025~0.200	干砂	0.100~0.300
良好卵石	0.025~0.03	湿砂	0.060~0.150
良好砾石	0.035~0.050	结冰路面	0.015~0.030
泥泞土路	0.100~0.250	压紧雪路	0.030~0.050

②坡度阻力。汽车在坡道倾角为 α 的道路上行驶时,车重 G 在平行于路面上的分力为 $G\sin\alpha$。上坡时它与汽车的前进方向相反,阻碍汽车行驶;而下坡时与前进方向相同,助推汽车行驶。坡度阻力可用式(2-10)、式(2-11)计算:

$$R_i = G \cdot \sin\alpha \tag{2-10}$$

因坡道倾角一般较小,$\sin\alpha \approx \tan\alpha \approx i$,所以

$$R_i = G \cdot i \tag{2-11}$$

式中 R_i——坡度阻力,N;

G——车辆总重力,N;

i——道路纵坡度,上坡为正,下坡为负。

滚动阻力和坡度阻力均与道路状况有关,且都与汽车的总重力成正比,将它们统称为道路阻力,以 R_R 来表示:

$$R_R = G \cdot (f+i) \tag{2-12}$$

式中 f,i——道路阻力系数。

③惯性阻力。汽车变速行驶时,需要克服其质量变速运动时产生的惯性力和惯性力矩为惯性阻力。汽车的质量分为平移质量和旋转质量(如飞轮、齿轮等)两部分。变速时平移质量产生惯性力 $P_j = \dfrac{G_a}{g}\dfrac{d_v}{d_t}$,旋转质量产生惯性力矩,旋转质量组成部分较多,且各部分的转动惯量的角加速度不同,计算比较复杂,为方便计算,一般用平移质量惯性力乘以大于 1 的系数 δ 来代替旋转质量惯性力矩的影响,即:

$$R_j = \delta \cdot \frac{G_a}{g} \cdot \frac{d_v}{d_t} = (1+\delta_1+\delta_2 i_k^2)\frac{G_a d_v}{g\, d_t} \tag{2-13}$$

式中 R_j——惯性阻力,N;

G_a——汽车总重力,N;

g——重力加速度,m/s^2;

δ——惯性力系数(或旋转质量换算系数)。

惯性力系数 δ 主要与飞轮的转动惯量、车轮的转动惯量以及传动系的传动比有关:

$$\delta = 1+\delta_1+\delta_2 i_k^2$$

式中 δ_1——车轮惯性力的影响系数,一般 δ_1 为 0.03~0.05;

δ_2——发动机飞轮惯性力的影响系数,一般小客车 δ_2 为 0.05~0.07,载重汽车 δ_2 为 0.04~0.05;

i_k——变速箱的速比。

汽车的总行驶阻力 R 为:

$$R = R_w + R_R + R_j \tag{2-14}$$

2.2.3 汽车的行驶条件和稳定性

2.2.3.1 汽车的行驶条件

汽车在道路上行驶时,必须有足够的驱动力克服各种行驶阻力,当驱动力与各种行驶阻力的代数和相等时,称为驱动平衡。其驱动平衡方程式(也称汽车的运动方程式)为:

$$T = R = R_w + R_R + R_j \tag{2-15}$$

汽车在道路上行驶时,必须有足够的驱动力来克服各种行驶阻力。

$$T \geqslant R \tag{2-16}$$

式(2-16)是汽车行驶的必要条件(即驱动条件)。只有足够的驱动力还不能保证汽车正常行驶。若汽车与路面之间的附着力不够大,汽车将在路面上打滑,不能正常行驶。所以汽车能否正常行驶,还要受到轮胎与路面之间附着条件的制约。即汽车行驶的充分条件是驱动力小于或等于轮胎与路面之间的附着力,即:

$$T \leqslant \varphi \cdot G_K \tag{2-17}$$

式中 φ——附着系数,主要取决于路面的粗糙程度和潮湿泥泞程度,轮胎的花纹和气压,以及车速和荷载等,计算时可按表 2-9 选用。

G_K——驱动轮荷载。一般情况下,小汽车为总重的 $0.5 \sim 0.65$,载重汽车为总重的 $0.65 \sim 0.80$。

表 2-9 **各类路面上附着系数 φ 的平均值**

路面类型	路面情况			
	干燥	潮湿	泥泞	冰滑
水泥混凝土路面	0.7	0.5	—	—
沥青混凝土路面	0.6	0.4	—	—
过渡式及低等级路面	0.5	0.3	0.2	0.1

根据以上行驶条件,在实际工作中对路面提出了一定的要求,从宏观上讲,要求路面平整而坚实,尽量减小滚动阻力;从微观上讲,要求路面粗糙而不滑,以增大附着力。

2.2.3.2 汽车行驶的纵向稳定性

汽车的行驶稳定性是指汽车在行驶过程中,在外部因素作用下,尚能保持正常行驶状态和方向,不致失去控制而产生滑移、倾覆等现象的能力。

影响汽车行驶稳定性的主要因素有:

①汽车本身的结构参数,如汽车的整体布置、几何参数、质量参数、轮胎特性等。

②驾驶员的因素,如驾驶员开车时的思想集中状况、反应快慢、技术熟练程度、动作灵敏程度等。

③作用于汽车的外部因素,主要是汽车和路面间的相互作用因素(如公路的纵、横向坡度,路面附着情况等)以及汽车作变速行驶和曲线行驶时的惯性力的作用。

汽车以等速上坡受力如图 2-8 所示,惯性阻力为 0,因车速低可忽略空气阻力和滚动阻力。G_a 为汽车总重力,α 为坡道倾角,h_g 为重心高度,Z_1 和 Z_2 为作用在前、后轮上的法向反作用力,L 为汽车轴距,L_1 和 L_2 为汽车重心至前、后轴的距离,O 点为汽车重心,A 和 B 为前、后轮与路面接触点。

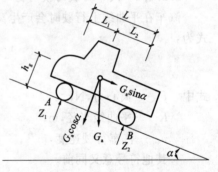

图 2-8 汽车行驶的纵向稳定性

(1)纵向倾覆

产生纵向倾覆的临界状态是汽车前轮法向反作用力 Z_1 为 0,此时,汽车可能绕 B 点发生倾覆现象,对 B 点取矩并令 $Z_1 = 0$,得,

$$G_a L_2 \cos\alpha_0 - G_a h_g \sin\alpha_0 = 0$$

则:

$$\tan\alpha_0 = \frac{L_2}{h_g} \tag{2-18}$$

式中 α_0——Z_1 为 0 时极限坡道倾角。

当坡度倾角 $\alpha \geqslant \alpha_0$(或者道路纵坡 $i \geqslant i_0$)时,汽车可能发生纵向倾覆。由式(2-18)可知,纵向倾覆的稳定性主要与汽车重心至后轴的距离 L_2 和重心高度 h_g 有关,L_2 越大,h_g 越低,纵向稳定性越好。

(2)纵向滑移

对后轮驱动的汽车,根据附着条件,驱动轮不产生滑移的临界状态是下滑力与附着力相等,即:

$$G_a \sin\alpha_\varphi = Z_2 \varphi \tag{2-19}$$

对前轮着地点取矩,得:

$$Z_2 L = G_a \cos\alpha L_1 - G_a h_g \sin\alpha$$

则后轮的垂直反力为：

$$Z_2 = \frac{G_a\cos\alpha L_1 - G_a h_g \sin\alpha}{L} \tag{2-20}$$

由式(2-20)和式(2-19)得：

$$\tan\alpha_\varphi = \frac{L_1 + h_g \tan\alpha_\varphi}{L}\varphi \tag{2-21}$$

由于 $h_g \tan\alpha_\varphi$ 很小，可以略去不计，且有 $\dfrac{L_1}{L} \approx \dfrac{G_d}{G_a}$，则：

$$\tan\alpha_\varphi = \frac{L_1}{L}\varphi \approx \frac{G_d}{G_a}\varphi \tag{2-22}$$

式中　α_φ——产生纵向滑移临界状态时坡道倾角；

　　　　G_d——驱动轮的轴重，N；

　　　　G_a——汽车总重力，N。

当坡道倾角 $\alpha \geqslant \alpha_\varphi$ 或者道路纵坡度 $i \geqslant i_\varphi$ 时，汽车可能产生纵向滑移。

（3）纵向稳定性的保证

若 $\alpha \geqslant \alpha_\varphi$，则汽车在坡路上行驶时发生滑移的现象在倾覆前出现，即汽车在坡道上行驶时，在发生纵向倾覆之前，首先发生纵向滑移现象。为保证汽车行驶的纵向稳定性，道路设计应以满足不产生纵向滑移为条件，同时也就避免了汽车的纵向倾覆现象出现。故汽车行驶时纵向稳定性的条件为：

$$\tan\alpha_\varphi \leqslant \tan\alpha_0 \tag{2-23}$$

2.2.3.3　汽车行驶的横向稳定性

汽车在平曲线上行驶时会产生离心力，其作用点在汽车的重心，方向水平背离圆心，其计算公式为：

$$F = \frac{G_a}{g} \cdot \frac{v^2}{R} \tag{2-24}$$

式中　F——离心力，N；

　　　　R——平曲线半径，m；

　　　　v——汽车行驶速度，m/s；

　　　　其他符号意义同前。

离心力对汽车在平曲线上行驶稳定性影响很大，它可能使汽车向外侧滑移或倾覆。如图 2-9 所示，汽车行驶在具有横坡的平曲线路线上时，其车重的水平分力可以抵消一部分离心力的作用，其余部分由汽车轮胎与路面之间的横向摩阻力与之平衡。

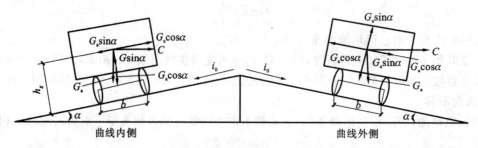

图 2-9　汽车行驶的横向稳定性

将离心力 F 与汽车重力 G_a 分解为平行于路面的横向力 X 和垂直于路面的竖向力 Y,即:

$$X = F\cos\alpha \pm G_a\sin\alpha \tag{2-25}$$

由于路面横向倾角 α 一般很小,则

$$\sin\alpha \approx \tan\alpha = i_0,\quad \cos\alpha \approx 1$$

故:

$$X \approx F \pm G_a i_0 \tag{2-26}$$

式中 "+"——路拱双坡外侧;

　　　"-"——路拱双坡内侧;

　　　α——路面横坡坡角;

　　　i_0——路面横坡坡度。

横向力 X 是汽车行驶的不稳定因素,竖向力是稳定因素。采用横向力系数 μ 来衡量稳定性程度,其意义为单位车重的横向力,即:

$$\mu = \frac{X}{G_0} = \frac{v^2}{127R} \pm i_0 \tag{2-27}$$

式中 R——平曲线半径,m;

　　　μ——横向力系数;

　　　v——行车速度,km/h;

　　　i_0——横向坡度或横向超高。

式(2-27)表达了横向力系数与车速、平曲线半径及横坡之间的关系。μ 值愈大,汽车在平曲线上的稳定性就越差。

汽车在具有超高的平曲线上行驶时,由于横向力的作用,可能使汽车绕外车轮触地点产生向外横向倾覆的危险,为使汽车不产生倾覆,考虑倾覆力矩与稳定力矩相等时的极限条件。即:

$$X h_g = (F\cos\alpha \pm G_a\sin\alpha)h_g = (G_a\cos\alpha \pm F\sin\alpha)\frac{b}{2} = (G_a \pm F i_0)\frac{b}{2} \tag{2-28}$$

式中 h_g——汽车重心高度,m;

　　　b——汽车轮距,m。

由于 $F i_0$ 比 G_a 小很多,可略去不计,则:

$$X h_g = (F\cos\alpha \pm G_a\sin\alpha)h_g = (G_a \pm F i_0)\frac{b}{2} \approx G_a \cdot \frac{b}{2}$$

可得:

$$\frac{X}{G_a} = \frac{b}{2h_g} = \mu \tag{2-29}$$

故汽车不产生倾覆的稳定条件为:

$$\mu \leqslant \frac{b}{2h_g} \tag{2-30}$$

在倾覆极限状态下,将 $\mu = \frac{b}{2h_g}$ 代入式(2-27),可得汽车在曲线上行驶时不发生倾覆的最大车速和最小平曲线半径,即:

$$v_{\max} = \sqrt{gR\left(\frac{b}{2h} \pm i_0\right)} \tag{2-31}$$

$$R_{\min} = \frac{v^2}{g\left(\dfrac{b}{2h_g} \pm i_0\right)} \tag{2-32}$$

汽车在平曲线上行驶时,由于横向力的存在,可能使汽车沿横向力的方向产生横向滑移。为使汽车不产生横向滑移,必须使横向力小于或等于轮胎和路面之间的横向附着力,即:

$$X \leqslant G_a \varphi_h \tag{2-33}$$

则:

$$\varphi_h \geqslant \frac{X}{G_a} = \mu \tag{2-34}$$

故汽车不产生滑移的稳定条件为:

$$\mu \leqslant \varphi_h \tag{2-35}$$

将式(2-35)代入式(2-27)并整理得,不产生横向滑移的最小平曲线半径 $R_{\min}$ 和最大允许行驶速度 $v_{\max}$ 为:

$$v_{\max} = \sqrt{gR(\varphi_h \pm i_0)} \tag{2-36}$$

$$R_{\min} = \frac{v^2}{g(\varphi_h \pm i_0)} \tag{2-37}$$

2.3　公 路 平 面

道路是一条三维空间的带状实体。它是由路基、路面、桥梁、隧道和沿线设施所组成的线形构造物。一般说来,道路中线的空间位置为路线。路线在水平面上的投影称作路线的平面,如图 2-10 所示。沿中线竖直剖切再行展开则是路线的纵断面,中线上任一点法向切面是道路在该点的横断面。路线的平面、纵断面和各点的横断面是道路的几何组成。路线设计是指确定路线空间位置和各部分几何尺寸。设计一条道路,对平、纵、横三个方面,既要分别进行,又要综合考虑。

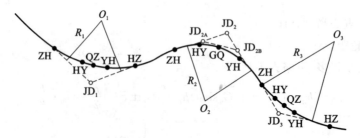

图 2-10　路线的平面

路线平面的形状称为平面线形。当路线由一个方向偏转至另一个方向时,偏转后的方向与原方向的夹角称为偏角,用 α 表示。相邻直线的转折点称为交点,用 JD 表示。直线与圆曲线的切点称为直圆点,用 ZY 表示。圆曲线与直线的切点称为圆直点,用 YZ 表示。圆曲线的中点称为曲中点,用 QZ 点表示。当曲线半径小于不设超高的最小半径时,为行车舒适,在直线与圆曲线之间插入缓圆曲线,直线与缓和曲线的切点称为直缓点。用 ZH 表示,缓和曲线与圆曲线的切点称为缓圆点,用 HY 表示。圆曲线与缓和曲线相切点称为圆缓点,用 YH 点表示。缓和曲线与直线的切点称为缓直点,用 HZ 表示,如图 2-11 所示。

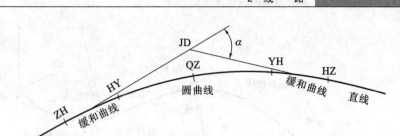

图 2-11　路线基本组成

通过对汽车行驶轨迹的研究,能了解道路平面线形的几何构成。理想的道路平面线形应与汽车的重心轮迹线完全重合。若道路的平面线形由直线和圆曲线构成,则仅符合汽车行驶轨迹是连续和圆滑的要求。但在直线和圆曲线相切处出现曲率不连续,与汽车行驶轨迹之间有较大偏离(图 2-12)时,道路必须在直线和圆曲线之间引入一条曲率逐渐变化的"缓和曲线",使整条线形符合汽车行驶轨迹特性的曲率连续和曲率变化率连续的要求,如图 2-13 所示,但在直线、圆曲线及缓和曲线的连接点曲率的变化率不连续。

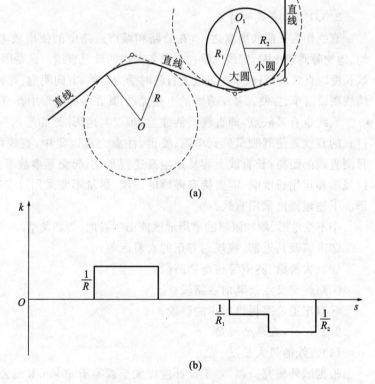

图 2-12　曲率不连续的路线
(a)路线图;(b)曲率图

道路的平面线形,当受地形、地物等障碍的影响而发生转折时,在转折处就需要设置曲线或组合的曲线。曲线一般为圆曲线,为保证行车的舒顺与安全,在直线、圆曲线间或不同半径的两圆曲线之间要插入缓和曲线。因此,直线、圆曲线和缓和曲线是平面线形的主要组成要素,称为平面线形三要素。

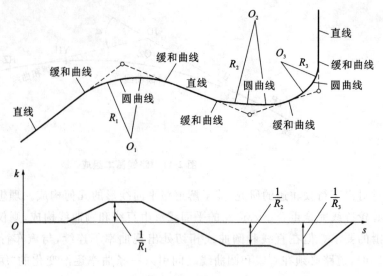

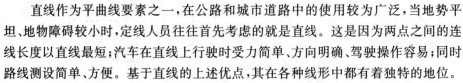

图 2-13　曲率连续的路线

2.3.1　直线

2.3.1.1　直线的特点

直线作为平曲线要素之一,在公路和城市道路中的使用较为广泛,当地势平坦、地物障碍较小时,定线人员往往首先考虑的就是直线。这是因为两点之间的连线长度以直线最短;汽车在直线上行驶时受力简单、方向明确、驾驶操作容易;同时路线测设简单、方便。基于直线的上述优点,其在各种线形中都有着独特的地位。

直线也有其缺点,即直线灵活性差,难以与地形、地物等周围的环境相协调;过长的直线易使驾驶员感到单调、疲倦、注意力难以集中;直线路段上难以准确目测直线的距离;长直线上容易产生高速行车,引起交通事故等。因此在运用直线线形和运用长度时,需要持有谨慎的态度,尽量不要采用过多和过长的直线线形。下述地段可采用直线:

①不受地形、地物限制的平坦地区或山涧谷地,例如戈壁滩、草原、大平原等;

②市镇及其近部,或规划方正的农耕区等;

③长大桥梁、隧道等构造物路段;

④路线交叉点及其前后路段;

⑤双车道公路提供超车的路段。

2.3.1.2　直线的运用

（1）直线的最大长度

根据国外研究资料,对于设计速度大于或等于 60km/h 的公路,最大直线长度为以汽车按照设计速度行驶 70s 左右的距离,即相当于 $20v$ 的长度。直线的最大长度应有所限制,当采用长的直线线形时,为弥补景观单调的缺陷,应结合沿线具体情况采取相应的技术措施并注意下述问题:

①在长直线上纵坡不宜过大,因为长直线加下陡坡行驶很容易导致超速行车。

②长直线与大半径凹形竖曲线组合为宜,这样可以使生硬呆板的直线得到一些缓和或改善。

③道路两侧地形过于空旷时,宜采取种植不同树种或设置一定建筑物、雕塑、广告牌等措施,以改善单调的景观。

④长直线尽头的平曲线,除曲线半径、超高、加宽、视距等必须符合规定外,还必须采取设置标志、增加路面抗滑能力等安全措施。

(2)直线的最小长度

①同向曲线间的直线最小长度。

同向曲线是指两个转向相同的圆曲线中间用直线或缓和曲线或径向连接而成的平面线形,如图 2-14(a)所示。转向相同的同向曲线之间插入较短的直线段时,在视觉上容易产生把直线和两端的曲线看成反向曲线的错觉,当直线过短时甚至会把两个曲线看成是一个曲线,形成所谓的"断背曲线"。这种线形破坏了道路整体线形的连续性,且容易造成驾驶操作的失误,设计中应尽量避免。由于这种线形组合所产生的缺陷是来自司机的错觉,所以对同向曲线间直线的最小长度加以限制,使前方相邻曲线在司机的视距以外便可避免上述缺点。因此,《公路路线设计规范》(JTG D20—2017)(以下简称《规范》)规定:同向曲线间直线最小长度(以 m 计)以不小于行车速度(以 km/h 计)的 6 倍为宜。这种要求在车速较高的道路($v \geqslant 60$km/h)上宜尽可能保证,而对于低速道路($v \leqslant 60$km/h)上则有所放宽,参考执行即可。在受到条件限制时,无论高速路还是低速路,都宜在同向曲线之间插入大半径曲线或将两曲线设计成复曲线、卵形曲线或 C 形曲线。

②反向曲线间的直线最小长度。

反向曲线是指两个转向相反的圆曲线之间以直线或缓和曲线径相连接而成的平面线形,如图 2-14(b)所示,转向相反的反向曲线之间,考虑到为设置超高和加宽缓和段的需要,以及驾驶人员转向操作的需要,如无缓和曲线时,宜设置一定长度的直线作为加宽(超离)过渡段。《规范》中规定:反向曲线间直线最小长度(以 m 计)以不小于行车速度(以 km/h 计)的 2 倍为宜。若反向曲线分别已设缓和曲线,在受到限制的地段也可将两反向缓和曲线首尾相接,构成 S 形曲线,但被连接的两条缓和曲线和圆曲线宜满足一定的条件。

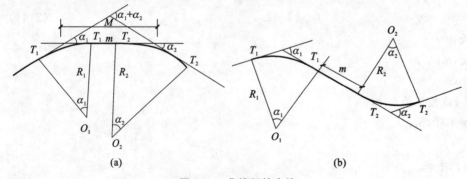

(a)   (b)

图 2-14 曲线间的直线

(a)同向曲线;(b)反向曲线

圆曲线
设计图

2.3.2 圆曲线

2.3.2.1 圆曲线要素

各级公路和城市道路不论转角大小均应设置平曲线,而圆曲线是平曲线中的主要组成部分,是平面线形中常用的线形要素。圆曲线的设计主要是确定其半径值。路线平面线形中常用的单曲线、复曲线、双交点或多交点曲线、虚交点曲线、回头曲线等中一般均包含了圆曲线。圆曲线具有易于地形相适应、可循性好、线形美观、易于测设等优点,使用十分方便。圆曲线的几何要素如图 2-15 所示。

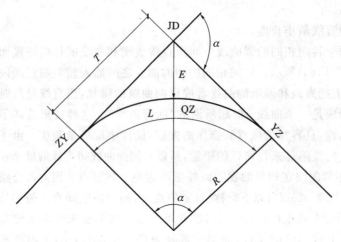

图 2-15　圆曲线几何要素

切线长:

$$T = R\tan\frac{\alpha}{2} \tag{2-38}$$

曲线长:

$$L = \frac{\pi}{180°}\alpha R \tag{2-39}$$

外距:

$$E = R\left(\sec\frac{\alpha}{2} - 1\right) \tag{2-40}$$

切曲差:

$$J = 2T - L \tag{2-41}$$

式中　T——切线长,m;

　　　L——曲线长,m;

　　　E——外距,m;

　　　J——切曲差(或校正值),m;

　　　R——圆曲线半径,m;

　　　α——转角,(°)。

2.3.2.2　圆曲线半径

(1)圆曲线半径的影响因素

由汽车横向稳定性的分析可知:

$$R = \frac{v^2}{127(\mu \pm i_h)} \tag{2-42}$$

式中　R——圆曲线半径,m;

　　　v——行驶速度,km/h;

μ——横向力系数；

i_h——超高值。

在指定车速 v 下最小 R_{min} 取决于容许的最大横向力系数 μ_{max} 和该圆曲线的最大超高值 i_{hmax}，对这些因素讨论如下。

①最大横向力系数。

横向力的存在对行车产生种种不利影响，μ 越大越不利，表现在以下几个方面：

a.危及行车安全。

汽车能在圆曲线上行驶的基本前提是轮胎不在路面上滑移，要求横向力系数 μ 低于轮胎与路面之间所能提供的横向摩阻系数，φ_h 的大小影响汽车的稳定程度、乘客的舒适感、燃料和轮胎的消耗及其他方面。其取值与车速、路面及轮胎等有关，一般在干燥路面上为 $0.4\sim0.8$；在潮湿的沥青路面上汽车高速行驶时，降低到 $0.25\sim0.40$；路面结冰和积雪时，降到 0.2 以下；在光滑的冰面上可降到 0.06（不加防滑链）。

b.增加驾驶操纵的难度。

在横向力的作用下，弹性的轮胎会产生横向变形，使轮胎的中间平面与轮胎前进方向形成一个横向偏移角（图 2-16）。它的存在增加了汽车在方向操纵上的难度，车速越高，这种操作的难度就越大。经验表明，当横向偏移角超过 5°时，驾驶员就不易保持驾驶方向的稳定，对行车安全不利。

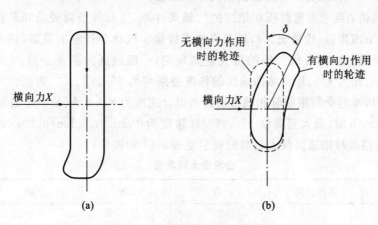

图 2-16　汽车轮胎的横向偏移角

(a)轮胎横向变形；(b)轮迹的偏移角

μ 的存在使轮胎和路面之间的摩阻力增加，车辆的燃油消耗和轮胎磨损增加，表 2-10 为实测损耗值。

表 2-10 实测损耗值

横向力系数(μ)	燃烧消耗/%	轮胎消耗/%
0	100	100
0.05	105	160
0.10	110	220
0.15	115	300
0.20	120	390

μ 值过大，汽车不能连续稳定行驶，有时还需要减速。当 μ 超过一定数值时，驾驶员要采用增

加汽车稳定性的措施,增加了驾驶员在圆曲线道路上行驶的紧张感。对于乘客,μ 值增大会使其感到不舒适,试验表明,随着 μ 值的变化乘客的心理反应如下:

当 $\mu < 0.10$ 时,不感到有曲线存在,很平稳;

当 $\mu = 0.15$ 时,稍感到有曲线存在,尚平稳;

当 $\mu = 0.20$ 时,已感到有曲线存在,稍不稳定;

当 $\mu = 0.35$ 时,感到有曲线存在,不稳定;

当 $\mu \geq 0.40$ 时,非常不稳定,有倾覆的危险感。

综上所述,μ 的取值关系行车的安全、经济与舒适。为计算最小圆曲线半径,应考虑各方面因素采用一个合适的 μ 值。一般 μ_{max} 可取为 $0.10 \sim 0.16$,车速高时取低值,车速低时取高值。

②最大超高值。

在车速较高的情况下,为了平衡离心力要用较大的超高,但道路上行驶车辆的速度差异较大,特别是在混合交通的道路上,不仅要照顾快车,还要考虑慢车的安全。对于慢车,乃至因故暂停在弯道上的车辆,其离心力接近于 0 或等于 0。如超高值过大,超出轮胎与路面间的横向摩阻系数,车辆有沿路面最大合成坡度下滑的危险,必须满足:

$$i_{hmax} \leq \varphi_h$$

式中　φ_h——一年中气候恶劣季节路面的横向摩阻系数。

制定最高超高值,除考虑道路所在地区的气候条件外,还必须给驾驶员和乘客以心理上的安全感。对重山区、城市附近、道路交叉口以及有相当数量非机动车行驶的道路,最大超高值应比一般道路小些。我国《标准》对各级公路的最大超高规定:一般地区的高速公路、一级公路为 8% 或 10%,二、三、四级公路为 8%,积雪冰冻地区的各级公路均为 6%。二、三、四级公路接近城镇且混合交通量大的路段,车速受到限制时和城市道路当设计速度为 80km/h,最大超高取 6%;当设计速度为 60km/h、50km/h 时,最大超高取 4%;当设计速度为 40km/h、30km/h、20km/h 时,最大超高取 2%。我国对公路和城市道路最大超高的规定见表 2-11 和表 2-12。

表 2-11　　　　　　　　　　公路最大超高值　　　　　　　　　　（单位:%）

公路等级	高速公路	一级	二级	三级	四级
一般地区	10	8			
积雪冰冻地区	6				

表 2-12　　　　　　　　　城市道路最大超高横坡度

计算行车速度/(km/h)	80	50~60	20~40
最大超高横坡度/%	6	4	2

（2）圆曲线最小半径

汽车在圆曲线上行驶时保持稳定的必要条件是汽车所受横向力被轮胎与路面之间的摩阻力抵消,若横向力大于摩阻力,则汽车出现横向滑移。因此,在设计时应控制横向力系数 μ 不超过横向摩阻系数 φ_h。

横向力系数 μ 实际是受横向摩阻系数 φ_h 约束的,即在不发生横向滑移前提下,μ 值不会超过 φ_h 值。因此,用 φ_h 代替 μ 值来计算圆曲线的最小半径更加符合实际情况。《标准》采用摩阻系数 φ_h 作为计算圆曲线最小半径的指标,即:

$$R = \frac{v^2}{127(\varphi_h + i_h)} \tag{2-43}$$

式中　φ_h——路面与轮胎之间的横向摩阻系数；

　　　i_h——超高横坡度；

　　　其他符号意义同前。

①圆曲线最小半径。

半径是圆曲线最重要的技术指标，选定了半径，则圆的大小就确定了。行驶在曲线上的汽车由于受到离心力作用，其稳定性和安全性受到影响，而离心力的大小又与曲线半径是密切相关的，半径越小，其所受的离心力越大。所以，在选择圆曲线半径时应尽可能采用较大值，只有在地形或其他条件受到限制时，才使用较小的曲线半径。为了保证行车的安全与舒适，《标准》规定了三种类型的圆曲线最小半径，即极限最小半径、一般最小半径、不设超高最小半径。极限最小半径主要满足安全要求，适当考虑基本的舒适度，在条件非常受限制时才可以使用。一般最小半径主要考虑具有较好的安全性和舒适度，是推荐的最小半径。不设超高的最小半径考虑即使不设超高也能保证安全性和舒适度。不同公路等级的最小半径值见表 2-13。在适应地形情况下应选用较大的曲线半径，一般情况下宜采用极限最小平曲线半径的 4～8 倍。

表 2-13　　　　　　　　　　　　　　　　圆曲线最小半径

设计速度/(km/h)		120	100	80	60	40	30	20
一般值/m		1000	700	400	200	100	65	30
极限值/m		650	400	250	125	60	30	15
不设超高最小半径/m	$i_{路拱} \leqslant 2.0\%$	5500	4000	2500	1500	600	350	150
	$i_{路拱} \geqslant 2.0\%$	7500	5250	3350	1900	800	450	200

②圆曲线最大半径。

选用圆曲线半径时，在地形、地物等条件允许时，应尽量采用较大曲线半径。但是，当半径大到一定程度时，其几何性质与直线区别不大，而且容易给驾驶人员造成判断上的错误，带来不良后果。因此，《规范》规定圆曲线的最大半径不宜超过 10000m。

③圆曲线半径的确定。

圆曲线能较好地适应地形的变化，并可以获得圆滑的线形。在与地形、地物等条件相适应的前提下，宜尽量采用较大曲线半径，以优化线形和改善行车条件。确定圆曲线半径时，应注意以下几点：

a.在条件许可时，尽量选用不设超高的圆曲线半径；

b.在一般情况下，宜采用极限最小半径的 4～8 倍或超高横坡度为 2%～4% 的圆曲线半径；

c.当地形条件受到限制时，曲线半径应尽量大于或接近一般最小半径；

d.在自然条件特别困难或受其他条件严格限制而不得已时，方可采用圆曲线的极限最小半径；

e.圆曲线的最大半径不宜超过 10000m。

2.3.3　缓和曲线

缓和曲线是道路平面线形要素之一，它是设置在直线与圆曲线间或半径相差较大、转向相同的两同向曲线间的一种曲率连续变化的曲线。缓和曲线在与直线相切处的半径为无穷大，与圆曲线相切处与圆曲线的半径相等。其作用是使离心力从 0 逐渐变化到定值，或者是从定值逐渐变化到 0，不会使乘客因离心力突变而感觉不适，对于汽车运动状态的突变可起到缓和作用，所以称为"缓和曲线"。缓和曲线的插入有利于行车稳定和易于驾驶转向操作,并使线形顺畅、美观和视觉协调。

《标准》规定,除四级公路可不设缓和曲线外,其余各级公路都应设置缓和曲线。在高速公路上,有时缓和曲线所占比例超过了直线和圆曲线,成为平面线形主要组成部分。在城市道路上,缓和曲线也被广泛使用。

(1)缓和曲线的作用

①离心加速度逐渐变化,不致产生侧向冲击;

②缓和超高,作为超高变化的过渡段,使行车更加平稳;

③通过曲率的逐渐变化,适应汽车转向操作的行驶轨迹及路线的顺畅美观及视觉协调的最佳线形(图2-17)。

(a)　　　　　　　　　　　　　　　(b)

图2-17　直线与曲线连接效果

(a)不设缓和曲线感觉路线扭曲;(b)设置缓和曲线后变得平顺美观

缓和曲线的形式主要包括双纽线、三次抛物线和回旋线,设计中一般采用回旋线。回旋线是一种半径随曲线长度的增大而减小的曲线,即在回旋线上任一点的半径 r 与曲线的长度 L 成反比,如图2-18所示,公式表示为:

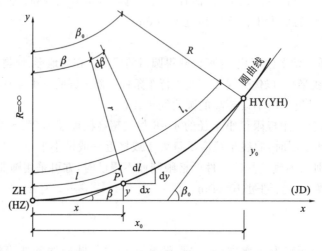

图2-18　缓和曲线基本图式

$$rl = A^2 \tag{2-44}$$

式中　r ——回旋线上某一点的曲线半径,m;

l——回旋线上某一点到原点的曲线长,m;

A——回旋线参数。

缓和曲线全长所对应的中心角称为缓和曲线角,用 β_0 表示:

$$\beta_0 = \frac{l_s}{2R} \times \frac{180°}{\pi}$$ (2-45)

《标准》规定:当公路的平曲线半径小于表 2-14 所列不设超高的最小半径时,应设缓和曲线,四级公路可不设缓和曲线。缓和曲线的长度应根据相应公路等级的计算行车速度求算,并应大于表 2-14 所列数值。

表 2-14　　　　　　　　　　　各级公路缓和曲线最小长度

公路等级	高速公路			一级			二级		三级		四级
设计速度/(km/h)	120	100	80	100	80	60	80	60	40	30	20
缓和曲线最小长度/m	100	85	70	85	70	50	70	50	35	25	20

(2)缓和曲线的平曲线要素

道路平面线形三要素的基本组成是:直线—回旋线—圆曲线—回旋线—直线。图 2-19 所示的组合形式是最常见的在直线与圆曲线之间插入缓和曲线后的形式。在直线与圆曲线之间插入缓和曲线时,必须将原有的圆曲线向内移动距离 p 才能使缓和曲线的起点位于直线方向上,这时切线增长 q。公路上一般采用圆心不动的平行移动方法,即未设缓和曲线时的曲线半径为 $R+p$。插入缓和曲线后,圆曲线向内移动距离 p,此时半径为 R,所对圆心角为 $\alpha-2\beta_0$。

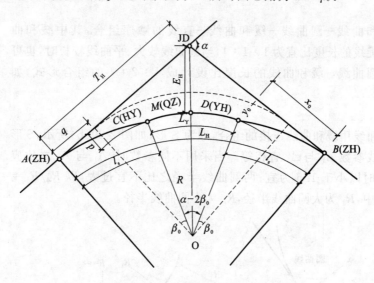

图 2-19　设缓和曲线的平曲线几何要素

圆曲线内移值 p 与切线加长值 q 的计算如下:

$$p = \frac{l_s^2}{24R}$$ (2-46)

$$q = \frac{l_s}{2} - \frac{l_s^3}{240R^2}$$ (2-47)

则有缓和曲线的平曲线要素计算如下。

切线长：

$$T_H = (R+p)\tan\frac{\alpha}{2} + q \qquad\qquad (2\text{-}48)$$

曲线长：

$$L_H = R(\alpha - 2\beta_0)\frac{\pi}{180°} + 2l_s \qquad\qquad (2\text{-}49)$$

圆曲线长：

$$L_Y = R(\alpha - 2\beta_0)\frac{\pi}{180°} \qquad\qquad (2\text{-}50)$$

外矩：

$$E_H = (R+P)\sec\frac{\alpha}{2} - R \qquad\qquad (2\text{-}51)$$

式中　R——内移以后曲线半径，m；

　　　p——内移值，m；

　　　q——切线加长值，m；

　　　α——转角，(°)；

　　　β_0——缓和曲线角，(°)。

2.3.4　平面线形组合及桩号计算

2.3.4.1　平面线形组合

(1)基本型

按直线—缓和曲线—圆曲线—缓和曲线—直线的顺序组合，其中缓和曲线—圆曲线—回旋线的长度比宜为1：1：1，当圆曲线较大、平曲线较长时，也可以将缓和曲线—圆曲线—缓和曲线的长度比设计成1：2：1的组合形式，如图2-20(a)所示。

(2)S形

两个反向圆曲线用缓和曲线连接的组合，即为S形，如图2-20(b)所示；S形相邻两个缓和曲线参数 A_1 与 A_2 宜相等。当采用不同参数时，A_1 与 A_2 之比应小于2.0，有条件时以小于1.5为宜；两圆曲线半径之比不宜过大，以 $R_2/R_1 = 1/3\sim1$ 为宜。其中，R_1 为大圆曲线半径，R_2 为小圆曲线半径。

平面线型
组合图

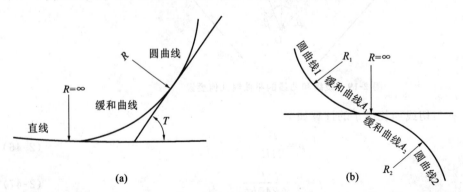

(a)　　　　　　　　　　(b)

图 2-20　直线、圆曲线、回旋线组合

(a)基本型；(b)S形

（3）卵形

用一个回旋线连接两个同向圆曲线的组合，即为卵形。卵形回旋线的参数为 $R_2/2 \leqslant A \leqslant R_2$，其中 R_2 为小圆曲线半径；两圆曲线半径之比 $R_2/R_1 = 0.2 \sim 0.8$ 为宜。

（4）凸形

在两个同向回旋线间不插入圆曲线而径相衔接的形式，即为凸形。凸形回旋线的参数及其连接点的半径，应分别符合容许最小回旋参数和圆曲线一般最小半径的规定。只有在路线严格受地形、地物限制的地方方可采用。

（5）复合形

两个以上同向回旋线在曲率相等处相互连接的形式，即为复合形。复合形的两个回旋参数之比以小于 $1:1.5$ 为宜。仅在受地形或其他特殊原因限制时（互通立体交叉除外）使用。

（6）C 形

同向曲线的两个回旋线在曲率为 0 处径相衔接的形式，称为 C 形。C 形只有在特殊地形条件下方可采用。

2.3.4.2　平曲线几何要素计算

有缓和曲线的平曲线几何要素如图 2-21 所示。

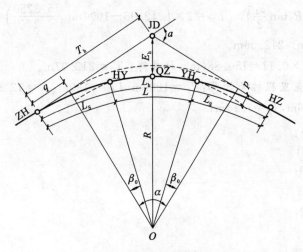

图 2-21　有缓和曲线的平曲线

$$ZH = JD - T_h$$
$$HY = ZH + L_S$$
$$QZ = ZH + L_h/2$$
$$YH = HZ - L_S$$
$$HZ = ZH + L_h$$
$$JD = QZ + J_h/2$$

【例 2-1】　平原区某公路有两个交点，间距为 407.54m，$JD_1 = K7 + 231.38$，偏角 $\alpha_1 = 12°24'20''$（右偏），半径 $R_1 = 1200$m，JD_2 为左偏，$\alpha_2 = 15°32'50''$，$R_2 = 1000$m。要求按 S 形曲线计算 L_{S1}、L_{S2} 长度，并计算两曲线主点里程桩号。

【解】　（1）计算确定缓和曲线长度 L_{S1}、L_{S2}：

令两曲线的切线长相当，则取 $T_1 = 407.54$m$/2 = 203.77$m，按各线形要素长度 $1:1:1$ 计算 L_{S1}：

$$L_{S1} = \alpha R/2 = 12°24'20'' \times \pi/180° \times 1200/2 = 129.91(\text{m})$$

取 $L_{S1} = 130\text{m}$，则经计算得

$$T_1 = 195.48\text{m} < 407.54\text{m}/2 = 203.77\text{m}$$

$$T_2 = 407.54 - T_1 = 407.54 - 195.48 = 212.06(\text{m})$$

按 $1:1:1$ 试算 L_{S2}：

$$L_{S2} = \alpha R/2 = 15°32'50'' \times \pi/180° \times 1000/2 = 135.68(\text{m})$$

计算切线长 T_2 得：

$$T_2 = 204.45\text{m}, \quad 212.06 - 204.45 = 7.61(\text{m})$$

即 T_2 计算值偏短。

切线长度与缓和曲线长度的增减有近似 $1/2$ 的关系，$L_{S2} = 135.68 + 2 \times 7.61 = 150.90(\text{m})$，则计算得 $T_2 = 212.08\text{m} > 212.06\text{m}$。

取 $L_{S2} = 150.90 - 2 \times 0.02 = 150.86(\text{m})$，计算得 $T_2 = 212.06\text{m}$。

L_{S2} 的确定也可按解方程的方法：

$$T_{h2} = (R_2 + p_2)\tan\frac{\alpha_2}{2} + q_2, \quad T_{h2} = R_2\tan\frac{\alpha_2}{2} + \frac{L_{S2}}{2}$$

$$L_{S2} = 2\left(T_{h2} - R_2\tan\frac{\alpha_2}{2}\right), \quad L_{S2} = 2\times\left(212.06 - 1000\tan\frac{15.3250}{2}\right) = 151.09(\text{m})$$

则计算得，$T_2 = 212.17\text{m} > 212.06\text{m}$。

取 $L_{S2} = 151.09 - 2 \times 0.11 = 150.88(\text{m})$，计算得 $T_2 = 212.07\text{m}$。

JD_1 曲线要素及主点里程桩号计算：$R_1 = 1200\text{m}, L_{S1} = 130\text{m}, \alpha_1 = 12°24'20'', T_1 = 195.48\text{m}$，$L_1 = 389.82\text{m}, E_1 = 7.66\text{m}, J_1 = 1.14\text{m}$；

$JD_1 = K7 + 231.38$；

$ZH_1 = K7 + 035.90$；

$HY_1 = K7 + 165.90$；

$QZ_1 = K7 + 230.81$；

$YH_1 = K7 + 295.72$；

$HZ_1 = K7 + 425.72$。

JD_2 里程桩号计算：

$JD_2 = JD_1 + 交点间距 - J_1 = HZ_1 + 曲线间直线长度 + T_2$；

$JD_2 = JD_1 + 407.54 - J_1 = 7231.38 + 407.54 - 1.14 = K7 + 637.78$；

$JD_2 = K7 + 637.78$；

$R_2 = 1000\text{m}; L_{S1} = 150.86; \alpha_2 = 15°32'50''$。

JD_2 曲线要素及主点里程桩号计算：

$T_2 = 207.06\text{m}; L_2 = 422.21\text{m}; E_2 = 10.23\text{m}; J_2 = 1.91\text{m}$；

$JD_2 = K7 + 637.78$；

$ZH_2 = K7 + 425.72$；

$HY_2 = K7 + 576.58$；

$QZ_2 = K7 + 636.83$；

$YH_2 = K7 + 697.07$；

$HZ_2 = K7 + 847.93$。

2.3.5 行车视距

为了保证行车安全,驾驶员应能够随时看到路面前方的一定距离,以便发现路面上的障碍物或迎面来车时,能够在一定车速下及时制动或避让。汽车在这段时间内沿公路路面行驶的必要安全距离,称为行车视距。在平面上的暗弯(处于挖方路段的弯道和内侧有障碍物的弯道)以及纵断面上的凸形变坡处有可能存在视距不足的问题,如图 2-22(a)所示为平面视距,图 2-22(b)所示为纵断面视距。各级公路在平面和纵断面上,都应保证必要的行车视距。

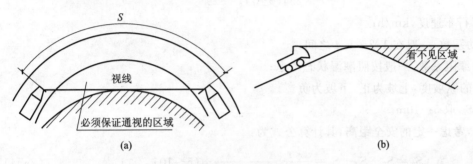

图 2-22 行车视距

(a)平面视距;(b)纵断面视距

计算视距首先应明确司机的目高和前方障碍物的高度。目高以车体低的小客车为标准,据实测可采用 1.2m;物高采用 0.1m。行车视距根据通视要求的不同,分为停车视距、会车视距和超车视距三种。

2.3.5.1 停车视距

停车视距由两部分组成:驾驶者在反应时间内行驶的距离,即反应距离;开始制动到刹车停止所行驶的距离,即制动距离(图 2-23)。反应距离是当驾驶人员发现前方的阻碍物,经过判断决定采取制动措施的那一瞬间到制动器真正开始起作用的那一瞬间汽车所行驶的距离。停车视距 S_T 由三部分距离组成,如图 2-23 所示。

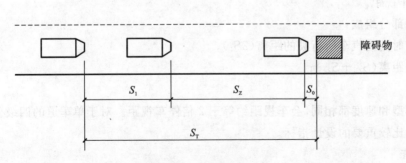

图 2-23 停车视距示意图

①反应距离 S_1,是当驾驶人员发现前方的阻碍物,经过判断决定采取制动措施的那一瞬间到制动器真正开始起作用的那一瞬间汽车所行驶的距离。这段

时间又可分为"感觉时间"和"反应时间"。感觉时间在很大程度上取决于障碍物体的外形、颜色,司机的视力和机敏度以及大气的可见度等。在高速行车时的感觉时间要比低速时短一些,这是由于高速行驶时司机警惕性会更高。根据实测资料,感觉时间为1.5s,制动生效时间为1.0s,感觉和制动生效的总时间$t=2.5s$。在这个时间内汽车行驶距离的计算公式为:

$$S_1 = \frac{v}{3.6}t \qquad (2\text{-}52)$$

②制动距离S_Z:汽车从制动生效到汽车完全停住这段时间内所走的距离。

$$S_Z = \frac{v^2}{254(\phi \pm i)} \qquad (2\text{-}53)$$

式中　　v——计算行车速度,km/h;

　　　　K——制动系数,一般在1.2~1.4之间;

　　　　ϕ——纵向摩阻系数,一般按照潮湿状态考虑;

　　　　i——道路的纵坡度,上坡为正,下坡为负。

③安全距离S_0取5~10m。

停车视距S_T,考虑一定的安全距离,其计算公式为:

$$S_T = S_1 + S_Z + S_0 = \frac{v \cdot t}{3.6} + \frac{v^2}{254(\phi \pm i)} + (5 \sim 10) \qquad (2\text{-}54)$$

公路和城市道路的停车视距见表2-15和表2-16。

表2-15　　　　　　　　　　　　　　　　公路停车视距

设计速度/(km/h)	120	100	80	60	40	30	20
停车视距/m	210	160	110	75	40	30	20

表2-16　　　　　　　　　　　　　　　　城市道路停车视距

设计速度/(km/h)	80	60	50	45	40	35	30	25	20	15	10
停车视距/m	110	70	60	45	40	35	30	25	20	15	10

2.3.5.2　会车视距

在同一车道上两对向汽车相遇,从相互发现时起,至同时采取制动措施使两车安全停止,所需要的最短距离,称为会车视距。

会车视距也是由三部分组成:

①双方驾驶员反应时间内汽车所行驶的距离($2S_1$);

②双方汽车的制动距离($S_{Z1} + S_{Z2}$);

③安全距离(S_0)。

如果双方行驶的车型和速度都相同,会车视距约等于2倍停车视距。对于单车道的四级公路,会车视距就会成为一个比较重要的设计指标。

2.3.5.3　超车视距

在一般双车道公路上行驶着各种不同速度的车辆,当快速车追上慢速车以后,需要占用对向汽车行驶的车道进行超车。为了超车时的安全,司机必须能看到前面足够长度的车流空隙,以便在相邻车道上没出现对向驶来的汽车之前完成超车而不阻碍对向汽车的行驶,如图2-24所示。

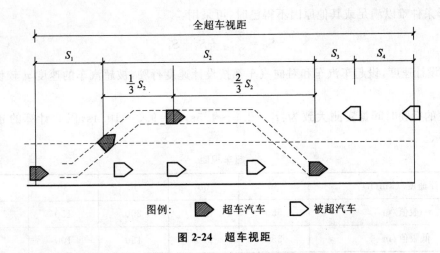

图例：⬛➤ 超车汽车　◁▯ 被超汽车

图 2-24 超车视距

超车视距的全程可分为四段。

(1)加速行驶距离 S_1

当超车汽车经判断认为有超车的可能,于是加速行驶移向对向车道,在进入该车道之前的行驶距离:

$$S_1 = \frac{v_0}{3.6}t_1 + \frac{1}{2}at_1^2 \tag{2-55}$$

式中　v_0——被超汽车的速度,km/h,较设计速度低 $10 \sim 20$km/h;

　　　t_1——加速时间,s,$t_1 = 2.9 \sim 4.5$s;

　　　a——平均加速度,m/s²。

(2)超车汽车在对向车道上行驶的距离 S_2

$$S_2 = \frac{v}{3.6}t_2 \tag{2-56}$$

式中　V——超车汽车的速度,km/h;

　　　t_2——在对向车道上的行驶时间,s。

(3)超车完了时,超车汽车与对向汽车之间的安全距离 S_3

该距离视超车汽车和对向汽车的行驶速度不同采用不同的数值,一般取 $S_3 = 15 \sim 100$m。

(4)超车汽车从开始加速到超车完了时对向汽车的行驶距离 S_4

$$S_4 = \frac{v}{3.6}(t_1 + t_2) \tag{2-57}$$

以上四个距离之和是比较理想的全超车过程,但距离较长,在地形比较复杂的地点很难实现。实际上在计算 S_4 所需的时间时,只考虑超车汽车从完全进入对向车道到超车完了所行驶的时间就可保证安全了。因为尾随在慢车后面的快车司机往往在未看到前面的安全区段就开始了超车作业,如果进入对向车道之后发现迎面有汽车开来而距离不足时还来得及返回自己的车道。因此,对向汽车行驶时间大致为 t_2 的 2/3 就足够了,即

$$S_4' = \frac{2}{3}S_2 = \frac{2}{3} \times \frac{v}{3.6}t_2 = \frac{v}{5.4}t_2 \tag{2-58}$$

可得最小必要超车视距为:

$$S_C = S_1 + S_2 + S_3 + S_4' \tag{2-59}$$

在地形条件难以满足或其他原因不得已时,可采用:

$$S_C = \frac{2}{3}S_2 + S_3 + S_4' \tag{2-60}$$

v 采用设计速度,设超车汽车和对向汽车都按设计速度行驶,被超汽车的速度 v_0 较设计速度低 $5 \sim 20 \mathrm{km/h}$。

各阶段的行驶时间据实测大致为: $t_1 = 2.9 \sim 4.5 \mathrm{s}$,$t_2 = 9.3 \sim 10.4 \mathrm{s}$,以此计算的超车视距如表 2-17 所示。

表 2-17   超车视距

设计速度/(km/h)	80	60	40	30	20
一般值/m	550	350	200	150	100
低限值/m	350	250	150	100	70

2.3.5.4 平曲线视距的保证

汽车在直线上行驶,一般行车视距容易保证。但当汽车在弯道上行驶时,弯道内侧行车视线可能被树木、建筑物、路堑边坡或其他障碍物所遮挡而使行车视距受到影响。因此,在路线设计时必须检查平曲线上的视距是否能得到保证,如有遮挡时,则必须消除视野区段内的障碍物,如图 2-25 所示。

假设 A 点为行驶的汽车,弧长 AB 是停车视距。因为视线是直的,所以 AB 之间的直线(即弦长)与圆弧构成的区域内有障碍物的话,视线将会被遮挡,不能保证视距,所以必须清除。同理,汽车在曲线段行驶到任何一点,均应保证视线与停车视距构成的区域内不能有障碍物。我们作出一条曲线与所有的视线相切,那么这条曲线就是汽车在弯道上行驶时障碍物不能进入的界线。如果有障碍物,必须予以清除。

按照上述方法我们知道了需要清除障碍物的范围,如果曲线段为挖方路段,内侧边坡阻挡了视线,那么按照我们所定出的界线,将在边界线内的边坡挖掉,即开挖视距台。开挖视距台时,设定驾驶员视线的高度为 1.2m。如图 2-26 所示。

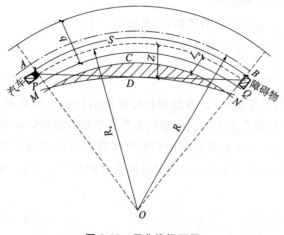

图 2-25   平曲线视距图

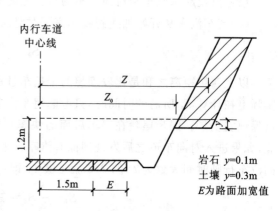

图 2-26   视距台

2.3.6 公路平面设计成果

《公路工程基本建设项目设计文件编制办法》规定,体现路线平面设计的成果主要是路线设计的图纸和表格。其中主要的图纸有平面总体设计图、路线平面图、公路用地图、纸上移线图等。主要的表格有直线、曲线及转角一览表,总里程及断链桩号表,公路用地表,赔偿树木、青苗表,砍树挖根数量表,拆迁建筑物表,拆迁电力、电讯设施表,逐桩坐标表,控制测量成果表等。公路设计各种图纸和表格的样式在交通运输部所颁布的"设计文件图表示例"中有介绍,这里仅就主要的表格"直线、曲线及转角一览表"和主要的图纸"公路路线平面设计图"及"城市道路平面设计图"予以说明。

2.3.6.1 道路平面设计的表格

反映路线平面线形设计成果的主要表格有直线、曲线及转角表,逐桩坐标表,导线点一览表,路线固定表等。下面就直线、曲线及转角表和逐桩坐标表做介绍。

(1)直线、曲线及转角表

直线、曲线及转角表全面反映了路线的平面位置和路线平面线形的各项指标,它是道路设计的主要成果之一。只有在完成"直线、曲线及转角表"之后,才能据此计算"逐桩坐标表"和"路线平面设计图",同时在进行路线的纵断面设计、横断面设计和其他构造物设计时,都要使用该表的数据。该表的格式见表 2-18。该表对公路和城市道路都适用,其中"交点坐标"一栏视道路等级和测设情况取舍。

(2)逐桩坐标表

逐桩坐标表是等级较高道路平面设计成果组成之一,是道路中线放样的重要资料。等级较高道路的线形指标高,圆曲线半径较大,缓和曲线较长,在测设和放样时须采用坐标法,方能保证其测量精度。

逐桩坐标法即各个中桩的坐标见表 2-19,其计算和测量的方法是按"从整体到局部"的原则进行的。一般是先根据导线点坐标 N 全站仪或 GPS 测量路线交点坐标或从图上直接量取(纸上定线时)交点坐标,计算交点转角和方位角、交点间距;再根据计算的结果、选定的圆曲线半径和曲线长度,计算中线上各点的坐标。

2.3.6.2 道路平面设计图

公路"路线平面设计图"是公路设计文件的主要图纸之一,它综合反映了路线的平面位置线形和几何尺寸,反映了沿线构造物和重要工程设施的布置,以及公路与沿线地形、地物和行政区划的关系等。

路线平面设计图一般包括以下内容:

①导线及道路中线的展绘;

②控制点的描绘;

③各类构造物的描绘;

④水系及其附属物的测绘;

⑤地形、地貌、植被、不良地质带等均应详细测绘并用等高线和国家测绘局制定的"地形图图式"符号及数字注明。

平面设计图的比例尺一般为 1:5000~1:2000,参见图 2-27。

表 2-18

直线、曲线及转角表

交点号	交点坐标 N(X)	E(Y)	交点桩号	转角值	半径	缓和曲线长度	缓和曲线参数	切线长度	曲线长度	外距	校正值	第一缓和曲线起点	第一缓和曲线终点或圆曲线起点	曲线中点	第二缓和曲线起点或圆曲线终点	第二缓和曲线终点	直线段长/m	交点间距/m	计算方位角	备注
1	2	3	4	5	6	7	8	9	10	11	12	13	14	15	16	17	18	19	20	21
JD0	12982.23164	10689.70012	K0+000																	
JD1	12971.10311	10998.86498	K0+309.365	35°44'30.9"(Z)	450	60	164.317	175.197	340.7163	23.1634	9.678	K0+134.168	K0+194.168	K0+304.526	K0+414.884	K0+474.884	134.1679	309.3651	92°03'41.4"	
JD2	13413.03482	11662.0045	K1+096.592	17°12'16.7"(Z)	1500			226.916	450.4163	17.0665	3.415		K0+869.676	K1+094.884	K1+320.093		394.7921	796.9051	56°19'10.5"	
JD3	13843.60439	12012.10545	K1+648.119	87°27'04.6"(Y)	190	50	97.468	207.24	339.9994	73.6765	74.481	K1+440.879	K1+490.879	K1+610.879	K1+730.878	K1+780.878	120.7861	554.9422	39°06'53.8"	
JD4	13274.51496	12779.32934	K2+528.884	43°24'52.4"(Z)	500	70	187.083	234.205	448.8635	38.603	19.546	K2+294.680	K2+364.680	K2+519.111	K2+673.543	K2+743.543	513.8013	955.2462	126°33'58.4"	
JD5	13374.66239	13613.20788	K3+349.209	34°18'10.7"(Z)	300	50	122.475	117.689	229.61	14.3257	5.767	K3+231.521	K3+281.521	K3+346.326	K3+411.131	K3+461.131	487.9776	839.8708	83°09'06"	
JD6	13911.49107	14227.47497	K4+159.229	26°45'31.5"(Y)	230	50	107.238	79.804	157.4165	6.8819	2.192	K4+079.425	K4+129.425	K4+158.134	K4+186.842	K4+236.842	618.2947	815.7874	48°50'55.3"	
JD7	14034.85934	14708.22201	K4+653.362	38°19'58.2"(Y)	150	50	86.603	77.355	150.3552	9.5371	4.355	K4+576.007	K4+626.007	K4+651.184	K4+676.362	K4+726.362	339.1649	496.3239	75°36'26.8"	
JD8	13789.33454	15261.22995	K5+254.069	48°47'06.5"(Z)	150	50	86.603	93.311	177.7192	15.4635	8.903	K5+160.758	K5+210.758	K5+249.618	K5+288.477	K5+338.477	434.3962	605.0622	113°56'25.1"	
JD9	13960.73773	15631.41934	K5+653.111	80°47'00.4"(Y)	125	50	79.057	132.027	226.2421	40.2139	37.812	K5+521.084	K5+571.084	K5+634.205	K5+697.327	K5+747.327	182.6072	407.9451	65°09'18.6"	
JD10	13730.77897	15786.88722	K5+892.881	51°38'06.1"(Z)	125	50	79.057	85.844	162.6502	14.7847	9.037	K5+807.037	K5+857.037	K5+888.362	K5+919.687	K5+969.687	59.7104	277.5811	145°56'19"	
JD11	13701.75212	16172.61041	K6+270.657	25°28'43.3"(Y)	300	50	122.475	92.897	183.4061	7.9273	2.388	K6+177.760	K6+227.760	K6+269.463	K6+311.166	K6+361.166	208.0729	386.8138	94°18'12.9"	
JD12	13414.20518	16675.0564	K6+847.178	17°44'25.8"(Z)	1500			234.096	464.4448	18.157	3.747		K6+613.082	K6+845.304	K7+077.527		251.9159	578.9086	111°46'56.1"	
JD13	13196.38244	17696.17075	K7+887.520	30°35'56"(Z)	500	100	223.607	186.991	367.0256	19.2347	6.955	K7+700.529	K7+800.529	K7+884.042	K7+967.555	K8+067.555	623.0026	1044.0887	102°02'30.4"	
JD14	13420.71476	18364.41527	K8+585.459															517.9037	704.8941	71°26'34.4"	

编制：　　　　　　　　复核：

表2-19

×××高速公路焦作段

逐桩坐标表

桩号	坐标		桩号	坐标		桩号	坐标		桩号	坐标	
	N(X)	E(Y)		N(X)	E(Y)		N(X)	E(Y)		N(X)	E(Y)
K0+000	3000	2300	K0+420	3115.483907	2684.450506	K0+800	3156.310368	3044.195952	K1+240	3031.985882	3453.503944
K0+020	3010.165236	2317.224052	K0+440	3108.023724	2703.006458	K0+820	3160.089024	3063.833008	K1+260	3022.386513	3471.049659
K0+040	3020.330472	2334.448105	K0+445.310	3105.990149	2707.911469	K0+840	3162.745439	3083.65309	K1+280	3012.787144	3488.595375
K0+060	3030.495708	2351.672157	K0+460	3100.403198	2721.497657	K0+860	3164.271023	3103.592118	K1+300	3003.187775	3506.14109
K0+080	3040.660944	2368.896209	K0+480	3093.279963	2740.184326	K0+880	3164.660845	3123.585623	K1+320	2993.588406	3523.686805
K0+100	3050.82618	2386.120262	K0+495.310	3088.595273	2754.757776	K0+881.840	3164.639587	3125.425288	K1+340	2983.989037	3541.23252
K0+120	3060.991416	2403.344314	K0+500	3087.348345	2759.278763	K0+900	3163.913644	3143.568963	K1+360	2974.389668	3558.778235
K0+140	3071.156652	2420.568366	K0+520	3083.12185	2778.820035	K0+920	3162.031835	3163.477529	K1+380	2964.7903	3576.32395
K0+160	3081.321888	2437.792418	K0+540	3080.686842	2798.664312	K0+940	3159.021504	3183.246953	K1+400	2955.190931	3593.869665
K0+172.863	3087.859864	2448.870416	K0+560	3080.063429	2818.647704	K0+960	3154.892382	3202.813316	K1+420	2945.591562	3611.41538
K0+180	3091.482776	2455.019033	K0+565.536	3080.212051	2824.181623	K0+980	3149.657821	3222.113357	K1+440	2935.992193	3628.961095
K0+200	3101.412128	2472.379338	K0+580	3081.256762	2838.605173	K1+000	3143.334744	3241.084675	K1+460	2926.392824	3646.50681
K0+220	3110.545529	2490.168457	K0+600	3084.256984	2858.371894	K1+020	3135.943595	3259.665933	K1+480	2916.793455	3664.052525
K0+222.863	3111.751879	2492.765323	K0+620	3089.039318	2877.784618	K1+027.917	3132.727794	3266.900463	K1+500	2907.194086	3681.59824
K0+240	3118.318519	2508.589907	K0+635.762	3094.038593	2892.72924	K1+040	3127.523297	3277.804386	K1+520	2897.594717	3699.143955
K0+260	3124.531978	2527.594161	K0+640	3095.563193	2896.683441	K1+060	3118.332303	3295.566473	K1+540	2887.995348	3716.68967
K0+280	3129.142513	2547.049537	K0+660	3103.582164	2915.001587	K1+077.917	3109.780499	3311.311035	K1+560	2878.395979	3734.235385
K0+300	3132.118144	2566.821091	K0+680	3112.451304	2932.926716	K1+080	3108.780833	3313.138224	K1+580	2868.796611	3751.7811
K0+309.087	3132.923935	2575.871377	K0+685.762	3115.069946	2938.059296	K1+100	3099.181464	3330.683939	K1+600	2859.197242	3769.326815
K0+320	3133.438231	2586.771682	K0+700	3121.522649	2950.751128	K1+120	3089.582095	3348.229654	K1+620	2849.597873	3786.87253
K0+340	3133.093618	2606.762929	K0+720	3130.304881	2968.719066	K1+140	3079.982726	3365.775369	K1+640	2839.998504	3804.418246
K0+360	3131.086695	2626.656168	K0+735.762	3136.749692	2983.102621	K1+160	3070.383357	3383.321084	K1+660	2830.399135	3821.963961
K0+380	3127.431383	2646.313416	K0+740	3138.381014	2987.013658	K1+180	3060.783988	3400.866799	K1+680	2820.799766	3839.509676
K0+395.310	3123.534772	2661.116411	K0+760	3145.438788	3005.724083	K1+200	3051.18462	3418.412514	K1+700	2811.200397	3857.055391
K0+400	3122.154402	2665.598755	K0+780	3151.421687	3024.805413	K1+220	3041.585251	3435.958229	K1+720	2801.601028	3874.601106

编制：　　　　　　复核：

续表

桩号	坐标 N(X)	坐标 E(Y)	桩号	坐标 N(X)	坐标 E(Y)	桩号	坐标 N(X)	坐标 E(Y)	桩号	坐标 N(X)	坐标 E(Y)
K1+740	2792.001659	3892.146821	K2+134.424	2822.072092	4239.728356	K2+560	2899.899052	4655.244771	K2+980	2867.545642	5063.828612
K1+760	2782.40229	3909.692536	K2+140	2825.246662	4244.311693	K2+580	2902.598083	4675.061815	K2+983.833	2865.754943	5067.217419
K1+780	2772.802922	3927.238251	K2+160	2835.408815	4261.525139	K2+600	2905.297114	4694.878859	K3+000	2858.199899	5081.510724
K1+800	2763.203553	3944.783966	K2+164.825	2837.563701	4265.842269	K2+620	2907.996145	4714.695903	K3+020	2848.853741	5099.192617
K1+813.251	2756.843306	3956.409217	K2+180	2843.559141	4279.777379	K2+640	2910.695176	4734.512947	K3+040	2839.507582	5116.874509
K1+820	2753.609322	3962.332487	K2+195.226	2848.349666	4294.225175	K2+660	2913.394207	4754.329991	K3+060	2830.161424	5134.556402
K1+840	2744.326728	3980.04642	K2+200	2849.59506	4298.833711	K2+680	2916.093238	4774.147035	K3+080	2820.815266	5152.238295
K1+860	2736.145727	3998.290185	K2+220	2853.715561	4318.399188	K2+685.190	2916.793595	4779.289252	K3+100	2811.469108	5169.920187
K1+863.251	2734.979547	4001.325188	K2+240	2856.711886	4338.172432	K2+700	2918.765439	4793.967688	K3+120	2802.12295	5187.60208
K1+880	2729.873647	4017.269837	K2+245.226	2857.419817	4343.350282	K2+720	2921.142593	4813.825392	K3+140	2792.776792	5205.283973
K1+900	2725.806234	4036.840758	K2+260	2859.413588	4357.989111	K2+735.190	2922.506687	4828.953049	K3+160	2783.430633	5222.965865
K1+920	2723.997166	4056.747845	K2+280	2862.112619	4377.806155	K2+740	2922.828023	4833.752583	K3+180	2774.084475	5240.647758
K1+940	2724.470046	4076.731368	K2+300	2864.81165	4397.623199	K2+760	2923.54457	4853.737658	K3+182.460	2772.934847	5242.822727
K1+948.838	2725.40545	4085.518476	K2+320	2867.510681	4417.440243	K2+780	2923.261385	4873.733569	K3+200	2764.778121	5258.350572
K1+960	2727.218703	4096.530603	K2+340	2870.209712	4437.257287	K2+800	2921.979175	4893.690338	K3+220	2755.784061	5276.213422
K1+980	2732.207277	4115.887228	K2+360	2872.908743	4457.074331	K2+820	2919.701144	4913.558082	K3+232.460	2750.499252	5287.496837
K2+000	2739.370681	4134.548698	K2+380	2875.607774	4476.891375	K2+834.511	2917.428045	4927.8894	K3+240	2747.463992	5294.398683
K2+020	2748.615455	4152.271536	K2+400	2878.306804	4496.708419	K2+840	2916.432987	4933.287142	K3+260	2740.048332	5312.970831
K2+034.424	2756.507737	4164.339926	K2+420	2881.005835	4516.525463	K2+860	2912.182873	4952.828207	K3+280	2733.57016	5331.890396
K2+040	2759.818339	4168.826493	K2+440	2883.704866	4536.342507	K2+880	2906.961423	4972.132433	K3+298.599	2728.401275	5349.755049
K2+060	2772.601297	4184.201424	K2+460	2886.403897	4556.159551	K2+900	2900.78169	4991.15157	K3+300	2728.045669	5351.110091
K2+080	2786.225113	4198.842266	K2+480	2889.102928	4575.976595	K2+920	2893.65912	5009.83808	K3+320	2723.488666	5370.581876
K2+084.424	2789.282037	4202.040238	K2+500	2891.801959	4595.793639	K2+933.833	2888.190538	5022.543309	K3+340	2719.910541	5390.257081
K2+100	2799.99725	4213.344741	K2+520	2894.50099	4615.610683	K2+940	2885.613287	5028.14608	K3+360	2717.320239	5410.086529
K2+120	2813.247164	4228.322279	K2+540	2897.200021	4635.427727	K2+960	2876.792258	5046.094648	K3+364.738	2716.852079	5414.801353

编制：

复核：

续表

桩号	坐标 N(X)	E(Y)
K3+380	2715.694675	5430.018697
K3+400	2714.761417	5449.996395
K3+414.738	2714.284599	5464.726698
K3+420	2714.123879	5469.986205
K3+440	2713.513005	5489.976874
K3+460	2712.90213	5509.967543
K3+480	2712.291256	5529.958211
K3+500	2711.680382	5549.94888
K3+520	2711.069507	5569.939549
K3+540	2710.458633	5589.930217
K3+560	2709.847759	5609.920886
K3+580	2709.236884	5629.911555
K3+600	2708.62601	5649.902223
K3+620	2708.015136	5669.892892
K3+640	2707.404261	5689.88356
K3+660	2706.793387	5709.874229
K3+680	2706.182512	5729.864898
K3+700	2705.571638	5749.855566
K3+720	2704.960764	5769.846235
K3+740	2704.349889	5789.836904
K3+760	2703.739015	5809.827572
K3+780	2703.128141	5829.818241
K3+800	2702.517266	5849.80891
K3+815.517	2702.043321	5865.318625
K3+820	2701.899696	5869.799367
K3+840	2701.095842	5889.783058
K3+860	2700.025618	5909.754254
K3+880	2698.689214	5929.709406
K3+886.877	2698.168198	5936.567108
K3+900	2697.086869	5949.644967
K3+920	2695.218866	5969.557391
K3+940	2693.085538	5989.443139
K3+958.238	2690.909186	6007.550696
K3+960	2690.688291	6009.298807
K3+980	2688.180989	6029.14102
K4+000	2685.673687	6048.983234
K4+020	2683.166385	6068.825447
K4+040	2680.659083	6088.667661
K4+060	2678.151781	6108.509874
K4+080	2675.644479	6128.352088
K4+100	2673.137177	6148.194301
K4+120	2670.629875	6168.036515
K4+140	2668.122573	6187.878728
K4+160	2665.615271	6207.720942
K4+180	2663.10797	6227.563155
K4+200	2660.600668	6247.405369
K4+220	2658.093366	6267.247582
K4+240	2655.586064	6287.089796
K4+260	2653.078762	6306.932009
K4+280	2650.57146	6326.774223
K4+300	2648.064158	6346.616436
K4+320	2645.556856	6366.45865
K4+340	2643.049554	6386.300863
K4+360	2640.542252	6406.143077
K4+380	2638.03495	6425.98529
K4+400	2635.527648	6445.827504
K4+420	2633.020346	6465.669717
K4+440	2630.513044	6485.511931
K4+460	2628.005742	6505.354144
K4+480	2625.49844	6525.196358
K4+483.342	2625.079433	6528.512279
K4+500	2622.899418	6545.026636
K4+520	2620.03992	6564.821013
K4+540	2616.916759	6584.575504
K4+560	2613.53049	6604.286599
K4+580	2609.881715	6623.950793
K4+600	2605.971083	6643.56459
K4+620	2601.799289	6663.124503
K4+640	2597.367074	6682.627056
K4+660	2592.675228	6702.06878
K4+680	2587.724583	6721.44622
K4+700	2582.51602	6740.755931
K4+720	2577.050465	6759.994481
K4+740	2571.328889	6779.158448
K4+760	2565.352309	6798.244426
K4+780	2559.121789	6817.249023
K4+800	2552.638436	6836.168859
K4+820	2545.903401	6855.000572
K4+839.950	2538.935759	6873.693815
K4+840	2538.917884	6873.740812
K4+860	2531.683125	6892.38625
K4+880	2524.20041	6910.933569
K4+900	2516.47107	6929.379473
K4+920	2508.49648	6947.720683
K4+940	2500.278055	6965.953938
K4+960	2491.817259	6984.075996
K4+980	2483.115594	7002.083636
K5+000	2474.174608	7019.973657
K5+020	2464.99589	7037.742878
K5+040	2455.581073	7055.38814
K5+060	2445.931828	7072.906307
K5+080	2436.049873	7090.294263
K5+100	2425.936964	7107.548919
K5+120	2415.594898	7124.667206
K5+140	2405.025515	7141.646081
K5+160	2394.230693	7158.482527
K5+180	2383.212351	7175.173549
K5+196.557	2373.923015	7188.87919
K5+200	2371.975704	7191.718417
K5+220	2360.66351	7208.211879

编制:

复核:

续表

| 桩号 | 坐标 | | 桩号 | 坐标 | | 桩号 | 坐标 | | 桩号 | 坐标 | |
	N(X)	E(Y)		N(X)	E(Y)		N(X)	E(Y)		N(X)	E(Y)
K5+240	2349.351316	7224.70534									
K5+260	2338.039122	7241.198801									
K5+280	2326.726928	7257.692262									
K5+300	2315.414734	7274.185724									
K5+320	2304.10254	7290.679185									
K5+340	2292.790346	7307.172646									
K5+360	2281.478152	7323.666107									
K5+380	2270.165957	7340.159569									
K5+393.076	2262.77013	7350.94287									

编制：　　　　　　　　　　　　　　复核：

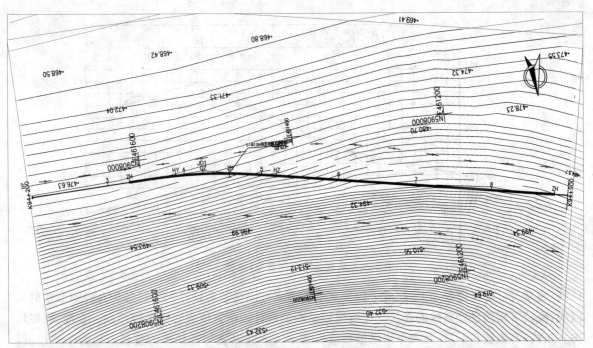

交点号	交点坐标		交点桩号	转角值	曲线要素值/m					主要桩号				
	X(N)	Y(E)			半径	缓和曲线长度	切线长度	曲线长度	外距	校正值	直缓(ZH)	缓圆(HY)	曲中(QZ)	圆缓(YH)	缓直(HZ)
JD0	5908026.585	461744.776	K94+200												
JD1	5908025.173	461520.341	K94+424.440	12°25′28.6″(Y)	600	60	95.336	190.110	3.796	0.562	K94+329.104	K94+389.104	K94+424.159	K94+459.214	K94+519.214
JD2	5908140.215	460982.074	K94+974.301	23°17′04.7″(Y)	300	60	91.905	181.918	6.812	1.892	K94+882.396	K94+942.396	K94+973.355	K95+004.314	K95+064.314

图 2-27 平面设计图

等级较高公路的设计文件中,除应绘制上述路线平面设计图外,还应增绘公路平面总体设计图。公路平面总体设计图,除应绘制路线平面图的内容外,还应给出路基边线、坡脚或坡顶线、路线交叉及其平面形式,标示出服务区、停车场、收费站等。

2.4 公路纵断面

沿着道路中线竖直剖切然后展开,即为路线纵断面。由于自然因素的影响以及经济性要求,路线纵断面总是一条有起伏的空间线,图 2-28 为路线纵断面示意图。纵断面图是道路纵断面设计的主要成果,也是道路设计的技术文件之一。把道路的纵断面图与平面图结合起来,就能准确地定出道路的空间位置。

公路纵断面图

道路纵断面设计的主要内容是根据道路性质、等级、行车技术要求和当地气候、地形、水文、地质条件、排水要求以及城市竖向设计要求、现状地物、土方平衡等,合理地确定连接有关竖向控制点(或特征点)的平顺起伏线形。具体包括:确定沿线纵坡大小及坡段长度以及变坡点的位置;选定满足行车技术要求的竖曲线;计算各桩点的施工高度,以及确定桥涵构筑物的标高等。

纵断面图上有两条主要线形:一条是地面线,它是根据中线上各桩点的高程而点绘的一条不规则的折线,反映了原地面沿中线的起伏变化情况;另一条是设

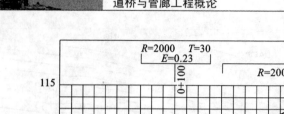
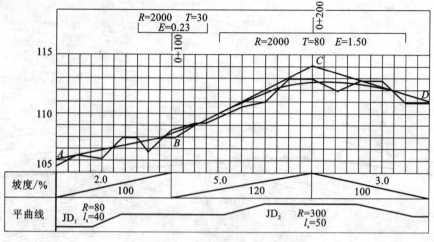

图 2-28　路线纵断面示意图(单位:m)

计线,它是设计者经过技术上、经济上以及美学上等多方面比较后设计出的一条具有规则形状的几何线,反映了道路设计路线的起伏变化情况。纵断面设计线由直坡线和竖曲线组成。直坡线(即均匀坡压线)有上坡和下坡,其大小用纵坡和坡长表示。不同纵坡转折处称为变坡点。为平顺过渡,应设置竖曲线,按照纵坡转折形式不同,竖曲线分为凹形竖曲线和凸形竖曲线,其大小用半径和水平长度表示。对路线纵断面图上的设计高程,即路基设计高程,一般有如下规定。

(1)新建公路的路基设计高程

高速公路和一级公路采用中央分隔带的外侧边缘高程,二、三、四级公路采用路基边缘高程;在设置超高、加宽地段应采用不设超高和加宽前该位置的边缘高程。

(2)改建公路的路基设计高程

改建公路的路基设计高程一般按新建公路的规定设计,也可视具体情况采用行车道中线处的高程。

(3)城市道路设计高程

一般城市道路设计高程可视具体情况采用中央分隔带边缘、中线或行车道外侧边缘作为设计高程,如图 2-29 所示。

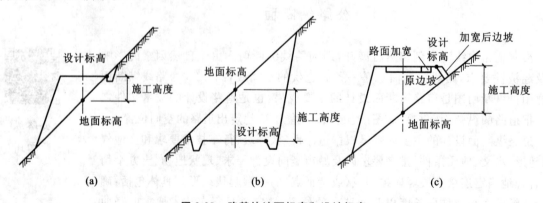

图 2-29　路基的地面标高和设计标高

2.4.1　纵坡设计及计算

纵断面图坡度有上坡和下坡,坡度的大小用坡度线两端的高差 h 与其水平距离 L 的比值的百

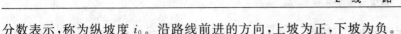

分数表示,称为纵坡度 i_0。沿路线前进的方向,上坡为正,下坡为负。

$$i_0 = \frac{h}{L} \times 100\%$$

如图 2-30 所示,A 点的高程为 21.00m,B 点的高程为 24.00m,C 点的高程为 20.00m,AB 之间的水平距离为 100m,BC 之间的水平距离为 200m。则:

第一段纵坡度:

$$i_1 = \frac{H_B - H_A}{L_{AB}} \times 100\% = \frac{24-21}{100} \times 100\% = 3\%(上坡)$$

第二段纵坡度:

$$i_2 = \frac{H_C - H_B}{L_{BC}} \times 100\% = \frac{20-24}{200} \times 100\% = -2\%(下坡)$$

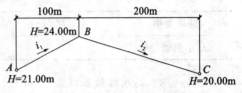

图 2-30 坡度计算示意图

坡度的大小及其长度会影响汽车的行驶速度、工程造价与运营经济及行车安全,因此必须对坡度的大小加以限制。

2.4.1.1 纵坡设计的一般要求

①纵坡设计必须满足《标准》的各项规定。

②为保证汽车能以一定速度安全顺利地行驶,纵坡应具有一定的平顺性,起伏不宜过大和过于频繁;尽量避免采用规范中的极限纵坡值,应留有一定的余地。

③设计应对沿线地形、地物、水文、地下管线、气候和排水等综合考虑,并根据需要采取适当的措施,以保证道路的稳定与畅通。

④一般情况下纵坡设计应尽量减少土石方和其他工程量,以降低造价和节约用地。

⑤山岭重丘区地形纵坡设计应考虑纵向填挖平衡,尽量使挖方用作就近路段填方,以减少借方和弃方(称为填挖平衡设计),平原微丘区应满足最小填土高度,以保证路基稳定。

⑥高速公路、一级公路应考虑通道、农田水利等方面的要求;低等级公路应考虑民间运输、农业机械等方面的要求。

2.4.1.2 最大纵坡与最小纵坡

(1)最大纵坡

最大纵坡是指在纵坡设计时,各级公路允许采用的最大纵向坡度值。它是公路设计中的一项重要指标。纵坡的大小直接影响路线的长短、使用品质的好坏、工程量大小与运输成本的高低。

各级公路允许的最大纵坡是根据汽车的动力性能、道路等级、自然条件、车辆行驶安全以及工程、营运经济等因素,综合分析考虑,合理确定的。各级公路最大纵坡值的规定如表 2-20 所示。

表 2-20　　　　　　　　　　　　　　　　　**公路最大纵坡值**

设计速度/(km/h)	120	100	80	60	40	30	20
最大纵坡/%	3	4	5	6	7	8	9

高速公路受地形条件或其他特殊情况限制时,经技术经济论证合理,最大纵坡可增加 1%。公路改建中,设计速度为 40km/h、30km/h、20km/h,利用原有公路的路段,经技术经济论证合理,最大纵坡可增加 1%;位于海拔 2000m 以上或严寒冰冻地区、山岭重丘区的四级公路最大纵坡不应大于 8%。

(2)最小纵坡

道路最小纵坡是指能适应路面上雨水排除,不造成雨水排泄管道淤塞所必需的最小纵向坡度。从汽车运营的角度出发,希望纵坡越小越好。但是,在长路堑以及其他横向排水不通畅地段,为防止积水渗入路基而影响其稳定性,各级公路均应设置不小于0.3%的最小纵坡,一般情况下以不小于0.5%为宜;困难时可大于或等于0.3%,遇特殊困难纵坡小于0.3%时,应设置锯齿形街沟或采取其他排水措施。干旱少雨地区最小纵坡可不受此限制。不同类型路面的最小纵坡限值见表2-21。

表2-21　　　　　　　　　　　　　不同类型路面最小纵坡限值

路面类型	高级路面	料石路面	块石路面	砂石路面
最小纵坡/%	0.3	0.4	0.5	0.5

2.4.1.3　高原纵坡折减

在海拔较高的高原地区,汽车发动机的功率因空气的稀薄而减小,相应地降低了爬坡能力;汽车水箱中的水易于沸腾而影响甚至破坏冷却系统。因此,在实际工作中,对于海拔3000m以上的高原地区,应将《标准》中规定的最大纵坡予以折减,各级公路的最大纵坡折减值见表2-22。最大纵坡折减后若小于4%,则取4%。

表2-22　　　　　　　　　　　　　　高原纵坡折减值

海拔高度/m	3000~4000	4000~5000	>5000
折减值/%	1	2	3

2.4.1.4　坡长限值

坡长限值包括两方面内容:一是最大坡长限值;二是最短坡长限值。

(1)最大坡长限值

最大坡长限值是指控制汽车在坡道上行驶,当车速下降到最低容许速度时所行驶的距离。最低容许速度 v_2 对应纵坡为不限长度的最大纵坡 i_2,凡大于 i_2 的纵坡,其长度都应加以限制。纵坡越陡,坡长越长,对行车影响也越大,主要表现在:行驶速度显著下降,甚至要换低排挡克服坡度阻力;易使水箱"开锅",导致汽车爬坡无力,甚至熄火;下坡行驶制动次数频繁,易使制动器发热失效,甚至造成车祸;影响交通安全、通行能力和服务水平。因此,对纵坡长度必须加以限制。我国在制定各级公路纵坡长度的限值标准时,进行了大量的调查和试验研究工作,同时也参考了国内外大量资料。各级公路及城市道路纵坡的坡长限值可参见表2-23、表2-24。

表2-23　　　　　　　　　　　　各级公路纵坡坡长限值　　　　　　　　　　（单位:m）

设计速度/(km/h)		120	100	80	60	40	30	20
纵坡坡度/%	3	900	1000	1100	1200			
	4	700	800	900	1000	1100	1100	1200
	5		600	700	800	900	900	1000
	6			500	600	700	700	800
	7				400	500	500	600
	8					300	300	400
	9						200	300
	10							200

表 2-24　　　　　　　　　　　　　　城市道路纵坡坡长限值

计算行车速度/(km/h)	80			60			50			40		
纵坡/%	5	5.5	6	6	6.5	7	6	6.5	7	6.5	7	8
坡长限值/m	600	500	400	400	350	300	350	300	250	300	250	200

非机动车车行道纵坡度宜小于 2.5%，大于或等于 2.5%时，应按表 2-25 规定限值坡长。

表 2-25　　　　　　　　　城市道路非机动车道纵坡坡长限值　　　　　　　　（单位：m）

坡度/% 　　　　　车种	自行车	三轮车、板车
3.5	150	—
3.0	200	100
2.5	300	150

（2）最短坡长限值

坡长不宜过长，但也不宜过短。根据汽车行驶平顺性要求，过短的坡段，边坡点增多，路线起伏频繁，汽车行驶在连续起伏路段产生的增重与减重变化频繁，导致乘客感觉不舒适，车速越高，表现越明显；缓坡太短上坡不能保证加速行驶要求，下坡不能减速制动；从路容美观、相邻竖曲线的设置和断面视距等方面考虑也要求坡长应有一定最短长度。因此，最小坡长对行车、道路视距及临街建筑布置均不利，一般其最小长度应不小于相邻两竖曲线切线长度之和。当车速为 20~50km/h 时，坡段长不宜小于 140m。纵坡最小坡长见表 2-26 和表 2-27。

表 2-26　　　　　　　　　　　　　各级公路纵坡最小坡长

设计速度/(km/h)		120	100	80	60	40	30	20
最小坡长/m	一般值	400	350	250	200	160	130	80
	最小值	300	250	200	150	120	100	60

表 2-27　　　　　　　　　　　　　城市道路纵坡最小坡长

计算行车速度/(km/h)	80	60	50	40	30	20
城市道路坡段最小长度/m	290	170	140	110	85	60

2.4.2 竖曲线设计及计算

纵断面上相邻两条纵坡线的交点称为变坡点。为保证行车安全、舒适性及视距的需求，在坡度的转折处设置一段曲线来缓和，称为竖曲线。相邻两条坡度线的坡度差称为变坡角，通常用坡度值之差代替，用 ω 表示，即：

$$\omega = i_1 - i_2 \tag{2-61}$$

式中　i_1，i_2——相邻两条坡度线的坡度值，%。

变坡角 ω 上坡为正，下坡为负，如图 2-31 所示。当 ω 为正时，为凸形竖曲线，反之为凹形竖曲线。

图 2-31　竖曲线示意图

《标准》规定各级公路在纵坡变化处,均应设置竖曲线。

2.4.2.1　竖曲线要素计算

竖曲线线形有抛物线和圆曲线两种。这两种线形计算的结果在应用范围内几乎是完全相同的。纵断面上只设计水平距离和垂直高度。竖曲线的半径选择较大,故竖曲线的切线长和弧长均以其水平投影的长度计算。切线支距是竖向的高程差,如图 2-32 所示。

竖曲线要素的计算公式如下。

竖曲线长:

$$L = R\omega \tag{2-62}$$

切线长:

$$T = \frac{R\omega}{2} \tag{2-63}$$

外距:

$$E = \frac{T^2}{2R} \tag{2-64}$$

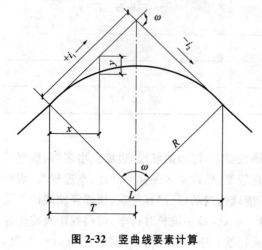

图 2-32　竖曲线要素计算

$$y = \frac{x^2}{2R} \tag{2-65}$$

式中　R——竖曲线半径,m;

　　　T——切线长,m;

　　　L——竖曲线的长度,m;

　　　E——外距,m;

　　　ω——竖曲线的变坡角,在竖曲线要素计算时取其绝对值,(°);

　　　x——竖曲线上任意一点距竖曲线起点或者终点的水平距离,m;

　　　y——竖曲线上任意一点到切线的纵距,即竖曲线上任意一点与坡线的高差,m。

2.4.2.2　竖曲线半径的选择

竖曲线设计,关键在半径的选择。一般而言,应根据道路交通要求、地形条件,力求选用较大的半径,至于凸形、凹形竖曲线容许最小半径值,则分别按视距要求及行车不产生过分颠簸来控制。

①缓和冲击。

汽车行驶在竖曲线上时,产生径向离心力,使汽车在凸形竖曲线上质量减小,所以确定竖曲线半径时,对离心力要加以控制。

②行驶时间不宜过短。

当竖曲线两端直线坡段的坡度差很小时,即使竖曲线半径较大,竖曲线长度也有可能较短,此时汽车在竖曲线段倏忽而过,冲击增大,乘客不适;从视觉上考虑也会感到线形突然转折。因此,汽车在凸形竖曲线上行驶的时间不能太短,通常控制汽车在凸形竖曲线上行驶时间不得小于 3s。

③满足视距的要求。

汽车行驶在凸形竖曲线上,如果竖曲线半径太小,会阻挡司机的视线。为了行车安全,对凸形竖曲线的最小半径和最小长度应加以限制。《标准》规定竖曲线半径不小于表 2-28 所列数值。

表 2-28　　　　　　　　　　竖曲线最小半径和最小长度

设计速度/(km/h)		120	100	80	60	40	30	20
凸形竖曲线 半径/m	一般值	17000	10000	4500	2000	700	400	200
	极限值	11000	6500	3000	1400	450	250	100
凹形竖曲线 半径/m	一般值	6000	4500	3000	1500	700	400	200
	极限值	4000	3000	2000	1000	450	250	100
竖曲线最短长度/m		100	85	70	50	35	25	20

2.4.3　平、纵面线形的组合

公路线形设计不仅要注意各个元素的尺寸大小,而且要考虑各元素间的组合,不能仅孤立地考虑某一个投影面,而要综合考虑平、纵、横三个投影面的协调;不仅要满足汽车行驶的力学要求,还要顾及交通条件、驾驶员的视觉和心理因素以及美学上的要求等,如表 2-29 所示为立体线形要素。

平、纵面线形的组合图

表 2-29　　　　　　　　各种直线和曲线组合的立体线形要素

平面要素	纵面要素	立体线形要素
直线	直线	纵坡不变的直线
直线	曲线	凹形直线
直线	曲线	凸形直线
曲线	直线	纵坡不变的曲线

续表

平面要素	纵面要素	立体线形要素
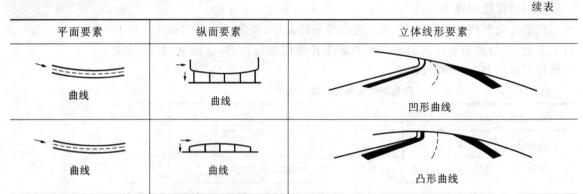曲线	曲线	凹形曲线
曲线	曲线	凸形曲线

根据经验做好如下几点,便会得到较好的线形。

平曲线与竖曲线的配合要相互重合,且平曲线稍长于竖曲线。这种组合是使平曲线和竖曲线对应,最好使竖曲线的起终点分别放在平曲线的两个缓和曲线内,即所谓的"平包竖"(图2-33),这种立体线形不仅能起到诱导视线的作用而且可达到平顺而流畅的效果。

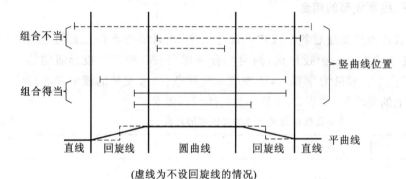

(虚线为不设回旋线的情况)

图 2-33 平曲线和竖曲线位置的对应

若平、竖曲线的半径都很大,则平、竖曲线的位置可不受上述限制;若做不到平、竖曲线相互重合,而两者的半径又都小于某一限值时,亦可把平、竖曲线拉开相当距离,使平曲线位于直坡段上或竖曲线位于直线上。

平曲线与竖曲线半径大小应保持均衡。平曲线半径大时,竖曲线半径相应地也要大,反之亦然。根据德国计算统计,若平曲线半径小于1000m,竖曲线半径为平曲线半径的10~20倍时,便可达到均衡的目的。

不要在凸形竖曲线的顶部、凹形竖曲线的底部插入小半径的平曲线。前者因没有视线诱导而必须急转方向盘,从而增加操作困难;后者因驾驶员向凹形竖曲线底部行驶时,可能错认为是水平路段,以过高速度行驶,导致急弯处发生事故(图2-34)。

图 2-34 中间出现暗凹的不良线形

在长平曲线内,竖曲线要尽量设计成直坡线,避免设置短的、半径小的竖曲线,避免在一个平曲线上连续出现多个凸形、凹形竖曲线,避免出现"暗凹""跳跃"等不良现象。

2.4.4 公路纵断面设计方法和设计成果

2.4.4.1 纵坡设计的方法、步骤

纵坡是通过公路定线和室内设计两个阶段来实现的。在定线阶段,选线人员在现场或纸上定线时结合平面线形、地形等对公路纵坡进行全面考虑,并在室内根据选线时的记录,以及桥涵、地质等方面对路线的要求,综合考虑工程技术与经济因素,最后定出路线的纵坡。

(1)准备工作

纵坡设计(俗称拉坡)前首先应集中研究地形、地质、水文、筑路材料的各项记录、图表等野外资料,熟悉和领会设计意图和各项具体要求。然后,在纵断面图上点绘出里程、桩号、地面高程和地面线、直线与平曲线,并将桥梁、涵洞、隧道、交叉、地质、土质等与纵坡设计有关的资料在纵断面图上标明,以便供拉坡时参考。

(2)纵坡设计

①标注控制点的位置。

控制点是指影响纵坡设计的高程控制点。如路线的起终点、垭口、桥涵、地质不良地段、最小填坡高度、最大挖深、沿河线的洪水位、隧道进出口、路线交叉点以及受其他因素限制路线必须通过的高程控制点等,都应作为控制坡度的依据。

对山岭公路,除上述控制点外,还应根据路基平衡关系控制路中心填挖值的标高点,称为经济点,如图 2-35 所示。其含义是指如果纵坡设计线刚好通过经济点,则在相应横断面上填方和挖方基本平衡,最为经济。经济点的位置是用"路基断面透明模板"在横断面图上得到的。路基断面透明模板可用透明胶片或透明描图纸制作,在其上按比例绘制路基宽度和各种不同边坡坡度线。使用时将透明模板扣在横断面上,中心线与路基中心线重合,上下移动透明模板,使填挖方面积大致相等,此时透明模板上路基顶面至地面线之间的高差即为经济填挖值,将这些值点绘到纵断面相应的桩号上即为经济点。

②试坡。

在已经标出控制点与经济点的纵断面图上,以控制点为依据,尽量照顾经济点为原则,根据定线意图,结合地面起伏情况,在控制点与经济点之间进行插点穿线,试定出纵坡。在试定纵坡时,每定一个变坡点,均需全面考虑前后几个变坡点的情况,要前后照顾,定出变坡点的位置。一般来说,如果试定的纵坡线既能符合技术标准,又能满足控制点要求,而且土石方工程量又较省,则这样的设计纵坡是最理想的,关键是要抓住主要矛盾,反复比较,通盘考虑。

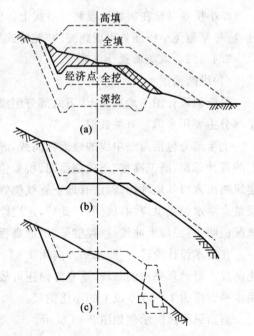

图 2-35 填挖方平衡关系

③调整纵坡。

试定纵坡之后,首先将所定的坡度与定线时所考虑的坡度进行比较,两者应基本相符。若有较大差异,应全面分析,找出原因,决定取舍。然后检查纵坡度、坡长、合成坡度等是否符合《标准》规定,平、纵面组合是否合理,若有问题应进行调整。

调整纵坡的方法一般有抬高、降低、延长、缩短坡线和加大、减小纵坡度等。调整时应以尽量少脱离控制点、尽量减少填挖量,与自然条件协调为原则,使调整后的纵坡与试定纵坡基本相符,以避免因纵坡调整产生填挖不合理等现象。

④与横断面进行核对。

根据已调整的纵坡线,选择有控制意义的重点横断面,如高填深挖、挡土墙、重要桥涵等横断面,在纵断面上直接估读出填挖高度,对照相应的横断面图进行认真核对和检查。若出现填挖工程量过大、填方坡脚落空以及挡土墙工程量过大等情况,应再次调整纵坡线,直到满足要求为止。

⑤确定纵坡。

纵坡线经调整核对无误后,即可确定纵坡。确定方法是从起点开始,根据纵坡度和坡长分别计算出各变坡点的设计标高。公路的起终点设计标高是根据接线的需要事先确定的。变坡点设计标高确定后,公路纵坡设计线也随之确定。应注意以下几点:

a.在回头曲线地段设计纵坡时,应先确定回头曲线上的纵坡,然后从两端接坡,以满足回头曲线的特殊纵坡要求。

b.大、中桥上,一般不宜设竖曲线。桥头两端的竖曲线,其起、终点应设在桥头10m以外。

c.小桥涵可设在斜坡地段和竖曲线上。但对等级较高的公路,为使公路纵坡具有一定的平顺性,应尽量避免小桥涵处出现急变的"驼峰式"纵坡。

2.4.4.2　纵断面设计成果

(1)纵断面图

纵断面设计图一般应由上、下两部分组成,上半部分主要用来绘制地面线和纵断面设计线,下半部分主要用来填写有关数据。

上半部分包括道路中线的地面标高线,纵坡设计线、竖曲线及其组成要素,起、终点及其他各桩点的设计标高、施工高度、土质剖面图、桥梁位置、孔径和结构类型以及相交道路交汇点、重要临街建筑物出入口的地坪标高、已有地下管线位置和地下水位线等。同时,对沿线的水准点位置、高程及最高洪水位线也应加以标明。此外,还应绘制路线平面简图以便对照。下半部分数据包括地质概况说明、直线与平曲线、里程桩号、地面高程、设计高程、填挖高度、纵坡/坡长等。

在技术设计阶段,一般水平方向用1:1000～1:500的比例尺,垂直方向用1:100～1:50的比例尺。对地形平坦的路段,垂直方向还可放大。至于作路网规划方案比较或初步设计时,也可采用水平方向为1:2000以上的小比例尺。

道路纵断面图示例如图2-36所示。

(2)设计表格

①纵坡、竖曲线设计表中主要填写竖曲线特征值以及纵断面设计的坡度和坡长。

②路基设计表是公路设计文件的组成内容之一。表中填写路线平、纵面等主要测设与设计资料,里程桩号,填、挖宽度(包括加宽),超高值等有关内容,为公路横断面设计提供基本数据,同时可作为路基施工的依据之一。路基设计表见表2-30。

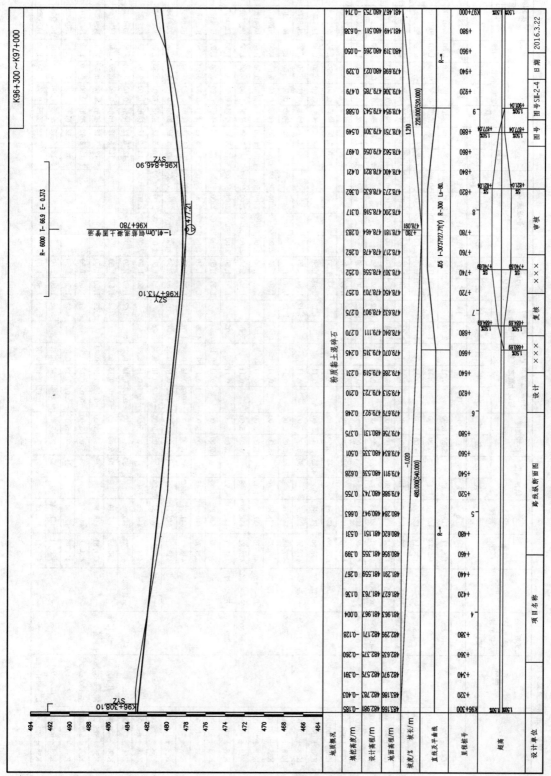

图 2-36 纵断面设计图

表 2-30

路基设计表

伊幕公路东克至美丰段

桩号	平曲线	变坡点高程、桩号及纵坡坡度、坡长	竖曲线	地面高程	设计高程	填挖高度/m 填	挖	路基宽度/m 左	右	路基边缘及中桩与设计高之高差/m 左	中	右	施工时中桩高度/m 填	挖	边坡1:m 左	右	护坡道 宽度 左	右	坡度1:m 左	右	坡脚坡口 左	右	边沟 形状	底宽/m	沟深/m	内坡1:m	坡脚坡口至中桩距离 左	右	备注
1	2	3	4	5	6	7	8	9	10	11	12	13	14	15	16	17	18	19	20	21	22	23	24	25	26	27	28	29	30
QD+700.000		418.800		416.11	418.80	2.69		5.00	5.00		0.11		2.69		1.50	1.50	2.00	50.00	2.00	50.00	4.80	4.80	梯形	0.60	0.50	1.50	6.0165	12.4963	
K57+750.000				419.73	421.20	1.47		5.00	5.00		0.11		1.58		1.50	1.50	2.00	50.00	2.00	50.00	4.80	4.80	梯形	0.60	0.50	1.50	10.1053	10.2050	
K57+800.000		i=4.80%		423.13	423.60	0.47		5.00	5.00		0.11		0.57		1.50	1.50	2.00	50.00	2.00	50.00	4.80	4.80	梯形	0.60	0.50	1.50	12.3288	7.7722	
K57+850.000		L=300.00	+868.000	423.87	426.00	2.13		5.00	5.00		0.11		2.24		1.50	1.50	2.00	50.00	2.00	50.00	4.80	4.80	梯形	0.60	0.50	1.50	5.5578	9.4199	
K57+900.000		433.200	凸 R=8000	427.44	428.34	0.90		5.00	5.00		0.11		1.01		1.50	1.50	2.00	50.00	2.00	50.00	4.80	4.80	梯形	0.60	0.50	1.50	13.4227	8.0351	
K57+950.000		+000.000	T=132.00	431.61	430.38		1.23	5.00	5.00		0.11			1.12	1.50	1.50					4.80	1.50	梯形	0.60	0.50	1.50	19.2743	5.1011	
K58+000.000			E=1.09	434.43	432.11		2.33	5.00	5.00		0.11			2.22	1.50	1.50					1.50	1.50	梯形	0.60	0.50	1.50	20.4730	7.4592	
K58+050.000				437.25	433.53		3.72	5.00	5.00		0.11			3.62	1.50	1.50					1.50	1.50	梯形	0.60	0.50	1.50	25.5213	10.2710	
K58+100.000		i=1.50%		438.07	434.64		3.43	5.00	5.00		0.11			3.32	1.50	1.50					1.50	1.50	梯形	0.60	0.50	1.50	25.7208	10.1173	
K58+150.000		L=320.00	+132.000	439.68	435.45		4.23	5.00	5.00		0.11			4.12	1.50	1.50					1.50	1.50	梯形	0.60	0.50	1.50	19.7555	10.7237	
K58+200.000			229.554	441.50	436.20		5.30	5.00	5.00		0.11			5.19	1.50	1.50					1.50	1.50	梯形	0.60	0.50	1.50	24.9476	11.9971	
K58+236.428				437.98	436.75		1.23	5.00	5.00		0.11			1.12	1.50	1.50					1.50	1.50	梯形	0.60	0.50	1.50	14.6210	7.2324	
K58+250.000				436.29	436.99	0.70		5.00	5.00		0.11		0.81		1.50	1.50	2.00	50.00	2.00	50.00	1.50	1.50	梯形	0.60	0.50	1.50	5.07450	7.9601	
K58+275.000			凹 R=5000	433.18	437.53	4.35		5.00	5.00		0.11		4.46		1.50	1.50	2.00	50.00	2.00	50.00	1.50	1.50	梯形	0.60	0.50	1.50	10.4120	13.1340	
K58+300.000		438.000	T=90.45	432.82	438.20	5.38		5.00	5.00		0.11		5.49		1.50	1.50	2.00	50.00	2.00	50.00	1.50	1.50	梯形	0.60	0.50	1.50	12.2567	14.0171	
K58+325.000		+320.000	E=0.82	434.07	438.99	4.92		5.00	5.00	-0.01	0.11	0.08	5.03		1.50	1.50	2.00	50.00	2.00	50.00	5.12	5.12	梯形	0.60	0.50	1.50	12.0307	12.8804	
K58+350.000				435.37	439.90	4.53		5.00	5.00	-0.02	0.14	0.17	4.63		1.50	1.50	2.00	50.00	2.00	50.00	5.12	5.12	梯形	0.60	0.50	1.50	11.4523	12.5418	
K58+375.000				436.76	440.94	4.18		5.00	5.00	-0.02	0.18	0.25	4.29		1.50	1.50	2.00	50.00	2.00	50.00	5.12	5.12	梯形	0.60	0.50	1.50	10.9862	12.2872	
K58+396.428				438.01	441.93	3.92		5.00	5.00	-0.02	0.18	0.32	4.07		1.50	1.50	2.00	50.00	2.00	50.00	5.12	5.12	梯形	0.60	0.50	1.50	10.6837	12.0220	
K58+400.000			+410.446	438.22	442.11	3.89		5.00	5.00	-0.02	0.18	0.32	4.07		1.50	1.50	2.00	50.00	2.00	50.00	5.12	5.12	梯形	0.60	0.50	1.50	10.4158	11.5434	
K58+425.000				439.79	443.37	3.59		5.00	5.00	-0.02	0.18	0.32	3.76		1.50	1.50	2.00	50.00	2.00	50.00	5.12	5.12	梯形	0.60	0.50	1.50	9.9686	11.0811	
K58+450.000				443.17	444.65	1.48		5.00	5.00	-0.02	0.18	0.32	1.66		1.50	1.50	2.00	50.00	2.00	50.00	5.12	5.12	梯形	0.60	0.50	1.50	6.9484	7.8214	
K58+475.000	JDJD1		+482.336	446.73	445.93		0.80	5.00	5.00	-0.02	0.18	0.32		0.62	1.50	1.50					5.12	5.12	梯形	0.60	0.50	1.50	10.4205	9.6198	
K58+500.000		i=5.12%		450.29	447.19	3.10		5.00	5.00	-0.02	0.18	0.32	2.92		1.50	1.50	2.00	50.00	2.00	50.00	5.12	5.12	梯形	0.60	0.50	1.50	13.9240	13.0154	
K58+525.000	K58+859.53	L=390.79		451.81	448.36	3.45		5.00	5.00	-0.02	0.18	0.32	3.28		1.50	1.50	2.00	50.00	2.00	50.00	5.12	5.12	梯形	0.60	0.50	1.50	14.4614	13.4228	
K58+550.000	左100°25'26"			453.18	449.44	3.74		5.00	5.00	-0.02	0.18	0.32	3.57		1.50	1.50	2.00	50.00	2.00	50.00	5.12	5.12	梯形	0.60	0.50	1.50	14.9376	13.7641	
K58+575.000	R=450			454.63	450.44	4.19		5.00	5.00	-0.02	0.18	0.32	4.01		1.50	1.50	2.00	50.00	2.00	50.00	5.12	5.12	梯形	0.60	0.50	1.50	15.8900	14.5009	
K58+600.000	$L_{s1}=160$			456.14	451.34	4.80		5.00	5.00	-0.02	0.18	0.32	4.62		1.50	1.50	2.00	50.00	2.00	50.00	5.12	5.12	梯形	0.60	0.50	1.50	16.8194	15.3349	
K58+625.000	$L_{s2}=331.165$			457.71	452.16	5.55		5.00	5.00	-0.02	0.18	0.32	5.37		1.50	1.50	2.00	50.00	2.00	50.00	5.12	5.12	梯形	0.60	0.50	1.50	18.0052	16.3594	

续表

桩号	平曲线	2′	变坡点高程、桩号及纵坡坡度、坡长	竖曲线	地面高程	设计高程	填挖高度/m 填	填挖高度/m 挖	路基宽度/m 左	路基宽度/m 右	路基边缘及中桩与设计高之高差/m 左	中	右	施工时中桩高度/m 填	挖	边坡1:m 左	右	护坡道宽度 左	右	护坡道坡度1:m 左	右	坡脚坡口 左	右	边沟 形状	底宽 m	沟深 m	内坡1:m	坡脚坡口至中桩距离 左	右	备注
1	2	2′	3	4	5	6	7	8	9	10	11	12	13	14	15	16	17	18	19	20	21	22	23	24	25	26	27	28	29	30
K58+650.000	T_1=623.098			凸	459.34	452.88		6.46	5.00	5.00	−0.02	0.18	0.32		6.28	1.50	1.50					5.12	5.12	梯形	0.60	0.50	1.50	19.40	17.60	
K58+675.000	T_2=623.098		458.000	R=7000	460.00	453.52		6.48	5.00	5.00	−0.02	0.18	0.32		6.30	1.50	1.50					5.12	5.12	梯形	0.60	0.50	1.50	19.48	17.65	
K58+700.000	L=1984.099			T=228.46	460.00	454.06		5.94	5.00	5.00	−0.02	0.18	0.32		5.76	1.50	1.50					5.12	5.12	梯形	0.60	0.50	1.50	16.01	18.60	
QZ+710.791	E=256.885		+710.791	E=3.73	460.00	454.27		5.73	5.00	5.00	−0.02	0.18	0.32		5.55	1.50	1.50					5.12	5.12	梯形	0.60	0.50	1.50	16.28	18.88	
K58+725.000	J=0				460.00	454.52		5.48	5.00	5.00	−0.02	0.18	0.32		5.30	1.50	1.50					1.41	1.41	梯形	0.60	0.50	1.50	16.50	17.61	
K58+750.000					460.00	454.89		5.11	5.00	5.00	−0.02	0.18	0.32		4.93	1.50	1.50					1.41	1.41	梯形	0.60	0.50	1.50	15.98	17.02	
K58+775.000					460.00	455.17		4.83	5.00	5.00	−0.02	0.18	0.32		4.65	1.50	1.50					1.41	1.41	梯形	0.60	0.50	1.50	15.58	16.58	
K58+800.000					460.00	455.36		4.64	5.00	5.00	−0.02	0.18	0.32		4.46	1.50	1.50					1.41	1.41	梯形	0.60	0.50	1.50	15.47	16.43	
K58+825.000					460.00	455.46		4.54	5.00	5.00	−0.02	0.18	0.32		4.36	1.50	1.50					1.41	1.41	梯形	0.60	0.50	1.50	15.33	16.27	
K58+850.000					459.68	455.47		4.21	5.00	5.00	−0.02	0.18	0.32		4.03	1.50	1.50					1.41	1.41	梯形	0.60	0.50	1.50	14.87	15.76	
K58+875.000					458.41	455.39		3.02	5.00	5.00	−0.02	0.18	0.32		2.84	1.50	1.50					1.41	1.41	梯形	0.60	0.50	1.50	13.13	13.85	
K58+900.000					457.18	455.22		1.96	5.00	5.00	−0.02	0.18	0.32		1.78	1.50	1.50					1.41	1.41	梯形	0.60	0.50	1.50	11.62	12.21	
K58+925.000			i=−1.41%		455.98	454.97		1.01	5.00	5.00	−0.02	0.18	0.32		0.83	1.50	1.50					1.41	1.41	梯形	0.60	0.50	1.50	10.53	10.25	
K58+950.000			L=539.21	+939.246	454.78	454.63		0.15	5.00	5.00	−0.02	0.18	0.32	0.03		1.50	1.50					1.41	1.41	梯形	0.60	0.50	1.50	9.26	5.15	
K58+975.000					453.60	454.28	0.68		5.00	5.00	−0.02	0.18	0.32	0.86		1.50	1.50	2.00	2.00	50.00	50.00	1.41	1.41	梯形	0.60	0.50	1.50	6.06	6.42	
K59+000.000					452.43	453.92	1.49		5.00	5.00	−0.02	0.18	0.32	1.67		1.50	1.50	2.00	2.00	50.00	50.00	1.41	1.41	梯形	0.60	0.50	1.50	7.28	7.62	
K59+025.155					451.29	453.57	2.29		5.00	5.00	−0.02	0.18	0.32	2.46		1.50	1.50	2.00	2.00	50.00	50.00	1.41	1.41	梯形	0.60	0.50	1.50	8.60	8.73	
YH+025.155					451.28	453.57	2.29		5.00	5.00	−0.02	0.17	0.30	2.47		1.50	1.50	2.00	2.00	50.00	50.00	1.41	1.41	梯形	0.60	0.50	1.50	8.69	8.73	
K59+050.000					450.16	453.22	3.06		5.00	5.00	−0.01	0.14	0.25	3.23		1.50	1.50	2.00	2.00	50.00	50.00	1.41	1.41	梯形	0.60	0.50	1.50	9.89	9.80	
K59+100.000					450.00	452.51	2.51		5.00	5.00	0.00	0.12	0.20	2.68		1.50	1.50	2.00	2.00	50.00	50.00	1.41	1.41	梯形	0.60	0.50	1.50	9.24	8.98	
K59+150.000					450.00	451.81	1.81		5.00	5.00	0.11	0.11	0.17	1.95		1.50	1.50	2.00	2.00	50.00	50.00	1.41	1.41	梯形	0.60	0.50	1.50	8.15	7.75	
HY+185.155					450.00	451.31	1.31		5.00	5.00	0.11	0.11	0.17	1.43		1.50	1.50	2.00	2.00	50.00	50.00	1.41	1.41	梯形	0.60	0.50	1.50	7.22	6.92	
K59+200.000					450.00	451.10	1.10		5.00	5.00	0.11	0.11	0.17	1.21		1.50	1.50	2.00	2.00	50.00	50.00	1.41	1.41	梯形	0.60	0.50	1.50	6.95	6.59	
K59+225.000			450.400		450.00	450.75	0.75		5.00	5.00	0.11	0.11	0.17	0.86		1.50	1.50	2.00	2.00	50.00	50.00	1.41	1.41	梯形	0.60	0.50	1.50	6.39	6.06	
K59+250.000			+250.000	凹	449.58	450.41	0.83		5.00	5.00	0.11	0.11	0.17	0.94		1.50	1.50	2.00	2.00	50.00	50.00	1.41	1.41	梯形	0.60	0.50	1.50	6.51	6.17	
K59+275.000				R=10000	448.82	450.11	1.29		5.00	5.00	0.11	0.11	0.17	1.40		1.50	1.50	2.00	2.00	50.00	50.00	1.18	1.18	梯形	0.60	0.50	1.50	7.42	6.89	
K59+300.000				+261.467	448.08	449.81	1.73		5.00	5.00	0.11	0.11	0.17	1.84		1.50	1.50	2.00	2.00	50.00	50.00	1.18	1.18	梯形	0.60	0.50	1.50	8.09	7.51	
K59+325.000				+250.000	447.98	449.51	1.53		5.00	5.00	0.11	0.11	0.17	1.64		1.50	1.50	2.00	2.00	50.00	50.00	1.18	1.18	梯形	0.60	0.50	1.50	7.56	7.19	
K59+350.000					447.87	449.22	1.35		5.00	5.00	0.11	0.11	0.17	1.46		1.50	1.50	2.00	2.00	50.00	50.00	1.18	1.18	梯形	0.60	0.50	1.50	7.26	7.03	

续表

桩号	平曲线	变坡点距程、桩号及纵坡坡度、坡长	竖曲线	地面高程	设计高程	填挖高度 m		路基宽度 m		路基边缘及中桩与设计高之高差 m			施工时中桩高度 m		边坡 1:m		护坡道 宽度		坡度1:m		坡脚坡口		边沟 形状	底宽 m	沟深 m	内坡 1:m	坡脚坡口至中桩距离		备注
						填	挖	左	右	左	中	右	填	挖	左	右	左	右	左	右	左	右					左	右	
1	2	3	4	5	6	7	8	9	10	11	12	13	14	15	16	17	18	19	20	21	22	23	24	25	26	27	28	29	30
K59+375.000		i=−1.18%	+424.673	447.75	448.92	1.17		5.00	5.00		0.11	0.17	1.28		1.50	1.50	2.00	50.00	2.00	50.00	1.18	1.18	梯形	0.60	0.50	1.50	6.97	6.75	
K59+400.000				447.61	448.63	1.02		5.00	5.00		0.11	0.17	1.12		1.50	1.50	2.00	50.00	2.00	50.00	1.18	1.18	梯形	0.60	0.50	1.50	6.77	6.46	
K59+425.000		L=372.84		447.47	448.33	0.86		5.00	5.00		0.11	0.17	0.97		1.50	1.50	2.00	50.00	2.00	50.00	1.18	1.18	梯形	0.60	0.50	1.50	6.44	6.44	
K59+450.000	JD1D2		凹	447.31	448.06	0.75		5.00	5.00		0.11	0.17	0.85		1.50	1.50	2.00	50.00	2.00	50.00	1.46	1.46	梯形	0.60	0.50	1.50	6.22	6.25	
K59+475.000				447.15	447.83	0.68		5.00	5.00		0.11	0.17	0.79		1.50	1.50	2.00	50.00	2.00	50.00	1.46	1.46	梯形	0.60	0.50	1.50	6.18	6.13	
K59+500.000				446.97	447.64	0.67		5.00	5.00		0.11	0.17	0.78		1.50	1.50	2.00	50.00	2.00	50.00	1.46	1.46	梯形	0.60	0.50	1.50	6.24	5.96	
K59+525.000				446.78	447.49	0.71		5.00	5.00		0.11	0.17	0.82		1.50	1.50	2.00	50.00	2.00	50.00	1.46	1.46	梯形	0.60	0.50	1.50	6.26	6.06	
K59+550.000				446.58	447.38	0.80		5.00	5.00		0.11	0.17	0.91		1.50	1.50	2.00	50.00	2.00	50.00	1.46	1.46	梯形	0.60	0.50	1.50	6.36	6.30	
K59+575.000				446.37	447.32	0.95		5.00	5.00		0.11	0.17	1.06		1.50	1.50	2.00	50.00	2.00	50.00	1.46	1.46	梯形	0.60	0.50	1.50	6.62	6.40	
K59+600.000	K59+949.48	446.000	R=15000	446.15	447.29	1.14		5.00	5.00		0.11	0.17	1.25		1.50	1.50	2.00	50.00	2.00	50.00	1.46	1.46	梯形	0.60	0.50	1.50	7.07	6.71	
QZ+622.840	左45°16′52″	+622.840	T=198.17	446.07	447.31	1.24		5.00	5.00		0.11	0.17	1.34		1.50	1.50	2.00	50.00	2.00	50.00	1.46	1.46	梯形	0.60	0.50	1.50	7.17	6.82	
K59+625.000	R=1310.092		E=1.31	446.08	447.31	1.23		5.00	5.00		0.11	0.17	1.33		1.50	1.50	2.00	50.00	2.00	50.00	1.46	1.46	梯形	0.60	0.50	1.50	7.13	6.88	
K59+650.000	Ls1=160			446.23	447.37	1.14		5.00	5.00		0.11	0.17	1.25		1.50	1.50	2.00	50.00	2.00	50.00	1.46	1.46	梯形	0.60	0.50	1.50	7.00	6.75	
K59+675.000	Ls2=160			446.39	447.47	1.08		5.00	5.00		0.11	0.17	1.19		1.50	1.50	2.00	50.00	2.00	50.00	1.46	1.46	梯形	0.60	0.50	1.50	6.93	6.58	
K59+700.000				446.54	447.62	1.08		5.00	5.00		0.11	0.17	1.19		1.50	1.50	2.00	50.00	2.00	50.00	1.46	1.46	梯形	0.60	0.50	1.50	6.91	6.68	

编制：　　　　　　复核：　　　　　　审核：

2.5　公路横断面

2.5.1　横断面的组成与标准横断面图

公路是具有一定宽度的带状构造物。沿路中线作法向切面,所得截面称为横断面。横断面图由横断面设计线和地面线所构成,横断面设计线反映了路基的形状和尺寸。其中横断面设计线包括行车道、路肩、分隔带、边沟、边坡、截水沟、护坡道,以及取土坑、弃土堆、环境保护设施等。城市道路横断面组成包括机动车道、非机动车道、人行道、绿带、车带等;高速公路、一级公路和二级公路还有爬坡车道、避险车道;高速公路、一级公路的出入口处还有变速车道等。横断面图中的地面线是表征地面起伏变化的线,通过现场实测或由大比例尺地形图、航测像片、数字地面模型等途径获得。路线设计中所讨论的横断面设计只限于与行车直接有关的部分,即两侧路肩外缘之间各组成部分的宽度、横向坡度等问题,所以有时也将路线横断面设计称作"路幅设计"。

公路横
断面图

2.5.1.1　公路横断面一般组成部分

①行车道:道路上供各种车辆行驶部分的总称,包括机动车道和非机动车道。

②路肩:路基的主要构造要素之一,设于行车道的外侧,对路面起横向支撑作用,同时可供车辆临时停放及行人通行,增加侧向净宽。

③中间带:高速公路和一级公路上用于分隔对向车辆的带状构造物。中间带由中央分隔带和两条左侧路缘带组成。

④边坡:为保证路基稳定,设在路基两侧,具有一定坡度的坡面。

⑤边沟:为了汇集和排除路面、路肩及边坡流水在挖方或低填方路基两侧设置的纵向排水沟。

高速公路与一级公路的横断面组成见图 2-37(a),二、三级公路的横断面组成见图 2-37(b),四级公路的横断面组成见图 2-37(c)。

2.5.1.2　公路路基横断面的特殊组成

①爬坡车道:在高速公路、一级公路及二级公路连续上坡路段,设置的专供慢车爬坡使用的车道。

②变速车道:供车辆驶入(离)高速车流之前(后)加(减)速用的车道。

③错车道:当四级公路采用 4.5m 的单车道路基时,在适当的可通视距离内设置的供车辆交错避让用的一段加宽车道。其间距应不大于 300m,相邻两错车道间能相互通视;设置错车道路段的路基宽度应不小于 6.5m,有效长度不小于 20m。

④紧急停车带:在高速公路和一级公路上设置的供临时发生故障或其他原因需紧急停车车辆使用的临时停车地带。当右侧硬路肩的宽度小于 2.5m 时,应设置紧急停车带,其间距不大于 2km,宽度一般为 5.0m,有效长度一般为50m,并设置 100m 和 150m 左右的过渡段;高速公路、一级公路的特长桥梁、隧道,根据需要可设置紧急停车带,其间距不宜大于 750m。二级公路也可根据需要设置紧急停车带,其间距按实际情况确定。

⑤护坡道:当路堤较高时,为保证路基边坡稳定,在取土坑与坡脚间,沿原地

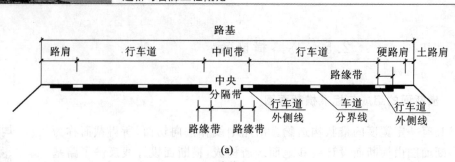

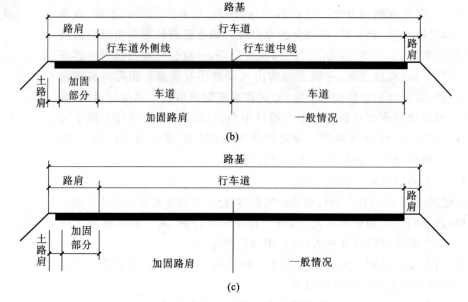

图2-37　各级公路横断面布置图
(a)高速公路、一级公路；(b)二、三级公路；(c)四级公路

面纵向保留的有一定宽度的平台。《标准》规定：当路肩边缘与路侧取土坑底的高差小于或等于2m时，取土坑内侧坡顶可与路堤坡脚径向衔接，并采用路堤边坡坡度；当高差大于2m时，应设置宽1m的护坡道；当高差大于6m时，应设置宽2m的护坡道。

·⑥碎落台：在路堑边坡坡脚与边沟外侧边缘之间或边坡上，为防止石头等碎落物落入边沟而设置的具有一定宽度的纵向平台。

⑦截水沟：在地面线较陡的挖方路段，为拦截山坡流向路基的水，在路堑坡顶以外设置的水沟。

2.5.1.3　公路横断面的布置类型

①单幅双车道：整体式的供双向行车的双车道公路。这类公路在我国公路总里程中占的比重最大。为保证车辆的行驶速度和运行安全，二级公路在混合交通量大的路段，可设慢车道供非机动车行驶；三、四级公路的主要设计指标按行驶汽车的要求设计，但同时也允许拖拉机、兽力车、人力车等非汽车交通使用，混合交通特征明显，运行速度在40km/h以下。

②双幅多车道：四车道、六车道和更多车道的公路，中间一般都设分隔带或做成分离式路基而构成"双幅"路。有些分离式路基为了利用地形或由于处于风景区等甚至做成两条独立的单向行车的道路。

这种类型的公路设计速度高、通行能力大，而且行车顺适、事故率低。《标准》中的高速公路和一级公路即属此种类型。高速公路和一级公路的主要差别在于是否需要控制出入。当作为集散公路时,纵横向干扰较大,为保证供汽车分道、分向行驶,可设慢车道供非机动车行驶;而作为干线公路时,为保证其运行速度、运行安全和服务水平,应根据需要采取控制出入的措施。

③单车道:对交通量小、地形复杂、工程艰巨的山区公路或地方性道路,可采用单车道。我国《标准》中规定的路基宽度为4.50m、车道宽度为3.50m的四级公路就属于此类。此类公路虽然交通量很小,但仍然会出现错车和超车,因此,单车道四级公路应设置错车道。

2.5.1.4 城市道路横断面组成

城市道路的交通性质和组成比较复杂,尤其是行人和各种非机动车较多。各种交通工具和行人的交通问题都需要在横断面设计中综合考虑予以解决,所以城市道路路线设计中的横断面设计是矛盾的主要方面,一般都放在平面和纵断面设计之前进行。

城市道路在行车道断面上,供汽车、无轨电车等机动车行驶的部分称为机动车道;供自行车、三轮车、板车等非机动车行驶的部分称为非机动车道。此外,还有供行人步行使用的人行道和分隔各种车道(或人行道)的分隔带及绿带。

城市道路各组成部分相互联系和影响,其位置的安排和宽度的确定必须首先保证车辆和行人的安全畅通,同时要与道路两侧的各种建筑物及自然景观相协调,并能满足地面、地下排水和各种管线埋设的要求;横断面设计应注意近期与远期相结合,使近期工程成为远期工程的组成部分,并预留管线位置;路面宽度及高度均应有发展余地。

城市道路横断面布置的基本类型见图2-38。

①单幅路:俗称"一块板"断面,各种车辆在车道上混合行驶,如图2-38(a)所示。在交通组织上主要有以下两种方式:一是划分出快、慢车行驶分车线,快车和机动车辆在中间行驶、慢车和非机动车靠两侧行驶;二是不划分行车线,车道的使用可以在不影响安全的前提下予以调整。如只允许机动车辆沿同一方向行驶的"单行道";限制载重汽车和非机动车行驶,只允许小客车和公共汽车通行的街道;限制各种机动车辆,只允许行人通行的"步行道"等。上述措施可以是相对不变的,也可以是按规定的周期变换的。

②双幅路:俗称"两块板"断面。在车道中心用分隔带或分隔墩将车行道分为两半上、下行车辆分向行驶,各自再根据需要确定是否划分快、慢车道,如图2-38(b)所示。

③三幅路:俗称"三块板"断面。中间为双向行驶的机动车车道,两侧为靠右侧行驶的非机动车车道,如图2-38(c)所示。

④四幅路:俗称"四块板"断面。在三幅路的基础上,再将中间机动车车道分隔为两半分向行驶,如图2-38(d)所示。

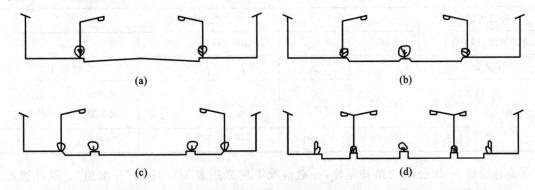

图 2-38 城市道路横断面布置图

(a)单幅路;(b)双幅路;(c)三幅路;(d)四幅路

2.5.1.5　城市道路横断面布置类型的选用

单幅路占地少、投资省，但各种车辆混合行驶，对交通安全不利，仅适用于机动车交通量不大、非机动车较少的次干路、支路以及用地不足、拆迁困难的旧城改建的城市道路。

双幅路断面将对向行驶的车辆分开，减少了行车干扰，提高了车速，分隔带上还可以用作绿化、布置照明和敷设管线等。鉴于目前机动车与非机动车混合行驶的矛盾仍是我国城市交通的主要矛盾，以及因车辆超车而造成的交通事故较多等原因，各地多年的实践经验证明，该形式对行车安全极为不利，从而在交通量大的市区干道不宜采用；一般在各向两条机动车道以上，非机动车较少的道路，或有平行道路可供非机动车通行的快速路和郊区道路以及横向高差大或地形特殊的路段才考虑选用。

三幅路将机动车与非机动车分开，对交通安全有利；在分隔带上布置绿化带，有利于夏天遮阳防晒、减少噪声和布置照明等。对于机动车交通量大、非机动车多的城市道路宜考虑采用，但三幅式断面占地较多，只有当红线宽度大于或等于 40m 时才能满足车道布置要求。

四幅路不但将机动车和非机动车分开，还将对向行驶的机动车分开，于安全和车速较三幅式路更为有利，但占地多，投资大。它适用于机动车辆车速较高，各向两条机动车道以上，非机动车多的快速路与主干路。

2.5.2　公路路基宽度

公路路基宽度为车道宽度与路肩宽度之和。当设有中间带、紧急停车带、爬坡车道、加（减）速车道、错车道时，还应包括这些部分的宽度。

公路横断面的组成和各部分的尺寸要根据设计交通量、交通组成、设计速度、地形条件等因素确定。在保证必要的通行能力和交通安全与畅通的前提下，尽量做到用地省、投资少，使道路发挥其最大的经济效益与社会效益。

我国各级公路整体式断面路基宽度规定见表 2-31。确定路基宽度时应注意以下几点：

表 2-31　　　　　　　　　　　　　**各级公路整体式断面路基宽度**

公路等级		高速公路、一级公路								
设计速度/(km/h)		80	60	40	80	60	40	60	40	40
车道数		8	6	4	8	6	4	6	4	4
路基宽度/m	一般值	42.00	34.50	28.00	41.00	33.50	26.00	32.00	24.50	23.00
	最小值	40.00	—	25.00	38.50	—	23.50	—	21.50	20.00
公路等级		二、三、四级公路					
设计速度/(km/h)		80	60	40	30	20	
车道数		2	2	2	2	2 或 1	
路基宽度/m	一般值	12.00	10.00	8.50	7.50	6.50（双车道）	4.50（单车道）
	最小值	10.00	8.50				

①高速公路、一级公路的路基宽度，一般情况下应采用表 2-31 中的"一般值"。设计速度为 120km/h 的四车道高速公路宜采用 28.00m 的路基宽度，当地形条件及其他特殊情况限制时，可采用 26.00m 的路基宽度。

②设计速度为 120km/h、100km/h 的高速公路,根据通行能力需要可设双向四车道、六车道、八车道,并采用相应的路基宽度。

③设计速度为 100km/h、80km/h 的一级公路,根据通行能力需要可设双向四车道、六车道,并采用相应的路基宽度。

④设计速度为 100km/h 的四车道一级公路,当预测交通量接近适应交通量高限时,路基宽度宜采用 26.00m。

⑤具集散功能的一级公路设置慢车道的路段,可利用硬路肩、土路肩的宽度(若宽度不足则另加宽)作为慢车道,并应在车道与慢车道之间设置隔离设施。

⑥设计速度为 80km/h 和 60km/h 的具集散功能的二级公路,需设置慢车道的路段,经技术经济论证其路基宽度可分别采用 15.00m 和 12.00m,利用加固后的路肩作为慢车道并应在车道与慢车道之间采用划线分隔。

⑦四级公路宜采用 6.50m 路基宽。交通量小且工程特别艰巨的路段,可采用单车道 50m 路基宽。

⑧确定路基宽度时,其中央分隔带、路缘带、路肩等宽度的"一般值""最小值"应同类相加。但高速公路、一级公路的六车道、八车道的路基宽度不采用"最小值"同类相加。

一般路幅布置包括行车道和路肩,除四级公路可设置为单车道外,公路按路幅布置形式主要分为单幅双车道和双幅多车道两种类型。单幅双车道公路指的是整体式的供双向行车的双车道公路。这类公路在我国公路总里程中所占比重最大,二、三级和部分四级公路均属这一类。四车道、六车道和更多车道的公路,中间一般都设分隔带或做成分离式路基从而构成双幅路。

高速公路、一级公路分离式断面路基宽度规定见表 2-32。

表 2-32 高速公路、一级公路分离式断面路基宽度

公路等级		高速公路、一级公路								
设计速度/(km/h)		120			100			80	60	
车道数		8	6	4	8	6	4	6	4	4
路基宽度/m	一般值	22.0	17.00	13.75	21.25	16.75	13.00	16.00	12.25	11.25
	最小值	—	—	13.25	—	—	12.50	—	11.25	10.25

注:1. 八车道内侧车道宽度如采用 3.50m,相应路基宽度可减 0.25m。

2. "一般值"为正常情况下采用的值,"最小值"为条件受限时可采用的值。

(1)行车道

行车道是专供汽车行驶的公路主要部分。为保证汽车高速、安全行驶,行车道必须保证足够的宽度。行车道宽度要根据车辆最大宽度,加上错车、超车所必需的余宽来确定。《标准》中规定的各级公路的行车道宽度见表 2-33。

表 2-33 公路行车道宽度

设计速度/(km/h)	120	100	80	60	40	30	20
车道宽度/m	3.75	3.75	3.75	3.50	3.50	3.25	3.00(单车道时为 3.50)

注:高速公路为八车道,当设置左侧硬路肩时,内侧车道宽度可采用 3.50m。

(2)路肩

路肩是位于行车道外缘至路基边缘之间具有一定宽度的带状结构。路肩通常包括硬路肩和土路肩。它的主要作用是保护路面,供汽车发生故障时临时停车;供行人和非机动车使用;同时,使驾驶员

在行车时视野开阔、有安全感,有助于增进行车的舒适感和避免驾驶的紧张感。在公路路面维修时,较宽的路肩还可以作为临时行车道,在挖方地段的平曲线段,较宽的路肩能够改善视距。路肩的宽度根据公路的等级,汽车、非机动车的交通量和行人稠密程度而定。各级公路路肩宽度如表 2-34 所示。

表 2-34 各级公路路肩宽度

设计速度/(km/h)		高速公路、一级公路				二级、三级、四级公路				
		120	100	80	60	80	60	40	30	20
右侧硬路肩宽度/m	一般值	3.50	3.00	2.50	2.50	1.50	0.75	—	—	—
	最小值	3.00	2.50	1.50	1.50	0.75	0.25	—	—	—
土路肩宽度/m	一般值	0.75	0.75	0.75	0.50	0.75	0.75	0.75	0.50	0.25(双车道)
	最小值	0.75	0.75	0.75	0.50	0.50	0.50			0.50(单车道)

注:1."一般值"为正常情况下采用的值,"最小值"为条件受限时可采用的值。

2.设计速度为120km/h的四车道高速公路,采用3.5m的右侧硬路肩;六车道、八车道高速公路,采用3.00m的右侧硬路肩。

高速公路、一级公路应在右侧硬路肩内设置右侧路线带,其宽度为 0.50m。高速公路、一级公路采用分离式断面时,应设置左侧硬路肩,其宽度应符合表 2-35 的规定,左侧硬路肩宽度包含左侧路线带宽度。另外,八车道高速公路宜设置左侧硬路肩,其宽度应为 2.5m,左侧硬路肩宽度包含左侧路缘带宽度。

表 2-35 分离式断面高速公路、一级公路左侧硬路肩宽度

设计速度/(km/h)	120	100	80	60
左侧硬路肩宽度/m	1.25	1.00	0.75	0.75
左侧土路肩宽度/m	0.75	0.75	0.75	0.5

高速公路、一级公路的右侧硬路肩宽度小于 2.5m 时,应设置紧急停车带。紧急停车带宽度应为 3.5m,有效长度不应小于 30 m,间距不宜大于 500 m。如图 2-39 所示。

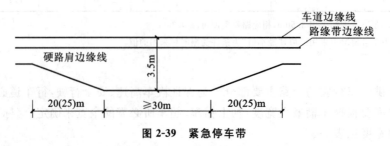

图 2-39　紧急停车带

(3)中间带

中间带位于路幅中间,由两条左侧路线带及中央分隔带组成。其作用主要是分隔往返车流,保证对向车辆能够高速、安全行驶,减少事故,提高道路通行能力。另外,设置一定宽度的中间带并种植花草灌木或设置防眩网,可防止对向车辆灯光眩目,还可以起到绿化和保护环境的作用。设于分隔带两侧的路缘带,由于有一定的宽度且颜色醒目,既引导驾驶员视线,又增加了行车所必需的侧向余宽,从而提高行车的安全度和舒适性。中间带的作用明显,但投资和占地多,我国原则上采用窄分隔带,构造上高出车道表面。分隔带一般用路缘石围砌,高出路面 10~20cm。中间带的宽度是根据行车带以外的侧向余宽,防止车辆驶入对向行车带的护栏、植被、防眩网、交叉公路的桥墩等

所需的设置宽度而定的。中间带的宽度如表 2-36 所示。

表 2-36 中间带宽度

设计速度/(km/h)		120	100	80	60
中央分隔带宽度/m	一般值	3.00	2.00	2.00	2.00
	最小值	2.00	2.00	1.00	1.00
左侧路缘带宽度/m	一般值	0.75	0.75	0.50	0.50
	最小值	0.75	0.50	0.50	0.50
中间带宽度/m	一般值	4.50	3.50	3.00	3.00
	最小值	3.50	3.00	2.00	2.00

注："一般值"为正常情况下所采用的值;"最小值"为条件受限制时可采用的值。

中间带的宽度一般情况下应保持等宽,若需要变宽时,应设置过渡段,过渡段以设在回旋线范围内为宜,其长度应与回旋线长度相等。图 2-40 为几种变宽过渡设计的例子。

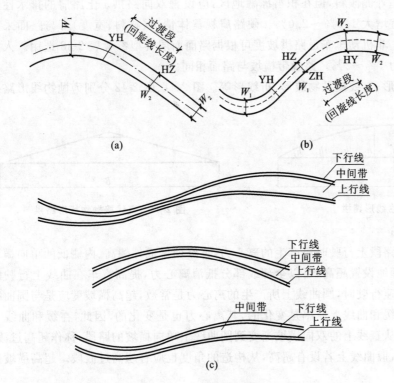

图 2-40 中间带过渡方式

(a)曲线与直线过渡;(b)曲线与曲线过渡;(c)宽度较大时的过渡方式

W_1,W_2—中间带宽度

2.5.3 路拱和超高

为了利于路面横向排水,将路面做成由中间向两侧倾斜的拱形,称为路拱,其倾斜坡度以百分率表示,称为路拱横坡度,用 i 表示。

路拱和超高
设计图

2.5.3.1 路拱横坡

路拱对排水有利但对行车不利。路拱坡度所产生的水平分力增加了行车的不平稳性,同时也给乘客以不舒适的感觉,当车辆在有水或潮湿的路面上制动时,还会增加侧向滑移的危险。为此,路拱大小的采用及形状的设计应兼顾两方面的影响。对于不同类型的路面,由于其表面的平整度和透水性不同,路拱坡度的选择应结合当地的自然条件,参照表2-37确定。

表 2-37 路拱横坡度

路面类型	路拱横坡度/%	路面类型	路拱横坡度/%
水泥混凝土路面、沥青混凝土路面	1.0～2.0	碎、砾石等粒料路面	2.5～3.5
其他黑色路面、整齐石块	1.5～2.5	低级路面	3.0～4.0
半整齐石块、不整齐石块	2.0～3.0		

高速公路和一级公路由于其路面较宽,迅速排除路面降水尤为重要。所以当此种公路处于降雨强度较大的地区时对应采用高值。

分离式路基,每侧行车道可设置双向路拱,这样对排除路面积水有利。在降水量不大的地区也可采用单向横坡,并向路基外侧倾斜,但在积雪冻融地区,应设置双向路拱。土路肩的排水性远低于路面,其横坡度较路面宜增大1.0%～2.0%。硬路肩视具体情况(材料、宽度)可与路面采用同一横坡,也可稍大于路面。非机动车车道路拱坡度可根据路面面层类型参考表2-38选用。人行道横坡宜采用单面坡,坡度为1%～2%。路缘带横坡与路面相同。

路拱的形式有抛物线形、直线接抛物线形、折线形等。图2-41、图2-42分别为抛物线形路拱和直线接抛物线形路拱。

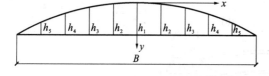

图 2-41 抛物线形路拱

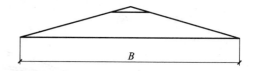

图 2-42 直线接抛物线形路拱

2.5.3.2 平曲线超高

为抵消车辆在平曲线路段上行驶时所产生的离心力,将路面做成外侧高、内侧低的单向横坡形式,称为平曲线超高。合理地设置超高,可以全部或部分抵消离心力,提高汽车在曲线上行驶的稳定性与舒适性。当汽车等速行驶时,圆曲线上所产生的离心力是常数,超高横坡度应是与圆曲线半径相适应的全超高。而在缓和曲线上曲率是变化的,其离心力也是变化的,因此,在缓和曲线上应是逐渐变化的超高。这段从直线上的双向横坡渐变到圆曲线上单向横坡的路段,称作超高过渡段。四级公路可不设缓和曲线,但曲线上若设有超高,从构造的角度也应有超高过渡段。超高横坡度的计算公式为:

$$i_h = \frac{V^2}{127R} - \mu$$

对此,《标准》规定:各级公路凡半径小于不设超高的最小半径的平曲线均应设置超高。超高的横坡度根据公路等级、设计速度、圆曲线半径、路面类型、自然条件和车辆组成等情况确定。各级道路圆曲线部分最大超高值的规定见表2-38和表2-39。

当应设置超高横坡度的计算值小于路拱横坡度时,应设置路拱横坡度的超高,即各级公路圆曲线部分最小超高应与该公路直线部分的正常路拱横坡度一致。

表 2-38　　　　　　　　　　　　　公路最大超高坡度

公路等级	高速、一级公路	二级、三级、四级公路
一般地区	10%	8%
积雪、严寒地区	6%	

表 2-39　　　　　　　　　　　　城市道路最大超高坡度

设计速度/(km/h)	80	60	50	40	30	20
最大超高值/%	6	4	2			

　　二、三、四级公路混合交通量较大且接近城镇路段，或通过城镇作为街道使用的路段，当车速受到限制，按规定设置超高有困难时，可按表 2-39 规定设置超高。

　　在具体设计中，位于曲线上的行车道、硬路肩，均应根据设计速度、圆曲线半径、自然条件等按规定设置超高，可查阅相应设计规范。

　　(1)超高的过渡

　　单向横坡超高是通过在圆曲线两端的超高过渡段来实现过渡的。根据超高旋转轴在公路横断面上的位置不同，超高的过渡方式分为下列几种。

　　①无中间带公路的超高过渡。无中间带的道路，无论是双车道还是单车道，在直线段的横断面均为以中线为脊向两侧倾斜的路拱。路面要由双向倾斜的路拱形式过渡到有单向倾斜的超高形式，外侧须逐渐抬高。在抬高过程中，行车道外侧是绕中线旋转的，若超高横坡度等于路拱坡度，则直至与内侧横坡相等为止，见图 2-43。

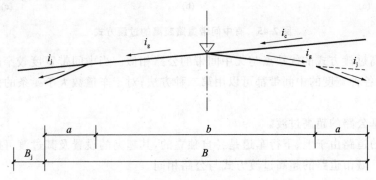

图 2-43　超高值等于路拱横坡值的超高过渡

　　当超高坡度大于路拱坡度时可分别采用以下三种过渡方式：

　　a.绕内侧边线旋转。先将外侧车道绕路中线旋转，待达到与内侧车道构成单向横坡后，整个断面再绕未加宽前的内侧车道边线旋转，直至超高横坡值，如图 2-44(a)所示。

　　b.绕中线旋转。先将外侧车道绕路中线旋转，待达到与内侧车道构成单向横坡后，整个断面绕中线旋转，直至达到超高横坡度，如图 2-44(b)所示。

　　c.绕外侧边缘旋转。先将外侧车道绕外侧边缘旋转，与此同时，内侧车道随中线的降低而相应降低，待达到单向横坡后，整个断面仍绕外侧车道边缘旋转，直至超高横坡度，如图 2-44(c)所示。上述各种方法中，绕内侧边线旋转时由于行车道内侧不降低，有利于路基纵向排水，一般新建工程多用此法。绕中线旋转可保持中线标高不变，且在超高坡度一定的情况下，外侧边缘的抬高值较小，多用于旧路改建工程。而绕外侧边线旋转是一种比较特殊的设计，仅用于某些改善路容的地点。

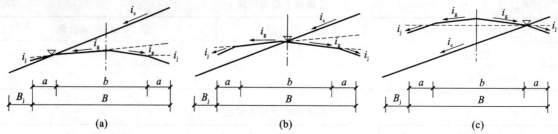

图 2-44 无中间带道路超高的过渡方式

②有中间带公路的超高过渡。

a.绕中间带的中心线旋转。先将外侧行车道绕中央分隔带边缘旋转,待达到与内侧行车道构成单向横坡后,整个断面一同绕中心线旋转,直至超高横坡度值。此时中央分隔带呈倾斜状,如图 2-45(a)所示。

b.绕中央分隔带边缘旋转。将两侧行车道分别绕中央分隔带边缘旋转,使之各自成为独立的单向超高断面,此时中央分隔带维持原水平状态,如图 2-45(b)所示。

c.绕各自行车道中线旋转。将两侧行车道分别绕各自的中心线旋转,使之各自成为独立的单向超高断面,此时中央分隔带两边缘分别升高与降低而成为倾斜断面,如图 2-45(c)所示。

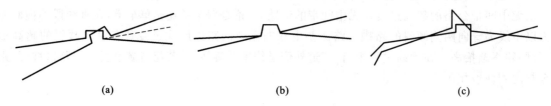

图 2-45 有中间带道路超高的过渡方式

上述三种超高过渡方式的优缺点与无中间带的公路相似。当中间带宽度较窄时(≤4.5m),可采用第一种方法;各种宽度的中间带都可以用第二种方法;对于车道数大于 4 条的公路可采用第三种方法。

③分离式路基公路的超高过渡。

分离式断面的道路由于上、下行车道是各自独立的,其超高的设置及其过渡可按两条无分隔带的道路分别处理。城市道路的超高过渡方式与公路相同。

(2)超高过渡段长度

为了行车的舒适、路容的美观和排水的通畅,必须设置一定长度的超高过渡段,超高的过渡则是在超高过渡段全长范围内进行的。双车道公路最小超高过渡段长度按式(2-64)计算:

$$L_c = \frac{B\Delta i}{p} \tag{2-66}$$

式中 L_c——最小超高过渡段长度,m;

B——旋转轴至行车道(设路缘带时为路缘带)外侧边缘的宽度,m;

Δi——超高坡度与路拱横坡的代数差,%;

p——超高渐变率,即旋转轴线与行车道(设路缘带时为路缘带)外侧边缘线之间的相对坡度,其最大值见表 2-40。

根据式(2-64)计算的超高过渡段长度,应凑成 5m 的整倍数,并不小于 10m 的长度。为了行车的舒适,超高过渡段应不小于按式(2-64)计算的长度。但从利于排除路面降水考虑,横坡度由 2%

（或 1.5％）过渡到 0 路段的超高渐变率不得小于 1/330，即超高过渡段又不能设置得太长。所以在确定超高过渡段长度 L_c 时对应考虑以下几点：

表 2-40　　　　　　　　　　　　　　　　**超高渐变率**

设计速度/ (km/h)	超高旋转轴位置		设计速度/ (km/h)	超高旋转轴位置	
	中线	边线		中线	边线
120	1/250	1/200	40	1/150	1/100
100	1/225	1/175	30	1/125	1/75
80	1/200	1/150	20	1/100	1/50
60	1/175	1/125			

①一般情况下，在确定缓和曲线长度时，已经考虑了超高过渡段所需的最短长度，故一般取超高过渡段 L_c 与缓和曲线长度 L_s 相等，即 $L_c = L_s$。

②若计算出的 $L_c > L_s$，此时应修改平面线形，使 $L_s \geqslant L_c$。当平面线形无法修改时，可将超高过渡起点前移，即超高过渡从缓和曲线起点前的直线路段开始，路面外侧以适当的超高渐变率逐渐抬高，使横断面在 ZH（或 HZ 点）渐变为向内倾斜的单向路拱横坡（临界断面）。

③若 L_s 大于计算 L_c，但只要超高渐变率 $p \geqslant 1/330$，仍取 $L_c = L_s$。

在高等级公路设计中，因照顾线形的协调性，在平曲线中一般配置较长的缓和曲线。为了避免在缓和曲线全长范围内均匀过渡超高而造成路面横向排水不畅，超高过渡可采取以下措施：a. 超高的过渡仅在缓和曲线的某一区段内进行，即超高过渡起点可从缓和曲线起点至缓和曲线上不设超高的最小半径之间的任一点开始，至缓和曲线终点结束。b. 超高过渡在缓和曲线全长范围内按两种超高渐变率分段进行，即第一段从缓和曲线起点由双向路拱横坡以超高渐变率 1/330 过渡到单向路拱横坡，第二段由单向路拱横坡过渡到缓和曲线终点处的超高横坡。

四级公路不设缓和曲线，但圆曲线上没有超高时，应设置超高过渡段，超高过渡段在直线和圆曲线上各分配一半。

2.6　路基横断面设计和设计成果

2.6.1　公路横断面设计

公路横断面的组成除包括与行车有关的路幅外，还包括与路基工程、排水工程、环保工程有关的各种设施，这些设施的位置和尺寸均应在横断面设计中有所体现。路基横断面形式和尺寸实际上在确定路线平面位置时就已经有了考虑，在纵断面设计中又根据路线标准和地形条件对路基的合理高度，特别是工程艰巨路段已仔细做了分析研究，拟订了横断面方案。因此，施工图设计阶段的横断面设计是在总结上述工作的基础上把它具体化，绘制横断面设计图纸，作为计算土石方数量和日后施工的依据。横断面设计必须结合地形、地质、水文等条件，本着节约用地的原则，选用合理的断面形式，以满足行车顺适、工程经济、路基稳定，且便于施工和养护的要求。

（1）路基标准横断面

在具体设计每个横断面之前，先确定路基的标准横断面（或称"典型横断面"）。在标准横断面图中，一般要包括路堤、路堑、半填半挖、护肩路基、挡土墙路基、砌石路基等。

（2）横断面设计方法

在计算纸上绘制横断面的地面线。地面线是在现场测绘的,若是纸上定线,可从大比例尺的地形图上内插获得;在计算机辅助设计中,可通过数字化仪或数字地面模型自动获得。横断面图的比例一般是 1∶200。

从"路基设计表"中抄入路基中心填挖高度,对于有超高和加宽的曲线路段,还应抄入"左高""右高""左宽""右宽"等数据。

根据现场调查所得来的土壤、地质、水文资料,参照"标准横断面图",画出路幅宽度,填或挖的边坡坡线,在需要设置各种支挡工程和防护工程的地方画出该工程结构的断面示意图。

根据综合排水设计,画出路基边沟、截水沟、排灌渠等的位置和断面形式。必要时须注明各部分尺寸。此外,对于取土坑、弃土堆、绿化等也尽可能画出。经检查无误后,修饰描绘(图 2-46)。

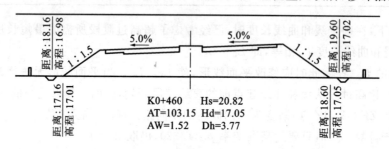

图 2-46　公路路基横断面设计图(单位:m)

对于分离式断面的公路和具有变速车道、爬坡车道、避险车道、紧急停车道的断面,可参照上述步骤绘制。

（3）路基设计表

"路基设计表"是路线设计和路基设计成果的体现,在道路设计文件中占有重要地位,是路线设计成果的一个汇总,前半部分是平面和纵面设计的成果。其样式见表 2-30。

2.6.2　城市道路横断面设计

（1）横断面设计因素

当按照城市道路的交通性质、地形条件以及近期与远期相结合的原则确定了横断面组成和宽度以后,即可绘制横断面设计图。城市道路的横断面设计图与公路横断面图的作用是相同的,即指导施工和计算土石方数量。

城市道路横断面设计图一般要用的比例尺为 1∶100 或 1∶200,在图上应绘出红线宽度、行车道、人行道、绿带、照明、新建或改建的地下管道等各组成部分的位置和宽度,以及排水方向、路面横坡等,见图 2-47。

（2）横断面现状图

沿道路中线每隔一定距离绘制横断面地面线。若是旧街道的改建,实际上就是横断面的现状图。图中包括地形、地物、原街道的各组成部分、边沟、路侧建筑等。比例尺为 1∶100 或 1∶200。有时也可采用不同的纵、横向比例尺绘制。

（3）横断面施工图

在完成道路纵断面设计之后,各中线上的填挖高度则为已知。将这一高度点绘在相应的横断面现状图上,然后将横断面设计图以相同的比例尺画于其上。此图反映了各断面上的填、挖和拆迁界线,是施工时的主要依据,见图 2-48。

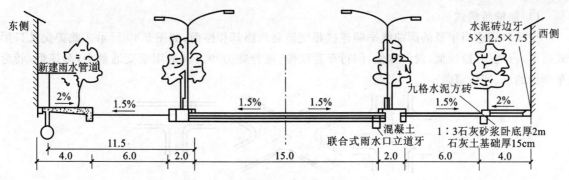

图 2-47　城市道路横断面设计图(单位:m)

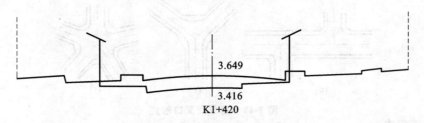

图 2-48　横断面施工图(单位:m)

2.6.3　横断面设计成果

路基横断面设计的主要成果是"两图两表",即路基横断面设计图、路基标准横断面图、路基设计表与路基土石方计算表。

城市道路横断面设计是城市道路设计的主要内容之一。横断面设计成果主要包括施工标准横断面图、规划横断面图、路面结构与道牙大样图、逐桩横断面图和土石方工程数量计算表。

2.7　路　线　交　叉

2.7.1　平面交叉

2.7.1.1　平面交叉的一般要求

公路的平面交叉是公路的一个重要组成部分,平面交叉选用的技术标准和形式是否合理会直接影响公路的通行能力、使用品质以及交通安全。因此,设计交叉口时应符合如下要求:

①路线交叉部分计算行车速度,应符合《标准》规定要求。

②交叉口的形式应根据相交道路的交通量、交通性质及地形条件综合考虑后再确定。

③交叉口应选择在地形平坦、视线开阔的位置,至少应保证相交道路上汽车距冲突点前后的停车视距范围内通视,有碍视线的障碍物应予以清除。

④交叉口的竖向布置要符合行车舒适、排水畅通的要求。

2.7.1.2　平面交叉口的类型及其使用范围

平面交叉口的形式取决于道路网的规划和周围建筑物的情况,以及交通量、交通性质和交通组织。常见的形式有十字形、T字形及由其演变而来的 X 形、Y 形、错位、多路交叉等。但在具体设计中,常因交通量、交通性质以及不同的交通组织方式,把交叉口设计成各具交通特点的类型,可归纳为加铺转角式、分道转弯式、拓宽路口式和环形交叉式四类。

（1）加铺转角式

交叉口用适当半径的圆曲线平顺连接相交道路的路基和路面，如图2-49所示。此类交叉口形式简单，占地少，造价低，设计方便，但行车速度慢，通行能力小。其适用于交通量小，车速低，转弯车辆少的三、四级道路。

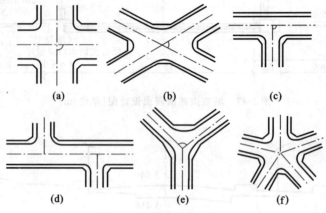

（a）　　　　　（b）　　　　　（c）

（d）　　　　　（e）　　　　　（f）

图 2-49　简单交叉口形式

（2）分道转弯式

通过设置导流岛、划分车道等措施，使单向右转或双向左右转车流以较大半径分道行驶的平面交叉。此类交叉口转弯车辆，尤其是右转车辆行驶速度和通行能力都很高，适用于车速较高、转弯车辆较多的一般道路。

（3）拓宽路口式

当交通量较大，转弯车辆较多，而交叉口的通行能力不能满足交通量的需要时，可在简单交叉口基础上，增设行驶车道和变速车道以适应车辆临时停候和变速行驶之用，如图2-50所示。加宽

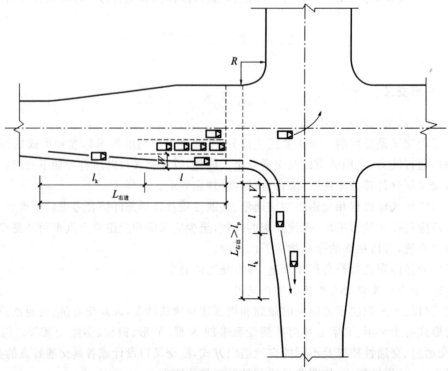

图 2-50　拓宽路口式

路口的增辟车道,一般在车道右侧加宽 3~3.5m,其长度主要根据候车的车辆数确定。减速车道长为 50~80m,加速车道长为 20~50m。

(4)环形交叉式

为了减少车辆阻滞,在交叉口中心设一圆形交通岛,使各类车辆按逆时针方向绕岛做单向行驶,这种平面交叉称为环形交叉,如图 2-51 所示。它的优点是把冲突点变为交织点,从而消除车辆碰撞危险,对安全行车有利。车辆到达交叉口可以连续行驶,不需要专人指挥交通。利用交通岛绿化或布设景观可以美化环境。但占地面积大,左转和直行车须绕岛通过,增加行驶距离;当非机动车较多时,对环形交通的行驶速度、通行能力影响较大,甚至容易引起阻塞。因此,选用环形交叉口时要慎重。

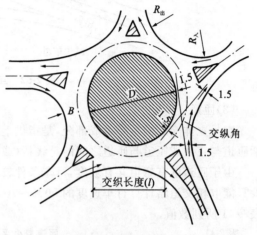

图 2-51 环形交叉口

环行交叉口由中心岛、交纵角、交织长度、环道宽度、进出口转弯半径等组成,如图 2-51 所示。其几何要素可根据道路等级、条数、计算车速、乘客的舒适程度以及交叉口地形、工程造价等论证选定,亦可参考《规范》数据选用。进口半径应与中心岛半径相同,出口半径则应稍大于进口半径。

2.7.2 立体交叉

立体交叉是两条道路在不同高程上的交叉,两条道路上的车流能够互不干扰,各自保持原有车速通过交叉口。因此,道路的立体交叉是一种保证行车安全和提高交叉口通行能力的最有效办法。但与平面交叉相比,立体交叉技术复杂,占地面积大,造价高。因此,只有在下列情况下才采用立体交叉:

①立体交叉应按规划道路网设置。

②高速公路或一级公路与其他各级公路相交必须采取立体交叉。

③快速路与快速路交叉,必须采用立体交叉;快速路与主干路交叉,应采用立体交叉。

④进入主干路与主干路交叉口的现有交通量超过 4000~6000pcu/h,相交道路为四条车道以上,且对平面交叉口采取改善措施、调整交通组织均难收效时,可设置立体交叉,并妥善解决设置立体交叉后对邻近平面交叉口的影响。

⑤两条主干路交叉或主干路与其他道路交叉,当地形适宜修建立体交叉,经技术经济比较确为合理时,可设置立体交叉。

⑥道路跨河或跨铁路的端部可利用桥梁边孔,修建道路与道路的立体交叉。

立体交叉通常由跨线构造物、正线、匝道、出入口以及变速车道等部分组成,如图 2-52 所示。

(1)跨线构造物

它是立体交叉实现车流空间分离的主体构造物,指设于地面以上的跨线桥(上跨式)或设于地面以下的地道(下穿式)。

(2)正线

它是组成立体交叉的主体,指相交道路(含被交道路)的直行车行道,主要包括连接跨线构造物两端到地坪标高的引道和立体交叉范围内引道以外的直行路段。根据相交道路等级,正线可分为主要道路(简称主线)、一般道路或次要道路(简称次线)。

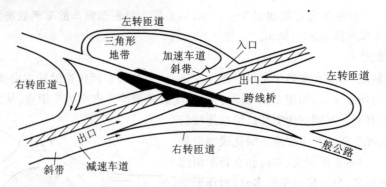

图 2-52　互通式立体交叉形式

（3）匝道

它是立体交叉的重要组成部分，是指供上、下相交道路的转弯车辆行驶的连接车道，有时也包括匝道与正线或匝道与匝道之间的跨线桥（或地道）。其按作用可分为右转匝道和左转匝道两类。

由于匝道既有弯道又有坡度，行车条件较差，且受地形限制，平曲线半径较小，故其计算行车速度只能取相交道路计算行车速度的 50%～70%。其最大纵坡亦不大于 5%，其最小半径则可参考表 2-41 所列数值。

表 2-41　　　　　　　　　　　　　匝道最小平曲线、竖曲线半径表

匝道计算车速/(km/h)		20	25	30	35	40	50	55	60	70	80
最小平曲线半径/m		15	20	25	40	50	80	100	125	180	250
最小竖曲线半径/m	凸形	500	500	500	750	1000	1500	2000	2500	3000	4000
	凹形	500	500	500	500	500	500	750	750	750	1000

（4）出入口

由正线驶出进入匝道的道口为出口，由匝道驶入正线的道口为入口。

（5）变速车道

它是为适应车辆行驶的需要而在正线的出入口附近增设的附加车道。它可分为减速车道和加速车道两种，出口端为减速车道，入口端为加速车道。

📌 知识归纳

（1）道路设计的控制因素。

（2）汽车的驱动力和行驶阻力以及汽车行驶的充分条件和必要条件。

（3）直线的特点、最大长度和最小长度的确定。

（4）圆曲线的特点和三个曲线最小半径。

（5）缓和曲线的作用。

（6）道路平面、纵断面、横断面设计。

（7）平纵组合的要求。

（8）道路超高横坡的设置。

👤 思 考 题

2-1　道路勘测设计的控制依据有哪些？如何遵循？

2-2 简述道路服务水平的等级划分及含义。

2-3 什么是第 30 位小时交通量？公路设计小时交通量为什么宜采用第 30 位小时交通量？

2-4 平面线形的直线长度如何选取？

2-5 平面圆曲线最小半径有哪几种？各自的含义是什么？

2-6 汽车行驶的条件有哪些？

2-7 平面线形某交点桩号为 K17＋568.38，在此处设成基本型平曲线，$\alpha=38°30'15''$，$R=250\text{m}$，$L_s=40\text{m}$，计算曲线各要素，并求各主点桩号。

2-8 简述路基土石方工程数量的计算方法及公式（相邻两断面间）。

2-9 中间带的组成部分有哪些？中央分隔带的作用是什么？

思考题答案

3　路基路面工程

内容提要

　　本章主要介绍路基路面工程的基本知识,路基稳定性设计,路基防护与加固的方法,路基路面的排水设计,路基施工,路面基(垫)层的特性与施工,简易路面、沥青路面及水泥混凝土路面的设计与施工。本章的教学重点为路基稳定性设计,路基路面排水设计,沥青路面及水泥混凝土路面的设计与施工;难点为路基稳定性设计,沥青路面设计,水泥混凝土路面设计。

能力要求

　　通过学习本章,学生应该能进行路基路面的设计与施工。

3.1　路基路面工程概述

5分钟
看完本章

　　路基路面直接承受行驶车辆的作用,是道路工程的重要组成部分,通常都根据车辆行驶的需要,选用优质材料建成。如我国古代曾以条石、块石或石板等铺筑道路路面,以提供人畜以及人力、兽力车辆的运行。欧洲在公元前3500年,在美索不达米亚,继发明了车轮后不久,即用石料修筑了第一条有硬质路面的道路。进入20世纪后,随着汽车工业和交通运输的发展,现代化公路的路基路面工程逐步形成了新的学科分支。它主要研究公路、城市道路和机场跑道路基路面的合理结构、设计原理、设计方法、材料性能要求以及施工、养护、维修和管理技术等。

　　我国在路基路面工程建设和科学研究中,取得了许多突破性的系列成果:

　　①公路自然区划。我国幅员辽阔,各地自然条件和道路的工程性质差异很大。为此将自然条件大致相近者划分为区,在同一区划内从事公路规划、设计、施工、管理时,有许多共性因素可以相互参照。《公路自然区划标准》(JTJ 003—1986)分三级区划,一级区划是根据地理、地貌、气候、土质等因素将我国划分为七个大区,二级区划以气候和地形为主导因素,三级区划以行政区域作为界限。

　　②土的工程分类。土是填筑公路路基的主要材料,由于天然成因的差异,不同的路基土表现出截然不同的工程特性。我国依据土颗粒组成特征、土的塑性指标、土中有机质存在情况,将公路用土按不同的工程特性划分为巨粒土、粗粒土、细粒土和特殊土四大类,并细分为十一种土。确认土的类别需应用标准的仪器,按统一的规程进行测试界定。为了在野外勘察中能对不同土类作鉴别,系统地总结了"简易鉴别、分类和描述"的方法与细节。

　　③路基强度与稳定性。路基作为路面结构的基础应具有足够的强度和稳定

性,我国较早就确定以回弹模量作为评价路基强度与稳定性的力学指标,并形成了成套的室内外试验标准方法与仪器。为了在施工中以物理量指标控制工程质量,从而保证达到规定的强度指标,广泛开展了不同土种的最佳含水量与最大密实度相关关系的研究,并且统一以重型击实试验法作为基本控制标准。为了提高路基的强度与稳定性,根据不同类别土壤的特性,研究了粒料加固、石灰加固、水泥加固、专用固化剂加固等行之有效的技术措施。在多年冻土地区、膨胀土地区、沙漠地区、黄土地区、盐渍土地区等特殊地区,通过研究采用各种有效技术修建公路路基,积累了十分宝贵的经验。

④高路堤修筑技术与支挡结构。为了提高高路堤路基的稳定性,研究提出的技术措施包括减轻路堤自重,采用轻质粉煤灰或轻质塑料块修筑路基;修筑轻型路基支挡结构,特别是加筋土挡样的研究和工程建设在我国取得了许多成果。

⑤软土地基稳定技术。在软土地基上修筑路基路面,天然地面的自然平衡状态将发生改变,在很长时间内路基将处于不稳定状态。为此广泛研究了软土的调查与判别方法,改变软土性质的技术措施,如砂井或塑料板排水固结法、砂层排水加载预压法、无机结合料深层加固法等。在力学分析的研究方面,通过现场跟踪观测与建立预测分析模型,来预估与控制软土地基加固后的工后沉降,从而提高路基的稳定性。

⑥岩石路基爆破技术。利用爆破技术开山筑路在我国有悠久的历史。但是在最近几十年中,我国在山区筑路工程中有新的发展,创造了系统的大爆破技术,每次总装炸药量多达数十吨,一次爆破可清除岩石数十万立方米。大爆破以现代爆破理论为基础,事先进行周密的勘测与调查,经过精心设计的大爆破不仅能降低造价,缩短工期,而且能够使爆破后形成的坡面状况十分接近路基横断面设计的要求。

⑦沥青路面结构。20世纪60年代初,随着我国石油资源的大规模开发,揭开了用国产沥青筑路的序幕。早期的沥青路面主要是铺设在现有中级路面上的薄层表面处治层,以改善其行车条件。20世纪70年代末,逐步形成了以贯入式路面为主的沥青路面承重结构。20世纪80年代末,开始兴建高速公路,沥青路面作为一种主要形式,大量采用总厚度超过70cm的重型沥青路面结构。通过长期的科学研究形成了适合我国实际的沥青路面整套技术,包括沥青原材料的生产工艺、装备,沥青材料的技术指标与标准、试验设备及方法,沥青混合料的技术指标与标准,混合料设计技术,混合料性能检测设备及方法,沥青路面现代化施工整套设备、施工技术与施工管理等。

⑧水泥混凝土路面结构。20世纪70年代中期,交通运输发展加快,部分干线公路、城市道路及厂矿道路为提高承重能力,相继采用水泥混凝土路面结构。随后,针对水泥混凝土路面各方面存在的问题,开展了系统而具有相当规模的科学研究。从而在我国形成了关于水泥混凝土路面结构的整套技术,包括道路水泥的性能、指标、标准以及生产工艺,水泥混凝土路面基层的作用,水泥混凝土路面结构性能与设计方法,接缝构造、工作原理以及接缝设计方法,水泥混凝土路面小规模施工和大规模现代化施工成套装备及施工方法、施工组织管理等。

⑨柔性路面设计理论与方法。在力学理论基础方面,建立了弹性力学多层结构承受多个圆形荷载的分析系统及相应的计算机程序;提出了能控制路面结构主要性能的设计指标体系;形成了符合我国当前交通状况的荷载模式及交通分析方法;形成了完整的设计参数指标、标准、测试仪器与方法;建立了切实可行的设计计算方法系统。近年来,在路面功能设计、可靠度设计等方面的研究取得了明显的进展,将不断地充实到现有的系统中去。

⑩刚性路面设计理论与方法。20世纪70年代起,我国对刚性路面设计进行较系统的研究,运用解析法及有限元法建立了弹性力学层状结构和弹性地基板体结构模型,形成了整套分析计算方

法与计算机程序;建立了以弹性力学为基础,以混凝土弯拉应力为设计控制指标,综合考虑荷载应力与温度应力作用的设计体系与方法;研究并建立了地基支承、疲劳效应、动力效应等一整套设计参数的取值与测试方法;对钢纤维混凝土路面、连续配筋混凝土路面、碾压混凝土路面、复合结构混凝土路面等新型路面结构开展系统研究,并取得一批实用性研究成果。

⑪半刚性路面结构。利用石灰、水泥、工业废料等无机结合料修筑半刚性路面始于20世纪60年代初,对半刚性路面的强度发展规律、强度机理、路用性质等进行了广泛的研究。由于这种路面结构具有很多优势,目前已广泛用于高等级公路与城市道路,成为一种主要的结构形式。目前对它的长期使用性能和变形规律等问题正在做深入研究,此外对于面层结构的半刚性技术途径也正在研究之中。

⑫路面使用性能与表面特性。路面的平整度、破损程度、承载能力及抗滑性能是路面使用性能的重要方面。目前,我国已对这些性能对行车的影响,这些性能与路面结构设计、材料、施工的关系,量测手段与量测方法,评价的指标与标准,在车辆的反复作用下性能的衰减及恢复等开展了广泛的研究,有的已成功地应用于工程之中。

⑬路面养护管理。将系统工程的理论与方法用于协调路面养护,形成路面管理系统是20世纪80年代后的新动向。我国在路面性能的非破损快速跟踪检测,路面性能预估模型的建立,路面管理网络系统的建立以及项目级和路网级优化管理决策等方面取得了系列研究成果。

综上所述,路基路面工程作为一个学科分支,在我国随着交通运输的发展,正在以较快的速度逐步接近国外同类学科的前沿。进入21世纪,交通运输不论是在我国,还是在其他发达国家,仍然是一个重要的科技领域。我国将会从自身的实际出发,不断吸取交叉学科的新成果以及世界各国的有用经验,全面推动路基路面工程学科的发展,为我国交通运输现代化做出贡献。根据当前路基路面工程科学技术的发展趋势,对于以下几方面学科的交叉与发展应该引起重视。

①材料科学。回顾历史,路基路面工程每一项新技术的出现,首先在材料方面有所突破。如路基土壤的改良与稳定路基的技术措施,沥青材料、水泥材料的改性研究,路用塑料等都与材料科学有关。材料微观结构研究、复合材料研究的许多成果也正在被引入路基路面工程。

②岩土工程学。路基路面作为地基结构物依托天然地表的岩石与土壤构筑而成。因此,路基路面工程在诸多方面借鉴于岩土工程学的科技成果,如土力学、岩石力学、地质学、土质学、水文地质学等都是路基路面工程学科的重要基础理论。

③结构分析理论。路基路面设计由经验为主的方法演变成以结构分析理论为主的方法是一次飞跃。由于结构的复杂性以及车辆荷载与环境因素变化的复杂性,目前,多数国家的设计方法所依据的静力线弹性力学分析理论还是不能完全满足要求,许多学者仍致力于路基路面结构分析的力学基础研究,如动力荷载与结构动力效应,非线性、黏弹性等数学、力学模型的建立以及适用于各种要求、各种边界条件的数学分析方法和数值解方法。今后进一步发展有可能使宏观结构分析与材料的组成、材料的特性、材料的微观结构和微观力学融为一体,成为路基路面工程设计的重要基础。

④机电工程。现代化道路与机场路基路面工程的固有性能及使用品质越来越多地依赖于施工装备的性能与施工工艺,如振动压路机的吨位、频率与振幅对于各种结构层产生的效果截然不同。许多专用施工设备就是根据结构强度形成理论和工艺要求专门进行设计的。因此,有些国家在研究一项路面工程新技术时,将施工工艺与施工装备也列入研究计划做同步开发研究。

⑤自动控制与量测技术。为确保路基路面的工程质量和良好的使用品质,必须在施工过程中严格控制各项指标,如材料用量、加热温度、碾压吨位、碾压质量等,开放运行的过程中需要长期做跟踪监测。所有这些控制与量测都在逐步采用高新技术,以达到较高的精确度,如配料自动控制、

平整度自动控制等。在量测技术方面引用高速摄影、激光装置、红外线装置量测各项质量指标及性能指标等。

⑥现代管理科学。从现代管理科学的角度看,路基路面工程在一个区域范围内属于一个大系统,而且从规划、设计、施工、养护、维修、管理全过程来看,延续数十年之久。通过大型的管理系统,对区域范围内路基路面工程各个阶段的信息进行跟踪、采集、存储、处理、定期做评估和预测,必要时提出维修决策,投放资金进行维修养护,使路基路面始终具有良好的使用性能,这是现代化管理的总的概念,有许多国家已在这方面取得实质性的进展,用于工程实践。这对于节约维修养护投资,提高运输效率有重要作用。

3.2 路基工程

3.2.1 路基工程基本知识

3.2.1.1 路基工程特点及对路基的基本要求

路基工程
施工动画

路基是道路的主要工程结构物,是在天然地表面按照道路的设计线形(位置)和设计横断面(几何尺寸)的要求开挖或堆填而成的岩土结构物。路基既为车辆在道路上行驶提供基础条件,也是道路的支撑结构物,对路面的使用性能有重要影响,它是路面结构的基础,坚强而又稳定的路基为路面结构长期承受汽车荷载提供了重要保证。

路基工程是道路工程的主要组成部分,因此具有工程数量大的特点。同时,路基工程又是一项线形工程,有的公路延续数百公里,甚至上千公里。公路沿线地形起伏、地质、地貌、气象特征多变,再加上沿线城镇经济发达程度与交通繁忙程度不一,因此也决定了路基工程复杂多变的特点。除此之外,路基工程还具有耗费劳力多、涉及面广、投资高等特点。

为了保证公路与城市道路最大限度地满足车辆运行的要求,提高车速、增强安全性和舒适性,降低运输成本和延长道路使用年限,路基工程设计必须满足以下基本要求。

①具有足够的外形和尺寸。路基必须具有合理的断面形式和尺寸,才能具有足够的强度、足够的整体稳定性和水温稳定性。

②具有足够的强度和刚度。行驶在路面上的车辆,通过车轮把荷载传给路面,再由路面传给路基,在路基结构内部产生应力、应变及位移。如果路基结构整体或某一组成部分的强度或抗变形能力不足以抵抗这些应力、应变及位移,则路基会出现断裂、沉陷等病害,使路况恶化,服务水平下降。因此要求路基结构整体及其各组成部分都具有与行车荷载相适应的承载能力。

③具有足够的整体稳定性。在地表上开挖或填筑路基,必然会改变原地层的受力状态。原来处于稳定状态的地层,有可能由于填筑或开挖而引起不平衡,导致路基失稳。在工程地质不良的地区,修建路基可能加剧原地面的不平衡状态,从而导致路基发生种种破坏现象。因此,必须因地制宜地采取一定的措施来保证路基整体结构的稳定性,以发挥路基在道路结构中的强力承载作用。

④具有足够的水温稳定性。路基每时每刻都要受到大气温度与湿度变化的影响,填料的物理、力学性质也将随之发生变化,处于不稳定的状态。要求修筑的路基在这些变化条件下,能保持工程设计所要求的几何形态及物理力学性质。例如,在雨季,路基含水量大大增加,其强度必然下降,但下降后的强度仍应达到设计所要求的强度。为此,应从多方面采取措施,如加强排水、正确选择填料等,来避免或减少雨水对路基的影响,以减小路基强度变化的幅度。

气温周期性的变化对路基稳定性的影响也很大。例如北方冰冻地区,在低温冰冻季节,路基中的水将结冰,产生体积膨胀,此时,结冰的路基土强度很高,但到了春融季节,气温上升,冰融化成水,此时,由于冰的体积膨胀而致使路基内部空隙增加,并被融化的冰水充斥,强度下降,在行车作用下将导致"冻胀翻浆"的产生,路基将出现严重破坏。因此,防水、排水是确保路基稳定性的重要方面。

3.2.1.2　路基用土

（1）路基土的分类

①土的粒组组成。

土的颗粒组成特征用不同粒径粒组在土中的百分含量表示。表 3-1 所列为不同粒组的划分界限及范围。

表 3-1　　　　　　　　　　　　　粒组划分表　　　　　　　　　　　（单位:mm）

200		60	20		5	2		0.5	0.25		0.074	0.002
巨粒组			粗粒组								细粒组	
漂石 块石	卵石 小块石	砾（角砾）粒				砂粒					粉粒	黏粒
		粗	中	细		粗	中		细			

其中以 0.074mm 作为细粒组与粗粒组的分界,以 60mm 作为粗粒组与巨粒组的分界,而 200mm 是巨粒组中漂石与卵石的分界,2mm 是粗粒组中砾粒与砂粒的分界,0.002mm 是细粒组中粉粒与黏粒的区分界限。

②土的分类标准。

公路用土一般根据土颗粒的粒径组成、土颗粒的矿物成分或其余物质的含量、土的塑性指标等进行划分。按照《公路土工试验规程》（JTG E40—2007）中土的工程分类方法,依据土的颗粒组成特性、土的塑性指标和土中有机质存在的情况进行土类划分。

③土的分类。

我国公路用土分类总体系包括巨粒土、粗粒土、细粒土和特殊土 4 类计 11 种,如图 3-1 所示。

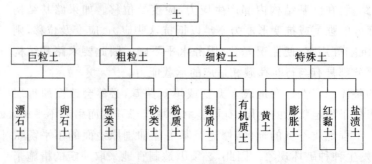

图 3-1　土分类总体系

巨粒组(大于 60mm 的颗粒)质量多于总质量的 50%的土称为巨粒土。

巨粒组质量多于总质量 75%的土称为漂(卵)石。巨粒组质量为总质量 50%～75%(含 75%)的土称为漂(卵)石夹土。巨粒组质量为总质量 15%～50%(含 50%)的土称为漂(卵)石质土。巨粒组质量小于或等于总质量 15%的土,可扣除巨粒,按粗粒土或细粒土的相应规定分类定名。

巨粒组土粒质量小于或等于总质量 15%,且巨粒组土粒与粗粒组土粒质量之和多于总土质量 50%的土称为粗粒土。粗粒土中砾粒组(2～60mm 的颗粒)质量多于总质量 50%的土称为砾类土,砾粒组质量小于或等于 50%的土称为砂类土。

细粒组(小于 0.074mm 的颗粒)质量大于或等于总质量 50%的土称为细粒土。细粒土中粗粒组质量小于或等于总质量 25%的土称为粉质土或黏质土。细粒土中粗粒组质量为总质量 25%～50%(含 50%)的土称为含粗粒的粉质土或含粗粒的黏质土。土中有机质含量大于或等于总质量 5%,且小于总质量 10%的土称为有机质土。土中有机质含量大于或等于总质量 10%的土称为有机土。

特殊土主要包括黄土、膨胀土、红黏土、盐渍土。黄土、膨胀土、红黏土按特殊塑性图上的位置定名。黄土属低液限黏土,ω_L<40%;膨胀土属高液限黏土,ω_L>50%;红黏土属高液限粉土,ω_L>55%。盐渍土按照土层中所含盐的种类和质量百分率进行分类,分为弱盐渍土、中盐渍土、强盐渍土、过盐渍土。

④路基用土分类的基本代号。

路基用土分类的基本代号如表 3-2 所示。

表 3-2　　　　　　　　　　　　　**土分类的基本代号**

代号　特征 ＼ 土类	巨粒土	粗粒土	细粒土	有机土
成分代号	漂石 B 块石 B_a 卵石 Cb 小块石 Cb_a	砾 G 角砾 G_a 砂 S	粉土 M 黏土 C 细粒土(C 和 M 合称)F 粗细粒土合称 SI	有机质土
级配和液限 高低代号		级配良好 W　高液限 H 级配不良 P　低液限 L		

(2)路基土的分级

为了便于选择施工方法和施工机具,在施工中,路基土石按其开挖难易程度,可分为 6 级:

Ⅰ松土——砂类土、腐殖土、种植土及中密的黏性土、砂性土等,用铁锹挖脚蹬一下到底的松散土层。

Ⅱ普通土——密实的黏性土及砂性土、黄土、含有 30mm 以上的树根的泥炭土、碎石类土,部分用镐刨松,再用铁锹挖,连蹬数次才能挖动的土。

Ⅲ硬土——硬黏土、漂石土及各种风化土块的岩石等,必须用镐整个刨过才能用铁锹挖。

Ⅳ软石——各种松软岩石、泥岩页岩、砂岩、煤等,部分用十字镐及大锤开挖,部分用爆破法开挖。

Ⅴ次坚石——白云岩、石灰岩、泥灰岩和软玄武岩、花岗岩等,用爆破法开挖。

Ⅵ坚石——玄武岩、大理岩、石英岩、正长岩等,用爆破法开挖。

在路基施工中,需要对用土做初步的鉴定,以对某些工程措施进行考虑和决策,因此施工技术人员应尽可能熟悉和掌握路基土野外鉴定的方法。

(3)土的工程性质

①巨粒土。

巨粒土有漂石和卵石两类,矿物成分为原生矿物且颗粒很大,故该土具有很高的强度及稳定性,是填筑路基很好的材料。其中,漂石还可以用来修砌边坡;对于卵石土,填筑后压实达到有关规定的密实度即可。

②粗粒土。

粗粒土又分为砾类土和砂类土两类,矿物成分也为原生矿物,共同的特征是水稳性良好。其中砾类土由于粒径较大,内摩擦力亦大,压实后具有良好的强度。实际应用中要注意保证该类土的级配,级配良好的砾类土,压实后强度高且密实度好,级配不良的砾类土不能充分压实,空隙较大,有时可能会形成较大的不均匀沉降。

砂类土又可分为砂土和砂性土两种。砂土无塑性,透水性强,毛细上升高度很小,具有较大的摩擦系数,强度和水稳定性均较好。但由于无黏性,易松散,故压实困难,需要振动法或灌水法才能压实。一旦得到充分压实,其稳定性好,抗变形能力也较强。这类土在应用中可考虑添加一些黏性土,以改善其工程性质。另外,砂土由于没有黏性,雨水很容易对在建路基形成冲刷,这一点在路基施工时要特别注意,要做到路基施工与设置路基的排水设施的工作同步进行。

砂性土中既含有足够数量的粗颗粒又含有一定数量的细颗粒,足够数量的粗颗粒,使该土形成良好的强度和水稳性;一定数量的细粒土的存在,又使之具有一定的黏结性,土颗粒不易松散。因此,砂性土兼具粗粒土的强度和水稳性以及细粒土的黏性等特征,一般遇水疏散快,不膨胀,扬尘少,容易被压实。因此,砂性土是修筑路基的良好材料。

③细粒土。

细粒土包括三类:粉质土、黏质土和有机质土。

粉质土含有较多的粉质土粒,该土工程特征表现为:干时稍具黏性,但黏性和强度都较小,土粒容易散离;浸水时容易饱和,扰动后强度极低,且粉质土的毛细作用强烈,毛细水上升高度大,一般可达 0.9~1.5m。在季冻区,冬天水分迁移、积聚现象严重,易造成严重的冻胀,春融期间出现翻浆,严重影响道路的使用。

粉质土是很差的筑路用土。施工中应尽量回避使用粉质土,如不能避免,则应采取一定的措施,改良其工程性质,在达到规定的要求后方可使用。并针对该类土对水十分敏感的特征,做好排水、隔水措施,以防水分的浸入。

黏性土的矿物成分属次生矿物,颗粒极细,性质活泼,亲水性好。工程特征表现为:黏聚力大,透水性差,干燥时坚硬,强度较大,不易挖掘和破碎,随着湿度的增大,其强度和刚度逐渐减小,水分对其性质影响巨大且水分浸入后,不易排除。它还具有较大的可塑性、黏结性和膨胀性,毛细管现象也较为显著。黏性土在适当的含水量下加以充分压实能形成较好的密实度和强度,如不受水分浸蚀的影响或排水设施良好,该类土形成的路基也同时能获得较好的稳定性。黏性土是最常见的路基填料。

黏性土路基在施工过程中要特别注意对土的含水量的控制。含水量过小不易压实,含水量过大则会形成弹簧土,以防由此造成不必要的返工。

有机质土(如泥炭、腐殖土等)工程性质差,不宜做路基填料,如不能避免,则应在设计和施工上采取适当的技术措施。

④特殊土。

除以上介绍的土类,还有一些较为特殊的土,它们大都具有不良工程特征,如黄土属大孔和多孔结构,具有明显的湿陷性;膨胀土具有遇水膨胀性大、失水收缩性也大的特征;红黏土失水后体积收缩量较大;盐渍土潮湿时承载力很低。因此,特殊土也不宜做路基填料。必须做路基填料时,则需采取适当的技术措施进行处理,此后方可使用。

3.2.1.3 路基干湿类型

路基存在四种干湿状态:干燥、中湿、潮湿和过湿。这四种类型表示路基在工作时,路基土所处的含水状态。为了保证路基路面结构的稳定性,一般要求路基处于干燥或中湿状态。过湿状态的路基必须经过处理后方可铺筑路面。

道路设计时应根据路基土的分界稠度确定路基干湿类型。路基干湿类型的确定方法有以下两种:

①根据土的平均稠度 ω_c 确定路基的干湿类型。路基的干湿类型可以实测不利季节路床顶面以下 80cm 深度内土的平均稠度 ω_c,再按表 3-3 路基干湿状态的稠度建议值确定。

表 3-3 路基干湿状态的分界稠度建议值

干湿状态 土质类别	干燥状态 $\omega_c \geq \omega_{c1}$	中湿状态 $\omega_{c1} > \omega_c \geq \omega_{c2}$	潮湿状态 $\omega_{c2} > \omega_c \geq \omega_{c3}$	过湿状态 $\omega_c < \omega_{c3}$
土质砂	$\omega_c \geq 1.20$	$1.20 > \omega_c \geq 1.00$	$1.00 > \omega_c \geq 0.85$	$\omega_c < 0.85$
黏质土	$\omega_c \geq 1.10$	$1.10 > \omega_c \geq 0.95$	$0.95 > \omega_c \geq 0.80$	$\omega_c < 0.80$
粉质土	$\omega_c \geq 1.05$	$1.05 > \omega_c \geq 0.90$	$0.90 > \omega_c \geq 0.75$	$\omega_c < 0.75$

注:ω_{c1}、ω_{c2}、ω_{c3} 分别为干燥和中湿、中湿和潮湿、潮湿和过湿状态路基的分界稠度,为路床顶面以下 80cm 深度内的平均调度。

路基的平均稠度 ω_c 的确定方法是:在路床顶面以下 80cm 深度内,每 10cm 为一层,取土样测定其天然含水量、塑限含水量和液限含水量,按式(3-1)和式(3-2)计算。

$$\omega_{ci} = \frac{\omega_{Li} - \omega_i}{\omega_{Li} - \omega_{Pi}} \tag{3-1}$$

$$\omega_c = \frac{\sum_{i=1}^{8} \omega_{ci}}{8} \tag{3-2}$$

液塑限
试验视频

式中　ω_i——路床顶面以下 80cm 深度内,每 10cm 为一层,第 i 层土的天然含水量,%;

　　ω_{Li}——土的液限含水量(液限塑限联合测定法测定),%;

　　ω_{Pi}——土的塑限含水量(液限塑限联合测定法测定),%;

　　ω_{ci}——第 i 层土的稠度;

　　ω_c——路床顶面以下 80cm 深度内土的平均稠度。

②根据路基临界高度确定路基的干湿类型。对于新建道路,由于路基尚未建成,无法按上述方法现场勘察路基的湿度状况,可以用路基临界高度作为路基干湿类型的判别标准。

路基临界高度是指与分界稠度相对应的路基离地下水位或地表积水水位的高度（H_1、H_2、H_3）。即 H_1 对应于 ω_{c1}，为干燥和中湿状态的分界标准；H_2 对应于 ω_{c2}，为中湿与潮湿状态的分界标准；H_3 对应于 ω_{c3}，为潮湿和过湿状态的分界标准，如图 3-2 所示。

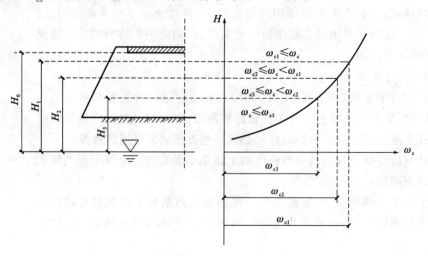

图 3-2　路基临界高度与路基干湿类型

不同土质和自然区划的路基临界高度按现行的路基设计规范的有关附表选用。对于地表长期积水水位或地下水位，可通过道路野外勘测调查获得。相应的路基高度可从道路纵断面设计图或路基设计表中查得，扣除预估的路面厚度，即可得到路床顶面距地下水位或地表积水水位的高度 H。确定路基临界高度与相应的路基高度后，即可通过比较判断路基的干湿类型，如表 3-4 所示。

表 3-4　　　　　　　　　　　　　路基干湿类型

路基干湿类型	路基平均稠度 ω_c 与分界稠度的关系	一般特征
干燥	$\omega_c < \omega_{c1}$	路基干燥稳定，路面强度和稳定性不受地下水和地表积水影响，路基高度 $H > H_1$
中湿	$\omega_{c1} \leqslant \omega_c < \omega_{c2}$	路基上部土层处于地下水或地表积水影响的过渡区内，路基高度 $H_2 < H \leqslant H_1$
潮湿	$\omega_{c2} \leqslant \omega_c < \omega_{c3}$	路基上部土层处于地下水或地表积水毛细影响区内，路基高度 $H_3 < H \leqslant H_2$
过湿	$\omega_c \geqslant \omega_{c3}$	路基极不稳定、冰冻区春融翻浆，非冰冻区弹簧，路基经处理后可铺筑路面，路基高度 $H < H_3$

注：1. 地表积水指不利季节积水 20d 以上。

2. H_1、H_2、H_3 分别为干燥、中湿和潮湿状态的路基临界高度。

3. 划分土基干湿类型以平均稠度 ω_c 为主，缺少资料时可参照表中一般特征确定。

为了保证路基的强度和稳定性不受地下水或地表积水的影响，在路基设计时，要求路基保持干燥或中湿状态，路床顶面距地下水位或地表积水水位的距离，要大于或等于干燥、中湿状态所对应的临界高度。

3.2.1.4　路基的基本构造及附属设施

(1)路基的基本构造

①路基宽度。

a.概念:路基宽度为行车道、路肩、中间带、变速车道、爬坡车道等宽度之和,一般可理解为土路肩外边缘之间的距离。路基宽度组成如图 3-3 所示。

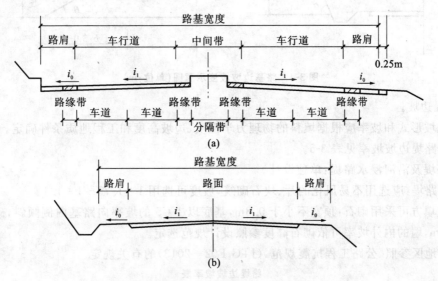

图 3-3　公路路基宽度图
(a)高速公路和一级公路;(b)二、三、四级公路

b.各级公路路基宽度按《标准》的规定进行设计。

c.路基宽度的确定须考虑占用土地及生态平衡问题,应尽可能少占农田,考虑填挖平衡以减少取土开挖,防止水土流失,以维护生态平衡。

②路基高度。

a.概念:路基高度是指路堤的填筑高度和路堑的开挖深度,是路基设计标高和地面标高之差。路基高度有中心高度与边坡高度之分,中心高度是指路基中心线处设计标高与原地面标高之差;边坡高度是指填方坡脚或挖方坡顶与路基边缘的相对高差。

b.路基高度由路线纵坡设计确定,并根据临界高度,结合公路沿线具体条件和排水及防护措施确定路堤的最小填土高度。

c.高路堤及深路堑的判别标准以边坡高度为依据,应进行个别特殊设计。

d.沿河及受水浸淹路基的高度应大于设计洪水位＋壅水高度＋波浪侵袭高度＋0.5m。河道因设置路堤而压缩过水面积,致使上游有壅水,或河面宽阔而有风浪,就应增加壅水高度和波浪冲上路堤的高度。

③路基边坡坡度。

用边坡高度与边坡宽度之比 $H:b$ 的形式表示路基边坡坡度,并取 $H=1$ 计算为 $1:m$(路堤)或 $1:n$(路堑)的形式表示边坡坡率。如图 3-4 所示,$H:b=1:0.5$(路堑边坡)或 $1:1.5$(路堤边坡),图中 $m=1.5,n=0.5$。

路基边坡坡度的大小影响路基的整体稳定性及土石方量和施工难易程度,一般路基的边坡坡度可根据多年工程实践经验和设计规范推荐的数值进行采用。

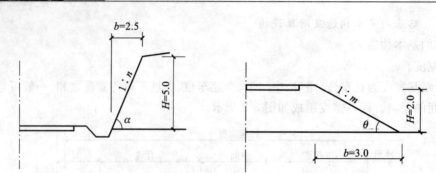

图 3-4　路基边坡坡度示意图(单位:m)

A.路堤边坡。

路堤边坡形式和坡率应根据填料的物理力学性质、边坡高度和工程地质条件确定。

a.一般路堤边坡坡率见表 3-5。

b.高路堤及沿河浸水路堤:单独设计。

c.填石路堤:应选用不易风化的片、块石砌筑,坡度可选用 1:1.75~1:1.1。

d.陡坡填方可采用砌石:顶宽不小于 0.8m,基底以 1:5 的坡率向路基内侧倾斜,砌石高度一般为 2~15m,墙的内外坡率可依砌石高度参照设计规范选定。

e.地震地区参照《公路工程抗震规范》(JTG B02—2013)的有关规定。

表 3-5　　　　　　　　　　　路堤边坡坡率表

填料类别	边坡坡率	
	上部高度($H \leqslant 8m$)	下部高度($H \leqslant 12m$)
细粒土	1:1.5	1:1.75
粗粒土	1:1.5	1:1.75
巨粒土	1:1.3	1:1.5

B.路堑边坡。

路堑边坡形式及坡率应根据工程地质与水文地质条件、边坡高度、排水措施、施工方法,并结合自然稳定山坡和人工边坡的调查及力学分析综合确定。

a.路堑边坡设计时应考虑地貌、地质构造上的整体稳定性,遇不良情况时应使路线避绕,稳定的地质条件下也应考虑开挖后能否造成坡面减少支承而引起失稳。

b.土质路堑边坡(边坡高度不超过 20m)坡率参照表 3-6。

表 3-6　　　　　　　　　　　土质路堑边坡坡率

土的类别		边坡坡率
黏土、粉质黏土、塑性指数大于 3 的粉土		1:1
中密以上的中砂、粗砂、砾砂		1:1.5
卵石土、碎石土、圆砾土、角砾土	胶结和密实	1:0.75
	中密	1:1

c.岩质路堑边坡(边坡高度不超过 30m)坡率参照表 3-7 确定。

表 3-7   岩质路堑边坡坡率

边坡岩体类型	风化程度	边坡坡率	
		$H<15m$	$15m{\leqslant}H{\leqslant}30m$
Ⅰ类	未风化、微风化	1:0.3~1:0.1	1:0.3~1:0.1
	弱风化	1:0.3~1:0.1	1:0.5~1:0.3
Ⅱ类	未风化、微风化	1:0.3~1:0.1	1:0.5~1:0.3
	弱风化	1:0.5~1:0.3	1:0.75~1:0.5
Ⅲ类	未风化、微风化	1:0.5~1:0.3	—
	弱风化	1:0.75~1:0.5	
Ⅳ类	弱风化	1:1~1:0.5	
	弱风化	1:1~1:0.75	—

d. 土质边坡挖方边坡高度超过 20m,岩质边坡高度超过 30m 时,应通过地质勘查和稳定性分析确定边坡形式和坡率。

e. 在地震地区的岩质路堑边坡坡率应参考《公路工程抗震规范》(JTG B02—2013)的规定。

(2)路基附属设施

①取土坑与弃土堆。

借方与弃方不可避免,若能结合不同标段进行协调处理,则不仅可以降低工程造价,还可以维护自然平衡,但须进行调配安排及合理计算运费。

平坦地区用土量少时,可沿路两侧抽沟取土,结合路基排水及农田灌溉安排。但对于堤顶至坑底高差大及软弱地基区域,取土坑易远离路基坡脚,并进行取土坑的设计。

废方能利用时则应尽量加以利用,实在需堆弃也应尽量不影响路基,做好弃土堆设计,尤其应控制弃土堆内侧坡脚到堑顶之间的距离。

②护坡道与碎落台。

护坡道有利于降低边坡平均坡度,保护边坡稳定,软土地段还有助于路基沉降均匀及路基整体稳定。护坡道一般设在挖方坡脚处,边坡较高时亦可设在边坡上方及挖方边坡的变坡处。浸水路基的护坡道,可设在浸水线以上的边坡上。护坡道宽最小为 1m,一般规定边坡高度为 6~12m 时,护坡道宽度为 2~4m。护坡道的设置涉及土地占用及工程经济,应兼顾好稳定性与经济合理性。

碎落台设于挖方边坡坡脚处,保护边沟不被碎落的土石块堵塞,也可起护坡道作用,一般宽度为 1.0~1.5m,应定期清理。

③堆料坪与错车道。

堆料坪可设在路肩外缘,其面积结合地形与材料数量而定;高级路面或采用机械化养路的路段可不设,或另设集中备用料场,以维护公路外形的视觉平顺和景观优美。

错车道一般用于单车道公路会车或紧急避让,可每隔 200~500m 设置一处,长度不小于 30m,前后各有 10m 的出入过渡段。单车道的路基宽度一般为 4.5m,而错车道地段的路基宽度一般为 6.5m,必须在路基设计时加以考虑。

3.2.2 路基稳定性设计

3.2.2.1 概述

路基边坡稳定性是指结构稳定性。路基的结构破坏,主要表现在边坡部分土体的滑塌,其中包含路堤整体性滑动。路基边坡的稳定性涉及岩土性质与结构、边坡高度与坡度、工程质量标准与工程经济等多种因素。

边坡稳定性设计的基本目的是正确选择路基断面形式与尺寸,判断结构的合理性。一般路基设计按《公路路基设计规范》(JTG D30—2015)要求设计,无须进行稳定性设计;对于边坡高度超过20m的路堤或地面斜坡坡度陡于1∶2.5的路堤以及不良地质、特殊地段的路堤,应进行个别勘察设计,进行稳定性分析,判断路基设计的合理性,并对重要的路堤进行稳定性监控。高边坡路堤与陡坡路堤设计应贯彻综合设计和动态设计的原则。应在充分掌握场地水文地质条件、填料来源及其性质的基础上,对可能出现失稳或已出现失稳的路基进行稳定性分析,保证路基设计既满足稳定性要求,又满足经济性要求。

(1)路基边坡稳定性分析原理

①力学模型。

根据对边坡发生滑坍现象的观察,边坡破坏时形成一滑动面。滑动面的形状与土质有关。对于黏性土,滑动土体有时像圆柱形,有时像碗形;对于松散的砂性土及砂土,滑动面类似于平面。

如果下滑面是单一平面,则根据静力平衡原理可以求解力未知量,这是一个静力平衡问题[图3-5(a)]。

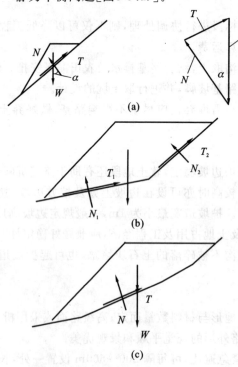

如果下滑面具有两个破坏面,稳定性分析时必须确定两个破坏面上的法向力的大小和作用点,但只能建立三个平衡方程,因而这是一个超静定问题[图3-5(b)]。

如果下滑面具有多个破坏面,稳定性分析时必须确定每个破坏面法向力的大小和作用点,同样只能建立三个平衡方程,因而这是一个多次超静定问题[图3-5(c)]。

为能求解这些静不定问题,通常需要做出某些假设,使之变为静定问题。

②假设。

a.纵向取单位长,考虑为平面问题。

b.松散的砂类土、砾(石)土按直线破裂面进行分析。

c.黏性土按圆弧破裂面进行分析。

d.不考虑滑动土体本身内应力的分布,将其视为整体,在滑动面上考虑其静力平衡。

图 3-5　边坡的滑动面

(a)直线破坏面;(b)折线破坏面;(c)曲线破坏面

e.极限滑动面的位置由试算确定。

(2)路基边坡稳定性分析的计算参数

①土的计算参数。

a.路堑或天然边坡:取原状土的容积密度 γ(kN/m³)、内摩擦角 φ 和黏聚力 c(kPa)。

b.路堤边坡:应取与现场压实度一致的压实土的试验数据,包括压实后土的容积密度 γ(kN/m³)、内摩擦角 φ 和黏聚力 c(kPa)。

当边坡由多层土体构成,土的计算参数 γ、φ 和 c 应根据边坡稳定性分析方法确定。采用直线法和圆弧法时可分层划段,直接取用不同土层的参数值;采用综合土体边坡稳定性分析,可用加权平均法求得参数值,公式如下:

$$c = \frac{c_1 h_1 + c_2 h_2 + \cdots + c_n h_n}{h_1 + h_2 + \cdots + h_n} = \frac{\sum\limits_{i=1}^{n} c_i h_i}{\sum\limits_{i=1}^{n} h_i} \tag{3-3}$$

$$\tan\varphi = \frac{h_1 \tan\varphi_1 + h_2 \tan\varphi_2 + \cdots + h_n \tan\varphi_n}{h_1 + h_2 + \cdots + h_n} = \frac{\sum\limits_{i=1}^{n} h_i \tan\varphi_i}{\sum\limits_{i=1}^{n} h_i} \tag{3-4}$$

$$\gamma = \frac{\gamma_1 h_1 + \gamma_2 h_2 + \cdots + \gamma_n h_n}{h_1 + h_2 + \cdots + h_n} = \frac{\sum\limits_{i=1}^{n} \gamma_i h_i}{\sum\limits_{i=1}^{n} h_i} \tag{3-5}$$

式中,c_i,φ_i,γ_i,h_i 分别为 i 土层的黏聚力、内摩擦角、容积密度及厚度。

②边坡稳定性分析时边坡的取值。

边坡稳定性分析时,对于折线形或阶梯形边坡如图 3-6 所示,可取综合坡度值,也可用坡顶与坡脚连线近似表达。

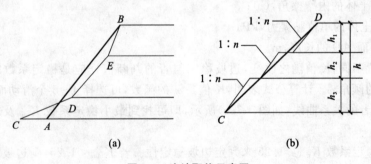

图 3-6 边坡取值示意图

③汽车荷载当量换算。

路基除承受自重作用外,同时还承受行车荷载的作用。在边坡稳定性分析时,需要将车辆按最不利情况排列,并将车辆的设计荷载换算成当量土柱高(即以相等压力的土层厚度来代替荷载),以 h_0 表示。

当量土柱高度 h_0 的计算式为:

$$h_0 = \frac{NQ}{\gamma BL} \tag{3-6}$$

式中 N——横向分布的车辆数,单车道 $N=1$,双车道 $N=2$;

Q——每一辆车的重量,kN;

γ——路基填料的容重,kN/m³;

L——汽车前后轴(或履带)的总距,m;

B——横向分布车辆轮胎最外缘之间总距，m。

$$B=Nb+(N-1)d \tag{3-7}$$

式中　b——每一车辆的轮胎外缘之间的距离，m；

d——相邻两辆车轮胎（或履带）之间的净距，m。

荷载分布宽度，可以在行车道的范围之内，考虑实际行车可能有横向偏移或车辆停放在路肩上，也可认为 h_0 厚的当量土层分布在整个路基宽度上。

3.2.2.2　路基边坡稳定性验算方法

常用的边坡稳定性分析方法，根据滑动面形状分为直线法和圆弧法。

直线法：适用于砂土和砂性土（两者合称砂类土），土的抗力以内摩擦力为主，黏聚力甚小。边坡破坏时，破裂面近似平面。

圆弧法：适用于黏性土，土的抗力以黏聚力为主，内摩擦力较小。边坡破坏时，破裂面近似圆柱形。

（1）直线法

如图 3-7(a)所示，路堤土楔 ABD 沿假设破裂面 AD 滑动，按静力平衡公式可得到稳定系数 K 的计算公式：

$$K=\frac{F}{T}=\frac{G\cos\omega\tan\varphi+cL}{G\sin\omega} \tag{3-8}$$

式中　F——沿破裂面的抗滑力，kN；

T——沿破裂面的下滑力，kN；

G——土楔重量及路基顶面换算土柱的荷载之和，kN；

ω——破裂面对于水平面的倾斜角，(°)；

φ——路堤土体的内摩擦角，(°)；

c——路堤土体的单位黏聚力，kPa；

L——破裂面 AD 的长度，m。

当滑动面位置不同，K 值随之改变，边坡稳定与否的判断依据应是稳定系数的最小值及相应的最危险滑动面的倾角 ω。计算公式表明，K 值是 ω 的函数，可选择 4～5 个滑动面，如图 3-7(b)所示，计算并绘制两者的关系曲线，如图 3-7(c)所示，即可找到最小稳定系数 K_{min} 及对应的极限破裂面倾角 ω 值。

通常以最小稳定系数 $K_{min}\geqslant1.25$ 来判定边坡稳定性。若 $K_{min}<1.25$，则边坡不安全。此时可减缓边坡、降低路基高度或修筑挡土墙，以增加边坡稳定性。

（2）圆弧法

①原理。

圆弧法的基本原理是静力平衡。假定土质均匀，不计滑动面以外的土体位移产生的作用力，计算时取单位长度，将滑动土体划分为若干竖向土条，计算整个滑动土体的稳定性。

②步骤。

a.通过坡脚任意选定可能发生的圆弧滑动面 AB，其半径为 R，圆心为 O，将滑动土体分成若干个一定宽度的垂直土条，如图 3-8 所示。

b.求稳定系数 K 值。

$$K=\frac{\sum K_i}{\sum(W_i+Q_i)\sin\alpha_i} \tag{3-9}$$

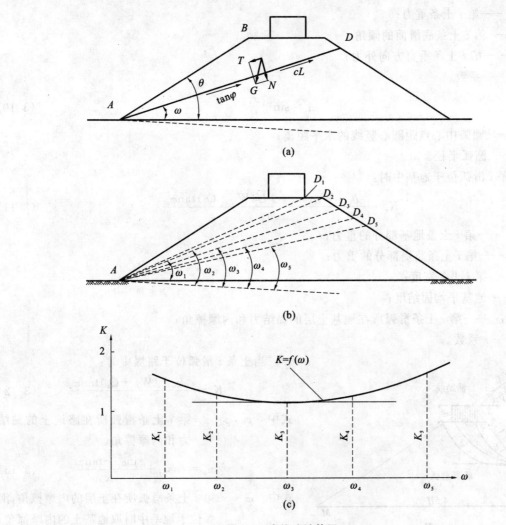

图 3-7　直线法计算图

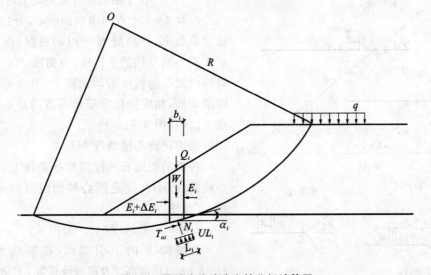

图 3-8　圆弧法边坡稳定性分析计算图

式中　W_i——第 i 土条重力；

　　　α_i——第 i 土条底滑面的倾角；

　　　Q_i——第 i 土条垂直方向外力；

　　　K_i——系数。

$$\alpha_i = \sin^{-1} \frac{x_i}{R} \qquad (3\text{-}10)$$

式中　x_i——圆弧中心点距圆心竖线的水平距离；

　　　R——圆弧半径。

当土条 i 滑弧位于地基中时：

$$K_i = \frac{c_{di}b_i + W_{di}\tan\varphi_{di} + U(W_{ti} + Q_i)\tan\varphi_{di}}{m_{ai}} \qquad (3\text{-}11)$$

式中　W_{di}——第 i 土条地基部分的重力；

　　　W_{ti}——第 i 土条路堤部分的重力；

　　　b_i——第 i 土条宽度；

　　　U——地基平均固结度；

　　　c_{di}, φ_{di}——第 i 土条滑弧所在地基土层的黏结力和内摩擦角；

　　　m_{ai}——系数。

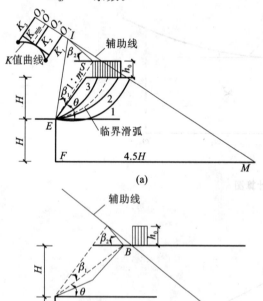

(a)

当土条 i 滑弧位于路堤中时：

$$K_i = \frac{c_{ti}b_i + (W_{ti} + Q_i)\tan\varphi_{ti}}{m_{ai}} \qquad (3\text{-}12)$$

式中　c_{ti}, φ_{ti}——第 i 土条滑弧所在路地土的黏结力和内摩擦角。

$$m_{ai} = \cos\alpha_i + \frac{\sin\alpha_i + \tan\varphi_i}{K} \qquad (3\text{-}13)$$

式中　φ_i——第 i 土条滑弧所在土层的内摩擦角，滑弧位于地基中时取地基土的内摩擦角，位于路堤中时取路堤土的内摩擦角。

c. 取 $4\sim5$ 个点为滑动面圆心，分别求出对应的稳定系数 K，并绘制 $K=f(o)$ 曲线，在该曲线最低点作圆心辅助线的平行线，与曲线 $f(o)$ 相切的切点对应的圆心为极限滑动面圆心，对应的滑动面为极限滑动面，相应的稳定安全系数为最小稳定安全系数 K_{min}，如图 3-9(a) 所示。

③确定圆心辅助线 MI。

各滑动面圆心的位置在一条线上，该线即为圆心辅助线 MI。确定圆心辅助线可以采用 $4.5H$ 法或 $36°$ 线法。

a. $4.5H$ 法，如图 3-9(a) 所示。

由坡脚 E 向下引竖线，在竖线上截取高度 $H=h+h_0$（边坡高度及荷载换算为土柱高度）得 F 点。

自 F 点向右引水平线，在水平线上截取 $4.5H$，

(b)

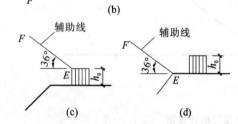

(c)　　　　(d)

图 3-9　确定辅助线

得 M 点。

连接边坡坡脚 E 和顶点 S，求得 SE 的斜度 $i_0 = 1/m$，据此值查表 3-8 得 β_1 和 β_2 值。由 E 点作与 SE 成 β_1 角的直线，再由 S 点作与水平线成 β_2 角的直线，两线相交得 I 点。

连接 I 和 M 两点即得圆心辅助线。

表 3-8　　　　　　　　　　　　　　　　　　　黏土边坡

边坡斜度 i_0	边坡倾斜角 θ	β_1	β_2
1：0.5	63°26′	29°30′	40°
1：0.75	53°08′	29°	39°
1：1	45°00′	28°	37°
1：1.25	38°40′	27°	35°30′
1：1.5	33°41′	26°	35°
1：1.75	29°41′	25°	35°
1：2.0	26°34′	25°	35°
1：2.25	23°58′	25°	35°
1：2.5	21°48′	25°	35°
1：3	18°26′	25°	35°
1：4	14°02′	25°	36°
1：5	11°19′	25°	37°

b. 简化 $4.5H$ 法，如图 3-9(b)所示。

不考虑 h_0，其他步骤同上。

c. 36°线法，如图 3-9(c)所示。

由荷载换算土柱高顶点，作与水平线成 36°的线 EF，即得圆心辅助线。

d. 简化 36°线法，如图 3-9(d)所示。

不考虑 h_0，由坡顶处作与水平线成 36°的线 EF，即为圆心辅助线。

3.2.2.3　浸水路堤边坡稳定性验算方法

(1)浸水路堤及浸润曲线

①浸水路堤。

浸水路堤是指受到季节性或长期浸水的河滩路堤、沿河路堤和桥头引道等，其路堤下部每年遭受短期或长期淹没。

②浸润曲线。

由于土体内渗水速度远慢于河水，因此，当堤外水位升高时，堤内水位的比降曲线（即浸润线）呈凹形；当堤外水位下降时，堤内水位的比降曲线呈凸形。

(2)浸水对路堤的影响

①水位急速上升时，浸水路堤的浸润曲线下凹，土体除承受竖向的向上浮力外，还承受渗透动水压力的作用，作用方向指向土体内部，有利于土体稳定，经过一定时间的渗透，土体内水位趋于平衡，不再存在渗透动水压力。

②水位骤然下降时，浸水路堤的浸润曲线上凸，渗透动水压力的作用方向指向土体外，这将剧烈破坏路堤边坡的稳定性，并可能产生边坡凸起和滑坡，不利于土体稳定，但经过一定时间的渗透，土体内水位也会趋于平衡，不再存在渗透动水压力。

（3）动水压力的计算

凡是用黏性土（不包括渗透性极小的纯黏土）填筑的浸水路堤，由于存在路堤土体内水的渗透滞后现象，都存在渗透动水压力。

渗透动水压力按浸润曲线的平均坡降与浸润曲线跟滑弧所围成的面积来进行计算，即：

$$D = I\Omega_B\gamma_0 \tag{3-14}$$

式中　　D——作用于浸润线以下土体重心的渗透动水压力，kN/m；

　　　　I——渗流水力坡降（取用浸润曲线的平均坡降）；

　　　　Ω_B——浸润曲线与滑动弧之间的面积，m^2；

　　　　γ_0——水的容重，kN/m^3。

（4）浸水路堤边坡稳定性验算方法

影响浸水路堤边坡稳定性的最不利情况一般发生在最高洪水水位骤然降落的时候，此时渗透动水压力指向路基体外。

浸水路堤边坡稳定性分析采用圆弧法进行，其浸润线上下的土体的计算参数有所差异，且须考虑渗透动水压力。计算公式如下：

$$K = \frac{f_C \sum N_C + f_B \sum N_B + c_C L_C + c_B L_B}{\sum T_C + \sum T_B + D} \tag{3-15}$$

式中　　K——稳定系数；

　　　　$f_C \sum N_C$——浸润线以上部分沿滑动面的内摩擦力，$f_C = \tan\varphi_C$；

　　　　$f_B \sum N_B$——浸润线以下部分沿滑动面的内摩擦力，$f_B = \tan\varphi_B$；

　　　　c_C——浸润线以上部分沿滑动面的单位黏聚力，kPa；

　　　　c_B——浸润线以下部分沿滑动面的单位黏聚力，kPa；

　　　　L_C——浸润线以上部分沿滑动面的弧长，m；

　　　　L_B——浸润线以下部分沿滑动面的弧长，m；

　　　　$\sum T_C$——浸润线以上部分沿滑动面的下滑力，kN；

　　　　$\sum T_B$——浸润线以下部分沿滑动面的下滑力，kN；

　　　　D——渗透动水压力。

3.2.2.4　陡坡路堤的滑动稳定性验算方法

（1）陡坡路堤及其稳定性

①陡坡路堤。

陡坡路堤是指修筑在陡坡（地表横坡大于 1：2.5）上及不稳固山坡上的路堤。

②陡坡路堤的稳定性问题。

路堤有沿陡坡或不稳定山坡下滑的可能性，涉及稳定性问题，有以下几种可能情况：

a. 基底接触面较陡或强度较弱，路堤整体沿基底接触面滑动；

b. 路堤修筑在较厚的软弱土层上，路堤连同其下的软弱土层沿某一滑动面滑动；

c. 基底岩层强度不均匀，致使路堤沿某一最弱层面滑动。

③陡坡路堤稳定性分析。

陡坡路堤产生下滑的主要原因是地表横坡较陡、基底土层软弱或强度不均匀，因此，计算参数应取滑动面附近较软弱的土的实测数据，并考虑浸水后的强度降低。

陡坡路堤的稳定性分析假定路堤整体沿滑动面下滑,因此,稳定性分析方法可按滑动面形状分为直线法和折线法。

(2)陡坡路堤稳定性分析方法

①直线法。

当滑动面为基底的单一坡面时,按直线滑动面考虑,如图 3-10 所示。稳定系数按下式计算:

$$K = \frac{(Q+P)\cos\alpha\tan\varphi + cL}{(Q+P)\sin\alpha} \qquad (3\text{-}16)$$

式中　　Q——对于以基底接触面为滑动面者,等于路堤自重;对于以基底以下软弱面为滑动面者,等于路堤连同其下不稳定土体的自重力,kN。

P——路堤顶面的换算土柱荷载,kN。

α——滑动面对水平面的倾斜角,(°)。

φ——滑动面上软弱土体的内摩擦角,(°)。

c——滑动面上软弱土体的单位黏聚力,kN。

L——滑动面的全长,m。

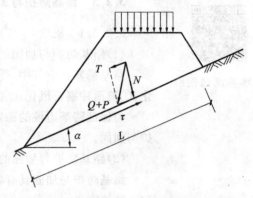

图 3-10　直线滑动面

②折线法。

当滑动面为多个坡度的折线倾斜面时(图 3-11),可将滑动面上土体折线段划分为若干条块,自上而下分别计算各土体的剩余下滑力,根据最后一块的剩余下滑力的正负值确定其整体稳定性。

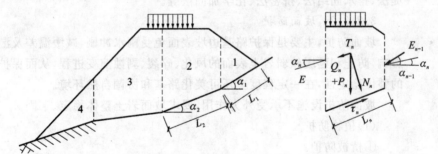

图 3-11　折线滑动面计算图示

$$E_n = [T_n + E_{n-1}\cos(\alpha_{n-1} - \alpha_n)] - \frac{1}{K}\{[N_n + E_{n-1}\sin(\alpha_{n-1} - \alpha_n)]\tan\varphi + c_n L_n\} \qquad (3\text{-}17)$$

式中　　E_n——第 n 个条块的剩余下滑力,kN;

T_n——第 n 个条块的自重 Q_n 与荷载 P_n 的切线下滑力,kN,$T_n = (Q_n + P_n)\sin\alpha_n$;

N_n——第 n 个条块的自重 Q_n 与荷载 P_n 的法线分力,kN,$N_n = (Q_n + P_n)\cos\alpha_n$;

α_n——第 n 个条块滑动面分段的倾斜角,(°);

φ_n——第 n 个条块滑动面上软弱土层的内摩擦角,(°);

c_n——第 n 个条块滑动面上软弱土层的单位黏聚力,kPa;

L_n——第 n 个条块滑动线长度,m;

E_{n-1}——第 $n-1$ 条块传递而来的剩余下滑力,kN;

α_{n-1}——第 $n-1$ 条块滑动面分段的倾斜角,(°)。

（3）防止陡坡路堤滑动的措施

①改善基底状况，增加滑动面的摩擦力或减小滑动力；

②改变填料及断面形式；

③在坡脚处设置支挡结构物。

3.2.3 路基防护与加固

路基沉陷图

3.2.3.1 概述

（1）路基防护与加固的原因

路基暴露在空气中，受到自然因素的作用，路基的物理、力学性质将发生变化：①坡面冲刷及风化；②河岸冲刷；③土质浸水湿软；④地基湿软沉陷。

为保证路基边坡的稳定性，必须采取有效的措施，对路基边坡进行必要的防护与加固。

（2）路基防护与加固的意义

路基防护与加固具有确保路基的稳定性、确保路基的强度、确保路基的使用耐久性等意义。

（3）路基防护与加固的措施

①边坡坡面防护，包括植被防护、工程防护。

②沿河路堤河岸冲刷防护与加固，包括直接防护、间接防护。

③湿软地基加固处治，包括砂垫层法、换填法、强夯法、反压护道法、加筋路堤法、排水固结法、挤密法、化学加固法等。

3.2.3.2 坡面防护

坡面防护，主要是保护路基边坡表面免受雨水冲刷，减缓温差及湿度变化的影响，防止和延缓软弱岩土表面的风化、碎裂、剥蚀演变进程，从而保护路基边坡的整体稳定性，在一定程度上还可美化路基和协调自然环境。

坡面防护设施不承受外力作用，要求坡面岩土整体稳定、牢固。

（1）植物防护

①植被防护。

植被防护属于传统植物类边坡防护方法，主要有种草、铺草皮和植树等方式。

a. 种草。坡高不大、边坡不陡于 1∶1 的土质易种植边坡，其表面的水径流速度应低于 0.6m/s。草种选用应根据防护目的、气候、土质、施工季节等确定，宜采用易成活、生长快、根系发达、叶茎矮的多年生草种。但由于草籽易被雨水冲走，种草成活率低等，往往达不到满意的边坡防护效果，易造成坡面冲沟、表土流失等边坡病害。

b. 铺草皮。表面水径流速度为 0.6～1.8m/s 时不宜种草，而应根据情况按平铺、水平叠置、垂直坡面叠置、斜叠置等不同方法铺草皮，必要时可先浆砌防护，在浆砌内部铺草皮，以减小水流冲刷。草皮应选择根系发达、茎矮叶茂、耐旱草种，不宜采用喜水草种。坡面要预先整平，草皮切成整齐块状，然后自下而上移铺在坡面上。

c. 植树。主要用于堤岸边的河滩、沙漠及雪害地区的防护林等情况，主要起降低河滩水流速度及改变水流方向、防风固沙、防雪等作用。树种应选用能迅速生长且根深枝密的低矮灌木类。

低等级公路也可在路两侧进行植树,以起到固土、降尘、绿化、诱导视线等作用。

②三维植被网防护。

该技术形成的三维网边坡生态防护体系由锚杆、EM3 型三维网、网间营养料和网面草籽混合层组成。其中,锚杆起稳定边坡和悬挂三维网的作用,三维网为土壤提供一个三维的储存空间,并与土壤层相互结合形成具有一定强度的护坡体系,网间土壤层为草籽提供生长基质和养分。该技术适用于砂性土、土夹石及风化岩石,且坡率缓于 1:0.75 的边坡防护,回填土采用客土或土、肥料及腐殖质土的混合物。

③客土喷播。

客土喷播是以团粒剂使客土形成团粒化结构,加筋纤维在其中起到类似植物根茎的网络加筋作用,从而造就有一定厚度的具有耐雨水、风侵蚀,牢固透气,与自然表土相类似或更优的多孔稳定土壤结构。客土喷播利用特制喷混机械将土壤、肥料、有机质、保水材料、植物种子、水泥(或化学黏合剂)、pH 缓冲剂等混合干料加水后喷射到岩面上,由于水泥的黏结作用,上述混合物可在岩石表面形成一层具有连续空隙的硬化体,种子可以在空隙中生根、发芽、生长,而一定程度的硬化又可以防止雨水冲刷,从而达到恢复植被、改善景观、保护环境的目的。此法适用于风化岩石、土壤较少的软质岩石、养分较少的土壤、硬质土壤、植物立地条件差的高大陡坡面和显著受侵蚀的坡面,坡率一般不陡于 1:1。

(2)工程防护

①抹面防护。

主要用于石质挖方坡面,以防止岩石表面风化。抹面防护的坡度不受限制,但要求岩表完整未剥落、表面较平整,一般抹面的厚度在 2～10cm。抹面前,须清理坡面风化层、浮土与松动碎块,填坑补洞,洒水润湿。抹面后,应拍浆、抹平和养生。

②喷护。

常用的喷护方法有喷浆和喷射混凝土,用于易风化且坡面不平整的岩石挖方边坡,坡度不陡于 1:0.5。喷浆防护厚度不宜小于 50mm,采用的砂浆强度不应低于 M10。喷射混凝土防护厚度不宜小于 80mm,采用的混凝土强度不应低于 C15。喷护坡面应设置伸缩缝和泄水孔,伸缩缝间距宜为 15～20m,并应间隔 2～3m 交错设置泄水孔。

③勾缝、灌浆、嵌补。

该方法适用于比较坚硬且裂缝较多的岩石边坡,防止水分渗入缝隙。

④干砌片石护面。

其一般用于坡率不大于 1:1.25 的土质边坡或岩石边坡防护,干砌片石有单层和双层之分,如图 3-12 和图 3-13 所示。

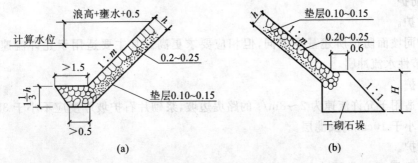

图 3-12　单层干砌片石(单位:m)

(a)墁石铺砌基础;(b)干砌抛石、堆石基础

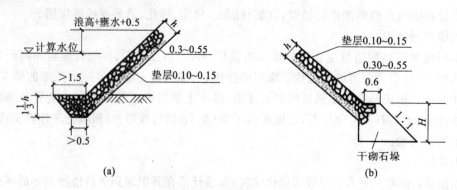

图 3-13 双层干砌片石(单位:m)

(a)墈石铺砌基础;(b)干砌抛石、堆石基础

干砌片石护面厚度一般不小于20cm,应勾缝,顶部封闭。干砌铺砌底面应设垫层,垫层材料一般常用碎石、砾石或砂砾混合物等,以防止水流将铺石下面的细颗粒土冲走;同时,铺垫层后也增加铺石防护的弹性,使冲击河岸的波浪、流水等的动压力和漂浮物的撞击力在较大面积上获得缓冲和降低,垫层厚度一般为0.1~0.2cm。

⑤ 浆砌片石护面。

路基坡面采用干砌片石不适宜或效果不好时,可用浆砌片石。封闭软质岩层、高填方路堤表面及较破碎的挖方边坡,一般立交内凹的夹角部分及较破碎的挖方边坡须全浆砌防护,其他可采用菱形、拱形、方格形等防护方式,其间土体可种草或铺草皮。护面高一般不超过10m,若超过10m可分级砌筑,每一级高度为6~10m,要求基础稳定。

⑥护面墙。

为了覆盖各种软质岩层和较破碎岩石的挖方边坡,免受大气因素影响而修建的墙,称为护面墙。护面墙多用于易风化的岩石地段,以防止继续风化。护面墙除自重外,不担负其他荷载,亦不承受墙后的压力。根据边坡的高度、坡度及岩石破碎情况,可采用不同形式的护面墙。一般土质及破碎岩石边坡采用实体护面墙;边坡缓于1∶0.75时可采用孔窗式护面墙,孔窗内采用干砌片石;边坡岩层较完整且坡度较陡时,宜采用肋式护面墙;当边坡下部岩层较完整而需防护上部边坡时,应采用拱式护面墙。

3.2.3.3 冲刷防护

冲刷防护,是对沿河滨海路堤、河滩路堤及水泽区路堤,亦包括桥头引道,以及路基边旁堤岸的防护,主要针对水流的破坏作用,起防水治害和加固堤岸的双重功效。

(1)直接防护

①植物防护。

植物防护同坡面防护所述基本类同,但相应要求更高。其主要适用于允许流速小于1.2~1.8m/s的季节性水流冲刷。

②石砌防护。

石砌防护适用于允许流速为2~8m/s的路堤边坡,浆砌片石护坡厚度应不小于35cm,护坡底面设置厚度不小于10cm的反滤层。

③抛石防护。

抛石防护适用于经常浸水且水深较大的路基边坡或坡脚以及挡土墙、护坡的基础防护。图3-14所示为抛石防护示意图,类似于陡坡路堤在坡脚处设置石垛,其中图3-14(a)适用于新建道路;图 3-14(b)适用于旧路路堤抛石垛。抛石不受气候条件限制,路基沉实以前均可施工。抛石垛的边坡坡度不陡于抛石浸水后的天然休止角,石料粒径为 30~50cm,厚度不小于最小石料粒径的 2 倍。

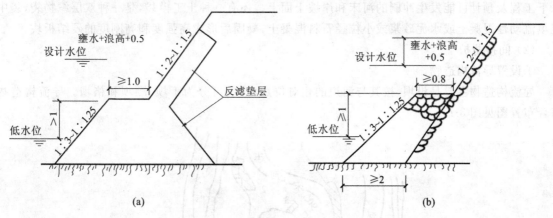

图 3-14 抛石防护(单位:m)

④石笼防护。

石笼防护适用于受水流冲刷和风浪侵袭,且防护工程不易处理或沿河挡土墙、护坡基础局部冲刷深度过大的沿河路堤坡脚或河岸。石笼用铁丝编织成箱形或圆柱形,如图 3-15 所示,网孔宜略小于石料最大粒径。内有粒径为 5~20cm 石料,外层用大且棱角突出石料,内层用较小石块填充。石笼用于防止冲刷淘底时,应平铺并与坡脚线垂直,且堤岸一端固定;用于防止堤岸边坡冲刷时,则垒码平铺成梯形,如图 3-16 所示。铺设时需用碎(砾)石垫层铺平,底层各角可用铁棒固定于基底。

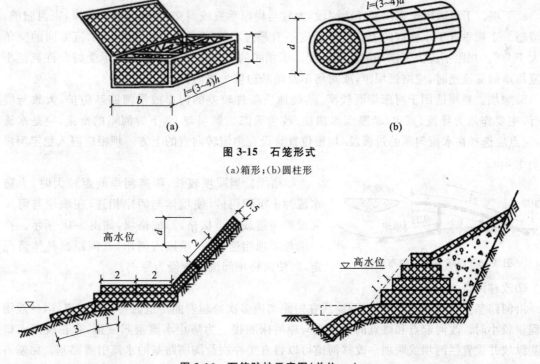

图 3-15 石笼形式

(a)箱形;(b)圆柱形

图 3-16 石笼防护示意图(单位:m)

⑤其他防护。

土工织物软体沉排是在土工织物上以块石或预制混凝土块体为压重的护坡结构。一般适用于水下工程及预计可能发生冲刷的河床和岸坡土面上。还有一种土工模袋，是一种双层织物袋，袋中充填流动性混凝土或水泥砂浆或小粒径石料混凝土，凝固后形成高强度和高刚度的硬结板块。

（2）间接防护

①设置导流构造物。

导流构造物主要是设坝，按其与河道的相对位置，一般可分为丁坝、顺坝和格坝。导流构造物综合布置图见图3-17。

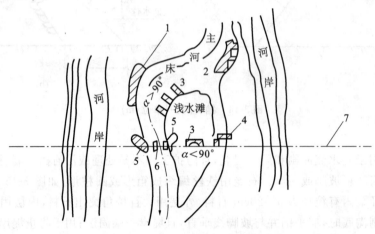

图3-17　导流构造物综合布置图
1—顺坝；2—格坝；3—丁坝；4—拦水坝；5—导流坝；6—桥墩；7—路中线

a. 丁坝。丁坝适用于宽浅变迁性河段，大致与堤岸垂直或斜交，将水流挑离堤岸，束河归槽，改善流态。丁坝垂直于水流方向上的投影长度不宜超过稳定河床宽度的1/4，与水流方向的交角应不大于90°。坝距不应大于前坝的反滤长度。丁坝间的河岸或路基边坡所能承受的允许流速小于水流靠岸回流流速时，应缩短坝距，或对河岸及路基边坡采取防护措施。

b. 顺坝。顺坝适用于河床端面较窄、基础地质条件较差的河岸或沿河路基防护，大致与堤岸平行，主要作用为导流、束水、调整流水曲线、改善流态。顺坝与上、下游河岸的衔接，应是水流顺畅，起点应选择在水流匀顺的过渡段，坝根位置宜设在主流转向点的上方。坝根应嵌入稳定河岸内不小于3m。

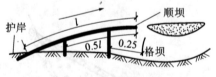

图3-18　顺坝与格坝的布置图

②改移河道。

c. 格坝。当顺坝较长，距离河岸间距较大时，为防止水流冲走沉积泥砂，使坝体与河岸相连，在顺坝与河岸之间设置一道或几道横格，形成格坝，如图3-18所示。格坝一端与顺坝相连，另一端嵌入河岸，其间距视具体情况而定，以使两格坝间流速变慢为原则。

沿河路基受水流冲刷严重，以及路线在短距离内多次跨越弯曲河道时可改移河道，但一般用于工程量较小时。改河起点和终点的位置应与原河床顺接。为防止水流重归故道，宜在改河入口处加陡纵坡并设置拦河坝或顺坝。改移河道可以将直接冲刷及淘刷路基的水流引离路基。路基占用河槽后，需要拓宽河道，挖滩改河，清除孤石。对主槽摆动频繁的流动性河流或支流较多的变迁性河段，不宜进行改河。对于流速或流量较大的河段，不宜轻易改动，必要时加以全面论证比较后确定。

3.2.3.4 软土地基加固

在软土地基上修筑路基,若不加处理,往往会发生路基失稳或过量沉陷,导致道路破坏或不能正常使用。

(1)砂垫层法

在软土地基上铺设厚度为 0.5～1.2m 厚的砂垫层,其作用如下:

①作为软土层固结所需的上部排水层;

②作为路堤内的底部排水层,以降低路堤内水位或降低路堤内湿度;

③改善路堤和地基处理工程施工时的机械作业条件;

④软土层薄时,单独用作地基处理措施。

(2)换填法

换填法一般适用于地表以下 0.5～3.0m 的软土处治,其方法有开挖换填法、抛石挤淤法、爆破排淤法等。

①开挖换填法。开挖换填法是将软土地基层全部挖除或部分挖除,用透水性较好的材料,如砂砾、碎石、钢渣等材料进行回填,此种方法简单易行。对于软土地基较浅(1～2m 深)的泥沼地特别有效;但对于深层软土地基处理,要求沉降控制较平的路基、桥涵构造物、引道等,应考虑采用其他方法。

②抛石挤淤法。抛石挤淤法是在路基底部抛投一定数量片石,将淤泥挤出基底范围,以提高地基的强度。这种方法施工简单、迅速、方便。

③爆破排淤法。爆破排淤就是将炸药放在软土或泥沼中爆炸,利用爆炸时的张力作用,把淤泥或泥扬弃,然后回填强度较高的渗水性土,如砂砾、碎石等。

(3)强夯法

强夯法,又称振动固结法,是将几十吨的重锤从几十米高处自由落下,对湿软地基进行强力夯实,以提高其强度,它是在重锤夯实法的基础上发展起来又与之截然不同的一种新技术。用强夯法加固的土基,承载力会明显提高,沉陷量也会降低。这种方法如采用大的单击夯击能量,可使地基的加固深度达 10～20m,甚至更深。

(4)反压护道法

当路堤的填筑高度超过地基不做处理时所能容许的安全高度时,路堤和软土层达不到要求的滑动破坏安全系数,可在路堤两侧填筑一定高度和宽度的护道,如图 3-19 所示,利用护道的填方重量增加稳定力矩,以平衡主路堤的滑动力矩。

这种方法要占用大量的用地和填料。反压护道的高度一般为路堤高度的 1/3～1/2,宽度须由滑动稳定分析结果确定。反压护道与主路堤同时填筑,其填筑速度不得慢于主路堤。

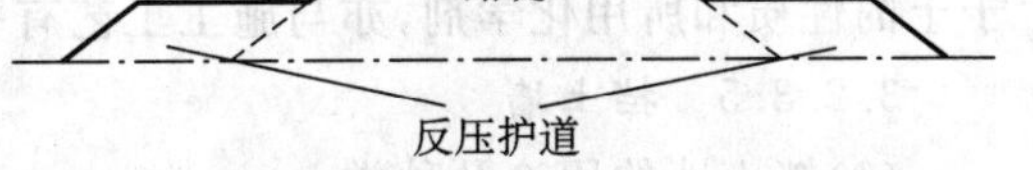

路堤

反压护道

图 3-19 反压护道典型断面图

(5)加筋路堤法

采用强度高、变形较小、老化慢的土工合成材料等抗拉柔性材料作路堤的加筋材料,材料的纵向或强度高的方向应垂直于公路的中线铺设,加筋材料应尽可能设置在路堤底部。加筋路堤一般不受地质条件的限制,但地基土越弱,其作用愈明显。

(6)排水固结法

固结排水
视频

排水固结法是指通过多种技术手段在软弱地基中设置一些排水通道,形成竖向或水平向排水体,改变原有地基的边界条件,增加孔隙水的排出途径,利用结构物本身自重或外加附加荷载,通过逐级加载加压方式,将土体中多余的水通过排水体加以排除,减少土体中的孔隙水,逐渐固结,地基发生沉降,同时强度逐步提高的方法。

排水固结法由排水系统和加压系统两部分组成,设置排水系统主要作用在于改变地基原有的排水边界条件,增加孔隙水排出的途径,缩短排水距离。只有排水系统而无加压系统,孔隙水压力差不能自动排出,因而地基得不到加固;而只有加压系统而无排水系统,排水距离不能缩短,就不能在预压期尽快地提高地基强度。因此,在排水加压设计中,必须把排水系统和加压系统联系起来进行。

排水固结法中常用的技术有砂井堆载预压法、降水预压法、真空排水预压法、袋装砂井法、塑料排水板法。

(7)挤密法

土基中成孔后,在孔中灌以砂、石、土、灰土或石灰等材料,捣实而成直径较大的桩体,利用横向挤紧作用,使地基土粒彼此靠紧,孔隙减少,而且孔被填满和压紧,形成桩体,桩体具有较高的承载能力,群桩的面积约占松散土加固面积的20%,以致桩和原土组成复合地基,达到加固的目的。

孔中灌砂,形成砂桩。在通常情况下,桩径可取20~30cm,砂桩的排列一般为梅花形,其桩距一般为直径的3~5倍。砂桩加固的范围一般比路基或基础宽一些,因为考虑应力在土中的扩散作用,规定要宽出基础各边长度1m。

孔中填石灰而成石灰桩。石灰桩主要作用是挤密,而生石灰的吸水、膨胀、发热及离子交换作用使桩体硬化,改善了原地基土的性质,此外,还减小了因周围土的蠕变所引起的侧向位移。由于石灰桩在水下结硬速度远比在空气中慢得多,所以将石灰和水就地拌和,增加石灰与外界的接触,结构条件比纯石灰桩好很多,可提高桩的早期强度。生石灰必须密封贮存,粉碎至一定要求。一般桩径为20~30cm,桩的间距约为桩径的3.5倍,可在平面上按梅花形布置。

(8)化学加固法

利用化学溶液或胶结剂,采用压力灌注或搅拌混合等措施,使土颗粒胶结起来,达到对土基加固的目的,称为化学加固法,又称胶结法。此法加固效果取决于土的性质和所用化学剂,亦与施工工艺有关。

3.2.3.5　挡土墙

(1)挡土墙的用途及种类

挡土墙试验
视频

挡土墙在道路工程中应用很广。其作用是承受支挡土体的侧压力,稳定边坡、防治滑坡,防止路堤冲刷,并可节省路基土方数量。

挡土墙按其位置分为路肩墙、路堤墙、路堑墙和山坡墙,如图3-20所示。

挡土墙按其结构功能又可分为重力式、半重力式和衡重式挡土墙。图3-20所示的墙均为重力式墙,靠自重平衡墙背土压力,墙身体积大,但施工方便。半

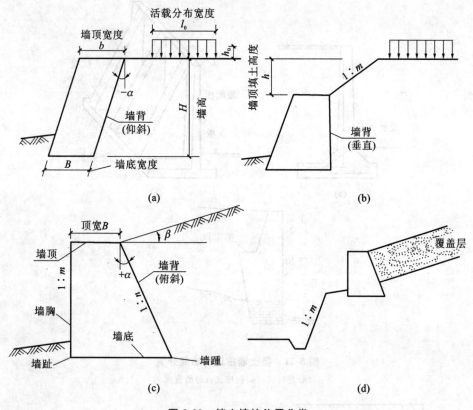

图 3-20 挡土墙按位置分类

(a)路肩墙；(b)路堤墙；(c)路堑墙；(d)山坡墙

重力式墙是在墙体中加筋,如悬臂式和扶壁式挡土墙,如图 3-21(a)、(b)所示。衡重式挡土墙靠衡重台使墙的重心后移,增加稳定力矩,减少断面尺寸,如图 3-21(c)所示。

挡土墙按其结构形式可分为下列五种类型。

实心式:靠墙身自重保持墙体平衡稳定。

垛式:预制杆件或废枕木纵横交错垛成框架,内填土石,如图 3-22(a)所示。

悬臂式:基底用钢筋混凝土悬臂,增强抗倾覆稳定性。

锚杆式:水平或斜向钻孔,加桩锚固,如图 3-22(b)所示。

加筋土式:由竖向钢筋混凝土面板、水平拉筋和填土组成。拉筋一般用薄金属板或钢筋混凝土预制薄板,亦常用聚丙烯土工带,如图 3-22(c)所示。

(2)挡土墙的构造

挡土墙一般由墙身、基础、排水设施和伸缩缝等部分组成。

对于石砌挡土墙墙顶的最小宽度,浆砌的不小于 0.5m,干砌的不小于 0.6m。墙背仰斜部分的坡度一般为 1:0.25～1:0.15,俯斜部分的坡度一般为 1:0.4～1:0.2。衡重式上、下墙的墙高比常用 2:3。

挡土墙的基础设置于平整的土石层上。若地基为软弱土层,应用砂砾、碎石或炉渣灰土等材料换填,以增大基地承载力。基础应埋置一定深度,一般土类为 1.0m,风化岩为 0.4m,轻风化岩为 0.2m。墙趾前地面横坡较大时,应留有足够的襟边,以防地基剪切破坏。襟边的宽度,一般土类为 1～2m,风化岩为 0.4～1.0m,轻风化岩为 0.2～0.6m。

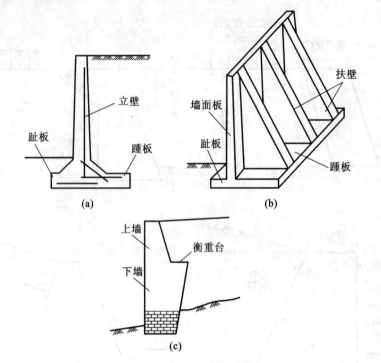

图 3-21　挡土墙按结构功能分类

(a)悬臂式；(b)扶壁式；(c)衡重式

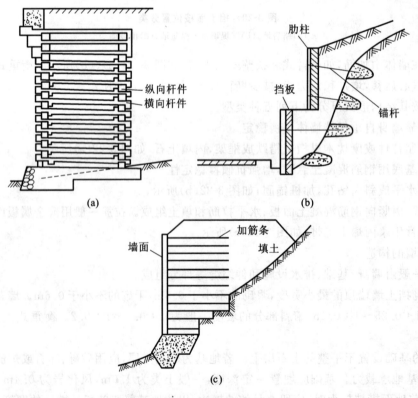

图 3-22　挡土墙按结构形式分类

(a)垛式；(b)锚杆式；(c)加筋土式

挡土墙的排水孔用于排泄墙背积水。墙高时可设一排以上排水孔。排水孔间距一般为 2~3m。最下排排水孔应高于地面 0.3m,利于排水。墙背排水孔口下应夯实填土,孔口填砾石及反滤层,以免堵塞孔洞。

挡土墙的伸缩缝是为了防止土基不均匀沉降而引起墙体开裂。伸缩缝为通缝,间距为 10~15m,缝内填沥青麻筋。挡土墙的纵向布置如图 3-23 所示。

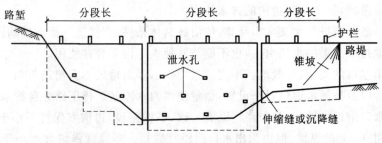

图 3-23　挡土墙纵断面图

3.2.4　路基排水设计

3.2.4.1　路基排水的目的及设计的一般原则

（1）危害路基的水源

水是形成路基病害的主要因素之一,根据水源的不同,影响路基的水流可分为地面水和地下水两大类,与此相适应的路基排水工程,则分为地面排水和地下排水。

地面水有两种来源:一是雨雪直接落至路面的大气降水;二是贯穿路基的沟、溪、河流水。地面水对路基产生冲刷和渗透,冲刷使路基整体稳定性受损害,形成水毁现象。渗入路基土体的水分,使土体过湿,从而降低路基强度。

地下水主要来源:一是滞水,滞留于上层相对不透水层上的地下水;二是潜水,在地面以下第一个隔水层以上的含水层的水,距地面较近,在重力作用下可沿土层流动;三是层间水,在地面以下任何两个隔水层之间含水层中的地下水。地下水主要对路基产生影响,其危害的程度因条件不同而异,轻者能使路基湿软,降低路基强度;重者会引起冻胀、翻浆或边坡滑坍,甚至整个路基沿倾斜基底滑动。

路基排水
设计图

（2）路基排水的目的

路基排水的目的,就是将路基范围内的土基湿度降低到一定的限度以内,保持路基常年处于干燥状态,确保路基具有足够的强度与稳定性。

（3）路基排水的设计原则

①路基排水设计应综合规划、因地制宜,要充分利用有利地形和自然水系,并与沿线排灌系统相协调,注意保护生态环境,防止水土流失和水源污染。设计中要注意尽量不破坏天然水系,不轻易合并自然沟溪和改变水流性质。

②根据道路等级,结合沿线气象、地形、地质、水文等自然条件,设置必要的排水等设施,并与沿线排水系统相结合,形成完整的排水体系。一般情况下地面和地下排水沟渠的设置宜短不宜长,做到及时疏散,就近分流。

③排水困难和地质不良的特殊路段,应与路基防护加固设计相结合,综合考虑、合理布局,进行特殊设计。

3.2.4.2　路基地面排水设施

常用的路基地面排水设施包括边沟、截水沟、排水沟、跌水与急流槽、蒸发池、倒虹吸与渡水槽等。

（1）边沟

边沟一般设置在挖方路基的路肩外侧或低路堤坡脚外侧，走向与路中线平行，其主要功能是汇集和排除路基范围内和流向路基的少量地面水，以保证路基稳定。平坦地面填方路段的路旁取土坑，常与路基排水设计综合考虑，使之起到边沟的排水作用。

边沟的排水量不大，一般不需进行水文水力计算，依沿线具体条件，直接选用标准横断面即可。边沟紧靠路基，不允许其他排水沟渠的水流引入，也不能与其他人工沟渠合并使用。

边沟不宜过长，边沟出水口的间距，一般地区不宜超过500m，多雨地区不宜超过300m，边沟出水口应结合地形、地质条件以及桥涵水道位置来设置，尽量使沟内水流就近排至路旁自然水沟或低洼地带。边沟的纵坡（出水口附近除外）一般与路线纵坡一致，平坡路段，边沟宜保持不小于0.5%的纵坡，特殊情况容许采用0.3%的纵坡，但边沟出水口间距宜减短。当路线纵坡坡度小于沟底最小纵坡度时，边沟应采用沟底最小纵坡度。边沟出水口附近，以及排水困难路段，如回头曲线和路基超高较大的平曲线等处，边沟应进行特殊设计。

边沟的横断面形式可采用梯形、流线形、三角形或矩形，如图3-24所示，按道路等级、所需排泄的流量、设置位置和土质或岩质选定。边沟横断面一般采用梯形，梯形边沟内侧边坡为1∶1.5～1∶1.0，外侧边坡坡度与挖方边坡坡度相同。石方路段的边沟宜采用矩形横断面，其内侧边坡直立，坡面应采用浆砌片石防护，外侧边坡坡度与挖方边坡坡度相同。少雨浅挖地段的土质边沟可采用三角形横断面，其内侧边坡宜采用1∶3～1∶2，外侧边坡坡度与挖方边坡坡度相同。

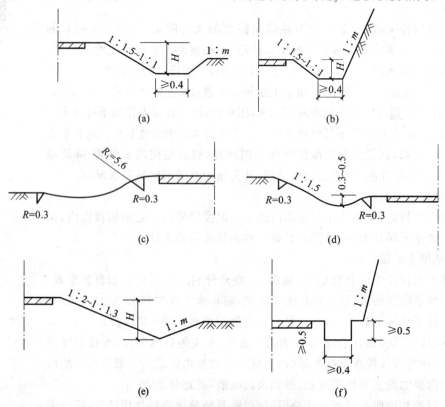

图3-24　边沟横断面形式示意图

（a），（b）梯形；（c），（d）流线形；（e）三角形；（f）矩形

高速公路、一级公路边沟的底宽和深度不小于 0.6m,其他等级公路不小于 0.4m。边沟可采用浆砌片石、浆砌卵石、水泥混凝土预制块防护。边沟出水口附近,水流冲刷比较严重,必须慎重布置和采取相应措施。

(2)截水沟

一般设置在挖方路基边坡坡顶以外,或山坡路堤上方的适当地点,用以拦截并排除路基上方流向路基的地面径流,减轻边沟的水流负担,保证挖方边坡和填方坡脚不受水流冲刷。降水量较少或坡面坚硬和边坡较低以致冲刷影响不大的路段,可以不设截水沟;降水量较多且暴雨频率较高、山坡覆盖层比较松软、坡面较高、水土流失比较严重的路段,必要时可设置两道或多道截水沟。

截水沟的位置,应尽量与绝大多数地面水流方向垂直,以提高截水效能和缩短沟的长度。截水沟的横断面形式一般为梯形,沟坡坡度一般采用 $1:1.5 \sim 1:1.0$,沟底宽和沟深均不小于 0.5m。沟底应具有不小于 0.5% 的纵坡,沟底和沟壁要求平整密实、不滞流、不渗水。截水沟长度一般以 $200 \sim 500m$ 为宜,超过 500m 时,可在中间适宜位置处增设泄水口,由急流槽分流引排。

图 3-25 所示为挖方路段截水沟示意图,图中距离 d 一般应大于 5m,土质不良地段可取 10m 或更大。截水沟下方一侧,可堆置挖沟的土方,要求做成顶部向沟倾斜 2% 的土台。

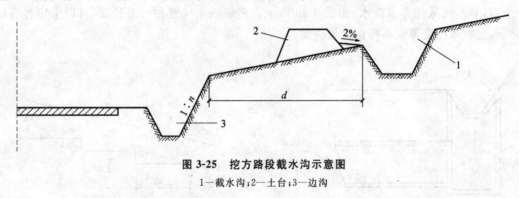

图 3-25 挖方路段截水沟示意图

1—截水沟;2—土台;3—边沟

如图 3-26 所示填方路段截水沟示意图,截水沟与坡脚之间要有不小于 2.0m 的间距,并做成 2% 向沟倾斜的横坡。

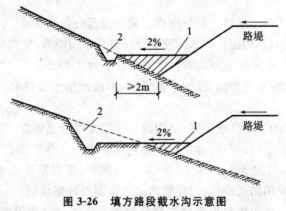

图 3-26 填方路段截水沟示意图

1—土台;2—截水沟

(3)排水沟

排水沟的主要用途在于引水,将路基范围内各种水源的水流引至桥涵或路基范围以外的指定地点。

排水沟的位置可根据需要并结合当地地形条件而定,离路基尽可能远些,距离路基坡脚不宜小于 2m,连续长度宜短,一般不超过 500m。平面上力求短捷平顺,以直线为宜,必须转向时,尽可能

采用大半径(10～20m以上),徐缓改变方向。

排水沟的横断面形式一般为梯形,尺寸经水力水文计算确定,边坡坡度为1:1.5～1:1.0,深度和底宽不小于0.5m。排水沟应具有合适的纵坡,以保证水流畅通,一般情况下,可取0.5%～1.0%,不小于0.3%,亦不宜大于3%;当纵坡大于3%时,应采取加固措施;当纵坡大于7%时,则应改用跌水或急流槽。

排水沟内水流注入其他沟渠或水道时,不得使原水道产生冲刷或淤积。通常应使排水沟与原水道水流方向成锐角相交,交角不大于45°,有条件时可采用半径$R=10b$(b为沟顶宽)的圆曲线朝下游与其他水道相接。

(4)跌水与急流槽

跌水与急流槽均为人工排水沟渠的特殊形式,用于陡坡地段排水。由于纵坡坡度大,水流速度快,冲刷严重,要求跌水与急流槽的结构必须坚实稳固,一般采用浆砌块石或混凝土预制块砌筑,并有相应的防护加固措施。

跌水的构造分为单级和多级,沟底有等宽和变宽两种。排水沟渠连接处多设置单级跌水,如图3-27所示,由于水的落差较大,需要消能或改变水流方向。较长较陡地段的沟渠,为减缓水流速度,并予以消能,可采用多级跌水,如图3-28所示。多级跌水底宽和每级长度,可以采用各自相等的对称形,也可做成变宽或不等长度与高度。

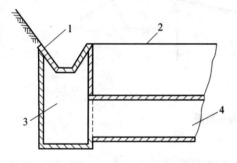

图3-27　边沟与涵洞单级跌水连接图
1—边沟;2—路基;3—跌水井;4—涵洞

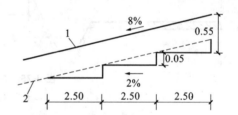

图3-28　等截面多级跌水结构图(尺寸单位:cm)
1—沟顶线;2—沟底线

跌水由进水口、消力池和出水口三部分组成。消力池部分由跌水墙、平台和消能设备组成。各组成部分的尺寸,均由水力计算而定。跌水的槽身横断面可采用矩形,浆砌块石的槽底厚度为0.2～0.4m,槽壁厚0.3～0.4m,槽深最小为0.2m,槽底宽最小为0.25m。

跌水两端的土质沟渠应注意加固,保持水流畅通,不致产生水流冲刷和淤积,以充分发挥跌水的排水效能。

急流槽的纵坡比跌水的平均纵坡更陡,结构的坚固稳定性要求更高,是山区公路回头曲线沟通上、下线路基排水及沟渠出水口的一种常见排水设施。急流槽主体部分的纵坡,依地形而定,一般可达1:1.5。当急流槽纵坡陡于1:1.5时,宜采用金属管,管径至少20cm。各节急流管用管桩锚固在坡体上,其接口应采用防水连接,以免管内水流渗漏而冲刷坡面。

急流槽的构造由进水口、主槽和出水口三部分组成。出水口处应设置消能设施,如图3-29所示。急流槽多用浆砌片石、块石或水泥混凝土砌筑,一般采用矩形横断面,构造按水力计算选定。槽深最小为0.2m,槽底宽最小为0.25m,槽顶应与两侧斜坡表面齐平,槽底每隔2.5～5m应设置一个凸榫,嵌入坡体内0.3～0.5m,以避免槽体顺坡下滑。槽身较长时,宜分段砌筑,每段长5～10m,预留伸缩缝,并用防水材料填缝。

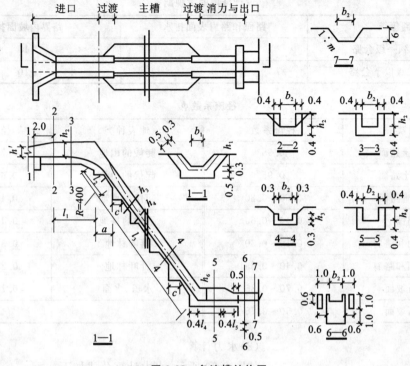

图 3-29　急流槽结构图

（5）蒸发池

气候干旱、排水困难地段，可利用沿线的集中取土坑或专门设置蒸发池排除地表水。蒸发池与路基边沟间应设排水沟连接。蒸发池边缘与路基边沟距离不应小于 5m，面积较大的蒸发池不得小于 20m。池中水位应低于排水沟的沟底。蒸发池的容量以一个月内路基汇入池中的水能及时完成渗透与蒸发作为依据，不宜超过 200～300m³，深度不大于 1.5～2.0m。

（6）倒虹吸与渡水槽

当水流需要横跨路基，同时受到设计标高的限制，可以采用管道或沟槽，从路基底部或上部架空跨越，前者为倒虹吸，后者为渡水槽，分别相当于涵洞和渡水桥，两者属于路基地面排水的特殊结构物，并且多半是配合农田水利所需而采用。

3.2.4.3　明渠的水文水力计算

（1）设计流量

流量是路基排水设计的基本依据，其大小与汇水面积和一定频率下的径流厚度，以及汇水区域内的地形、地貌及地表植被等因素有关。设计流量的计算方法有多种，对于路基排水的明渠而言，如果汇水面积不大（$F < 10km^2$），可按下列经验公式估算：

$$Q_s = 16.67\phi qF \tag{3-18}$$

式中　Q_s——设计流量，m^3/s；

　　　　F——汇水面积，km^2；

　　　　ϕ——径流系数；

　　　　q——设计重现期和降雨历时内平均降雨强度，mm/min。

设计降雨的重现期见表 3-9，径流系数按汇水区域内的地表种类列于表 3-10 中。当汇水区域内有多种类型的地表时，应分别为每种类型选取径流系数后，按相应的面积大小取加权平均值。

表 3-9	设计降雨的重现期	（单位：年）
公路等级	路面和路肩表面排水	路界内坡面排水
高速公路、一级公路	5	15
二级及二级以下公路	3	10

表 3-10		径流系数 ϕ	
地表种类	径流系数	地表种类	径流系数
沥青混凝土路面	0.95	陡峻的山地	0.75～0.90
水泥混凝土路面	0.95	起伏的山地	0.60～0.80
透水性沥青路面	0.60～0.80	起伏的草地	0.40～0.65
粒料路面	0.40～0.60	平坦的耕地	0.45～0.60
粗粒土坡面和路肩	0.10～0.30	落叶林地	0.35～0.60
细粒土坡面和路肩	0.40～0.65	针叶林地	0.25～0.50
硬质岩石坡面	0.70～0.85	水田、水面	0.70～0.80
软质岩石坡面	0.50～0.75		

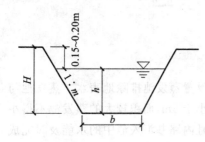

图 3-30　梯形沟渠横断面示意图

（2）水力计算

如图 3-30 所示，水力计算公式如下。

①流量。

$$Q = \omega \cdot V \tag{3-19}$$

式中　Q——沟渠通过的流量，$\mathrm{m^3/s}$；

　　　ω——沟渠的过水断面面积，$\mathrm{m^2}$；

　　　V——水流的平均流速，$\mathrm{m/s}$。

②过水断面面积。

$$\omega = bh + mh^2 \tag{3-20}$$

式中　b——断面底宽，m。

　　　h——水深，m。

　　　m——边坡坡率。矩形，$m = 0$；对称梯形，$m = m_1 = m_2$；不对称梯形，$m = (m_1 + m_2)/2$。

③湿周。

$$\chi = b + Kh \tag{3-21}$$

式中　K——横断面系数（因边坡率 m 而变）。矩形（$m = 0$），$K = 2$；对称梯形，$K = 2\sqrt{1+m^2}$；不对称梯形，$K = \sqrt{1+m_1^2} + \sqrt{1+m_2^2}$。

④水力半径。

$$R = \frac{\omega}{\chi} \tag{3-22}$$

⑤流速。

$$V = C\sqrt{Ri} \tag{3-23}$$

式中　C——流速系数，通过试验按规定公式计算。

　　　i——水力坡降。在等速流的情况下，可以认为水力坡降（水力坡度）与沟底纵坡相等。

⑥容许的最小流速。

$$V_{\min} = \alpha R^{\frac{1}{2}}$$ (3-24)

式中 α——与水中含土粒径有关的系数,粗砂取 0.65～0.77,中砂取 0.58～0.64,细砂取 0.41～0.45,极细砂取 0.37～0.41。

⑦容许的最大流速。

为使沟渠不被冲刷,应限制明渠设计流速。各种明渠的允许最大设计流速,由试验结果而定,一般可参见表 3-11 所列数值。表列数值(以 m/s 计)适用于水流深度 $h = 0.4～1.0$m,超过此值时应乘以下列修正系数:$h < 0.4$m 时,取 0.85;$h > 1.0$m 时,取 1.25;$h \geqslant 2.0$m 时,取 1.40。

表 3-11 明渠容许最大流速表

明渠类别	$v_{\max}/(\mathrm{m/s})$
粗砂及亚砂土	0.8
亚黏土	1.0
黏土	1.2
草皮护面	1.6
干砌片石	2.0
浆砌片石及浆砌砖	3.0
石灰岩、砂岩及混凝土	4.0

⑧验算。

a.流量验算:

$$\left| \frac{Q - Q_s}{Q_s} \right| \leqslant 5\% \text{ 或 } 10\%$$ (3-25)

式中,5%或10%表示重要工程允许相差宜控制在5%之内,一般工程允许相差宜控制在10%之内。

b.流速验算:

$$v_{\min} < v < v_{\max}$$ (3-26)

若条件满足,则验算通过。否则改变断面尺寸或加固条件,重算至满足规定条件为止。

3.2.4.4 路基地下排水设施

公路上常用的地下排水结构物有暗沟,渗沟,渗井,检查、疏通井,仰斜式排水孔等。地下排水设施的类型、位置及尺寸应根据工程地质和水文地质条件确定,并与地表排水设施相协调。

(1)暗沟

暗沟又称盲沟,用于排除泉水或地下集中水流。暗沟是设在地面以下引导水流的沟道,无渗水和汇水的功能。图 3-31 所示是路基两侧边沟下均设暗沟的示例,图 3-32 所示是挖填交界处设暗沟的示例。

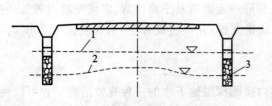

图 3-31 两侧边沟下设暗沟
1—暗沟;2—层间水;3—毛细水

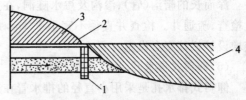

图 3-32 挖填交界处设暗沟
1—暗沟;2—边沟;3—路堑;4—路堤

暗沟横断面一般为矩形,用片石或混凝土砌筑。暗沟的设置不宜过长,沟底有1%～2%的纵坡,出水口处加大纵坡。沟顶设置混凝土或石盖板,盖板顶面填土厚度不小于0.5m。寒冷地区,暗沟应做保温处理或设在冻结深度以下。

(2)渗沟

渗沟用于降低地下水位或拦截地下水。当地下水埋藏较浅或无固定含水层时,宜采用渗沟。

渗沟根据使用部位、结构形式的不同分为填石渗沟、洞式渗沟、管式渗沟、边坡渗沟、支撑渗沟、无砂混凝土渗沟。

填石渗沟,如图3-33(a)所示,一般适用于地下水流量不大、渗沟不长的地段,填石渗沟易淤塞。洞式及管式渗沟,如图3-33(b)、(c)所示,一般适用于地下水流量较大、引水较长的地段,且优先选用管式渗沟。洞式渗沟施工较麻烦,质量不易保证。边坡渗沟、支撑渗沟主要用于疏干潮湿的土质路堑边坡坡体和引排边坡上局部出露的上层滞水或泉水。采用无砂混凝土渗沟可替代施工较复杂的反滤层和渗水孔设备,具有透水性和过滤性好、施工简便、省料等优点。

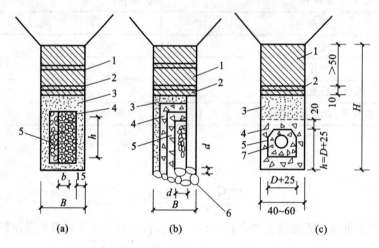

图3-33　渗沟结构图示(尺寸单位:cm)

(a)填石渗沟;(b)洞式渗沟;(c)管式渗沟

1—黏土夯实;2—双层反铺草皮;3—粗砂;4—石屑;5—碎石;6—浆砌片石沟洞;7—预制混凝土管

(3)渗井

渗井作用是汇集离地面不深处含水层中的地下水,使其渗入更深的含水层中,以降低上层的地下水位或全部予以排除,疏干路基。

渗井一般为直径1.0～1.5m圆柱形或边长1～1.5m的方形。图3-34为路基内圆形渗井的结构与布置示意图。井深视地层构造情况而定,井内由中心向四周按层次分别填入由粗至细的砂石材料。由于渗井施工难度较大,单位渗水面积的造价高于渗沟,一般尽量少用。

(4)检查、疏通井

深而长的暗沟(管)、渗沟及渗水隧洞,在直线段每隔一定距离及平面转弯、纵坡变坡点等处,宜设检查、疏通井。检查井直径不宜小于1m,井内应设检查梯,井口应设井盖,当深度大于20m时,应增设护栏等安全设施。

(5)仰斜式排水孔

仰斜式排水孔是采用小直径的排水管在边坡体内排除深层地下水的一种有效措施。它可以快速疏干地下水,提高岩土体抗剪强度,防止边坡失稳,减少对岩(土)体的开挖,加快工程进度和降低造价。

仰斜式排水孔钻孔直径一般为 75～150mm,仰角不小于 6°,长度应伸至地下水富集或潜在滑动面。孔内透水管直径一般为 50～100mm,外包 1～2 层渗水土工布。排出的水宜引入路堑边沟排除。

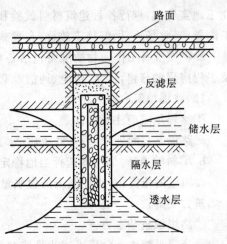

路面
反滤层
储水层
隔水层
透水层

3.2.4.5 排水系统的综合设计

路基排水系统的综合设计除了要遵循路基排水的设计原则之外,还应注意地面排水和地下排水设施的衔接,使之构成统一的、完整的排水系统。

3.2.5 路基施工

3.2.5.1 土质路基施工

图 3-34 渗井结构与布置示意图

(1)概述

①路基施工的重要性。

路基施工的重要性主要体现在:

a.路基工程涉及范围广,影响因素多,灵活性较大,尤其是岩土内部复杂多变,在施工过程中有待进一步完善;

b.路基土石方工程数量大,分布不均匀,不仅与自身的其他工程设施相互制约,而且与公路工程中的其他项目相互交叉;

c.路基是路面的基础,路基施工质量及其组织管理,对于整个公路工程的施工进度及质量具有十分重要的意义。

②路基施工的基本方法。

道路的施工方法按其技术特点可分为人工和简易机械化施工、水力机械化施工、爆破施工、综合机械化施工等几种。

a.人工和简易机械化施工。使用手工工具和简易机械化施工,劳动强度大、功效低、进度慢、工程质量难以保证。其适用于机械无法进场的路段,或某些目前尚无法开展机械化作业以及某些辅助性工作的工程(如砌体工程)。

b.水力机械化施工。水力机械化施工是运用水泵、水枪等水力机械,挖掘比较松散的土质及地下钻孔等,它是机械化施工的一种,需有充足水源和电源。

c.爆破法施工。爆破法施工是石质路基开挖的基本方法,主要用来震松岩石、坚土、冻土或采集石料,是道路施工特别是山区道路施工不可缺少的施工方法。

d.综合机械化施工。综合机械化施工采用推土机、铲运机、平地机、挖掘机、压路机及松土机等施工机械联合作业,可以极大地提高劳动生产率,加快施工进度,提高工程质量,降低工程造价,保证施工安全,是加速道路建设,实现道路施工现代化的根本途径。

③施工前的准备工作。

路基施工前的准备工作主要包括组织准备工作、技术准备工作、物质准备工作。

a.组织准备工作。为了使工程全面开展后能顺利地按计划进行,主要是建立施工队伍和管理机构,制定施工管理制度,明确施工任务,确立施工应达到的目标等;还要与有关单位及个人签订协议,在动工前将各种拆迁及征用土地等处理完毕。

b.技术准备工作。技术准备是工程顺利实施的基础和保证,它直接影响工程的进度、质量和经济效益。技术准备工作的内容主要包括熟悉设计文件;现场调查核对;设计交底和技术交底;建立工地实验室,进行各种建筑材料试验和土质试验;编制实施性施工组织设计和施工预算;进行施工测量,平整场地,做好施工放样;布置施工场地等。

c. 物质准备工作。物质准备包括各种材料与机具设备购置、采集、调配、运输和储存,临时道路及工程房屋的修建,供水、供电、通信及必需的生活福利设施等的安装及建设等。

（2）路堤填筑

①路堤填筑应注意的问题。

a. 路堤基底的处理:视基底土质、水文、坡度和植被情况及填土高度采取相应的处理措施。

b. 填料的选择:尽可能选择当地稳定性良好的土石作填料。

c. 填土的压实:必须控制土的含水量和压实度,选择合适的压实机械与压实厚度以及合理的施工填筑方案等。

②路堤填筑基本方案。

a. 分层平铺法。分层平铺法是按照路堤设计横断面,自下而上逐层填筑的施工方法。

正确的填筑方案应满足如下要求:不同土质分层填筑;透水性差的土填筑在下层时,其表面应做成一定横坡,以保证来自上层透水性填土的水分及时排除;为保证水分蒸发和排除,路堤不宜被透水性差的土层封闭;根据强度与稳定性要求,合理地安排不同土质的层位;为防止相邻两段不同土质填筑的路堤在交接处发生不均匀变形,交接处应做成斜面,并将透水性差的土填在斜面下部。如图 3-35(a)所示。

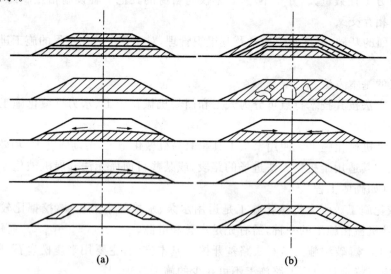

图 3-35　路堤填筑方案示意图

(a)正确方案；(b)不正确方案

不正确的填筑方案:未水平分层,有反坡积水,夹有大土块和粗大石块,以及有陡坡斜面等,其基本特点是强度不均和排水不利。如图 3-35(b)所示。

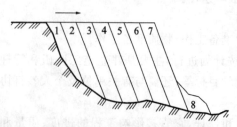

图 3-36　竖向填筑方案示意图

b. 竖向填筑法。竖向填筑法是指沿路中心线方向逐步向前深填的施工方法,如图 3-36 所示。横坡较陡时,宜采用。竖向填筑因填土过厚不易压实,施工时需采取下列措施:选用高效能压实机械;采用沉陷量较小的砂性土或附近开挖路堑的废石方,并一次填足路堤全宽度;在底部进行强夯。

c.混合填筑法。即路堤下层用竖向填筑,而上层用水平分层填筑,使上部填土经分层压实获得需要的压实度。

（3）路堑开挖

①路堑开挖应注意的问题。

必须充分重视路堑地段的排水,设置必要而有效的排水设施。路堑边坡应按设计坡度,由上而下逐层开挖,并适时进行边坡修整和砌筑必要的防护措施。此外还必须做好施工组织计划,选择合适的施工方法,有效地扩大作业面,以提高生产效率,保证施工安全。

②路堑开挖基本方案。

a.横向全宽挖掘法。对路堑的整个宽度,从路堑的一端或两端进行一次挖掘的方式称为横向全宽挖掘法。横向全宽挖掘法可分为单层横向全宽挖掘法和多层横向全宽挖掘法两种方式,如图 3-37 所示。

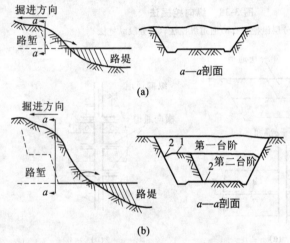

图 3-37　横向全宽挖掘法

(a)单层横向全宽挖掘法；(b)多层横向全宽挖掘法
1—第一台阶运土道；2—临时排水沟

单层横向全宽挖掘法适用于开挖深度小且较短的路堑,多层横向全宽挖掘法适用于开挖深而短的路堑。土方工程数量较大时,可在不同高度分几个台阶开挖。无论自两端一次横挖到路基标高或分台阶横挖,均应设单独的运土通道及临时排水设施。

b.纵向挖掘法。纵向挖掘法是沿道路的纵向进行挖掘的方法,又分为分层纵挖法、通道纵挖法和分段纵挖法,如图 3-38 所示。

分层纵挖法是沿路堑全宽,以深度不大的纵向分层进行挖掘,如图 3-38(a)所示。分层纵挖法适用于较长的路堑开挖,宜选用铲运机和推土机施工。

通道纵挖法是先沿路堑纵向挖出一条通道,然后把通道向两侧拓宽,以扩大工作面,并利用该通道作为运土路线及场内排水的出路,如图 3-38(b)所示。通道纵挖法适用于路堑较长、较深,两端地面纵坡较小的路堑开挖。

分段纵挖法是在路堑纵向选择一个或几个适宜的位置,先从一侧挖成一个或几个出口,把路堑分为两段或几段,再分别于各段沿纵向开挖,如图 3-38(c)所示。分段纵挖法适用于路堑过长,弃土运距过远的傍山路堑。

c.混合法。先沿路堑纵向挖出一条通道,然后沿横向坡面挖掘,以增加开挖坡面,或再沿横向挖出横向通道,如图 3-39 所示。当路堑纵向长度和挖深都很大时,宜采用此法。

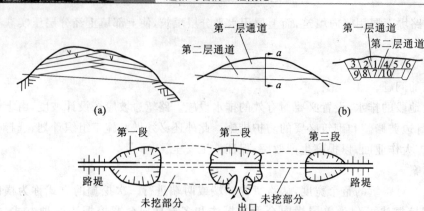

图 3-38　纵向挖掘法

(a)分层纵挖法；(b)通道纵挖法；(c)分段纵挖法

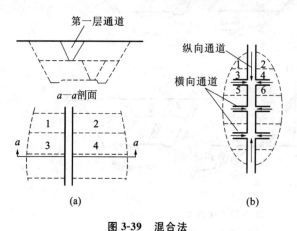

图 3-39　混合法

(a)横面和平面；(b)平面纵横通道示意

（4）机械化施工

常用的土方施工机械有松土机、平土机、推土机、铲运机、挖掘机，此外还有各种压实机具及水力机械等。选择机具时要全面考虑工程要求、施工条件和机具设备状况等因素。

推土机视频

机械化施工应注意以下问题：建立和健全施工管理体制与相应的组织机构；制定完善的施工技术与机械技术管理制度，实行科学管理；深入调查研究，认真编制施工组织计划和工艺设计，保证指挥准确、及时，各环节配合得当，各工序协调一致；正确选择施工机械及其技术操作方案；在机具设备有限的条件下，贯彻抓住重点、兼顾一般的原则，把主要力量集中在重点工程上，切勿平均用力，齐头并进，以免延误工期，造成浪费；加强技术教育，实行技术考核，不断提高管理水平与技术水平。

（5）路基压实

① 路基压实的意义。

路基的压实是提高路基强度与稳定性的根本技术措施之一。路基压实过程中，路基经受压实机械的短时荷载和振动荷载作用，使单位体积内固体颗粒的数

路基压实图

量增加,填料的密实度提高,孔隙率减小,填料颗粒之间的接触面增大,凝聚力或嵌挤力增大,内摩阻力提高,形变减少。土基压实后,路基的塑性变形、渗透系数、毛细水作用及隔温性能等,均有明显改善。

②影响路基压实效果的主要因素。

影响路基压实效果的因素是多方面的,主要包括内因和外因。内因包括含水量和土质,外因包括压实功能及压实时外界自然因素和人为的其他因素等。

a.含水量对压实效果的影响。

含水量是影响压实效果的决定性因素。土粒含水而变润湿,容易压实。达到最大干密度时的含水量即为最佳含水量。在最佳含水量时,即土处于硬塑状态时,容易获得最佳压实效果。超过最佳含水量时,土壤又不易被压实。压实到最佳密实度的土体,水稳定性最好。

b.土质对压实效果的影响。

土粒细而比表面积大,亲水性胶质多时,最佳含水量较大。砂土易散失水分,松散不易压实,最佳含水量意义不大。

路基施工最好的土质是亚砂土和亚黏土,它们压实性好,容易施工,水稳定性良好。黏性土的压实性能较差;重黏土塑性指数高,成团不易打碎,造成压实困难。

c.压实功能对压实效果的影响。

压实功能(指压实工具的质量、碾压次数或锤落高度、作用时间等)对压实效果的影响,是除含水量之外的另一个重要因素。随着压实功能的增加,土的最佳含水量降低而最大干密度增加。在相同条件下,压实功能越大,则土的密实度越大。但增加压实功能提高土基强度的办法有一定限度,压实功能增到一定限度以后,提高得愈为缓慢。

d.压实机具和方法对压实效果的影响。

压实机具不同,压力传布的有效深度也不同。压实机具质量较小时,荷载作用时间越长,土的密实度越高;压实机具较重时,土的密实度随施加荷载时间的增加而迅速增大,但超过某一时间限度后,土的变形急剧增加而产生破坏;机具过重超过土的极限时,立即引起土体破坏。碾压速度越高,压实效果越差。

e.压实厚度对压实效果的影响。

相同压实条件下(土质、含水量与压实功能不变),密实度随深度递减,故碾压应有适当的厚度,若碾压层过厚,不但该层的下部压实度达不到要求,而且该层上部的压实度也会受到不利的影响。因此,在填筑土质路提时,应将填土分层压实。

f.温度对压实效果的影响。

温度升高,水分蒸发过快,影响水对土的润滑作用,使土含水量减小,土质松散而不易压实。温度在0℃以下,水会结冰,严重影响土的压实,应停止施工。

③机具选择与操作。

压实机具的选择以及合理的操作,是影响土基压实效果的另一综合因素。

a.机具的选择。土基压实机具的类型较多,大致分为碾压式、夯击式和振动式三大类型。

(a)碾压式(又称静力碾压式)包括光面碾(普通的两轮和三轮压路机)、羊足碾和气胎碾等。

(b)夯击式除人工使用的石硪、木夯外,机动设备中有夯锤、夯板、风动夯及蛙式夯机等。

(c)振动式有振动器、振动压路机等。

不同压实机具,适用于不同土质及不同土层厚度等条件。正常条件下,对于砂性土的压实效果,振动式较好,夯击式次之,碾压式较差;对于黏性土,则宜选用碾压式或夯击式,振动式较差甚至无用。

b.压实操作。

土基压实时,在机具类型、土层厚度及行程遍数已经选定的条件下,压实操作时宜先轻后重、先稳后振、先慢后快、先低后高。碾压速度控制在 1.5～2.5km/h,碾压遍数控制在 4～6 遍,相邻两次的轮迹应重叠轮宽的 1/3,保持压实均匀,不漏压,对于压不到的边角,应辅以人力或小型机具夯实。压实全过程中,经常检查含水量和密实度,以达到符合规定压实度的要求。

④土基压实标准。

a.压实度:工地实测干容积密度 γ 与室内标准击实试验所得的最大干容积密度 γ_0 之比的相对值,用 K 表示。压实度 K 就是现行规范规定的路基压实标准。

$$\gamma = K \cdot \gamma_0 \tag{3-37}$$

压实度的确定,要考虑土基的受力状态、路基路面设计要求、施工条件、公路所在地区的气候等因素。

b.压实度检测:可采用灌砂法、环刀法、灌水法或核子密度湿度仪法。

⑤土方路基质量控制与检查。

a.在路基用地和取土坑范围内,应清除地表植被、杂物、积水、淤泥和表土,处理坑塘,并按相关规范和设计要求对基底进行压实。

b.路基填料应符合规范和设计的规定,经认真调查、试验后合理选用。

c.填方路基须分层填筑压实,每层表面平整,路拱合适,排水良好。

d.施工临时排水系统应与设计排水系统结合,避免冲刷边坡,勿使路基附近积水。

e.在设定取土区内合理取土,不得滥开滥挖。完工后应按要求对取土坑和弃土场进行修整,保持合理的几何外形。

土方路基的外观要求:路基表面平整,边线直顺;路基边坡坡面平顺稳定,不得亏坡,曲线圆滑;取土坑、弃土堆、护坡道、碎落台的位置适当,外形整齐、美观,防止水土流失;设计植草的路段,无明显缺陷。具体实测项目参见相关规范。

3.2.5.2　石质路基施工

(1)炸药、起爆器材及起爆方法

①炸药种类。

起爆炸药:一种爆炸速度极高的烈性炸药,用以制造雷管。

主要炸药:用以对岩石或其他介质进行爆炸的炸药,它的敏感性较低(不容易爆炸)。

道路工程中常用的主要炸药成分为:黑色炸药、梯恩梯、胶质炸药、硝铵炸药、铵油炸药、浆状炸药、乳化油炸药。

②起爆材料与起爆方法。

a.雷管与电力起爆方法。

雷管是常用的起爆材料,分火雷管和电雷管两种。雷管的构造由雷管壳、正副装药、加强帽三个部分组成。

电雷管的主要指标有电阻、最大安全电流和准爆电流。

电力起爆法是通过电爆网路实现起爆的方法。

b.导火索与火花起爆方法。

导火索在使用之前必须进行外观检查,不得有表层破损、折断、曲折、沾有油脂及涂料不均匀等情况,应做燃速试验。

火花起爆法是利用导火索燃烧引爆雷管,从而使药包爆炸。

c. 传爆线与传爆线起爆方法。

传爆线又称导爆线,着火困难,使用传爆线起爆可提高爆破效果。

d. 塑料导爆管非电起爆方法。

塑料导爆管使用很安全,可作为非危险品运输。

(2)爆破作业

①常用爆破方法。

a. 钢钎炮(眼炮):眼炮直径和深度分别小于7cm和5cm的爆破方法。单独使用是不太经济的。

b. 深孔爆破:即孔径大于75mm、深度5m以上,采用延长药包的一种爆破方法。其劳动效率高,一次爆破的方量多,施工进度快。

c. 微差爆破:两相邻药包或前后排药包以毫秒的时间间隔依次起爆,称为微差爆破,亦称毫秒爆破。

d. 光面爆破和预裂爆破。

光面爆破是在开挖限界的周边,适当排列一定间隔的炮孔,在有侧向临空面的情况下,用控制抵抗线和药量的方法进行爆破,使之形成一个光滑平整的边坡。

预裂爆破是在开挖限界处按适当间隔排列炮孔,在没有侧向临空面和最小抵抗线的情况下,用控制药量的方法,预先炸出一条裂缝,使拟爆体与山体分开,作为隔震减震带,起保护和减弱开挖限界以外山体或建筑物的地震破坏作用。

e. 药壶炮(烘膛炮):在深2.5~3.0m以上的炮眼底部用少量炸药经一次或多次烘膛,使炮眼底成葫芦形,将炸药集中装入药壶中进行爆破。

f. 猫洞炮(蛇穴炮):炮洞直径为0.2~0.5m,洞穴呈水平或略有倾斜,深度小于5m,用集中药包在炮洞中进行爆破的一种方法。

g. 洞室炮。为使爆破设计断面内的岩体大量抛掷出路基,减少爆破后的清方工作量,保证路基的稳定性,可根据地形和路基断面形式,采用以下不同性质的洞室炮爆破法:抛掷爆破、抛坍爆破、定向爆破、松动爆破。

②选用爆破方法的基本原则。

全面规划,重点设计;由路基面开挖,形成高阶梯;综合利用小炮群,分段分批爆破。

③爆破作业程序。

a. 爆破网路。

分类:一条电爆网路;两条独立电爆网路并联;一条电爆网路,一条传爆线网路同时使用。

连接方式:串联、并联、混合联。

b. 导洞药室的测量定位。

导洞药室一般呈L形或T形,由导洞、横拐洞和药室三个部分组成。

c. 导洞药室开挖。

炮眼的位置:数量视石质情况而有增减,坚石一般有7~9个,次坚石一般有5~6个,松石一般有3~4个。

炮眼装药和堵塞:装药量应视炮眼深度和石质情况及炮眼的作用而定,装药前应清除炮眼中的石粉和泥浆等物。炮眼的堵塞材料一般为干细砂土、砂、黏土等。

d. 装药、堵塞和爆破。

起爆体的制作:应当用烈性药制作起爆体,在生产中,每个洞室中配制的起爆体一般不得超过4个。

装药：基本要求是药室四周全是基本炸药，内层为起爆炸药，核心为起爆体，而不能把起爆炸药和基本炸药混起来堆放。炸药的密度应各处相同，装药形状应尽可能集中。雷管脚线引出后，与外面电路接线要准确，以免损坏。

堵塞、接线和爆破：先封闭药堆构成药室，再用土堵塞横拐洞，最后回填土。所有线路的主导线的连接必须在最后进行。

3.3　路　面　工　程

3.3.1　路面工程基本知识

3.3.1.1　路面的功能及对路面的基本要求

（1）路面的功能

路面是在路基顶面的行车部分用各种混合料铺筑而成的层状结构物。一方面，路面结构的铺筑隔离了路基，使之避免了直接承受车辆和环境因素的破坏作用，确保路基长期处于稳定状态；另一方面，铺筑路面后，提高了平整度，改善了道路条件，从而保证车辆能以一定的速度，安全、舒适而经济地在道路上运行。

（2）对路面的基本要求

为保证道路全年通车，提高行车速度，增强安全性和舒适性，降低运输成本和延长道路使用年限，要求路面必须满足下述各项基本要求。

①具有足够的强度和刚度。

所谓路面的强度，是指面抵抗破坏的能力。路面结构应具有足够的强度以抵抗车轮荷载引起的各个部位的各种应力，如压应力、拉应力和剪应力等，以保证路面结构不发生压碎、断裂、剪切等各种破坏。

所谓刚度，是指路面抵抗变形的能力。路面结构应具有足够的刚度，使得在车轮荷载作用下不发生过大的变形和位移，保证路面不发生沉陷、车辙或波浪等病害。

②具有足够的稳定性。

路面的稳定性是指路面保持其本身结构强度的性能，也就是指在外界各种影响因素的作用下路面强度的变化幅度。路面强度的变化幅度越小，则稳定性越好，反之则稳定性越差。路面必须保持较高的稳定性，即具有较低的温度、湿度敏感度。

③具有足够的耐久性。

路面在车辆荷载的反复作用下，路用性能逐年下降，强度和刚度逐年衰减。此外，路面在大气温度、湿度等自然环境因素的长期作用下，路面材料性能会由于老化衰变而导致路面结构的损坏。因此，路面应具有足够的耐久性，使路面在荷载、气候因素的长期综合作用下耐疲劳、耐老化且不产生过大的塑性积累变形。

④具有足够的表面平整度。

平整的路表面可减小车轮对路面的冲击力，行车产生附加的振动小不会造成车辆颠簸，能提高行车速度和舒适度，不增加运行费用。并且平整的路表面不会积滞雨水，可以减缓路面的破坏。依靠先进的施工机具、精细的施工工艺、严格的施工质量控制及经常、及时的维修养护，可实现路面的高平整度。为减缓路面平整度的衰变速率，应重视路面结构及面层材料的强度和抗变形能力。

⑤具有足够的表面抗滑性。

光滑的路表面使车轮缺乏足够的附着力,汽车在雨雪天行驶或紧急制动或转弯时,车轮易产生空转或溜滑危险,极有可能造成交通事故。因此,路表面应平整、密实、粗糙、耐磨,具有较大的摩擦系数和较强的抗滑能力。路表面抗滑能力强,可缩短汽车的制动距离,降低发生交通安全事故的频率。

⑥具有足够的不透水性。

应尽量采用不透水的路面面层。透水的路面,水分容易渗入路面结构和土基,降低路面和土基的强度从而导致路面结构的破坏。

3.3.1.2 路面的基本构造

(1)路面的横断面形式

路面横断面的形式随道路等级的不同,可选择不同的形式,通常分为槽式横断面和全铺式横断面,如图 3-40 所示。

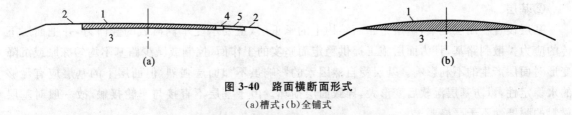

图 3-40 路面横断面形式

(a)槽式;(b)全铺式

1—路面;2—土路肩;3—路基;4—路缘石;5—硬路肩

①槽式横断面。

开挖:在路基上按路面行车道及硬路肩设计宽度开挖路槽,保留土路肩,形成浅槽,在槽内铺筑路面。

培槽:在路基两侧培槽,或半填半挖的方法培槽。

②全铺式横断面。

在路基全部宽度内都铺筑路面。这种横断面形式一般是排水性路面、考虑远期路面的改扩建、低等级公路采用。

(2)路拱及路拱横坡度

为保证路面上雨水及时排出,减少雨水对路面的浸润和渗透而减弱路面结构强度,路面表面应做成直线形或抛物线形的路拱。等级高的路面,平整度和水稳定性较好,透水性也小,通常采用直线形路拱和较小的路拱横坡度。等级低的路面,为了有利于迅速排除路表积水,一般采用抛物线形路拱和较大的路拱横坡度。路面的路拱横坡度列于表 3-12。

表 3-12 路拱横坡度

路面类型	沥青混凝土、水泥混凝土	其他黑色路面	块石路面	碎(砾)石路面	低级路面
路拱横坡度/%	1~2	1.5~2.5	2~3	2.5~3.5	3~4

选择路拱横坡度,应充分考虑有利于行车平稳和有利于横向排水两方面的要求。干旱和有积雪、浮冰地区应采用低值,多雨地区采用高值;当道路纵坡较大或路面较宽,或行车速度较高,或交通量和车辆载重较大时,应采用平均横坡度的低值,反之则应取高值。

路肩横坡度一般较路面横坡大 1%。但高速公路和一级公路的硬路肩采用与路面行车道相同的结构时,应采用与路面行车道相同的路面横坡度。

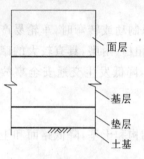

图 3-41 路面结构
层次划分示意图

（3）路面结构分层及层位功能

行车荷载和自然因素对路面的影响是随深度的增加而逐渐减弱的。根据这一特点，路面结构通常是分层铺筑的，按照各个层位功能的不同，划分为面层、基层和垫层，如图 3-41 所示。

①面层。

面层可由若干层组成，面层直接承受行车的作用，用以改善汽车的行驶条件，提高道路服务水平（包括舒适性和经济性），以满足汽车运输的要求；面层直接同行车和大气相接触，承受行车荷载引起的竖向力、水平力和冲击力的作用，同时又受降水的侵蚀作用和温度变化的影响。

修筑面层所用的材料主要有水泥混凝土、沥青混凝土、沥青碎（砾）石混合料、砂砾或碎石掺土或不掺土的混合料以及块料等。

②基层。

基层设置在面层之下，基层是路面结构中的承重层，主要承受车辆荷载的竖向力，并把面层下传的应力扩散到路基，且为面层施工提供稳定而坚实的工作面，控制或减少路基不均匀冻胀或沉降变形对面层产生的不利影响。基层受自然因素的影响虽不如面层强烈，但面层下的基层应有足够的水稳定性，以防基层湿软后变形大，导致面层损坏。由于基层不直接与车轮接触，故一般对基层材料的耐磨性不予严格要求。

修筑基层的材料主要有各种结合料（如石灰、水泥或沥青等）、稳定土或稳定碎（砾）石，贫水泥混凝土，天然砂砾，各种碎石或砾石、片石、块石或圆石，各种工业废渣（如煤渣、粉煤、矿渣、石灰渣等）和土、砂、石所组成的混合料等。

③垫层。

垫层介于土基与基层之间，它的主要作用是加强土基，改善基层的工作条件。垫层往往是为排水、隔热、防冻等目的而设置的，所以通常设在路基处于潮湿和过湿以及有冰冻翻浆的路段。在地下水位较高地区铺设的能起隔水作用的垫层称为隔离层；在冰冻较深地区铺设的能起防冻作用的垫层称为防冻层。

修筑垫层的材料，强度要求不一定高，但水稳定性和隔温性能要好。常用的垫层材料分为两类：一类是由松散粒料，如砂、砾石、炉渣等组成的透水性垫层；另一类是用水泥或石灰稳定土等修筑的稳定类垫层。

3.3.1.3　路面的分级和分类

（1）路面的分级

按照路面面层的使用品质可将路面分为 4 个等级，见表 3-13 。

表 3-13　　　　　　　　　　各等级路面所具有的面层类型

路面等级	面层类型
高级路面	沥青混凝土、水泥混凝土、厂拌沥青碎石、整齐石块或条石
次高级路面	沥青贯入式、路拌沥青碎（砾）石、沥青表面处治、半整齐石块
中级路面	泥结或级配碎（砾）石、水结碎石、不整齐块石、其他粒料
低级路面	粒料加固土、其他当地材料加固或改善土

①高级路面。

高级路面的特点是路面强度高、刚度大、稳定性好、使用寿命长，能适应较繁重的交通量，路面平整无尘，能保证高速行车，养护费用少、运输成本低，但建设投资高，需要用高质量的材料来修筑。

②次高级路面。

次高级路面与高级路面相比，路面强度和刚度较低、稳定性较差、使用寿命较短、所适应的交通量较小、行车速度也较低、养护费用和运输成本也较高，但它的造价也要低些。

③中级路面。

中级路面的强度和刚度低、稳定性差、平整度差、易扬尘、使用寿命短，仅能适应较小的交通量，行车速度低，需要经常养护和维修，运输成本也高，但它的造价要低一些。

④低级路面。

低级路面的强度和刚度最低、稳定性差、路面平整度差、易扬尘，只能保证低速行车，所适应的交通量最小，在雨季有时不能通车，要求经常养护和维修，运输成本最高，但它的造价最低。

（2）路面的分类

按照路面结构的力学特性可将路面分为柔性路面、刚性路面和半刚性路面3类。

①柔性路面。

荷载作用下产生的弯沉变形较大、抗弯强度小，在反复荷载作用下产生累积变形，它的破坏取决于极限垂直变形和弯拉应变。柔性路面包括各种未经处理的粒料基层和各类沥青面层、碎（砾）石或块石面层组成的路面结构。

②刚性路面。

行车荷载作用下产生板体作用，抗弯拉强度大，弯沉变形很小，呈现出较大的刚性，它的破坏取决于极限弯拉强度。刚性路面主要代表是水泥混凝土路面。

③半刚性路面。

半刚性路面是指用水泥、石灰等无机结合料处治的土或碎（砾）石或含有水硬性结合料的工业废渣修筑的基层，在前期具有柔性路面的力学性质，后期的强度和刚度均有较大幅度的增长但仍小于水泥混凝土路面。这种材料的刚性处于柔性路面与刚性路面之间，因此把该基层和铺筑在它上面的沥青面层统称为半刚性路面。

3.3.2 路面排水设计

路面排水设计应根据公路等级、降水量、路线纵坡等因素，结合路基、桥涵结构物排水设计，合理选择排水方案，布置排水设施，形成完整、畅通的排水体系，保证路基路面稳定。路面排水包括路表排水、中央分隔带排水及路面结构内部排水。

3.3.2.1 路表排水

（1）目的

路表排水的主要目的是迅速把降落在路面和路肩表面的降水排走，以免造成路面积水而影响行车安全。

（2）路表排水形式

①分散排水——由路面横坡、路肩和边坡防护组成，适用于路线纵坡平缓、汇水量较小、路堤高度较低的路段。

②集中排水——由路面横坡、拦水带或矩形槽、泄水口和急流槽组成，适用于路堤高度较高，或路堤易受冲刷的粉性土、砂性土路段，凹形曲线底部等。

　　（3）分散排水路段的土路肩边部构造

　　①一般情况下，土路肩采用生态防护，种植适合当地气候、土质条件的草皮，并在底基层顶面外侧设置横向排水管，将滞留在填土绿化层底面的渗水通过横向排水管排到路基外，如图 3-42（a）所示。对于低填方路堤可采用图 3-42（b）所示构造，垫层铺至路基边缘。

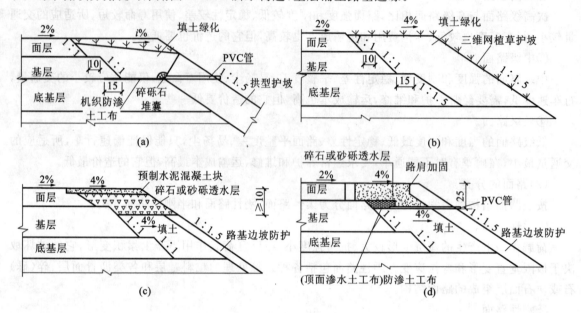

图 3-42　分散排水路肩构造图（尺寸单位：cm）

（a）土路肩边部构造Ⅰ；（b）土路肩边部构造Ⅱ；（c）土路肩边部构造Ⅲ；（d）土路肩边部构造Ⅳ

　　②冲刷相对较大等路段，土路肩宜用不小于 50mm 厚的预制水泥混凝土块铺砌或现场浇筑混凝土，下设砂砾、砂、碎石等透水材料，以利于路面结构排水，如图 3-42（c）所示。也可用碎石、砂砾加固，如图 3-42（d）所示。

　　③分散排水设计应与路基边坡防护、边沟或排水沟相结合。

　　（4）直线段的集中排水

　　① 泄水口的间距应按有关规范计算确定，一般每 30～50m 设一处，其开口宽度一般为 0.5m。在凹形竖曲线的底部或其他位置，宜适当加密。

　　②拦水带可用沥青混凝土或预制水泥混凝土制作。当用沥青混凝土拦水带时，其沥青混凝土混合料的级配宜符合表 3-14 的规定，沥青用量宜按马歇尔试验确定的最佳沥青用量增加 0.5%～1%，采用双面击实 50 次，空隙率宜为 2%～4%。预制水泥混凝土拦水带，应预留相应的出水孔，以免阻止路面结构内部排水。

表 3-14　　　　　　　　　　　　　　　**沥青混凝土拦水带的矿料级配**

方孔筛/mm	16	13.2	4.75	2.36	0.3	0.075
通过质量百分率/%	100	85～100	65～80	50～65	18～30	5～15

　　（5）新建高速公路超高段的集中排水

　　对新建高速公路超高段的集中排水，宜采用在左侧路缘带左侧设置有钢筋混凝土盖板的预制整体式 U 形混凝土沟或缝隙式排水沟，每 25～50m 设一处集水井，并通过横向排水管引至边坡的急流槽或暗管，如图 3-43 所示。

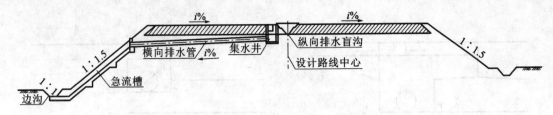

图 3-43　超高段集中排水

3.3.2.2　中央分隔带排水

中央分隔带的排水设施由排水沟(明沟、暗沟)、渗沟、雨水井、集水井、横向排水管等组成。中央分隔带可用凸式、平式或凹式。一般不封闭,也可封闭,如图 3-44 所示。

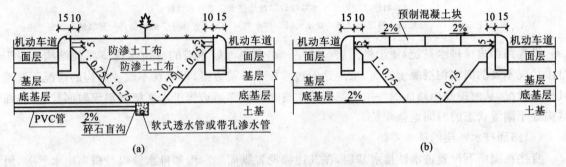

图 3-44　中央分隔带排水(尺寸单位:cm)

(a)中央分隔带排水图示(凸式);(b)封闭式中央分隔带排水图示(凸式)

为排除渗入分隔带内的表面水,中央分隔带内可设置纵向排水渗沟,并间隔 40~80m 设一条横向排水管将渗沟内的水排引出,渗沟周围包裹反滤织物(土工布),以免渗入水携带的细粒将渗沟堵塞。渗沟上的回填料与路面结构的交界处铺设防水土工布。

中央分隔带封闭后可不设内部排水系统。封闭可用 40~80mm 预制混凝土或现浇混凝土,其下设砂砾垫层。

3.3.2.3　路面结构内部排水

(1)设置路面内部排水系统的情况

①年降水量为 600mm 以上的湿润和多雨地区,路基由透水性差的细粒土组成的高速公路、一级公路或重要的二级公路;

② 路基两侧有滞水,可能渗入路面结构内;

③ 严重冰冻地区,路基为由粉性土组成的潮湿、过湿路段;

④现有路面改建或改善工程,需排除积滞在路面结构内的水分。

(2)路面内部排水系统设计要求

①泄水能力应大于渗入路面结构内的水量,且下游的排水设施的泄水能力应超过上游;

②渗入水在路面结构内的最大渗流时间,冰冻区不超过 1h,其他地区不应超过 2~4h;

③各项排水设施不应被渗流从路面结构、路基或路肩中带来的细料堵塞。

(3)路面边缘排水系统

路面边缘排水应结合当地经验设计,可用碎石、砂砾、砂等透水性填料填筑路肩,并与横向出水管、过滤织物(土工布)组成排水系统。该系统是将渗入路面结构内的自由水,先沿路面结构层间空隙或某一透水层次横向流入纵向集水沟和排水管,再由横向出水管排引出路基,如图 3-45 所示。这种方案常用于基层透水性小的水泥混凝土路面,特别是用于改善排水状况不良的旧水泥混凝土路面。

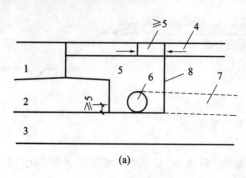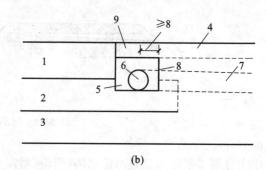

(a)　　　　　　　　　　　　　　　　　　(b)

图 3-45　边缘排水系统(尺寸单位:cm)

(a)新建路面边缘排水系统;(b)改建路面边缘排水系统

1—面层;2—基层;3—垫层;4—路肩面层;5—集水沟;6—排水管;7—出水管;8—反滤织物;9—回填路肩面层

设置路面边缘排水系统,便于将面层—基层—路肩界面处积滞的自由水排离路面结构。对于排水状况不良的旧水泥混凝土路面,采用路面边缘排水系统方案,可以在不改变结构的情况下改善其排水状况,从而提高原路面的使用性能和使用寿命。但路面边缘排水系统的渗流时间较长,路面结构处于潮湿状态的时间也就较长。

(4)路面排水基层的排水系统

直接在面层下设置透水性排水基层,在其边缘设置纵向集水沟和排水管以及横向出水管等,组成排水基层排水系统。该排水系统采用透水性材料做基层,使渗入路面结构内的水分,先通过竖向渗流进入排水层,然后通过横向渗流进入纵向集水沟和排水管,再由横向出水管排引出路基,如图 3-46 所示。其排水效果要比路面边缘排水系统好得多,一般在新建路面时采用此方案。

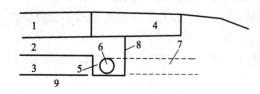

图 3-46　排水基层排水系统

1—面层;2—排水基层;3—不透水垫层;
4—路肩面层;5—集水沟;6—排水管;
7—出水管;8—反滤织物;9—路基

用作水泥混凝土面层的排水基层时,宜采用水泥处治碎石集料做透水性材料,最大粒径可选 25mm;用作沥青混凝土面层的排水基层时,则宜采用沥青处治碎石集料,最大粒径宜为 20mm。

排水基层下必须设置不透水垫层和反滤层,以防止表面水向下渗入垫层,同时防止垫层或路基土中的细粒进入排水基层而造成堵塞。

3.3.3　路面基(垫)层

3.3.3.1　路面基(垫)层的特性

根据所用材料的不同,路面基(垫)层主要包括碎(砾)石类、无机结合料稳定类、柔性基层类等。碎(砾)石类具体包括水结、泥结、泥灰结碎石基层和级配碎(砾)石基层;无机结合料稳定类又分石灰稳定基层、水泥稳定基层、石灰工业废渣稳定基层等,其铺筑的半刚性基层为我国目前高等级公路所常用;沥青稳定碎石基层和无结合料的优质级配碎石基层则为柔性基层。

(1)碎(砾)石类基(垫)层

①碎(砾)石基层。

碎石基层是用加工轧制的碎石按嵌挤原理铺压而成的路面基层。碎石基层按施工方法及所用填充结合料的不同,分为水结碎石、泥结碎石、级配碎石、干压碎石等数种。

碎石基层的强度主要依靠石料的嵌挤作用以及填充结合料的黏结作用。嵌挤力的大小主要取决于石料的内摩阻角。黏结作用(用材料的黏结力表示)的大小主要取决于填充结合料本身的内聚力及其与矿料之间的黏附力大小。碎石颗粒尺寸大致为0~75mm,通常按其尺寸划分为6类,如表3-15所示。

表 3-15   各种碎石尺寸与分类

编号	碎石名称	粒径范围/mm	用途
1	粗碎石	50~75	骨料
2	中碎石	35~50	
3	细碎石	25~35	
4	石渣	15~25	嵌缝料
5	石屑	5~15	
6	米石	0~5	封面料

a. 水结碎石基层。水结碎石基层是用大小不同的轧制碎石从大到小分层铺筑,经洒水碾压后形成的一种结构层。其强度是由碎石之间的嵌挤作用以及碾压时所产生的石粉与水形成的石粉浆的黏结作用形成的。石灰岩和白云岩石粉的黏结力较强,是水结碎石的常选石料。

b. 泥结碎石基层。泥结碎石基层是以碎石作为集料、泥土作为填充料和黏结料,经压实修筑而成的一种结构。泥结碎石基层的力学强度和稳定性不仅有赖于碎石的相互嵌挤作用,还取决于土的黏结作用。泥结碎石基层虽用同一尺寸石料修筑,但在使用过程中由于行车荷载的反复作用,石料会被压碎而向密实级配转化。

c. 泥灰结碎石基层。泥灰结碎石基层是以碎石为集料,用一定数量的石灰和土作黏结填缝料的碎石路面基层。因为掺入石灰,泥灰结碎石基层的水稳定性要比泥结碎石好。泥灰结碎石基层的黏土质量规格要求与泥结碎石相同;石灰质量不低于3级。石灰与土的用量不应大于混合料总重的20%,其中石灰剂量为土重的8%~12%。

d. 填隙干压碎石基层。碎石基层可采用干压方法,要求填缝紧密,碾压坚实。如土基软弱,应先铺筑低剂量石灰土或砂砾石垫层,以防止软土上挤或碎石下陷。石料和嵌缝料的尺寸,视结构层的厚度而定:如压实厚度为8~10cm,一般采用30~50mm粒径的石料和5~15mm粒径的嵌缝料;如压实厚度为11~15cm,碎石最大尺寸不得大于层厚的0.7倍,50mm以上粒径的石料应占70%~80%,同时应两次嵌缝,其粒径为20~40mm和5~15mm。有些单位使用尺寸较大的碎石(大于80~100mm)铺筑厚度为15~25cm的基层,常称为大块碎石基层。为了减轻碾压工作量,有时在碾压碎石的过程中也适当洒些水。

②级配碎(砾)石基层。

级配碎(砾)石基层是由各种集料(碎石、砾石)和土按最佳级配原理修筑而成的路面基层。由于级配碎(砾)石是用大小不同的材料按一定比例配合、逐级填充空隙,并用黏土黏结,故经过压实后,能形成密实的结构。级配碎(砾)石路面的强度是由摩阻力和黏结力构成,具有一定的水稳性和力学强度。

级配碎(砾)石基层应密实稳定,其粒径级配范围应按表3-16选用。为防止冻胀和湿软,应注意控制小于0.6mm细料的含量和塑性指数。在中湿和潮湿路段,用作沥青路面的基层时,应在级配砾石中掺石灰,细料含量可适当增加,掺入的石灰剂量为细料含量的8%~12%。在级配砾石中掺石灰修筑基层,主要是为了提高基层的强度和稳定性。

表 3-16　　　　　　　　　　　　　　　　　级配碎(砾)石矿料级配表

编号	通过下列筛孔(mm)的质量百分率/%									<0.5mm 细料性质		适用条件
	37.5~63	31.5	19	16	9.5	4.75	2.36	0.6	0.075	液限	塑性指数	
1	—	100	—	60~80	40~60	30~50	20~35	15~25	7~12	≤35	8~14	潮湿或有黏性土地区
2	—	100	—	70~90	50~70	40~60	25~40	20~32	8~15	≤35	8~12	干旱、半干旱或缺乏黏性土地区
3	100	—	55~85	—	35~70	25~60	15~45	10~20	5~10	≤25	≤4	潮湿路段
4	—	—	90~100	—	60~75	40~60	20~50	12~25	5~12	≤25	≤6	中湿或干燥路段
5	100	—	<50	—	<30	<25	<15	<8	<3	≤25	≤4	
6	—	—	<65	—	<45	<35	<25	<15	≤5	≤25	≤6	

注:1号、2号做面层;3号、4号做基层;5号、6号做垫层。

用级配砾石的垫层称为级配砂砾垫层,其级配砂砾要求颗粒尺寸为 4.75~31.5mm,其中 19~31.5mm 砾石含量不少于 50%。

(2)无机结合料稳定类基层

在粉碎的或原状松散的土中掺入一定量的无机结合料(包括水泥、石灰或工业废渣等)和水,经拌和得到的混合料在压实与养生后,其抗压强度符合规定要求的材料称为无机结合料稳定材料,以此修筑的路面基层称为无机结合料稳定基层,又称半刚性基层。

无机结合料稳定土种类较多,其物理、力学性质各有特点,使用时应根据结构要求、掺加剂量和原材料的供应情况及施工条件进行综合技术、经济比较后选定。

无机结合料稳定土经拌和压实后,由于水分挥发和混合料内部的水化作用,混合料的水分会不断减少,引起无机结合料稳定土体积的收缩。对于稳定细粒土,几种常用的半刚性材料的干缩特性的大小排列为:石灰土>水泥土和水泥石灰土>石灰粉煤灰土;对于稳定粒料类,三种常用的半刚性材料的干缩特性的大小排列为:石灰稳定粒料>水泥稳定粒料>石灰粉煤灰稳定粒料。

半刚性材料温度收缩的大小与结合料类型和剂量、被稳定材料的类别、粒料含量、龄期等因素有关。

①石灰稳定类基层(底基层)。

在粉碎的土和原状松散的土(包括各种粗、中、细粒土)中掺入适量的石灰和水,按照一定技术要求,经拌和,在最佳含水量下摊铺、压实及养生,其抗压强度符合规定要求的路面基层称为石灰稳定类基层。用石灰稳定细粒土得到的混合料简称石灰土,所做成的基层称为石灰土基层(底基层)。

A.石灰稳定土强度形成原理。

在土中掺入适量的石灰,并在最佳含水量下拌匀压实,使石灰与土发生一系列的物理、化学作用,从而使土的性质发生根本变化。一般分四个方面:离子交换作用、结晶硬化作用、火山灰作用和碳酸化作用。

a.离子交换作用。土的微小颗粒具有一定的胶体性质,它们一般都带有负电荷,表面吸附着一定数量的钠、氢、钾等低价阳离子(Na^+、H^+、K^+)。石灰是一种强电解质,在土中加入石灰和水后,石灰在溶液中电离出来的钙离子(Ca^{2+})就与土中的钠、氢、钾离子产生离子交换作用。原来的钠（钾）土变成钙土，土颗粒表面所吸附的离子由一价变成了二价，减少了土颗粒表面吸附水膜的厚度，使土粒相互之间更为接近，分子引力随之增加，许多单个土粒聚成小团粒，组成一个稳定结构。

b. 结晶硬化作用。在石灰土中只有一部分熟石灰 $Ca(OH)_2$ 进行离子交换作用，绝大部分饱和的 $Ca(OH)_2$ 自行结晶。熟石灰与水作用生成熟石灰结晶网格。其化学反应式如下：

$$Ca(OH)_2 + nH_2O \rightarrow Ca(OH)_2 \cdot nH_2O$$

c. 火山灰作用。熟石灰的游离 Ca^{2+} 与土中的活性氧化硅 SiO_2 和氧化铝 Al_2O_3 作用生成含水的硅酸钙和铝酸钙的化学反应就是火山灰作用，其反应式如下：

$$xCa(OH)_2 + SiO_2 + nH_2O \rightarrow xCaO \cdot SiO_2 + (n+1)H_2O$$
$$xCa(OH)_2 + Al_2O_3 + nH_2O \rightarrow xCaO \cdot Al_2O_3 + (n+1)H_2O$$

上述所形成的熟石灰结晶网格和含水的硅酸钙和铝酸钙结晶都是胶凝物质，具有水硬性并能在固体和水两相环境下发生硬化。这些胶凝物质在土微粒团外围形成一层稳定保护膜，填充颗粒空隙，使颗粒间产生结合料，减少了颗粒间的空隙与透水性，同时提高密实度，这是石灰土获得强度和水稳定性的基本原因，但这种作用比较缓慢。

d. 碳酸化作用。在土中的 $Ca(OH)_2$ 与空气中的二氧化碳作用，其化学反应式如下：

$$Ca(OH)_2 + CO_2 \rightarrow CaCO_3 + H_2O$$

$CaCO_3$ 是坚硬的结晶体，它和其他生成的复杂盐类把土粒胶结起来，从而大大提高了土的强度和整体性。

由于石灰与土发生了一系列的相互作用，从而使土的性质发生根本的改变。在初期，主要表现为土的结团、塑性降低、最佳含水量增加和最大密实度减少等。后期主要表现为结晶结构的形成，从而提高其板体性、强度和稳定性。

B. 石灰稳定土强度的影响因素。

a. 土质。各种成因的土都可以用石灰来稳定，但生产实践说明，黏性土较好，其稳定的效果显著，强度也高。当采用高液限黏土时施工不易粉碎；采用粉性土的石灰土早期强度较低，但后期强度也可满足行车要求；采用低液限土质时易拌和，但难以碾压成型，稳定的效果不显著。采用的土质，既要考虑其强度，又要考虑施工时易于粉碎便于碾压成型。一般采用塑性指数 12～18 的黏性土为好。塑性指数偏大的黏性土，要加强粉碎，粉碎后，土中 15～25mm 的土块不宜超过 5%。经验证明，塑性指数小于 12 的土不宜用石灰稳定。对于硫酸盐类含量超过 0.8% 或腐殖质含量超过 10% 的土，对强度有显著影响，不宜直接采用。

b. 灰质。石灰应是消石灰粉或生石灰粉，对高等级道路宜用磨细生石灰粉。石灰质量应符合Ⅲ级以上的技术指标，并要尽量缩短石灰的存放时间。在同等石灰剂量下，质量好的石灰，稳定效果好。如采用质量差的石灰，为了满足石灰土的技术要求，就得适当增加石灰剂量。

c. 石灰剂量。石灰剂量对石灰土强度影响显著，石灰剂量较低（小于 3%～4%）时，石灰主要起稳定作用，土的塑性、膨胀、吸水量减小，使土的密实度、强度得到改善。随着石灰剂量的增加，强度和稳定性均提高，但剂量超过一定范围时，强度反而降低。生产实践中常用的最佳剂量范围，对于黏性土及粉性土为 8%～14%，对砂性土则为 9%～16%。剂量的确定应根据结构层技术要求进行混合料组成设计。

d. 含水量。水是石灰土的重要组成部分。它促使石灰土发生物理化学变化，形成强度；便于土的粉碎、拌和与压实，并且有利于养生。不同土质的石灰土有不同的最佳含水量，需通过标准击实试验确定，并用以控制施工中的实际加水量，所用水应是干净可供饮用的水。

e.密实度。石灰土的强度随密实度的增加而增长。实践证明,石灰土的密实度每增减1%,强度约增减4%。而密实的石灰土,其抗冻性、水稳定性也好,缩裂现象也少。

f.石灰土的龄期。石灰土强度具有随龄期增长的特点,一般石灰土初期强度低,前期(1~2 个月)增长速率较后期较快。一般情况下,石灰稳定土的强度在90d以前增长比较显著,以后就比较缓慢。

g.养生条件。养生条件主要指温度与湿度。养生条件不同,其强度也有差异。当温度高时,物理-化学反应、硬化、强度增长快,反之强度增长慢,在负温条件下甚至不增长,因此,要求施工期的最低温度应在5℃以上,并在第一次重冰冻(-5~-3℃)到来之前1个月至1个半月内完成。多年的施工经验证明,热季施工的石灰土强度高,质量可以保证,一般在使用中很少损坏。

养生的湿度条件对石灰土的强度也有很大影响。实践证明,在一定潮湿条件下养生强度的形成比在一般空气中养生要好。

②水泥稳定类基层。

在粉碎的或原状松散的土(包括各种粗、中、细粒土)中掺入适量水泥和水,按照技术要求,经拌和摊铺,在最佳含水量时压实及养护成型,其抗压强度符合规定要求,以此修建的路面基层称为水泥稳定类基层。当用水泥稳定细粒土(砂性土、粉性土或黏性土)时,简称水泥土。

水泥稳定土能适应各种不同的气候条件与水文地质条件,特别是在潮湿寒冷地区的适应性较其他稳定土更强。水泥稳定类基层具有良好的整体性,足够的力学强度、抗水性和耐冻性。其初期强度较高,且随龄期增长而增长,所以应用范围很广。

A.水泥稳定土强度形成原理。

在利用水泥来稳定土的过程中,水泥、土和水之间发生了多种非常复杂的作用,从而使土的性能发生了明显的变化。这些作用可以分为以下几种:

a.水泥的水化作用。在水泥稳定土中,首先发生的是水泥自身的水化反应,从而生成具有胶结能力的水化产物,这是水泥稳定土强度的主要来源。

水泥水化生成的水化产物,在土的孔隙中相互交织搭接,将土颗粒包裹连接起来,使土逐渐丧失了原有的塑性等性质,并且随着水化产物的增加,混合料也逐渐坚固起来。但水泥稳定土中水泥的水化与水泥混凝土中水泥的水化之间还有所不同。这是因为土具有非常高的表面积和亲水性,水泥稳定土中的水泥含量较少,土对水泥的水化产物具有强烈的吸附性,在一些土中常存在酸性介质环境。由于这些特点,在水泥稳定土中,水泥的水化硬化条件较混凝土中差得多;特别是由于黏土矿物对水化产物中的 $Ca(OH)_2$ 具有极强的吸附和吸收作用,使溶液中的碱度降低,从而影响了水泥水化产物的稳定性;水化硅酸钙中的 C/S 会逐渐降低析出 $Ca(OH)_2$,从而使水化产物的结构和性能发生变化,进而影响到混合料的性能。因此在选用水泥时,在其他条件相同的条件下,应优先选用硅酸盐水泥,必要时还应对水泥稳定土进行“补钙”,以提高混合料中的碱度。

b.离子交换作用。在硅酸盐水泥中,硅酸三钙和硅酸二钙占主要部分,其水化后所生成的氢氧化钙所占的比例也较高,可达水化产物的25%,大量的氢氧化钙溶于水以后,在土中形成了一个富含 Ca^{2+} 的碱性溶液环境。Ca^{2+} 取代了 K^+、Na^+,使黏土颗粒之间的距离减小,相互靠拢,导致土的凝聚,从而改变土的塑性,使土具有一定的强度和稳定度。这种作用就称为离子交换作用。

c.化学激发作用。钙离子的存在不仅影响到了黏土颗粒表面双电层的结构,而且在这种碱性溶液环境下,土本身的化学性质也将发生变化。

土的矿物组成基本上都属于硅铝酸盐,其中含有大量的硅氧四面体和铝氧八面体。通常情况下,这些矿物具有比较高的稳定性,但当黏土颗粒周围介质的 pH 值增加到一定程度时,黏土矿物

中的部分 SiO_2 和 Al_2O_3 的活性将被激发出来,与溶液中的 Ca^{2+} 进行反应,生成新的矿物,这些矿物的组成和结构与水泥的水化产物都有很多类似之处,并且同样具有胶凝能力。生成的这些胶结物质包裹在黏土颗粒表面,与水泥的水化产物一起,将黏土颗粒凝结成一个整体。因此,氢氧化钙对黏土矿物的激发作用,将进一步提高水泥稳定土的强度和水稳定性。

d. 碳酸化作用。水泥水化生成的 $Ca(OH)_2$,除了可与黏土矿物发生化学反应外,还可以进一步与空气中的 CO_2 发生碳酸化反应并生成碳酸钙晶体。碳酸钙生成过程中产生体积膨胀,也可以对土的基体起到填充和加固作用,只是这种作用相对来讲比较弱,并且反应过程缓慢。

B. 水泥稳定土强度的影响因素。

a. 土质。土的类别和性质是影响水泥稳定土强度的重要因素,各类砂砾土、砂土、粉土和黏土均可用水泥稳定,但稳定效果不同。试验和生产实践证明:首先用水泥稳定级配良好的碎(砾)石和砂砾,效果最好,不但强度高,而且水泥用量少;其次是砂性土;最后是粉性土和黏性土。重黏土难以粉碎和拌和,不宜单独用水泥来稳定。因此,一般要求土的塑性指数不大于 17。

b. 水泥的成分和剂量。各种类型的水泥都可以用于稳定土。但试验研究证明,水泥的矿物成分和分散度对其稳定效果有明显影响。对于同一种土,通常情况下硅酸盐水泥的稳定效果好,而铝酸盐水泥较差。

水泥土的强度随水泥剂量的增加而增长,但过多的水泥用量,虽获得强度的增加,在经济上却不一定合理,在效果上也不一定显著,且容易开裂。试验和研究证明,水泥剂量为 $4\%\sim8\%$ 较为合理。

c. 含水量。含水量对水泥稳定土强度影响很大,当含水量不足时,水泥不能在混合料中完全水化和水解,发挥不了水泥对土的稳定作用,影响强度形成。同时,含水量小,达不到最佳含水量也影响水泥稳定土的压实度。因此,使含水量达到最佳含水量的同时,也要满足水泥完全水化和水解作用的需要为好。

水泥正常水化所需的水量约为水泥重的 20%,对于砂性土,完全水化达到最高强度时的含水量较最佳密度时的含水量为小;而对于黏性土,则相反。

d. 施工工艺过程。水泥、土和水拌和均匀,且在最佳含水量下充分压实,使之干密度最大,其强度和稳定性就高。水泥土从开始加水拌和到完成压实的延迟时间要尽可能最短,一般要在 6h 以内。若时间过长,则水泥凝结,在碾压时不但达不到压实度要求,而且会破坏已结硬水泥的胶凝作用,反而使水泥稳定土强度下降。在水泥终凝时间达不到规定要求时,可以使用一定剂量的缓凝剂,但缓凝剂的品种和具体数量应根据试验确定。

水泥稳定土需湿法养生,以满足水泥水化形成强度的需要。养生温度愈高,强度增长愈快。因此,要保证水泥稳定土养生的温度和湿度条件。

③石灰工业废渣稳定基层。

一定数量的石灰和粉煤灰(或石灰和煤渣)与其他集料相结合,加入适量的水,通过拌和得到的混合料,经摊铺、压实及养生后,当其抗压强度符合规定要求时,称为石灰工业废渣稳定土。其特点主要为具水硬性、缓凝性,强度高,稳定性好,呈板体,且强度随龄期不断增加,抗水、抗冻、抗裂而且收缩性小,适应各种气候环境和水文地质条件等。

近年来,我国利用工业废渣铺筑路面基层,取得显著成效,不但提高了路面使用品质,而且降低了工程造价,"变废为宝",具有很大的经济意义。工业废渣材料主要用石灰与之综合稳定,即石灰工业废渣材料,主要有石灰粉煤灰类及石灰其他废渣类。常选用石灰稳定工业废渣做高级或次高级路面的基层或底基层。

（3）柔性基层

柔性基层主要包括沥青稳定碎石基层和级配碎石基层（无结合料）。通常沥青稳定碎石适用于中等及更高交通等级的柔性基层；而无结合料的级配碎石则适用于中等交通以下的沥青路面基层。

①沥青稳定碎石基层。

我国高等级公路的基层大多为半刚性基层，也可采用沥青稳定碎石基层。根据矿料级配与使用功能的不同，沥青稳定碎石基层主要包括传统沥青稳定碎石基层和沥青稳定碎石排水基层。

a.传统沥青稳定碎石基层。用沥青为胶结料，将其与碎石拌和均匀，摊铺平整，碾压密实形成的基层称为沥青稳定碎石基层，亦称沥青稳定土基层。碎石表面的沥青包括结构沥青和自由沥青，结构沥青与碎石具有高黏附性的化学吸附，从而提高了沥青稳定碎石基层的水稳定性；自由沥青在基层压实时起润滑和填充作用，使沥青稳定碎石基层具有较小的毛细吸水作用，保护结构沥青膜免受水的侵蚀。

b.沥青稳定碎石排水基层。除上述传统的沥青稳定碎石基层外，高等级公路和城市主干道面层以下的基层亦可用排水基层，即多空隙沥青稳定碎石排水基层。该基层一般跟纵向边缘集水沟结合使用，形成完整的排水系统。

沥青碎石排水基层由含少量细料的开级配碎石集料和沥青（2.5%～3.5%）组成。粗集料应选用洁净、坚硬、未风化的碎石，最好为碱性集料，以确保与沥青的良好黏结；细集料采用人工轧制石料或天然砂；沥青采用较稠的标号，如 50 号、70 号；混合料的空隙率一般不小于 20%；排水基层的厚度随孔隙率、路表渗入量、基层渗流量而定，一般为 8～12cm。

多空隙沥青稳定碎石作为排水基层，在使用性能上应符合透水性、抗变形性、水稳定性三项要求。为减小水的侵蚀，一般要求沥青用量不小于 2.5%。

②无结合料的级配碎石基层（优质级配碎石基层）。

优质级配碎石基层的强度主要来源于碎石本身强度及碎石颗粒之间的嵌挤力。因此，对于碎石基层，应保证高质量的碎石，获得高密度的良好级配和良好的施工压实手段。研究表明，集料中小于 0.5mm 细料含量及其塑性指数对级配碎石的力学性质有明显的影响。因此，综合考虑结构强度和结构层排水因素，建议液限应小于 25%，同时规定小于 0.5mm 细料的塑性指数应小于 8%。

3.3.3.2 路面基（垫）层施工及质量控制

（1）碎（砾）石类基（垫）层施工及质量控制

①水结碎石基层施工。

水结碎石基层施工，一般按下列工序进行：准备工作→撒铺石料并摊平，可分一次或两次撒铺→预碾碎石→碾压碎石并洒水→撒铺嵌缝料并碾压与洒水碾压成型→初期养护。

碎石的碾压质量与石料性质、形状、层厚、压路机类型和质量、碾压行程次数，以及洒水与铺撒嵌缝料的适时与否等因素有关。根据碾压时碎石的移动、嵌挤以及最后成型等情况，水结碎石基层的碾压过程可分为稳定期、压实期、成型期三个阶段。

各个阶段压路机碾压的行程次数，因压路机质量、石料性质及碎石层厚度而异。碾压时，应从路两侧开始，逐渐移向路中。碾压轮迹重叠宽度，对三轮压路机为后轮宽度的 1/3～1/2；对双轮压路机则为 20～30cm。

②泥结碎石基层施工。

泥结碎石基层施工方法有灌浆法、拌和法及层铺法三种。实践证明，灌浆法具有较高的强度和稳定性，因而目前采用较多。灌浆法泥结碎石路面施工，一般按下列工序进行。

准备工作：包括放样、布置料堆、整理路槽（或基层）与拌制泥浆等。泥浆一般按水与土为 0.8：1～

1∶1 的体积比进行拌和配制。

摊铺碎石：在路槽筑好以后，按松铺厚度（为压实厚度的 1.2～1.3 倍）摊铺碎石，要求大小颗粒均匀分布，纵横断面符合要求，厚度一致。

预压：碎石铺好后，用轻型压路机碾压，碾速宜慢，25～30m/min，轮迹重叠 25～30cm。一般碾压 6～10 遍，至石料无松动为止。

浇灌泥浆：在预压的碎石层上，浇灌泥浆，浆要浇得均匀、浇得透，以灌满孔隙、表面与碎石齐平为度，但碎石棱角仍应露出泥浆之上。

撒嵌缝料：灌浆 1～2h 后，待泥浆下注，空隙中空气溢出，表面未干时撒铺 5～15mm 的嵌缝料（1～1.5m³/100m²），嵌缝料要撒得均匀。

碾压：撒过嵌缝料后，即用中型压路机进行碾压，并随时注意用扫帚将石屑扫匀。如表面太干需略微洒水碾压，如表面太湿需待干后再碾压。

③泥灰结碎石基层施工。

泥灰结碎石基层的施工程序及质量要求与泥结碎石路面相同。采用拌和法时，应先将石灰与黏土拌和均匀，再撒在石料上拌和，摊铺均匀，边压边洒水，使石灰与土在碾压中成浆并充满空隙。

④级配碎（砾）石基层施工。

级配碎（砾）石基层施工，一般按下列工序进行。

开挖路槽：可使用机械或人工开挖路槽，路槽开挖整修后，用重型压路机滚压数遍，使其密实度达到 95％ 以上。

备料运料：按施工路段长度（与拌和方法有关）分段运备材料。碎（砾）石可直接堆放在路槽内，砂及黏土可堆放在路肩上。

铺料：先铺碎（砾）石，再铺黏土，最后铺砂。

拌和及整形：可采用平地机或拖拉机牵引多铧犁进行。拌和时边拌边洒水，使混合料的湿度均匀，避免大小颗粒分离。混合料的最佳含水量为 5％～9％。混合料拌和均匀后按松厚（压实系数 1.3～1.4）摊平并整理成规定的路拱横坡度。

碾压：先用轻型压路机碾压 2～3 遍，再用中型压路机碾压成型。碾压工作应注意在最佳含水量下进行，必要时可适当洒水，每层压实厚度不得超过 16cm，超过时需分层铺筑碾压。

若施工方法采用拌和机集中拌制，则第三、四两工序分别改为拌和与摊铺整形两工序。

（2）无机结合料稳定类基层施工及质量控制

半刚性基层施工的主要工序如下：

①放样清底。

②备料：石灰使用前 7～10d 应充分消解，并过孔径 100mm 的筛。黏土的塑性指数为 12～20，土块的最大尺寸不大于 15mm。集料按规格和用量备好。

③摊铺：将混合料混合，采用圆盘耙、多铧犁或平地机翻拌 4 遍，再洒水至混合料达到最佳含水量，湿拌几遍，至混合料色泽一致，无灰条、灰团和花面，没有粗细颗粒"窝"或"带"。

④整形：用平地机或人工整形，检查混合料的松铺厚度，必要时进行补料或减料。二灰土的松铺系数为 1.5～1.7，二灰集料的松铺系数为 1.3～1.5。

⑤碾压：用 12t 三轮压路机、重型轮胎压路机或振动压路机全面进行碾压，一般碾压 6～8 遍。碾压速度约为 2km/h。

⑥养生：经常洒水保湿，封闭交通至少半月。

3.3.4　简易路面

3.3.4.1　块料路面

（1）块料及块料路面概述

用各种不同形状和尺寸的块状材料（天然或人工）铺成的路面称为块料路面。所用材料有块石、炼砖块、铁块、木块、橡胶块、沥青混凝土块、水泥混凝土预制块等。

目前路面工程中较常用的为块石和水泥混凝土预制块两种，此外，炼砖块也较适用。

（2）块料路面的优缺点

优点：施工简单、清洁少尘、易于翻修、抗滑性能好。

缺点：手工铺筑难以机械化、块料之间易移动、建筑费用高、表面平整性一般较差。

（3）块料路面的构造

块料路面主要借基础承载力和石块之间摩擦力形成强度，因此其构造上的特点是必须设置整平层，块料之间还需用填缝料嵌填，使块料满足强度和稳定性的要求。

①基础：块料路面的基础一般采用粒料或半刚性材料。

②整平层：用来垫平基础表面及块石底面，保持块石顶面平整及缓和车辆行驶时的冲击、振动作用，一般用粗砂或中砂、煤渣或石屑、水泥砂、沥青砂。

③填缝料：主要用来填充块料间缝隙，嵌紧块料，加强路面的整体性，并起着保护块料边角与防止路面水下渗作用，一般用砂，也有用水泥砂浆或沥青玛蹄脂。

（4）天然块料路面

由石料经修琢成块状材料而铺筑的路面称为天然块料路面。其分为整齐块石、半整齐块石和不整齐块石路面。

整齐块石：包括整齐块石和条石路面，要求石块由Ⅰ级石料加工，形状近似正方体或长方体，要求具有质量较高的基层和整平层。

半整齐块石：包括条石和小方石，可铺在贫水泥混凝土、碎石或稳定基层上。

不整齐块石：包括拳石和粗琢块石，可直接铺在 10～20cm 的砂或炉渣上，也可用碎砖、碎石、级配砾石等做基层。

（5）机制块料路面

由预制的混凝土小块铺筑的路面称为机制块料路面。

预制块可为矩形、六角形等不同形状，也可采用不同的颜色，平面尺寸一般最大不超过 30cm，厚度可取 8～20cm。

（6）块料路面的主要用途

块料路面的主要用途包括：城市道路交叉口；山区陡坡路段或急弯路段；桥头高填方的暂时铺筑路面；需再开挖的具有地下管线的城市路段；城市人行道。

（7）块料路面的强度

主要借基础的承载力和块石之间的摩擦力，粒料基层的破坏主要表现为变形累积过大及回弹弯沉超过结构承载力，半刚性基层则表现为层底的弯拉应力超过材料的疲劳强度。

3.3.4.2　级配碎（砾）石路面

级配碎（砾）石路面是由各种集料（碎石、砾石）和土，按最佳级配原理修筑而成的路面面层或基层。与级配碎（砾）石基层类似的是，级配碎（砾）石面层亦是用大小不同的集料按一定比例配合、逐级填充空隙，并用黏土黏结，经压实后形成密实的路面结构层；其强度由摩阻力和黏结力构成，故级配碎（砾）石面层具有一定的水稳性和力学强度。

级配碎（砾）石路面的厚度一般为 8～16cm。当厚度大于 16cm 时应分两层铺筑,下层厚度为总厚度的 3/5 倍,上层厚度为总厚度的 2/5 倍。如基层和面层为同样类型的结构,其总厚度在 16cm 以下时,可分两层摊铺,一次碾压。级配碎（砾）石路面面层所用材料及要求同级配碎（砾）石基层。

3.3.4.3 无机结合料稳定路面

在粉碎或原状松散的土中掺入一定量的无机结合料（水泥、石灰或工业废渣等）和水,经拌和得到的混合料经压实与养生后,其抗压强度符合规定要求的材料称为无机结合料稳定材料,以此修筑的路面称为无机结合料稳定路面。

无机结合料稳定路面具有稳定性好、抗冻性能强、结构本身自成板体等特点,但其耐磨性差,广泛用于修筑高等级公路沥青路面和水泥混凝土路面的基层或底基层。

3.3.5 沥青路面

3.3.5.1 沥青路面设计

（1）行车荷载与交通分析

①车辆的种类与轴型。

道路上通行的车辆主要分为客车与货车两大类。客车又可分为小客车、中客车与大客车;货车又分为整车、牵引式挂车和牵引式半挂车。无论是客车还是货车,车身的全部重力都通过车轮传给路面,因此,对于路面的结构设计而言,关键在于轴重。因此,对于道路上行驶的多种车辆组合,重型货车与大客车起决定作用,轻型货车与中、小客车影响很小,有时可以忽略不计。由于轴重的大小直接关系路面结构的设计承载力与结构强度,为了统一设计标准和便于交通管理,各个国家对于轴重均有明确规定。由于作用在路面的设计荷载千变万化,一般选用一种轴载作为路面结构设计的标准轴载,其他各种轴载按照一定的原则换算成标准轴载。我国公路与城市道路路面设计规范中均以 100kN 作为设计标准轴载。

②行车荷载对道路的作用。

汽车荷载对路面施加的作用力的大小和性质,随汽车的运动状态而变化。当汽车停在路面上时,只有车轮对路面的垂直作用;汽车行驶时,除垂直力外,还有车轮转动对路面产生的纵向水平切向力;转向时又增加了横向水平力,如图 3-47 所示。由此可见,汽车在任何一种运动状态下垂直力都是最基本的作用力,其次是水平力。路面设计主要考虑了汽车荷载对路面作用的垂直力和水平力。

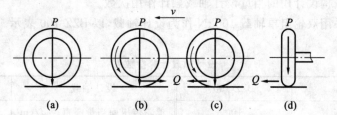

图 3-47 车轮荷载对路面作用的垂直力和水平力

（a）静止;（b）一般行驶、加速、启动;（c）减速、制动;（d）转向（向右）

P—垂直力;Q—水平力

a.行车荷载对道路路面的垂直力作用。

荷载通过轮胎传给路面,车轮与路面的接触面积称为轮印面积,其形状为带有轮胎花纹的近似椭圆,在路面设计中,用等面积圆来代替,称为轮印的当量圆。当量圆面积与轮荷载、轮胎尺寸及轮胎压强有关。汽车后轴一侧多为双轮组,将双轮轮印化为一个当量圆,称为单圆荷载图式,如图 3-48(a)所示;若化为两个当量圆,则称为双圆荷载图式,如图 3-48(b)所示。

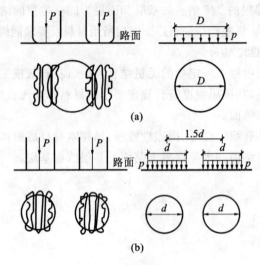

图 3-48　车轮荷载计算图式

(a)单圆图式;(b)双圆图式

b.行车荷载对道路路面的水平力作用。

由汽车的行驶条件可知,水平力的最大值 Q_{max} 不能超过垂直力 P 与路面车轮间的附着系数 f 的乘积,即

$$Q_{max} \leqslant Pf \tag{3-28}$$

式中　f——最大值一般不超过 $0.7 \sim 0.8$。

c.行车荷载对道路路面的其他力作用。

行车荷载对道路路面的其他力作用包括汽车对路面的冲击力和振动力。目前只是在水泥混凝土路面设计中才考虑,通过考虑动载因素的系数来考虑,即车轮荷载乘以动载系数作为设计荷载来表示。

③设计轴载与轴载换算。

为了量化考虑交通量以及不同车辆类型对路面结构的综合累积损伤作用,路面结构设计中一般选用一种轴载作为路面结构设计的标准轴载,其他各种轴载按照一定的原则换算成标准轴载,从而将交通量转换为结构设计用的当量设计轴载累计作用次数。

我国路面设计采用双轮组单轴载 100kN 作为设计轴载,以 BZZ-100 表示。设计轴载的计算参数按表 3-17 确定。

表 3-17　　　　　　　　　　　　设计轴载计算参数

设计轴载	BZZ-100	设计轴载	BZZ-100
标准轴载 P/kN	100	单轮传压面当量圆直径 d/cm	21.30
轮胎接地压强 p/MPa	0.70	两轮中心距/cm	31.95

各类车辆当量设计轴载换算系数可按下列三个水平确定,高速公路和一级公路的改建设计应采用水平一,其他情况可采用水平二或水平三。

a.水平一,按式(3-29)确定各类车辆的当量设计轴载换算系数。

$$\mathrm{EALF}_m = \sum_i \left[\mathrm{NAPT}_{mi} \sum_j (\mathrm{EALF}_{mij} \times \mathrm{ALDF}_{mij}) \right] \tag{3-29}$$

式中 $EALF_m$——m 类车辆的当量设计轴载换算系数；

$\quad\quad\ NAPT_{mi}$——m 类车辆中 i 种轴型的平均轴数；

$\quad\quad\ ALDF_{mij}$——m 类车辆中 i 种轴型在 j 级轴重区间的轴重分布系数；

$\quad\quad\ EALF_{mij}$——m 类车辆中 i 种轴型在 j 级轴重区间当量设计轴载换算系数。

b. 水平二和水平三，按式(3-30)确定各类车辆的当量设计轴载换算系数。

$$EALF_m = EALF_{ml} \times PER_{ml} + EALF_{mh} \times PER_{mh} \quad\quad\quad (3\text{-}30)$$

式中 $EALF_{ml}$——m 类车辆中非满载车的当量设计轴载换算系数；

$\quad\quad\ EALF_{ml}$——m 类车辆中满载车的当量设计轴载换算系数；

$\quad\quad\ PER_{ml}$——m 类车辆中非满载车所占的百分比；

$\quad\quad\ PER_{ml}$——m 类车辆中满载车所占的百分比。

④设计年限内的累计交通量。

设计年限应根据经济、交通发展情况以及该公路在公路网中的地位，考虑环境和投资条件综合确定。各级公路的沥青路面设计年限不宜低于表 3-18 的要求，若有特殊使用要求，可适当调整。

表 3-18　　　　　　　　　　　　　　各级公路的沥青路面设计年限

公路等级	设计年限/年	公路等级	设计年限/年
高速公路、一级公路	15	三级公路	10
二级公路	12	四级公路	8

设计时按式(3-31)计算设计车道上的当量设计轴载累计作用次数 N_e：

$$N_e = \frac{\left[(1+\gamma)^t - 1\right] \times 365}{\gamma} N_1 \quad\quad\quad (3\text{-}31)$$

式中 N_e——设计使用年限内设计车道上的当量设计轴载累计作用次数，次；

$\quad\quad\ t$——设计使用年限，年；

$\quad\quad\ \gamma$——设计使用年限内交通量的年平均增长率，%；

$\quad\quad\ N_1$——初始年设计车道日平均当量轴次，次/d。

$$N_1 = AADTT \times DDF \times LDF \times \sum_{m=2}^{11} (VCDF_m \times EALF_m)$$

式中 $AADTT$——2 轴 6 轮及以上车辆的双向年平均日交通量，辆/d；

$\quad\quad\ DDF$——方向系数；

$\quad\quad\ m$——车辆类型编号；

$\quad\quad\ VCDF_m$——m 类车辆类型分布系数；

$\quad\quad\ EALF_m$——m 类车辆的当量设计轴载换算系数；

$\quad\quad\ LDF$——车道系数，见表 3-19。

表 3-19　　　　　　　　　　　　　　车道系数

单向车道数	1	2	3	≥4
高速公路	—	0.70~0.85	0.45~0.60	0.40~0.50
其他等级公路	1.00	0.50~0.75	0.50~0.75	—

⑤交通分级。

交通量宜根据表 3-20 的规定划分为五个等级。设计时可根据设计使用年限内设计车道累计大型客车和货车交通量对应的等级作为设计交通等级。

表 3-20 交通等级

交通等级	极重	特重	重	中等	轻
设计使用年限内设计车道累计大型客车和货车交通量/($\times 10^6$,辆)	50.0	19.0~50.0	8.0~19.0	4.0~8.0	<4.0

(2)结构层与组合设计

①结构层设计。

沥青路面结构层可由面层、基层、底基层、垫层等多层结构组成。每个结构层要有最小厚度限制,以便构成整体结构能力。表 3-21 是各类结构层最小厚度的规定值,可供设计时参考。

表 3-21 各类结构层的最小厚度

结构层类型	集料公称最大粒径/mm	最小厚度/mm
密级配沥青碎石 半开级配沥青碎石 开级配沥青碎石	19.0	50
	26.5	80
	31.5	100
	37.5	120
沥青贯入碎石	—	40
贫混凝土	31.5	120
无机结合料稳定类	19.0、26.5、31.5、37.5	150
	53.0	180
级配碎、砾石 未筛分碎石、天然砂砾	26.5、31.5、37.5	100
	53.0	120
填隙碎石	37.5	75
	53.0	100
	63.0	120
连续级配沥青混合料	4.75	15
	9.5	25
	13.2	35
	16.0	40
	19.0	50
	26.5	75
沥青玛碲脂碎石	9.5	30
	13.2	40
	16.0	50
	19.0	60
开级配沥青混合料	9.5	20
	13.2	25
	16.0	30

②结构组合设计。

沥青路面是由几个结构层组合而成的,设计时必须合理布置结构的层位组合,使其达到最佳的结构工作状态。因此:

a.应根据公路所在区域的水文地质、气候特点,公路等级与使用要求,交通量及其交通组成等因素,结合当地实践经验,选择适宜的路面结构组合,拟定沥青层厚度。

b.对半刚性基层沥青路面的结构层组合设计,基层与沥青面层的模量比宜为1.5~3;基层与底基层的模量比不宜大于3.0;底基层与土基模量比宜为2.5~12.5。

c.刚性基层沥青路面应采取措施加强沥青层与刚性基层间的结合,并提高沥青混合料的抗剪强度。

d.为防止雨水、雪水渗入路面结构层、土基,沥青面层应选用密级配沥青混合料。当采用排水基层时,其下应设防水层,并设置结构内部的排水系统,将水排出路基。

e.为排除路面、路基中滞留的自由水,确保路面结构处于干燥或中湿状态,下列情况下的路基应设置垫层:地下水位高,排水不良,路基经常处于潮湿、过湿状态的路段;排水不良的土质路堑,有裂隙水、泉眼等水文不良现象的岩石挖方路段;季节性冰冻地区的中湿、潮湿路段,可能产生冻胀需设防冻垫层的路段;基层或底基层可能受污染以及路基软弱的路段。

f.对于半刚性基层沥青路面宜采取以下措施减少收缩开裂和反射裂缝:选用骨架密实型半刚性基层,严格控制细料含量、结合料剂量、含水量,及时养生;适当增加沥青层的厚度,在半刚性材料层上设置沥青碎石或级配碎石等柔性基层;在半刚性基层上设置改性沥青应力吸收膜、应力吸收层或铺设经实践证明有效的土工合成材料等。

g.设计时应采取技术措施,加强路面各结构层之间的结合,提高路面结构的整体性,避免产生层间滑移。

h.下封层可用沥青单层表面处治或砂粒式、细粒式密级配沥青混合料,稀浆封层等。

i.冰冻区各级公路的中湿、潮湿路段,应进行防冻厚度验算。根据交通量计算的结构层总厚度应不小于表3-22中最小防冻厚度的规定。若结构层总厚度小于最小防冻厚度,则应增加防冻垫层使其满足最小防冻厚度的要求。

表3-22 最小防冻厚度

路基类型	道路冻深/cm	黏性土、细亚砂土			粉性土		
		粒料类	稳定土类	工业废料类	粒料类	稳定土类	工业废料类
中湿	50~100	40~45	35~40	30~35	45~50	40~45	30~40
	100~150	45~50	40~45	35~40	50~60	45~50	40~45
	150~200	50~60	45~55	40~50	60~70	50~60	45~50
	200	60~70	55~65	50~55	70~75	60~70	50~65
潮湿	50~100	45~55	40~50	35~45	50~60	45~55	40~50
	100~150	55~60	50~60	45~50	60~70	55~65	50~60
	150~200	60~70	55~65	50~55	70~80	65~70	60~65
	200	70~80	65~75	55~70	80~100	70~90	65~80

(3)沥青路面的设计参数

①土基回弹模量值的确定。

设计宜使路基处于干燥或中湿状态。轻、中等交通土基回弹模量不小于 40MPa,重交通土基回弹模量不小于 50MPa,特重交通土基回弹模量不小于 60MPa,极重交通土基回弹模量不小于 70MPa。土基回弹模量设计值宜按下列方法确定。

新建公路初步设计时,可根据查表法(或现有公路调查法)、室内试验法、换算法等,经综合分析、论证,确定沿线不同路基状况的路基回弹模量设计值。

通过现场测定路基回弹模量值与压实度 K、路基稠度 ω_c 或室内试验测定路基土回弹模量值与室内路基土 CBR 值等资料,建立可靠的换算关系,利用换算关系计算现场路基回弹模量。

当路基建成后,在不利季节实测各路段路基回弹模量代表值,以检验是否符合设计值的要求。现场实测方法宜采用承载板法,也可采用贝克曼梁弯沉仪法。若在非不利季节测试,则应进行修正。

若现场实测路基回弹模量代表值小于设计值或弯沉值大于要求的检验值,应采取翻晒补压、掺灰处理或调整路面结构厚度等措施,以保证路基路面的强度和稳定性。

②路面材料设计参数。

路面材料依据其自身的属性以及所在路面结构层位不同而有不同的设计参数要求,用于结构设计的参数主要包括模量和泊松比。泊松比一般比较稳定,在路面设计时一般对特定的材料选用一定的泊松比。路面材料的模量值是表征材料刚度特性的指标,常用的测试方法有压缩试验、劈裂试验、弯拉试验等。

路面材料应根据公路等级、交通荷载等级、气候条件、各结构层功能要求和当地材料特性等,在技术经济论证基础上进行设计并确定材料设计参数。路面结构层材料设计参数的确定可分为三个水平:水平一,通过室内试验实测确定;水平二,利用已有经验关系式确定;水平三,参照典型数值确定。高速公路和一级公路的施工图设计阶段宜采用水平一,其他设计阶段可采用水平二或水平三;二级及二级以下公路可采用水平二或水平三。

水平三,无机结合料稳定类材料的弯拉强度和弹性模量参照表 3-23,沥青混合料动态压缩模量参照表 3-24。

表 3-23　　　　　　　　　　无机结合料稳定类材料的弯拉强度和弹性模量取值范围

材料名称	弯拉强度/MPa	弹性模量/MPa
水泥稳定粒料、水泥粉煤灰稳定粒料、石灰粉煤灰稳定粒料	1.5~2.0	18000~28000
	0.9~1.5	14000~20000
水泥稳定土、水泥粉煤灰稳定土、石灰粉煤灰稳定土	0.6~1.0	5000~7000
石灰土	0.3~0.7	3000~5000

表 3-24　　　　　　　　　常用沥青混合料 20℃ 条件下动态压缩模量取值范围

沥青混合料类型	沥青种类			
	70 号道路石油沥青	90 号道路石油沥青	110 号道路石油沥青	SBS 改性沥青
SMA10、SMA13、SMA16	—	—	—	7500~12000
AC10、AC13	8000~12000	7500~11500	7000~10500	8500~12500
AC16、AC20、AC25	9000~13500	8500~13000	7500~12000	9000~13500
ATB25	7000~11000	—	—	—

（4）新建沥青路面设计

路面结构设计采用双圆均布垂直荷载作用下的弹性层状连续体系理论进行计算。路面结构验算应根据路面结构组合，参照表 3-25 选择设计指标。设计指标主要是从力学响应的角度提出的控制指标，能涵盖路面结构的主要病害类型。

表 3-25　　　　　　　　　　　　不同结构组合路面的设计指标

基层类型	底基层类型	设计指标
无机结合料稳定类	粒料类	无机结合料稳定层层底拉应力、沥青混合料层永久变形量
	无机结合料稳定类	
沥青结合料类	粒料类	沥青混合料层层底拉应变、沥青混合料层永久变形量、路基顶面竖向压应变
	无机结合料稳定类	沥青混合料层永久变形量、无机结合料稳定层层底拉应力
粒料类	粒料类	沥青混合料层层底拉应变、沥青混合料层永久变形量、路基顶面竖向压应变
	无机结合料稳定类	沥青混合料层层底拉应变、沥青混合料层永久变形量、无机结合料稳定层层底拉应力
水泥混凝土	—	沥青混合料层永久变形量

路面结构验算时，各设计指标应选用表 3-26 规定的竖向位置处的力学响应，并按图 3-49 所示计算点位置，选取 A、B、C、D 四点位置计算的最大力学响应量。

表 3-26　　　　　　　　　各设计指标对应的力学响应及其竖向位置

设计指标	力学响应	竖向位置
沥青混合料层层底拉应变	沿行车方向的水平拉应变	沥青混合料层层底
无机结合料稳定层层底拉应力	沿行车方向的水平拉应力	无机结合料稳定层层底
沥青混合料层永久变形量	竖向压应力	沥青混合料层各分层顶面
路基顶面竖向压应变	竖向压应变	路基顶面

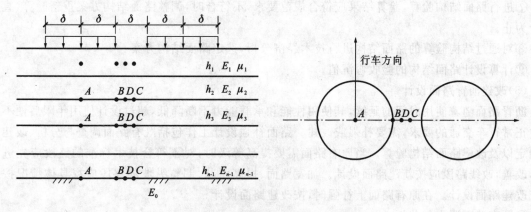

图 3-49　力学响应计算点位置图示

《公路沥青路面设计规范》(JTG D50—2017)要求基于设计年限内当量设计轴载累计作用次数计算的沥青混合料永久变形量应不大于表 3-27 所列容许永久变形量。同时,路基顶面竖向压应变不应大于基于设计年限内当量设计轴载累计作用次数计算获得的容许竖向压应变。对于季节性冻土地区的沥青路面结构,沥青面层低温开裂指数不宜大于表 3-28 所列数值。除了对上述路面使用性能设计指标的要求,高速公路、一级公路以及山岭重丘区二级和三级公路的路面在竣工验收时,其抗滑技术指标应满足相应的技术要求,路面顶面和路表的实测代表弯沉值应不超过其各自的验收弯沉值。

表 3-27　　　　　　　　　　　　沥青混合料层容许永久变形量

基层类型	沥青混合料层容许永久变形量/mm	
	高速公路、一级公路	二级、三级公路
无机结合料稳定类基层、水泥混凝土基层和底基层为无机结合料稳定类的沥青混合料基层	15	20
其他基层	10	15

表 3-28　　　　　　　　　　　　低温开裂指数要求

公路等级	高速公路、一级公路	二级公路	三级、四级公路
低温开裂指数 CI	≤3	≤5	≤7

新建沥青路面的结构验算包括下列主要内容:

①调查分析交通参数,确定交通荷载等级。

②按路基土类、地下水位高度确定路基干湿类型和湿度状况,将路基划分为若干路段,确定各个路段土基回弹模量。

③根据设计要求,收集所在地区的常用路面结构组合和材料性质要求,分析影响路面结构设计的其他因素,初拟路面结构组合与厚度方案,选取设计指标。

④确定各结构层模量等设计参数,检验粒料的 CBR 值,无机结合料稳定类材料的无侧限抗压强度,沥青低温性能要求,沥青混合料的低温破坏应变、动稳定度、贯入强度和水稳定性。

⑤收集工程所在地区气温资料,确定各设计指标对应的温度调整系数或等效温度。

⑥采用多层弹性体系理论程序计算各设计指标的力学响应量。

⑦进行路面结构验算,验算结果应符合规范要求,不符合时,调整路面结构方案重新验算,直至符合为止。

⑧对通过结构验算的路面结构进行技术经济分析,选定路面结构方案。

⑨计算设计路面结构的验收弯沉值。

(5)改建沥青路面设计

沥青路面随着使用时间的延续,其使用性能和承载能力不断降低,超过设计使用年限后便不能满足正常行车交通的要求,需要补强或改建。路面补强设计工作包括既有路面调查与分析、改建方案确定以及改建路面结构验算。当原有路面需要提高等级时,对不符合技术标准的路段应先进行线形改善,改线路段应按新建路面设计。加宽路面、提高路基、调整纵坡的路段应视具体情况按新建或改建路面设计。在原有路面上补强时,按改建路面设计。

①既有路面调查与分析。

对使用中的路面进行结构状况的调查与评定,其目的主要是了解路面现有结构状况和强度,据以判断是否需要加强或预估剩余使用寿命,分析路面损坏的原因及提出处理措施,以及针对性改建对策。

既有路面调查与分析应包括下列主要内容:

a. 收集既有路面及其排水设施的设计、施工及历史养护维修情况等技术资料。

b. 调查分析交通量、轴载组成和增长率等交通荷载参数。

c. 调查路面破坏状况,包括路面病害类型、严重程度、范围和数量等。

d. 采用落锤式动态弯沉仪或其他弯沉仪检测评定既有路面结构承载力。

e. 调查分析既有路面厚度、层间结合及病害程度情况,并取样进行室内试验,测定试件模量、强度等,分析路面材料组成与退化情况。

f. 对因路基问题导致路面损坏的路段,取样调查路基土质类型、含水率和 CBR 值等,分析路基稳定性和承载力等。

g. 调查沿线气候条件、地下水及路基路面排水状况。

h. 调查沿线跨线桥、隧道净空要求及其他影响路面改建设计的因素。

②改建方案。

改建方案设计的一般要求如下:

a. 应根据不同路段路面状况和损坏程度,对既有路面采取相应的处理方案。

b. 既有路面处理可采用局部病害处治、整体性处理的方式或局部病害处治与整体性处理相结合的方式。

c. 改建方案应充分利用既有路面结构和材料,可视具体情况选择经局部病害处治后直接加铺一层或多层的改建方案,将既有路面铣刨至某一结构层或将既有路面就地再生后再加铺一层或多层的改建方案。

d. 既有路面存在较多裂缝时,应采取减缓反射裂缝的措施。

e. 既有路面出现因内部排水不良引起的水损坏时,应改善或重置路面防排水系统。加铺层与既有路面间应采取设置黏层或封层等层间结合措施。

f. 加铺层材料组成和技术要求应符合规范要求。再生材料技术要求应符合现行规范的有关规定。

③改建路面结构验算。

改建路面结构验算步骤和新建路面结构类似,主要区别在于,与新建路面结构相比,改建路面结构验算需要依据既有路面是否破损严重或结构性能不足来确定既有路面结构设计参数以及是否需要对既有路面结构进行验算。改建路面结构验算包括下列主要内容:

a. 调查分析交通参数,确定交通荷载等级。

b. 对既有路面技术状况进行调查和分析。

c. 根据路况调查结果,对既有路面进行分段。结合当地工程经验,分段初拟改建方案。

d. 确定需验算的结构层和设计指标,确定既有路面和加铺层的材料模量等设计参数,检验加铺层粒料的 CBR 值,无机结合料稳定类材料的无侧限抗压强度,沥青低温性能要求,沥青混合料的低温破坏应变、动稳定度、贯入强度和水稳定性。

e. 收集工程所在地区气温资料,确定各设计指标对应的温度调整系数或等效温度。

f. 采用多层弹性体系理论程序计算各设计指标的力学响应量。

g. 进行路面结构验算,验算结果应符合规范要求,不符合时,调整路面改建方案重新验算,直至符合为止。

h. 对通过结构验算的路面结构进行技术经济分析,选定路面结构方案。

i. 计算改建路面结构的路表验收弯沉值。

3.3.5.2　沥青路面施工

(1)洒铺法沥青路面面层的施工

用洒铺法施工的沥青路面面层,包括沥青表面处治和沥青贯入式两种。其施工过程分述如下。

①沥青表面处治。

沥青混凝土
路面施工视频

由于沥青表面处治层很薄,一般不起提高强度作用,其主要作用是抵抗行车的磨耗,增强防水性,提高平整度,改善路面的行车条件。沥青表面处治宜在干燥和较热的季节施工,并应在雨季及日最高温度低于 15℃ 到来以前半个月结束,使表面处治层通过开放交通压实,成型稳定。

沥青表面处治可采用拌和法或层铺法施工,采用层铺法施工时按照洒布沥青及铺撒矿料的层次进行分类。单层式为洒布一次沥青,铺撒一次矿料,厚度为1.0~1.5cm;双层式为洒布二次沥青,铺撒二次矿料,厚度为 2.0~2.5cm;三层式为洒布三次沥青,铺撒三次矿料,厚度为 2.3~3.0cm。

沥青表面处治所用的矿料,其最大粒径应与所处治的层次厚度相当。矿料的最大与最小粒径比例应不大于2,介于两个筛孔之间颗粒的含量应不少于 70%~80%。

沥青表面处治可采用道路石油沥青、乳化沥青铺筑。当采用乳化沥青时,应减少乳液流失,可在主层集料中掺加 20% 以上较小粒径的集料,沥青表面处治施工后,应在路侧另备碎石或石屑,粗砂或小砾石作为初期养护用料,其中,碎石的规格为 S_{12}(5~10mm),石屑、粗砂或小砾石的规格为 S_{14}(3~5mm),其用量为 $2~3m^3/1000m^2$。城市道路的初期养护料,在施工时应与最后一遍料一起撒布。

层铺法沥青表面处治施工,一般采用所谓"先油后料"法,即先洒布一层沥青,后铺撒一层矿料。以双层式沥青表面处治为例,其施工程序如下:

a. 备料。

b. 清理基层及放样:在表面处治施工前,应将路面基层清扫干净,使基层的矿料大部分外露,并保持干燥。对有坑槽、不平整的路段应先修补和整平,若基层整体强度不足,则应先予补强。

c. 浇洒透层沥青。

d. 洒布第一次沥青:沥青要洒布均匀,不应有空白或积聚现象,以免日后产生松散或壅包和推挤等病害。采用汽车洒布机洒布沥青时,应根据单位面积的沥青用量选定洒布机排挡和油泵机挡。洒布汽车行驶的速度要均匀。若采用手摇洒布机洒布沥青,应根据施工气温和风向调节喷头离地面的高度和移动的速度,以保证沥青洒布均匀,并应按洒布面积来控制单位沥青用量。沥青的洒布温度应根据施工气温及沥青标号选择,石油沥青的洒布温度宜为 130~170℃,乳化沥青可在常温下洒布,当气温偏低,破乳及成型过慢时,可将乳液加温后洒布,但乳液温度不得超过 60℃。沥青浇洒的长度应与集料撒布机的能力相配合,应避免沥青浇洒后等待较长时间才撒布集料。

e. 铺撒第一层矿料:洒布沥青后应趁热迅速铺撒矿料,按规定用量一次撒足,矿料要铺撒均匀。局部有缺料或矿料过多处,应适当找补或扫除。矿料不应有重叠或漏空现象。当使用乳化沥青时,集料撒布应在乳液破乳之前完成。

f.碾压:铺撒矿料后随即用 60～80kN 双轮压路机或轮胎压路机及时碾压。碾压应从一侧路缘压向路中心。碾压时,每次轮迹重叠约 30cm,碾压 3～4 遍。压路机行驶速度开始为 2km/h,以后可适当提高。

g.洒布第二次沥青。

h.铺撒第二层矿料。

i.碾压。

j.初期养护:碾压结束后即可开放交通,但应禁止车辆快速行驶(不超过 20km/h),要控制车辆行驶的路线,使路面全幅宽度获得均匀碾压,加速处治层泛油稳定成型。对局部泛油、松散、麻面等现象,应及时修整处理。

单层式和三层式沥青表面处治的施工程序与双层式相同,仅需相应地减少或增加一次洒布沥青、铺撒矿料和碾压工序。

②沥青贯入式路面。

沥青贯入式路面具有较高的强度和稳定性,其强度的构成,主要依靠矿料的嵌挤作用和沥青材料的黏结力。沥青贯入式路面适用于二级及二级以下的公路、城市道路的次干道及支路。沥青贯入式层也可作为沥青混凝土路面的联结层。由于沥青贯入式路面是一种多孔隙结构,为了防止水的浸入和增强路面的水稳定性,其面层的最上层必须加铺封层。沥青贯入式路面宜在干燥和较热的季节施工,并宜在雨季及日最高温度低于 15℃ 以前半个月结束,使贯入式结构层通过开放交通碾压成型。

沥青贯入式路面在初步碾压的矿料层上洒布沥青,再分层铺撒嵌缝料、洒布沥青和碾压,并借行车压实而成的。其厚度一般为 4～8cm。乳化沥青贯入式路面的厚度不宜超过 5cm,当贯入式层上部加铺拌和的沥青混合料面层时,路面总厚度为 7～10cm,其中拌和层的厚度宜为 3～4cm。沥青贯入式路面所用的集料应选择有棱角、嵌挤性好的坚硬石料。

沥青贯入式面层的施工程序:a.整修和清扫基层;b.浇洒透层或粘层沥青;c.铺撒主层矿料;d.第一次碾压;e.洒布第一次沥青;f.铺撒第一次嵌缝料;g.第二次碾压;h.洒布第二次沥青;i.铺撒第二次嵌缝料;j.第三次碾压;k.洒布第三次沥青;l.铺撒封面矿料;m.最后碾压;n.初期养护。

对沥青贯入式路面施工要求与沥青表面处治基本相同,除注意施工各工序紧密衔接不要脱节之外,还应根据碾压机具、洒布沥青设备和数量来安排每一作业段的长度,力求在当天施工的路段当天完成,以免因沥青冷却而不能裹覆矿料和产生尘土污染矿料等不良后果。

适度的碾压在贯入式路面施工中极为重要。碾压不足会影响矿料嵌挤稳定,且易使沥青流失,形成层次上、下部沥青分布不均。但过度碾压,矿料易于压碎、破坏嵌挤原则,造成空隙减少,沥青难以下渗,形成泛油。因此,应根据矿料的等级、沥青材料的标号、施工气温等因素来确定各次碾压所使用的压路机重量和碾压遍数。

(2)路拌沥青碎石路面的施工

路拌沥青碎石路面是在路上用机械将热的或冷的沥青材料与冷的矿料拌和,并摊铺、压实而成。

沥青搅拌
施工视频

路拌沥青碎石路面的施工程序为：a.清扫基层；b.铺撒矿料；c.洒布沥青材料；d.拌和；e.整形；f.碾压；g.初期养护；h.封层。

在清扫干净的基层上铺撒矿料，矿料可在整个路面的宽度范围内均匀铺撒，随后用沥青洒布车按沥青材料的用量标准分数次洒布，每次洒布沥青材料后，随即用齿耙机或圆盘耙把矿料与沥青材料初步拌和，然后改用自动平地机做主要的拌和工作。拌和时，平地机行程的次数视施工气温、路面的层厚、矿料粒径和沥青材料的黏稠度而定，一般需往返行程20～30次方可拌和均匀。沥青与矿料翻拌后随即摊铺成规定的路拱横截面，并用路刮板刮平。由于路拌沥青混合料的塑性较高，故在碾压时，应先用轻型压路机碾压3～4遍后，再用重型压路机碾压3～6遍。路面压实后即可开放交通。通车后的一个月内应控制行车路线和车速，以便路面进一步压实成型。

（3）热拌沥青混合料路面的施工

热拌沥青混合料适用于各种等级道路的沥青面层。高速公路、一级公路和城市快速路、主干路的沥青面层的上面层、中面层及下面层应采用沥青混凝土混合料铺筑，沥青碎石混合料仅适用于过渡层及整平层。其他等级道路的沥青面层的上面层宜采用沥青混凝土混合料铺筑。热拌沥青混合料材料种类应根据具体条件和技术规范合理选用，应满足耐久性、抗车辙、抗裂、抗水损害能力、抗滑性能等多方面要求，同时还需考虑施工机械、工程造价等实际情况。沥青混凝土混合料面层宜采用双层或三层式结构，其中应有一层及一层以上是Ⅰ型密级配沥青混凝土混合料。当各层均采用开级配沥青混合料时，沥青面层下必须做下封层。

厂拌法沥青路面包括沥青混凝土、沥青碎（砾）石等，施工过程可分为沥青混合料的拌制与运输及现场铺筑两个阶段。

①沥青混合料的拌制与运输。

在工厂拌制混合料所用的固定式拌和设备有间歇式和连续式两种。前者是在每盘拌和时计量混合料各种材料的质量，而后者则在计量各种材料之后连续不断地送进拌和器中拌和。

为保证沥青混合料的质量更稳定，沥青用量更准确，高速公路和一级公路的沥青混凝土宜采用间歇式拌和机拌和。

在拌制沥青混合料之前，应根据确定的配合比进行试拌。试拌时对所用的各种矿料及沥青应严格计量。通过试拌和抽样检验确定每盘热拌的配合比及其总质量（对间歇式拌和机），或各种矿料进料口开启的大小及沥青和矿料进料的速度（对连续式拌和机），适宜的沥青用量，拌和时间，矿料和沥青加热温度，以及沥青混合料出厂的温度。对试拌的沥青混合料进行试验之后，即可选定施工的配合比。

为使沥青混合料拌和均匀，在拌制时，需要控制矿料和沥青的加热温度与拌和温度。经过拌和后的混合料应均匀一致，无细料和粗料分离及花白、结成团块的现象。

厂拌沥青混合料通常用自动倾卸汽车运往铺筑现场，必须根据运送的距离和道路交通状况来组织运输。

②现场铺筑。

热拌法沥青混合料路面的铺筑工序如下。

a.基层准备和放样：面层铺筑前，应对基层或旧路面的厚度、密实度、平整度、路拱等进行检查。基层或旧路面若有坎坷不平、松散、坑槽等现象，必须在面层铺筑之前整修完毕，并应清扫干净。为使面层与基层黏结好，在面层铺筑前4～8h，在粒料类的基层洒布透层沥青。透层沥青用油 AL(M)-1、AL(M)-2 或油 AL(S)-1、AL(S)-2 标号的液体石油沥青，或用 T-1 标号的煤沥青。透层沥青的洒布量：液体石油沥青为 0.8～1.0kg/m²，煤沥青为 1.0～1.2kg/m²。若基层为旧沥青路面或水泥混凝土路面,则在面层铺筑之前,在旧路面上洒布一层粘层沥青。粘层沥青用油 AL(M)-3、AL(M)-4、AL(M)-5 标号的液体石油沥青,或用 T-4、T-5 标号的煤沥青。粘层沥青的洒布量:液体石油沥青为 0.4~0.6 kg/m²,煤沥青为 0.5~0.8 kg/m²。若基层为灰土类基层,为加强面层与基层的黏结,减少水分浸入基层,可在面层铺筑前铺下封闭层。即在灰土基层上洒布 0.7~0.9 kg/m² 的液体石油沥青或 0.8~1.0 kg/m² 的煤沥青后,随即撒铺 3~8mm 颗粒的石屑,用量为 5m³/1000 m²,并用轻型压路机压实。

为了控制混合料的摊铺厚度,在准备好基层之后进行测量放样,沿路面中心线和 1/4 路面宽处设置样桩,标出混合料的松铺厚度。采用自动调平摊铺机摊铺时,还应放出引导摊铺机运行走向和标高的控制基准线。

b. 摊铺:沥青混合料可用人工或机械摊铺,高等级公路沥青路面应采用机械摊铺。

人工摊铺:将汽车运来的沥青混合料先卸在铁板上,随即用人工铲运,以扣铲方式均匀摊铺在路上,摊铺时不得扬铲远甩,以免造成粗细粒料分离,一边摊铺一边用刮板刮平。刮平时做到轻重一致,往返刮 2~3 次达到平整即可,防止反复多刮使粗粒料刮出表面。摊铺过程中要随时检查摊铺厚度、平整度和路拱,如发现有不妥之处应及时修整。

沥青混合料摊铺厚度为沥青路面设计厚度乘以压实系数。压实系数因混合料的种类和施工方法而异,采用人工摊铺时,沥青混凝土混合料为 1.25~1.50,沥青碎石为 1.20~1.45。

沥青混合料的摊铺顺序,应从进料方向由远而近逐步后退进行。应尽可能在全幅路面上摊铺,以避免产生纵向接缝。如路面较宽不能全幅摊铺,可按车道宽度分成两幅或数幅分别摊铺,但接缝必须平行路中心线,纵缝搭接要密切,以免产生凹槽。操作过程应满足施工规范的要求。

机械摊铺:沥青混合料摊铺机有履带式和轮胎式两种。二者的构造和技术性能大致相同。沥青混合料摊铺机摊铺的过程中,自动倾卸汽车将沥青混合料卸到摊铺机料斗后,经链式传送器将混合料往后传到螺旋摊铺器,随着摊铺机向前行驶,螺旋摊铺器即在摊铺带宽度上均匀地摊铺混合料,随后由振捣板捣实,并由摊平板整平。

c. 碾压:沥青混合料摊铺平整之后,应趁热及时进行碾压。压实后的沥青混合料应符合压实度及平整度的要求,沥青混合料的分层压实厚度不得大于 10cm。

沥青混合料碾压过程分为初压、复压和终压三个阶段。初压用 60~80kN 双轮压路机以 1.5~2.0km/h 的速度先碾压 2 遍,使混合料得以初步稳定。随即用 100~120kN 三轮压路机或轮胎式压路机复压 4~6 遍。碾压速度:三轮压路机为 3km/h,轮胎式压路机为 5km/h。复压阶段碾压至稳定无显著轮迹为止。复压是碾压过程最重要的阶段,混合料能否达到规定的密实度,关键全在于该阶段的碾压。终压是在复压之后用 60~80kN 双轮压路机以 3km/h 的碾压速度碾压 2~4 遍,以消除碾压过程中产生的轮迹,并确保路面表面的平整。

碾压时压路机开行的方向应平行于路中心线,并由一侧路边缘压向路中。用三轮压路机碾压时,每次应重叠后轮宽的 1/2;双轮压路机则每次重叠 30cm;轮胎式压路机亦应重叠碾压。由于轮胎式压路机能调整轮胎的内压,可以得到所需的接触地面压力,使骨料相互嵌挤咬合,易于获得均一的密实度,而且密实度可以提高 2‰~3‰。所以轮胎式压路机最适宜用于复压阶段的碾压。

d. 接缝施工:沥青路面的各种接缝(包括纵缝、横缝、新旧路面的接缝等)处,往往由于压实不足,容易产生台阶、裂缝、松散等病害,影响路面的平整度和耐久性,施工时必须十分注意。

纵缝施工:对当日先后修筑的两个车道,摊铺宽度应与已铺车道重叠 3~5cm,所摊铺的混合料应高出相邻已压实的路面,以便压实到相同的厚度。对不在同一天铺筑的相邻车道,或与旧沥青路面连接的纵缝,在摊铺新料之前,应对原路面边缘加以修理,要求边缘凿齐,塌落松动部分应刨除,

露出坚硬的边缘。缝边应保持垂直,并需在涂刷一薄层粘层沥青之后方可摊铺新料。纵缝应在摊铺之后立即碾压,压路机应大部分在已铺好的路面上,仅有 10～15cm 的宽度压在新铺的车道上,然后逐渐移动跨过纵缝。

横缝施工:横缝应与路中线垂直。接缝时先沿已刨齐的缝边用热沥青混合料覆盖,覆盖厚度约 15cm,待接缝处沥青混合料变软之后,将所覆盖的混合料清除,换用新的热混合料摊铺,随即用热夯沿接缝边缘夯捣,并将接缝的热料铲平,然后趁热用压路机沿接缝边缘碾压密实。

双层式沥青路面上下层的接缝应相互错开 20～30cm,做成台阶式衔接。

3.3.5.3 沥青路面的路用材料

沥青路面应采用道路石油沥青或其加工产品,沥青标号的选择应根据道路等级、气候条件、交通量及其组成、路线线形、面层结构与层次、施工工艺等因素,并结合当地使用经验确定。各种路用沥青的技术指标应符合有关国家标准、规范及行业标准、规范的要求。

液体石油沥青宜用作透层、表面处治或冷拌沥青混合料的黏结料,应视其用途、气候条件和施工情况选择类型与标号;乳化沥青宜用作透层、粘层、稀浆封层、冷拌沥青混合料、表面处治;改性乳化沥青适用于交通量较大或重要道路的粘层、稀浆封层、桥面铺装的粘层、表面处治、冷拌沥青混合料、微表处等;对于特重交通、重交通、重要公路,或温差变化较大、气候严酷地区,或铺筑特殊结构层,以及连续长、陡纵坡段等,可选用改性沥青。改性沥青的改性剂应根据改性目的与实践效果,结合加工工艺难易、质量稳定性等因素进行技术经济比较后选定。

应根据混合料类型与使用要求,合理选择纤维稳定剂类型与掺配剂量。纤维稳定剂包括木质素纤维、合成纤维、矿物纤维等。

沥青路面的粗集料应选用碎石,也可选用经轧制的碎砾石。三级、四级公路的沥青层可用经筛选的砾石。高速公路和一级公路、二级公路沥青表面层用粗集料应选用硬质、耐磨碎石,其石料磨光值应符合表 3-29 的要求,其他等级公路可参照执行。

表 3-29　　　　　　　　　　　　　石料磨光值的技术要求

PSV　　　　公路等级 年降雨量/mm	高速公路和一级公路	二级公路
＞1000	＞42	＞40
500～1000	＞40	＞38
250～500	＞38	＞36
＜250	＞36	—

粗集料与沥青应具有良好的黏附性,对年平均降雨量在 1000mm 以上地区的高速公路和一级公路,表面层所用集料与沥青的黏附性宜达到 5 级;其他情况黏附性不宜低于 4 级。当黏附性达不到要求时,应掺入高温稳定性好的抗剥落剂或选用改性沥青提高粗集料与沥青的黏附性。

沥青混合料中的细集料,可选用机制砂、天然砂、石屑配制。细集料应具有一定棱角性,洁净、干燥、无风化、无杂质。天然砂宜选用中砂、粗砂,天然河砂不宜超过集料总质量的 20%,沥青玛琋脂碎石混合料和开级配抗滑表层的混合料不宜使用天然砂。

矿粉必须采用石灰石等碱性石料磨细的石粉。矿粉应干燥、洁净、不成团块。若需利用拌和机回收粉尘,其掺入比例不得大于矿粉总量的 25%,且混合后矿粉的塑性指数不得大于 4%。

半刚性基层所用水泥应符合国家技术标准的要求,初凝时间应大于 4h,终凝时间应在 6h 以上。石灰、粉煤灰稳定土类和石灰稳定土类的半刚性基层、底基层，粉煤灰中 SiO_2、Al_2O_3 和 Fe_2O_3 的总含量应大于 70%，烧失量不宜大于 20%，比表面积宜大于 $2500cm^2/g$ 或 0.075mm 筛孔通过率应大于 60%。石灰等级宜高于Ⅲ级，技术指标应符合表 3-30 有关要求。基层、底基层的集料压碎值应符合表 3-31 的要求。

表 3-30　　　　　　　　　　　　　　　　**石灰技术指标**

技术指标 \ 材料种类	钙质生石灰	镁质生石灰	钙质消石灰	镁质消石灰
有效钙加氧化镁含量/%	≥70	≥65	≥55	≥50
未消化残渣含量(5mm 圆孔筛筛余)/%	≤17	≤20	—	—
含水量/%	—	—	≤4	≤4
细度　0.71mm 方孔筛筛余/%	—	—	≤1	≤1
细度　0.125mm 方孔筛累计筛余/%	—	—	≤20	≤20
钙镁石灰的分类界限，氧化镁含量/%	≤5	>5	≤4	>4

表 3-31　　　　　　　　**基层、底基层的集料压碎值**　　　　　　　　（单位:%）

材料类型 \ 公路等级		高速公路、一级公路	二级公路	三、四级公路
水泥、石灰粉煤灰稳定类		≤30	≤35	≤35
石灰稳定类	基层	—	≤30	≤35
	底基层	≤35	≤40	≤40
级配碎石	基层	≤26	≤30	≤35
	底基层	≤30	≤35	≤40
填隙碎石	基层			≤26
	底基层	≤30		≤30
级配或天然砂砾	基层			≤35
	底基层	≤30	≤35	≤40

3.3.6　水泥混凝土路面

3.3.6.1　概述

水泥混凝土路面是指以水泥混凝土板作为面层，下设基层、垫层所组成的路面结构，又称刚性路面。

（1）水泥混凝土路面的主要特点

水泥混凝土路面与沥青类路面、石料类路面相比，具有以下特点。

①优点。

a. 强度高、刚度大，具有较高的承载能力和扩散载荷的能力；

b.稳定性好,受气候条件等自然因素影响小,不易出现沥青路面的某些因稳定性不足而产生的损坏,如变软、壅包、车辙、波浪等情况,也不存在沥青路面易出现的老化、龟裂等损坏现象;

c.耐久性好,抗磨耗能力强,而且能通行包括履带式车辆在内的各种运输机械;

d.水泥混凝土对油和大多数化学物质不敏感,有较强的抗侵蚀能力;

e.表面较粗糙,抗滑性和附着性好,从而提高车辆行驶的稳定性;

f.水泥路面色泽鲜明,反光能力强,对夜间行车安全有利。

②缺点。

a.对水泥和水的需求量大;

b.有接缝,一般混凝土路面要设置许多接缝,这些接缝不但增加施工和养护的复杂性,而且容易引起行车跳动,影响行车的舒适性,并且接缝处又是路面的薄弱点,如处理不当,将导致路面板边和板角处破坏;

c.开放交通较迟,一般混凝土路面完工后,要经过28d的潮湿养生才能开放交通,如需提前开放交通,则需采取特殊措施;

d.修复困难,混凝土路面损坏后,不仅开挖困难、修补工作量大,而且影响交通。

(2)水泥混凝土路面的分类

水泥混凝土路面根据面板的不同类型,可分为以下几种类型。

①素混凝土路面:除接缝区和局部范围(边缘或角隅)外不配置钢筋的水泥混凝土路面,亦称素混凝土路面。

②钢筋混凝土路面:面层内配置纵、横向钢筋或钢筋网并设接缝的水泥混凝土路面。

③连续配筋混凝土路面:面层内配置纵向连续钢筋和横向钢筋,横向不设缩缝的水泥混凝土路面。

④钢纤维混凝土路面:在混凝土面层中掺入钢纤维的水泥混凝土路面。

⑤复合式路面:面层由两层不同类型和力学性质的结构层复合而成的路面。

⑥水泥混凝土预制块路面:面层由水泥混凝土预制块铺砌成的路面。

⑦碾压混凝土:采用碾压法施工工艺施工的水泥混凝土路面称为碾压式混凝土路面。

(3)水泥混凝土路面对材料的要求

水泥混凝土路面的结构层建造在路基上,由水泥混凝土面板、基层、垫层等组成。

①路基。

理论分析表明,通过刚性面层和基层传到路基上的压力很小,一般不超过 0.05MPa。因此,混凝土板下似乎不需要有较强的路基支承。然而,如果路基的稳定性不足,在水温变化的影响下可能出现较大的变形,特别是不均匀沉陷,则仍将给混凝土面板带来很不利的影响。实践证明,出于路基不均匀支承,使面板在受荷时底部产生过大的弯拉应力,导致路面产生破坏。因此,混凝土路面下的路基必须密实、稳定和均匀。路基一般要求处于干燥或中湿状态,过湿状态或强度与稳定性不符合要求的潮湿状态的路基必须进行处理。

②垫层。

遇有下述情况时,需在基层下设置垫层:季节性冰冻地区,路面总厚度小于最小防冻厚度要求时,其差值应以垫层厚度补足;水文地质条件不良的土质路堑,路床土湿度较大时,宜设置排水垫层;路基可能产生不均匀沉降或不均匀变形时,可加设半刚性垫层。

垫层宽应与路基同宽,其最小厚度为150mm。

垫层采用的主要材料:防冻垫层和排水垫层宜采用碎石、砂砾等颗粒材料;半刚性垫层可采用低剂量无机结合料稳定粒料或土。其中防冻垫层所用砂、砂砾材料中通过 0.075mm 筛孔的细粒含量不宜大于 5%。

③基层。

混凝土面层下设基层的主要目的如下。

a. 防唧泥：混凝土面层直接铺筑在路基上，会由于路基土塑性变形量大，细料含量多和抗冲刷能力低而极易产生唧泥现象，铺设基层后，可减轻以至致消除唧泥的产生。

b. 防冻胀：在季节性冰冻地区，用对冰冻不敏感的粒状多孔材料铺筑基层，可以减少路基的冰冻深度，从而减少冰冻的危害作用。

c. 减小路基顶面的压应力，并缓和路基不均匀变形对面层的影响。

d. 防水：在湿软土基上，铺筑开级配粒料基层，可以排除从路表面渗入面层板下的水分以及隔断地下毛细水上升。

e. 为面层施工（如立侧模、运送混凝土混合料等）提供方便。

f. 提高路面结构的承载能力，延长路面的使用寿命。

基层采用的主要材料，要求具有较高的弹性模量，如贫混凝土、沥青混凝土、水泥稳定碎石、石灰粉煤灰稳定碎石、级配碎石等；半刚性基层不仅强度高、稳定性好、整体性好，也便于就地取材，降低造价，而且可以确保混凝土路面良好的使用特性和延长路面的使用寿命。因此，无机结合料稳定类基层成为混凝土路面（特别是交通繁重的路段）最适用的基层类型。

砂砾基层不宜采用，因为砂不易压实且易受扰动，与面板不易结合成整体，同时砂砾基层在荷载重复作用后的累积变形量大。如因条件限制必须采用砂砾基层，则要控制细料含量并保证压实要求，或采取一定的处治措施。

除土基本身就是良好级配的砂砾类土，且具有良好排水条件的轻交通道路之外，都应设置基层。基层应具有足够的强度和稳定性，且断面正确，表面平整。基层的宽度一般要比水泥混凝土面板每侧宽 20~25cm，以安装模板或水泥混凝土摊铺机轨道，便于施工。同时，也可以保证混凝土板边缘的强度和稳定性。

④面层。

水泥混凝土面板材料有如下要求：

a. 面板混凝土混合料必须具有较高的抗弯拉强度，良好的抗冻性、耐磨性及施工和易性。面板混凝土强度应当满足设计强度要求，施工时 28d 的抗弯拉强度为 4.0~5.0MPa，抗压强度为 30~35MPa。

b. 水泥混凝土集料公称最大粒径不应大于 31.5mm（碎石）或 19.0mm（卵石）。砂的细度模数不宜小于 2.5。高速公路面层的用砂，其硅质砂或石英砂的含量不宜低于 25%。水泥用量不得小于 300kg/m³（非冰冻地区）或 320kg/m³（冰冻地区）。冰冻地区的混凝土中必须掺加引气剂。

c. 厚度大于 280mm 的普通混凝土面层，分上下两层连续铺筑时，上层一般为总厚度的 1/3，可采用高强、耐磨的混凝土材料，碎石集料公称最大粒径为 19mm。

（4）水泥混凝土路面的构造

①接缝的构造与处理。

水泥混凝土路面设置接缝的目的是防止水泥混凝土在施工凝结过程产生收缩，使用过程温度升高引起膨胀，导致板的应力过大，从而导致路面板的破坏。

混凝土面板的接缝按照其几何位置可分为纵缝和横缝。纵缝是指平行于道路中线（行车方向）而设置的接缝。横缝通常垂直于纵缝，如图 3-50 所示。

图 3-50　路面接缝设置
1—横缝；2—纵缝

混凝土面板的接缝按照接缝的用途可以分为缩缝、胀缝和施工缝。

a. 缩缝：为防止面板在温度或湿度降低、混凝土施工收缩，引起产生不规则的横向裂缝。缩缝的大部分做成假缝，即只在板的上部设置缝隙，当板收缩时，将沿此最薄弱断面有规则地自行断裂，缝宽一般为 3～8mm，深度为板厚的 1/5～1/4，一般为 5～6mm，如图 3-51(a)所示。假缝缝隙内应浇筑填缝料，以防地面水下渗及砂石等杂物进入缝内。设传力杆假缝是在假缝内设置不妨碍混凝土板收缩位移的传力杆(光圆钢筋)，依靠传力杆传递荷载，这种假缝形式多用于横向缩缝，在特重和重交通道路上，应采用设传力杆假缝，以减少唧泥和错台病害的出现。设拉杆假缝是在假缝内设置拉杆(螺纹钢筋)，以防止两侧混凝土板被拉开，这种形式多用于纵向缩缝，如图 3-51(b)所示。

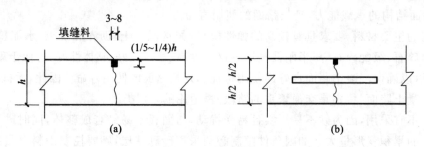

图 3-51　缩缝构造
(a)假缝型；(b)假缝加拉杆或传力杆型

b. 胀缝：为防止面板在温度升高时膨胀，在接缝处挤压拱起，导致面板折断破坏而设置的。缝宽较大，一般为 20～25mm。胀缝应采用滑动传力杆，能有效地传递荷载，防止错台。传力杆一般采用长 40～60cm，直径 20～25mm 的光圆钢筋，每隔 30～50cm 设一根。杆的半段固定在混凝土内，另半段涂以沥青、套上长 8～10cm 铁皮或塑料套筒，筒底与杆端之间留出空隙 3～4cm 空隙，并用木屑与弹性材料填充，以利板的自由伸缩，如图 3-52 所示。胀缝通常设置在与桥涵或其他固定构造物连接处、与沥青路面的连接处等。

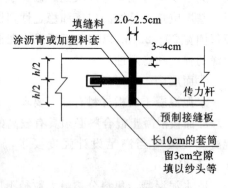

图 3-52　滑动传力杆

c. 施工缝：分为横、纵施工缝两种。每日施工结束或因临时原因中断施工时，需设置横向施工缝。混凝土一次铺筑宽度小于路面宽度时，需设置纵向施工缝。横向施工缝应尽可能地设置在缩缝处，做成设传力杆的平缝形式，如图 3-53(a)所示。如有困难而必须设在缩缝之间时，施工缝采用设拉杆的企口缝形式，以保证缝隙不张开，如图 3-53(b)所示。纵向施工缝(图 3-54)采用设拉杆的平缝或设拉杆的企口缝形式。传力杆和拉杆的尺寸和间距，与前述缩缝和胀缝的传力杆和拉杆相同。

② 水泥混凝土路面特殊部位的处理。

a. 面板板边补强。混凝土面板边缘补强的措施主要是在板边缘和角隅处设置一定数量的补强钢筋，或加强基础。沿混凝土板纵、横向自由边配置的边缘钢筋，一般选用两根直径为 12～16mm

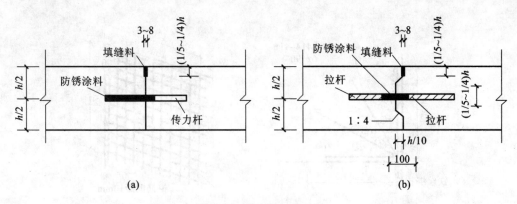

图 3-53　横向施工缝构造

（a）平缝加传力杆型；（b）企口缝加拉杆型

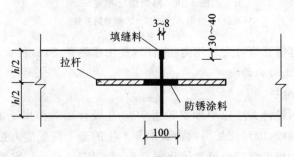

图 3-54　纵向施工缝构造

的螺纹钢筋或光圆钢筋，布设在板的下部，两端应向上弯起，如图 3-55 所示。钢筋保护层的最小厚度不应小于 5cm。边缘钢筋一般不穿过缩缝，以免妨碍板的翘曲。当必要时亦可将其穿过缩缝，但不得穿过胀缝。

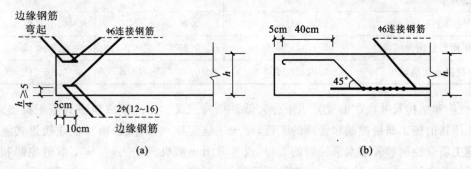

图 3-55　边缘钢筋布置

（a）横向剖面；（b）纵向剖面

　　b. 面板角隅补强。混凝土面板角隅补强是在板的角隅处设置角隅钢筋。角隅钢筋常设在胀缝两侧板的角隅处及板的锐角处，可选用 2 根直径为 12～16mm 的螺纹钢筋弯成发针形，如图 3-56（a）所示，布置在板的上部，距板顶不应小于 5cm。板呈锐角形时，亦可采用双层钢筋网补强，如图 3-56（b）所示，布置在板的上、下部，距板顶和板底以 5～10cm 为宜。

　　c. 与沥青路段相接处的处理。在沥青路面面层下埋设混凝土板；采用平接型接缝、混凝土预制块过渡。

　　d. 与桥梁等构造物相接处的处理。设置钢筋混凝土搭板、渐变板和在适当位置设胀缝。

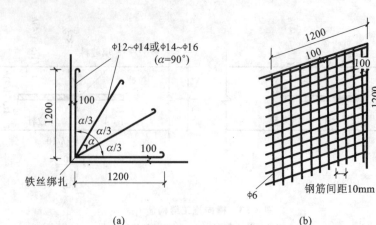

图 3-56　角隅钢筋布置

(a)发针形钢筋补强；(b)钢筋网补强

e.交叉口接缝。接缝位置应与交通流向相适应，要注意整齐美观，利于排水，方便施工。

3.3.6.2　水泥混凝土路面的设计

(1)设计依据与交通分析

我国水泥混凝土路面设计方法以单轴双轮组 100kN 设计轴载作用下的弹性半空间地基有限大矩形薄板模型为理论基础，以路面板纵向边缘中部产生的最大荷载应力控制设计，采用了可靠度设计方法。混凝土路面结构可靠度也可具体化定义为：在规定的设计基准期内，在规定的交通和环境条件下，行车荷载疲劳应力和温度梯度应力的总和不超过混凝土弯拉强度的概率。变异系数 C_v 的变化范围见表 3-32。

表 3-32　　　　　　　　　　　　　**变异系数 C_v 的变化范围**

变异水平等级	低	中	高
水泥混凝土弯拉强度	$0.05 \leqslant C_v \leqslant 0.10$	$0.10 < C_v \leqslant 0.15$	$0.15 < C_v \leqslant 0.20$
基层顶面当量回弹模量	$0.15 \leqslant C_v \leqslant 0.25$	$0.25 < C_v \leqslant 0.35$	$0.35 < C_v \leqslant 0.55$
水泥混凝土面层厚度	$0.02 \leqslant C_v \leqslant 0.04$	$0.04 < C_v \leqslant 0.06$	$0.06 < C_v \leqslant 0.08$

材料性能和结构尺寸参数的变异水平分为低、中、高三级。由滑模或轨道式施工机械施工，并进行认真、严格的施工质量控制和管理的工程，可选用低变异水平等级；由滑模或轨道式施工机械施工，但施工质量控制和管理水平较弱的工程，或者采用小型机具施工，而施工质量控制和管理得到认真、严格执行的工程，可选用中、低变异水平等级；采用小型机具施工，施工质量控制和管理水平较弱的工程，可选用高变异水平等级。选定了变异水平等级，施工时就应采取相应的技术和管理措施，以保证主要设计参数的变异系数控制在规定的范围内。

水泥混凝土路面结构设计应以行车荷载和温度梯度综合作用产生的疲劳断裂作为设计的极限状态，应满足式(3-32)要求。

$$\gamma_r(\sigma_{pr} + \sigma_{tr}) \leqslant f_r \tag{3-32}$$

式中　γ_r——可靠度系数，依据所选目标可靠度及变异水平等级按表 3-33 确定。

　　　　σ_{pr}——面层板在临界荷位处产生的行车荷载疲劳应力，MPa。

　　　　σ_{tr}——面层板在临界荷位处产生的温度梯度疲劳应力，MPa。

f_r——水泥混凝土弯拉强度标准值,MPa。各交通等级要求的混凝土弯拉强度标准值不得低于表 3-34 的规定。

表 3-33 可靠度系数

变异水平等级	目标可靠度/%			
	95	90	85	80~70
低	1.20~1.33	1.09~1.16	1.04~1.08	—
中	1.33~1.50	1.16~1.23	1.08~1.13	1.04~1.07
高	—	1.23~1.33	1.13~1.18	1.07~1.11

表 3-34 水泥混凝土弯拉强度标准值

交通等级	极重、特重、重	中等	轻
水泥混凝土的弯拉强度标准值/MPa	≥5.0	4.5	4.0
钢纤维混凝土的弯拉强度标准值/MPa	≥6.0	5.5	5.0

水泥混凝土路面结构设计以 100kN 的单轴—双轮组荷载作为设计轴载。各级轴载作用次数为 N_i,可按式(3-33)换算为设计轴载的作用次数 N_s,并根据设计轴载作用次数判断道路交通的繁重程度。

$$N_s = \sum_{i=1}^{n} N_i \left(\frac{P_i}{100}\right)^{16} \tag{3-33}$$

式中 N_s——设计轴载的作用次数,次/d;

N_i——各级轴载的作用次数,次/d;

n——各种轴型的轴载级位数;

P_i——第 i 级轴载重,kN,联轴按每一根轴载单独计。

设计基准期内水泥混凝土面层临界荷位处所承受的标准轴载累计作用次数 N_e,可按式(3-34)确定:

$$N_e = \frac{N_s \left[(1+\gamma)^t - 1\right] \times 365}{\gamma} \eta \tag{3-34}$$

式中 N_e——设计基准期内设计车道所承受的设计轴载累计次数,轴次/车道;

N_s——使用初期设计车道的日设计轴载作用次数,次/d;

γ——基准期内货车交通量的年平均增长率,%;

t——设计基准期,年;

η——临界荷位处的车辆轮迹横向分布系数,按表 3-35 确定。

表 3-35 车辆轮迹横向分布系数

公路等级		纵缝边缘处
高速公路、一级公路、收费站		0.17~0.22
二级及二级以下公路	行车道宽大于 7m	0.34~0.39
	行车道宽小于或等于 7m	0.54~0.62

水泥混凝土路面所承受的轴载作用,按设计基准期内设计车道所承受的设计轴载累计作用次数分为 5 级交通,等级范围如表 3-36 所示。

表 3-36　　　　　　　　　　　　　　　　　**交通等级**

交通等级	极重	特重	重	中等	轻
设计车道设计轴载累计作用次数 N_e($\times10^4$)	$>1\times10^6$	$2000\sim1\times10^6$	$100\sim2000$	$3\sim100$	<3

(2)行车荷载应力与温度应力分析

①行车荷载应力 σ_{pr} 分析。

选取混凝土板的纵向边缘中部作为产生最大荷载和温度梯度综合疲劳损坏的临界荷位。

$$\sigma_{pr}=k_r k_f k_c \sigma_{ps} \tag{3-35}$$

式中　σ_{pr}——设计轴载在临界荷位处产生的行车荷载疲劳应力,MPa;

σ_{ps}——设计轴载在四边自由板的临界荷位处产生的行车荷载应力,MPa;

k_r——考虑接缝传荷能力的应力折减系数;

k_f——考虑设计基准期内的行车荷载疲劳应力系数;

k_c——考虑偏载和动载等因素对路面疲劳损坏影响的综合系数。

②温度应力 σ_{tr} 分析。

$$\sigma_{tr}=k_t \sigma_{tm} \tag{3-36}$$

式中　σ_{tr}——临界荷位处的温度疲劳应力,MPa;

σ_{tm}——最大温度梯度时混凝土板的温度翘曲应力,MPa;

k_t——考虑温度应力累计疲劳作用的疲劳应力系数。

(3)水泥混凝土板厚计算流程

水泥混凝土板厚计算流程,主要包括如下几部分:

①依据所设计的道路技术等级,确定路面结构的设计安全等级以及相应的设计基准期、目标可靠度和变异水平等级。

②调查采集交通资料,包括初始年日交通量、日货车交通量、方向和车道分配系数、各类货车的轴载谱、设计基准期内交通量年平均增长率等。

③将各级轴载作用次数换算为设计轴载的作用次数,并计算设计车道的初始年日设计轴载作用次数;依据道路等级和车道宽度,选定车辆轮迹横向分布系数;根据设计基准期内设计车道上的设计轴载累计作用次数,确定设计车道的交通等级。

④依据施工技术、管理和质量控制的预期水平,选定路面材料性能和结构尺寸的变异水平等级,并依据所要求的目标可靠度,确定可靠度系数。

⑤根据道路等级和交通等级,并按设计道路所在地的路基土质、温度和湿度状况、路面材料供应条件和材料性质以及当地已有路面使用经验,进行结构层组合设计,初选各结构层的材料类型和厚度。

⑥根据交通等级,选取水泥混凝土的最低抗弯拉强度标准值,确定混合料试配弯拉强度的均值,进行混凝土混合料组成设计;通过试验或经验值确定相应的混凝土弹性模量。

⑦按所选基层和垫层材料类型,进行混合料配合比设计,通过试验或经验数值确定各类混合料的回弹模量标准值。

⑧对新建道路,依据土组类型和道路所在地的自然区划按经验值确定路床顶面的回弹模量标准值。将路床顶面以上和基层顶面以下的各结构层转化成单层后,计算确定基层顶面的当量回弹

模量值。对改建道路,通过弯沉测定确定旧路面的计算回弹弯沉值后,计算确定旧路面顶面的当量回弹模量值。

⑨按道路等级选定综合系数,按纵缝类型和基层情况选取应力折减系数,按设计基准期内设计轴载累计所用次数计算行车荷载疲劳应力系数,计算设计轴载产生的行车荷载疲劳应力。

⑩按道路所在地的自然区划确定最大温度梯度,确定温度应力系数,计算最大温度应力,计算温度疲劳应力系数,确定温度疲劳应力值。

⑪当荷载疲劳应力同温度疲劳应力之和与可靠度系数乘积小于且接近混凝土弯拉强度标准值时,则初选厚度可作为混凝土面层的计算厚度。否则,应改选面层厚度,重新计算,直到满足要求为止。面层设计厚度为计算厚度按 10mm 向上取整。

3.3.6.3 水泥混凝土路面的施工

面层板的施工程序为:安装模板,设置传力杆,混凝土的拌和与运送,混凝土的摊铺和振捣,接缝的设置,表面整修,混凝土的养生与填缝。

(1)边模的安装

在摊铺混凝土前,应先安装两侧模板。如果采用手工摊铺混凝土,则边模的作用仅在于支撑混凝土,可采用厚度不小于 5cm 的木模板,在弯道和交叉口路缘处,应采用 1.5～3cm 厚的薄模板,以便弯成弧形。条件许可时宜用钢模,这不仅节约木材,而且保证工程质量。钢模可用厚 4～5mm 的钢板冲压制成,或用 3～4mm 厚钢板与边宽 40～50mm 的角钢或槽钢组合构成。

清原水泥路面
施工视频

当用机械摊铺混凝土时,轨道和模板的安装精度直接影响轨道式摊铺机的施工质量和施工进度,安装前应先对轨道及模板的有关质量指标进行检查和校正,安装中要用水平仪、经纬仪、皮尺等定出路面高程和线形,每 5～10m 一点,用挂线法将铺筑线形和高程固定下来。

侧模按预先标定的位置安放在基层上,两侧用铁钎打入基层以固定位置。模板顶面用水准仪检查其标高,不符合时予以调整。模板的平面位置和高程控制都很重要,稍有歪斜和不平,都会反映到面层,使其边线不齐,厚度不准和表面呈波浪形。因此,施工时必须经常校验,严格控制。模板内侧应涂刷肥皂液、废机油或其他润滑剂,便于拆模。

(2)传力杆设置

当两侧模板安装好后,即在需要设置传力杆的胀缝或缩缝位置上设置传力杆。混凝土板连续浇筑时设置胀缝传力杆的做法,一般是在嵌缝板上预留圆孔以便传力杆穿过,嵌缝板上面设木制或铁制压缝板条,其旁再放一块胀缝模板,按传力杆位置和间距,在胀缝模板下部挖成倒 U 形槽,使传力杆由此通过。传力杆的两端固定在钢筋支架上,支架脚插入基层内(图 3-57)。

对于不连续浇筑的混凝土板在施工结束时设置的胀缝,宜用顶头木模固定传力杆的安装方法。即在端模板外侧增设一块定位模板,板上同样按照传力杆间距及杆径钻成孔眼,将传力杆穿过端模板孔眼并直至外侧定位模板孔眼。两模板之间可用按传力杆一半长度的横木固定(图 3-58)。继续浇筑邻板时,拆除挡板、横木及定位模板,设置胀缝板、木制压缝板条和传力杆套管。

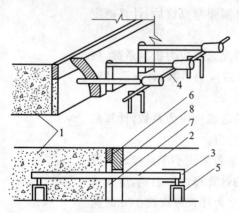

图 3-57　胀缝传力杆的架设(钢筋支架法)

1—先浇的混凝土;2—传力杆;3—金属套管;4—钢筋;
5—支架;6—压缝板条;7—嵌缝板;8—胀缝模板

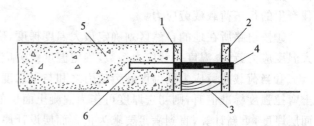

图 3-58　胀缝传力杆的架设(顶头模固定法)

1—端头挡板;2—外侧定位模板;3—固定模板;
4—半段涂沥青;5—先浇混凝土;6—传力杆

混凝土的
搅拌视频

（3）制备与运送混凝土混合料

混合料的制备可采用两种方式:①在工地由拌和机拌制;②在中心工厂集中制备,而后用汽车运送到工地。

在工地制备混合料时,应在拌和场地上合理布置拌和机及砂石、水泥等材料的堆放地点,力求提高拌和机的生产率。拌制混凝土时,要准确掌握配合比,特别要严格控制用水量。每天开始拌和前,应根据天气变化情况,测定砂、石材料的含水量,以调整拌制时的实际用水量。每次拌和所用材料应过秤。量配的精确度对水泥为 ±1.5%,砂为 ±2%,碎石为 ±3%,水为 ±1%。每一工班应检查材料量配的精确度至少 2 次,每半天检查混合料的坍落度 2 次。拌和时间为 1.5～2.0min。

当用机械摊铺混凝土时需进行匀料,匀料工序的主要任务是用匀料机将运输车卸下的混凝土均匀分布在铺筑路段内,并使其大致平整,留有一定的虚高,以保证混凝土经振实、整平后与路面施工厚度相同,预留虚高的大小,与混凝土的压(振)实系数、混凝土的级配组成、坍落度及振实机械的性能等有关,预留虚高应经试验确定,在一般情况下,当坍落度为 1～5cm 时,匀料机匀料的松铺厚度按振实后路面厚度的 1.15～1.25 倍控制。

混合料用手推车、翻斗车或自卸汽车运送。合适的运距视车辆种类和混合料容许的运输时间而定。通常,夏季不宜超过 30～40min,冬季不宜超过 60～90min。高温天气运送混合料时应采取覆盖措施,以防混合料中水分蒸发。运送用的车厢必须在每天工作结束后,用水冲洗干净。

（4）摊铺和振捣

当运送混合料的车辆运达摊铺地点后,一般直接倒向安装好侧模的路槽内,并用人工找补均匀。要注意防止出现离析现象。摊铺时应考虑混凝土振捣后的沉降量,虚高可高出设计厚度约 10%,使振实后的面层标高同设计相符。

混凝土混合料的振捣器具,应由平板振捣器、插入式振捣器和振捣梁配套作业。混凝土路面板厚在 0.22m 以内时,一般可一次摊铺,用平板振捣器振实,凡振捣不到之处,如面板的边角部、窨井、进水口附近,以及设置钢筋的部位,可用插入式振捣器进行振实;当混凝土板厚较大时,可先插入振捣,然后用平板振捣,以免出现蜂窝现象。

平板振捣器在同一位置停留的时间,一般为 10～15s,以达到表面振出浆水,混合料不再沉落为宜。平板振捣后,用带有振捣器的、底面符合路拱横坡的振捣梁,两端搁在侧模上,沿摊铺方向振捣拖平。拖振过程中,多余的混合料将随着振捣梁的拖移而刮去,低陷处则应随时补足。随后,再将直径为 75～100mm 长的无缝钢管,两端放在侧模上,沿纵向滚压一遍。

必须注意,当摊铺或振捣混合料时,不要碰撞模板和传力杆,以避免其移动变位。

当用机械摊铺混凝土时,摊铺工序包括用螺旋摊铺器或叶浆摊铺器将匀料后的松铺混凝土表面进一步摊铺平整,并通过机械的自重对混凝土进行压实,为振实工序提供平整的外形和更为准确的虚高,摊铺作业时要将叶浆摊铺器的底面调节到弧形振动梁的前沿并保持在同一高度,螺旋摊铺器旋转直径比整平滚筒的直径小 3cm,已经考虑了部分虚高,调节的范围较小,施工中,摊铺器前必须保持一定高度的混凝土拥料,以保证有足够的料来找平,拥料高度以 5～15cm 控制比较合适。振实工序的工作内容主要是用插入式振捣机组或弧形振动梁对摊铺整平后的混凝土进行振捣密实、均匀,使混凝土路面成形后获得尽可能高的抗折、抗压强度。本工序是路面内在质量的关键,影响振实效果的主要因素有混凝土坍落度、集料级配组成、粗集料最大粒径及振捣方式等。

(5)接缝设置

①胀缝设置。先浇筑胀缝一侧混凝土,取走胀缝模板后,再浇筑另一侧混凝土,钢筋支架浇在混凝土内。压缝板条使用前应涂废机油或其他润滑油,在混凝土振捣后,先抽动一下,而后最迟在终凝前将压缝板条抽出。抽出时为确保两侧混凝土不被扰动,可用木板条压住两侧混凝土,然后轻轻抽出压缝板条,再用铁抹板将两侧混凝土抹平整。缝隙上部浇灌填缝料,留在缝隙下部的嵌缝板是用沥青浸制的软木板或油毛毡等材料制成。

②横向缩缝,即假缝。用下列两种方法设置。

a.切缝法。在混凝土捣实整平后,利用振捣梁将 T 形振动刀准确地按缩缝位置振出一条槽,随后将铁制压缝板放入,并用原浆修平槽边。当混凝土收浆抹面后,再轻轻取出压缝板,并用专用抹子修整缝缘。这种做法要求谨慎操作,以免混凝土结构受到扰动和接缝边缘出现不平整(错台)。

b.锯缝法。在结硬的混凝土中用锯缝机(带有金刚石或金刚砂轮锯片)锯割出要求深度的槽口。这种方法可保证缝槽质量和不扰动混凝土结构。但要掌握好锯割时间,过晚则混凝土因过硬而使锯片磨损过大且费工,而且更主要的是在锯割前混凝土可能会出现收缩裂缝;过早则混凝土因还未结硬,锯割时槽口边缘易产生剥落。合适的时间视气候条件而定,炎热而多风的天气,或者早晚气温有突变时,混凝土板会产生较大的湿度或温度差,使内应力过大而出现裂缝,锯缝应早在表面整修后 4h 即可开始。如天气较冷,一天内气温变化不大时,锯割时间可晚至 12h 以上。

③纵缝设置。设置企口式纵缝,模板内壁做成凸榫状。拆模后,混凝土板侧面即形成凹槽。需设置拉杆时,模板在相应位置处要钻成圆孔,以便拉杆穿入。浇筑另一侧混凝土前,应先在凹槽壁上涂抹沥青。

(6)表面整修与防滑措施

混凝土终凝前必须用人工或机械抹平其表面。当用人工抹光时,不仅劳动强度大、工效低,而且会把水分、水泥和细砂带至混凝土表面,致使它相比下部混凝土或砂浆具有较高的干缩性和较低的强度。而采用机械抹面时可以克服以上缺点。一般情况下,面层表面仅需粗光即可。抹面结束后,有时再用拖光带横向轻轻拖拉几次。

为保证行车安全,混凝土表面应具有粗糙抗滑的表面。最普通的做法是用棕刷顺横向在抹平后的表面上轻轻刷毛;也可用金属丝梳子梳成深 1～2mm 的横槽。近年来,国外已采用一种更有效的方法,即在已硬结的路面上,用锯槽机将路面锯割成深 5~6mm、宽 2~3mm、间距 20mm 的小横槽。也可在未结硬的混凝土表面塑压成槽,或压入坚硬的石屑来防滑。

（7）养生与填缝

为防止混凝土中水分蒸发过快而产生缩裂,并保证水泥水化过程的顺利进行,混凝土应及时养生。一般用下列两种养生方法。

混凝土
养护视频

①湿治养生。混凝土抹面 2h 后,当表面已有相当硬度,用手指轻压不现痕迹时即可开始养生。一般采用湿麻袋或草垫,或者 20~30mm 厚的湿砂覆盖于混凝土表面。每天均匀洒水数次,使其保持潮湿状态,至少延续 14d。

②塑料薄膜或养护剂养生。当混凝土表面不见浮水,用手指按压无痕迹时,即均匀喷洒塑料溶液,形成不透水的薄膜黏附于表面,从而阻止混凝土中水分的蒸发,保证混凝土的水化作用。

填缝工作宜在混凝土初步结硬后及时进行。填缝前,首先将缝隙内泥砂杂物清除干净,然后浇灌填缝料。

理想的填缝料应能长期保持弹性、韧性,热天缝隙缩窄时不软化挤出,冷天缝隙增宽时能胀大并不脆裂,同时还要与混凝土粘牢,防止土砂、雨水进入缝内,此外还要耐磨、耐疲劳、不易老化。实践表明,填料不宜填满缝隙全深,最好在浇灌填料前先用多孔柔性材料填塞缝底,再加填料,这样夏天胀缝变窄时填料不致受挤而溢至路面。

混凝土强度必须达到设计强度的 90% 以上时,方能开放交通。

知识归纳

（1）路基工程特点:工程数量大、线形工程、复杂多变、耗费劳力多、涉及面广、投资高等。

（2）对路基的基本要求:具有足够的外形和尺寸、足够的强度和刚度、足够的整体稳定性、足够的水温稳定性。

（3）路基用土:路基土的分类、分级及工程性质。

（4）路基四种干湿状态:干燥、中湿、潮湿和过湿。路基干湿类型的确定方法:平均稠度法、临界高度法。

（5）路基的基本构造:路基宽度、高度、边坡坡度。

（6）路基的附属设施:取土坑与弃土堆、护坡道与碎落台、堆料坪与错车道。

（7）路基边坡稳定性验算方法:直线法和圆弧法。浸水路堤边坡稳定性和陡坡路堤的滑动稳定性验算方法。

（8）路基防护与加固的方法:坡面防护、冲刷防护、软土地基加固、挡土墙。

（9）路基常用地面排水设施及水文水力计算。路基常用地下排水设施。

（10）土质与石质路基施工方法。

（11）对路面的基本要求:具有足够的强度和刚度、足够的稳定性、足够的耐久性、足够的表面平整度、足够的表面抗滑性、足够的不透水性。

（12）路面的基本构造:路面的横断面形式、路拱及路拱横坡度、路面结构分层及层位功能。

(13)路面的分级:高级路面、次高级路面、中级路面、低级路面。路面的分类:柔性路面、刚性路面、半刚性路面。

(14)路面排水设计:路表排水、中央分隔带排水、路面结构内部排水。

(15)路面常用基(垫)层:碎(砾)石类基(垫)层、无机结合料稳定类基层、柔性基层。

(16)常用简易路面:块料路面、级配碎(砾)石路面、无机结合料稳定路面。

(17)沥青路面的设计与施工。

(18)水泥混凝土路面的特点、分类、对材料的要求、构造。

(19)水泥混凝土路面的设计与施工。

思考题

3-1 什么是路基?路基的作用有哪些?

3-2 浸水对路堤有何影响?

3-3 冲刷防护有哪些方法和措施?

3-4 路基排水的目的是什么?常用的路基排水设施有哪些?

3-5 影响路基压实效果的主要因素有哪些?什么情况下压实效果最佳?

3-6 为了满足车辆的运行要求,路面必须满足哪些基本要求?

3-7 简述新建沥青路面结构验算的主要内容。

3-8 什么是石灰稳定类基层?石灰稳定土强度的影响因素有哪些?

3-9 水泥混凝土面层下设基层的主要目的是什么?

3-10 简述水泥混凝土路面面层板的施工程序。

思考题答案

4　桥涵工程

内容提要

本章主要介绍桥梁工程上部结构、下部结构、附属工程的基本结构组成及其结构特点,并按照桥梁分类和结构组成讲述基本施工方法,介绍桥梁上的各种作用及作用效应组合的计算。本章的教学重点为桥梁工程各个部位的结构组成和施工方法;难点为桥梁上的各种作用及作用效应组合的计算。

能力要求

通过学习本章,学生应该能认知桥梁工程结构组成并了解施工方法,掌握桥梁上的作用类别及作用效应组合。

5分钟
看完本章

4.1　桥梁工程概述

4.1.1　桥梁在交通建设中的地位

建立四通八达的现代交通网络不仅对于改善人民的生活环境、改善投资环境和促进经济的腾飞起到了关键性的作用,而且对全面建设小康社会、推进社会主义新农村建设等方面都具有非常重要的意义。在公路、铁路、城市和农村道路交通以及水利工程等建设中,为了跨越各种障碍(如河流、沟谷或其他线路等),必须修建各种类型的桥梁与涵洞,因此,桥涵是陆路交通线中的重要组成部分。在经济上,桥涵的造价一般占公路总造价的 $10\% \sim 20\%$,并随着桥梁工程规模的扩大与技术的复杂而呈大幅度的提高;在国防上,桥梁是交通运输的咽喉,特别是战时,即便是高技术战争,桥梁工程也具有非常重要的地位。此外,为了保证已有公路的正常运营,桥梁的维护与管理工作也十分重要。

桥梁不仅是一个国家或地区经济实力、科学技术、生产力发展等综合国力的体现,而且是一个国家或地区经济、历史、人文等社会发展的标志性建筑,可以说桥梁是社会历史发展的一座不朽的丰碑。

改革开放以来,我国桥梁工程无论在建设规模上,还是在科学技术水平上,均已跻身于世界先进行列。各种造型美观、功能齐全的立交桥、高架桥和城市高架道路,横跨长江、黄河等大江大河的特大跨度桥梁,如雨后春笋频频建成。目前,随着《国家高速公路网规划》的实施,几十公里长的跨海、海峡大桥,新发展的城际高速铁路桥与轻轨运输高架桥等宏伟工程已经逐渐开始建设。回顾过去,展望未来,我国广大桥梁工程技术与科学工作者将不断面临着设计和建造新颖、复杂桥梁的光荣而艰巨的任务。

4.1.2 我国桥梁建设的发展概况

我国历史悠久,是世界上文明发达最早的国家之一。我国的桥梁建筑在历史上是辉煌的,古代的桥梁不仅数量惊人,而且类型丰富多彩,几乎包括了所有近代桥梁中的最主要形式。建桥所用的材料大都是木、石、藤、竹之类的天然材料。

根据史料记载,在距今约3000年的周文王时期,我国就已在宽阔的渭河上架过大型浮桥。汉唐以后,浮桥的运用日趋普遍。公元35年东汉光武帝时,在今宜昌和宜都之间,出现了长江上第一座浮桥。之后,因战时需要,在黄河、长江上曾架设过浮桥不下数十次。在春秋战国时期,以木桩为墩柱,上置木梁、石梁的多孔桩柱式桥梁已遍布黄河流域等地区。

近代的大跨径吊桥和斜拉桥也是由古代的藤、竹吊桥发展而来的。在唐朝中期,我国已发展到用铁链建造吊桥,而西方在16世纪才开始建造铁链吊桥,比我国晚了近千年。我国保留至今的尚有跨长约100m的四川泸定县大渡河铁索桥(1706年)和跨径61m、全长340m之余的举世闻名的安澜竹索桥(1803年)。

几千年来,修建较多的古代桥梁要以石桥为首。在秦汉时期,我国已广泛修建石梁桥。世界上现存的最长、工程最艰巨的石梁桥,就是我国于1053—1059年在福建泉州建造的万安桥,也称洛阳桥。此桥长达800m之余,共47孔。1240年建造并保存至今的福建漳州虎渡桥,总长约335m,某些石梁长达23.7m,沿宽度用3根石梁组成,每根宽1.7m,高1.9m,自重达2000kN。据历史记载,这些巨大石梁是利用潮水涨落浮运架设的,足见我国古代加工和安装桥梁的技术何等高超。

富有民族风格的古代石拱桥技术,以其结构的精巧和造型的多变闻名于世,长期以来一直驰名中外的河北省赵县的赵州桥(又称安济桥,建于605年)就是我国古代石拱桥的杰出代表。该桥在隋大业初年(605年左右)由李春创建,是一座空腹式的圆弧形石拱桥,净跨37.02m,宽9m,拱矢高度7.23m。在拱圈两端各设两个跨度不等的腹拱,这样既能减轻桥身的自重,节省材料,又便于排洪,且更为美观。赵州桥的设计构思和工艺的精巧,不仅在我国古代桥梁中首屈一指,而且据对世界桥梁的考证,像这样的敞肩拱桥,欧洲到19世纪中叶才出现,比我国晚了1200年。赵州桥的雕塑艺术,包括栏板、望柱和锁口石等,其上狮像龙兽形态逼真,琢工精致秀丽,不愧为文物宝库中的艺术珍品。

1949年,中华人民共和国成立初期修复并加固了大量旧桥,随后在第一、二个五年计划期间,修建了不少重要桥梁,取得了迅速的发展。20世纪50—60年代新修订了桥梁设计规程,编制了桥梁标准设计图纸和设计计算手册,培养并形成了一支强大的桥梁工程设计与施工队伍。特别是1978年党的十一届三中全会,把我国的工作重点转移到社会主义经济建设上来,不断深入贯彻改革开放政策,使我国经济建设进一步获得突飞猛进的发展。在重点发展能源和交通两大战略目标的推动下,多年来,我国的公路桥梁建设事业也不断掀起了新的发展高潮。在不断学习,引进西方技术并结合国内具体实践的情况下,取得了空前的、举世瞩目的成就。目前,我国已建成了不少结构新颖、技术复杂、规模宏大的大跨径桥梁,已进入世界桥梁工程的先进行列。

1957年,第一座长江大桥——武汉长江大桥的胜利建成,既结束了我国万里长江无桥的历史状况,又标志着我国建造大跨度钢桥的现代化桥梁技术水平提高到新的起点。大桥正桥为三联3×128m连续钢桥梁,下层双线铁路,上层公路桥面宽18m,两侧各设宽2.25m人行道,包括引桥全桥总长1670.4m。大型钢桥的制造和架设,深水管柱基础的施工等,对发展我国现代桥梁技术开创了新路。1969年又胜利建成了举世瞩目的南京长江大桥,这是我国自行设计、制造、施工,并使用国产高强钢材建成的现代化大型桥梁。上层为公路桥，下层为双线铁路，包括引桥在内，铁路桥梁全长6772m，公路桥全长4589m。桥址处水深流急，河床地质极为复杂，大桥桥墩基础的施工非常困难。南京长江大桥的建成，显示出我国的钢桥建设已接近了世界先进水平，它也是我国桥梁建设史上又一个重要的里程碑。

从拱桥的发展进程来看，在20世纪50年代左右进入了全盛时期。1958—1960年期间，我国因地制宜，就地取材，修建了大量经济美观的石拱桥。目前，已建成的世界跨度最大的石拱桥是于2000年7月建成的主跨跨度为146m的山西丹河大桥。混凝土拱桥中，1997年建成的重庆万县长江大桥，主跨为420m，其主拱圈采用劲性骨架法进行施工。目前世界最大跨度的混凝土拱桥当属沪昆高铁贵州段的北盘江特大桥，该桥融合了我国桥梁建设中拱桥、斜拉桥、连续梁桥等桥型的特点，大桥全长721.25m，主桥跨度445m，钢管拱内使用C80混凝土先进技术不仅为国内首创，而且代表当今世界高速铁路桥梁建造技术最高水平。上海的卢浦大桥主跨550m，为中承式钢箱拱桥，是世界第一钢拱桥。

钢管混凝土拱桥是一种钢-混凝土复合材料的拱桥，该桥型在我国近年来发展迅速。自20世纪90年代以来，我国建成多座大跨径的钢管混凝土拱桥。2000年建成的广州丫髻沙珠江大桥，为主跨360m的钢管混凝土拱桥，为当时世界最大跨径的钢管混凝土拱桥。2013年6月建成的四川合江长江一桥，跨径530m，一举成为目前世界第一钢管混凝土拱桥。

钢筋混凝土与预应力混凝土的梁式桥，在我国也获得了很大的发展。对于中小跨径的梁桥（跨径在6～25m），已广泛采用配置低合金钢筋的装配式钢筋混凝土板式或T形梁式的定型设计，它不但经济适用，而且施工方便，能加快建桥速度。我国装配式预应力混凝土简支梁桥的标准设计，跨径达40m。1976年建成的河南洛阳黄河公路大桥，跨径为50m，全长达3.4km。1997年建成的主跨为270m的广东虎门大桥辅航道桥是中国跨度最大的预应力混凝土梁桥，跨度排名居世界第三位。

预应力混凝土的斜拉桥以其结构合理、跨越能力大、用材指标低和外形美观而获得迅速发展。目前我国的主跨超过600m的钢梁斜拉桥包括：2000年建成的江苏南京长江二桥，主跨为628m；武汉白沙洲长江大桥，主跨为618m；福建青州闽江大桥，主跨为605m；1993年建成的上海杨浦大桥，主跨为602m。此外，浙江舟山连岛工程金塘大桥主通航孔桥是一座双塔、双索面的钢箱梁斜拉桥，主跨620m；中朝鸭绿江界河公路大桥是我国连接朝鲜的重要通道，主跨为636m的双塔双索面钢箱梁斜拉桥；南京长江第三大桥主桥，主跨为648m的双塔双索面钢塔钢箱梁斜拉桥。

悬索桥的跨越能力在各类桥型中是最大的。我国于1999年9月建成通车的江阴长江大桥，主跨为1385m，是中国第一座跨度超过千米的钢箱梁悬索桥，世界排名第四。该桥在沉井、地下连续墙、锚碇、拉索工程施工中创造的经验，将会推动我国悬索桥施工技术的进一步发展。我国香港的青马大桥，全长2.16km，主跨为1377m，为公铁两用双层悬索桥，是香港21世纪标志性建筑。它把传统的造桥技术升华至极高的水平，宏伟的结构令人赞叹，在世界171项工程大赛中荣获"建筑业奥斯卡奖"。

苏通长江公路大桥施工工艺动画

跨海大桥的建设上,随着我国桥梁建造技术的不断成熟和发展,一批批标志性桥梁应运而生。青岛海湾大桥又称胶州湾跨海大桥,是我国自行设计、施工、建造的特大跨海大桥。它是国家高速公路网 G22 青兰高速公路的起点段,大桥自青岛起,经红岛到黄岛,全长 36.48 公里,投资额近 100 亿,历时 4 年完工,于2011 年 6 月 30 日全线通车。

杭州湾跨海大桥于 2003 年 11 月 14 日开工,2007 年 6 月 26 日贯通,2008年 5 月 1 日启用。它是一座横跨中国杭州湾的跨海大桥,是成千上万设计、工程学家和施工人员齐心协力、精诚合作的壮丽奇观。该桥北起浙江省嘉兴市,南至宁波市,全长 36km。

港珠澳大桥是连接香港、澳门和珠海的一座跨海大桥。该桥全长49.968km,主体工程"海中桥隧"长 35.578km,其中海底隧道长约 6.75km,桥梁长约 29km。2009 年 12 月 15 日正式开工建设;2016 年 6 月 29 日主体桥梁成功合龙;2016 年9 月 27 日,港珠澳大桥主体桥梁正式贯通;2016 年 12 月 28 日,港珠澳大桥拱北隧道贯通;2017 年 7 月 7 日,港珠澳大桥实现了主体工程全线贯通。港珠澳大桥是世界最长的跨海大桥,连起世界最具活力的经济区,对促进香港、澳门和珠江三角洲西岸地区经济的进一步发展具有重要战略意义,是中国从桥梁大国走向桥梁强国的里程碑之作。

南盘江特大桥
施工动画

2016 年 12 月 29 日,由我国贵州、云南两省合作共建的杭瑞高速贵州省毕节至都格(黔滇界)高速公路北盘江大桥建成通车。北盘江大桥是杭瑞高速毕都段的控制性工程,位于云南省和贵州省交界处,全长 1341.4m,主桥为钢桁梁斜拉桥,主跨 720m。桥面至江面高差达 565m,相当于两座埃菲尔铁塔的高度,超越之前世界第一高桥四渡河特大桥的 560m,成为目前世界第一高桥,至此,全球桥梁高度的前五名,全部被中国桥梁囊括。

由此可见,我国在建筑材料、结构设计理论与软件工程(包括 CAD 技术)、研究分析与科学实验、预应力混凝土技术、钢桥制造拼装技术、深水基础工程、施工技术与方法、施工机具与管理等方面,基本上都已经接近或达到国际先进水平。

21 世纪,我国正在规划的大型桥梁工程还有琼州海峡工程(约 29.5km,最大水深 160m)及渤海海峡工程(约 75km,最大水深 60m)等。我国的桥梁工程师将面临建设特大跨径桥梁的挑战,同时也要接受国外同行的竞争。中国人将以自己的智慧为 21 世纪桥梁工程再创辉煌贡献自己的创造力。

4.2 桥梁的基本组成及分类

在建筑结构中,桥梁的结构复杂、结构类型较多。桥梁有不同的结构体系,如梁式桥、拱式桥、钢架桥、吊桥及组合体系桥等。无论何种体系的桥,其结构由三部分组成,即上部结构、下部结构和基础。这三部分经过结构工程师的精心设计,充分发挥各自的功能,把三者有机地结合起来,便组成了一座结构合理的桥梁,如图 4-1 所示。

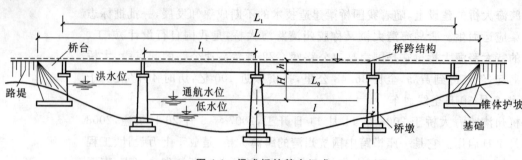

图 4-1　梁式桥的基本组成

4.2.1　桥梁的基本组成

4.2.1.1　上部结构

上部结构(即桥跨结构)是在一条路线中断时跨越障碍物的主要承载结构。它除了能承受自身重量(亦称恒荷载)外还要求能安全地承受车辆等荷载。上部结构是桥梁结构中的主要承重结构部分,当跨度较大时,不仅其结构比较复杂,而且施工相当困难。

支座系统作为支撑上部结构并传递荷载于桥梁墩台上,用于保证上部结构在荷载、温度变化或其他因素作用下所预计的位移。

4.2.1.2　下部结构

下部结构包括桥墩和桥台两部分。它是支承上部结构并将恒荷载和车辆等活荷载传至地基的建筑物。桥台通常设置在桥的两端,单孔桥没有桥墩,只有多孔桥梁才在孔与孔之间设置桥墩连接。

4.2.1.3　基础

基础是桥墩和桥台将全部荷载(包括上部结构)传至地基的底部奠基的部分,它是确保桥梁能安全使用的关键。通常桥梁的基础深埋于土层之中,并且需在水下作业,所以基础是桥梁建设中最困难的一部分。

在路堤与桥台衔接处,一般还在桥台两侧设置石砌锥形护坡,其目的是保证迎水部分路堤边坡的稳定。

在桥梁建筑工程中,除了上述基本结构外,根据需要还常常修筑护岸、导流结构物等附属工程。

4.2.1.4　桥面附属结构

桥面附属结构通常包括桥面铺装、防水和排水设施、伸缩缝、人行道(或安全带)、缘石、栏杆和灯柱、抗震挡块、支座垫块等构造,如图 4-2 所示。

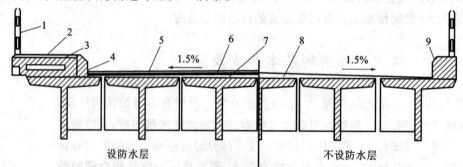

图 4-2　桥面的基本组成

1—栏杆;2—人行道铺装层;3—人行道;4—缘石;5,8—行车道铺装层;6—防水层;7—三角垫层;9—安全带

4.2.2　桥梁的分类

4.2.2.1　桥梁工程规模划分

桥梁工程中,以桥梁工程的长度来划分其规模,即以其长度来划分大、中、小桥及涵洞。

桥梁、涵洞按其跨径的大小分类见表 4-1。

表 4-1　　　　　　　　　　　　　　**桥梁、涵洞按跨径分类**

桥涵分类	多孔跨径总长 L_1/m	单孔跨径 l_b/m
特大桥	$L_1 \geqslant 500$	$l_b \geqslant 100$
大桥	$100 \leqslant L_1 < 500$	$40 \leqslant l_b < 100$
中桥	$30 < L_1 < 100$	$20 \leqslant l_b < 40$
小桥	$8 \leqslant L_1 \leqslant 30$	$5 \leqslant l_b < 20$
涵洞	$L_1 < 8$	$l_b < 5$

注:1. 单孔跨径是指标准跨径。

　　2. 梁式桥、板式桥的多孔跨径总长为多孔标准跨径的总长;拱式桥为两端桥台内起拱线间的距离;其他形式桥梁为桥面系行车道长度。

　　3. 管涵及箱涵不论管径或跨径大小,孔数多少,均称为涵洞。

　　4. 标准跨径:梁式桥、板式桥以两桥墩中线间距离或桥墩中线与台背前缘间距为准;拱式桥和涵洞以净跨径为准。

4.2.2.2　桥梁工程结构体系及分类

桥梁结构的基本体系包括梁式桥,拱式桥,刚架桥,梁、拱组合体系,斜拉桥及悬索桥。

(1)梁式桥

梁式桥是以梁作为承重结构,以它的抗弯能力来承受荷载,在桥墩或桥台处均无水平推力。其结构简单,施工方便,对基础承载能力要求不高,较为经济。

梁式桥有简支梁桥、悬臂梁桥、连续梁桥(图 4-3)、T 形刚构桥和连续刚构桥。

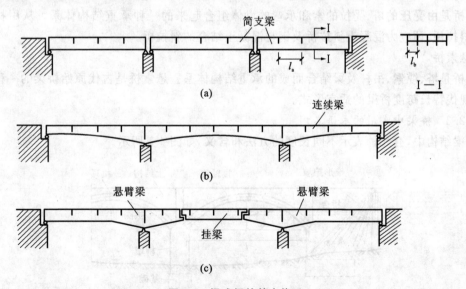

图 4-3　梁式桥的基本体系

(a)简支梁桥;(b)连续梁桥;(c)悬臂梁桥

（2）拱式桥

拱式桥的主要承重结构是拱圈或拱肋，以承压为主。这种结构在竖向荷载作用下，桥墩或桥台将承受水平推力，如图 4-4 所示。

①按照主拱圈的建筑材料其可分为圬工拱桥、钢筋混凝土拱桥及钢拱桥；

②按照拱上建筑的形式其可分为实腹式拱桥及空腹式拱桥；

③按照桥面的位置其可分为上承式拱桥、下承式拱桥及中承式拱桥；

④按照主拱的截面形式其可分为板拱、肋拱、双曲拱及箱形拱。

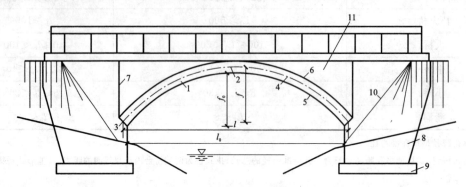

图 4-4 拱桥的基本组成

1—主拱圈；2—拱顶；3—拱脚；4—拱轴线；5—拱腹；6—拱背；7—伸缩缝；8—桥台；9—基础；10—锥坡；11—拱上建筑

（3）刚架桥

刚架桥是介于梁、拱之间的一种结构形式，它是由受弯的上部（梁或板）与承压的下部（柱或墩）整体结合在一起的结构。刚架桥施工较复杂，一般用于跨径不大的城市桥、高架桥和立交桥。

（4）梁、拱组合体系

梁、拱组合体系中有系杆拱、桁架拱、刚架拱等。这种体系造型优美，在城市中应用较多。

（5）斜拉桥

斜拉桥是由受压的塔、受拉的索和承弯的梁体组合起来的一种承重结构体系。从用材角度来分，有钢斜拉桥、预应力混凝土斜拉桥及钢与混凝土结合的斜拉桥。

（6）悬索桥

悬索桥是塔、缆索、吊杆及梁结合而成的承重结构体系。悬索桥是古代原始桥梁的一种结构类型，也是现代特长跨度桥梁的适宜形式。

4.2.2.3 桥梁中常用的术语名词

在桥梁结构中，有几种表示不同长度的方法和含义，如图 4-1 所示。

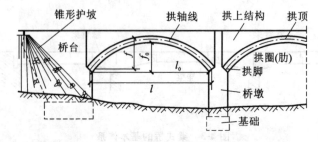

图 4-5 拱桥示意图

（1）净跨径

净跨径对于梁式桥是设计洪水线上相邻两个桥墩（或桥台）之间的水平距离，用 l_0 表示；对于拱式桥是每孔拱跨两个拱脚截面最低点之间的水平距离，如图 4-5 所示。

总跨径是多孔桥梁中各孔净跨径的总和，也称桥梁孔径。桥梁总跨径反映了桥下排泄洪水的能力。

（2）计算跨径

计算跨径对于具有支座的桥梁，是指桥跨结构相邻两个支座中心之间的距离，用 l 表示。对于图 4-5 所示拱式桥，是两相邻拱脚截面形心点之间的水平距离。桥跨结构的力学计算是以计算跨径 l 为基准的。

（3）桥梁全长

桥梁全长简称桥长，是桥梁两端两个桥台的侧墙或八字墙后端点之间的距离，以 L 表示。对于无桥台的桥梁为桥面系行车道的全长，如图 4-6 所示。

（4）标准跨径

标准跨径对于梁式桥是指两相邻桥墩中间之间的距离，或墩中线至桥台台背前缘之间的距离；对于单孔拱桥，则是指净跨径。

（5）桥梁总长

桥梁总长是指对于多孔梁式桥标准跨径的总长，即两桥台台背前缘的距离，以 L_1 表示。对于拱式桥为两岸桥台内起拱线间的距离；对于单孔跨径的桥梁，是指标准跨径，以 l_b 表示。

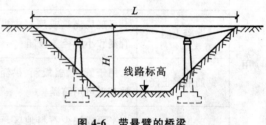

图 4-6 带悬臂的桥梁

（6）其他术语

①桥梁高度：简称桥高，是指桥面与低水位之间的高差，或桥面与桥下线路路面之间的距离。桥梁高度的大小在某种程度上反映了桥梁设计、施工的难易程度。

②建筑高度：桥梁结构的建筑高度是指桥面标高至桥跨结构最下缘之间的距离，通常用 h 表示。它不仅与桥梁结构的体系和跨径有关，还与桥下通航或排洪所需的净空高度有关，所以桥梁的建筑高度是指桥面不得大于它的容许建筑高度，否则就不能保证桥下的通航或排洪的要求。

③桥下净空高度：设计洪水位或通航水位至桥跨结构最下缘之间的距离，以 H 表示。桥下净空高度 H 不得小于排洪及对该河道通航所规定的净空高度。

④净矢高：从拱顶截面下缘至相邻拱脚截面下缘最低点的连线的垂直距离，以 f_0 表示，如图 4-4 所示。

⑤计算矢高：从拱顶截面形心至相邻两拱脚截面形心之间连线的垂直距离，以 f 表示，如图 4-4 所示。

⑥矢跨比：拱桥中拱圈（或拱肋）的计算矢高 f 与计算跨径 l 之比（f/l），通常也称为拱矢度，它是反映拱桥受力特性的一个重要指标。

4.3　涵洞的分类与构造组成

涵洞主要是为宣泄地面水流（包括小河沟）而设置的横穿路基的小型排水构造物。一般规定：单孔标准跨径 $l_b<5m$ 和多孔跨径总长 $L<8m$（圆管涵及箱涵不论管径或跨径大小、孔数多少）均称为涵洞。涵洞一般是按设计流量来选择孔径，其构造简单、造价较低。

4.3.1　涵洞的分类

4.3.1.1　按涵洞中线与路线中线的关系划分

涵洞根据其中线与路线中线的关系,可以分为正交涵洞和斜交涵洞。当涵洞中线与路线中线垂直时称为正交涵洞;当涵洞中线与路线中线不垂直时称为斜交涵洞。

4.3.1.2　按建筑材料划分

涵洞按建筑材料划分,常用的有石涵、混凝土涵、钢筋混凝土涵、砖涵,有时也可用陶瓷管涵、铸铁管涵、波纹管涵、石灰三合土涵等,各自的适用性和优缺点见表4-2。

表 4-2　　　　　　　　　　　　　　不同材料涵洞的适用性和优缺点

种类		适用性	优缺点
常用	石涵	产石地区,可做成石盖板涵、石拱涵	节省钢筋、水泥,经久耐用,造价、养护费用低
	混凝土涵	可现场浇筑或预制成拱涵、圆管涵和小跨径盖板涵	节省钢筋,便于预制,但损坏后修理和养护较困难
	钢筋混凝土涵	用于管涵、盖板涵、拱涵;软土地基上可用箱涵	涵身坚固,经久耐用,养护费用少,管涵、盖板涵安装运输便利,但耗钢量较多,预制工序多,造价较高
	砖涵	平原或缺少石料地区,可做成砖拱涵,有时做成砖管	便于就地取材,但强度较低,当水流含碱量大或冰冻时,易损坏
其他	陶瓷管涵	陶、瓷产地,定型烧制	强度较高,运输、安装时易碎
	铸铁管涵	工厂化生产的金属定型产品	强度很高,但长期受水影响易锈蚀
	波纹管涵	小跨径暗涵	力学性能好,但施工管节接头不易处理,易锈蚀
	石灰三合土涵	可做成石灰三合土管涵或拱涵	强度较低,造价低,但水流冲刷极易损坏

4.3.1.3　按构造形式划分

涵洞按构造形式划分,可分为管涵(通常称圆管涵)、盖板涵、拱涵、箱涵。以上4种不同构造形式涵洞常用跨径见表4-3,各种构造形式涵洞的适用性和优缺点见表4-4。

表 4-3　　　　　　　　　　　　　　不同构造形式涵洞的常用跨径

构造形式	跨(直)径/cm							
圆管涵	＊50	75	100	125	150			
盖板涵	75	100	125	150	200	250	300	400
拱涵	100	150	200	250	300	400		
箱涵	200	250	300	400	500			

注:1. 带 ＊ 号的仅为农用灌溉涵。

　　2. 盖板涵中采用石盖板时跨径取 75cm,100cm,125cm,其余均为钢筋混凝土盖板涵。

表 4-4 各种构造形式涵洞的适用性和优缺点

构造形式	适用性	优缺点
管涵	有足够填土高度的小跨径暗涵	对基础的适应性及受力性能较好,不需墩台,圬工数量少,造价低
盖板涵	要求过水面积较大时,低路堤上的明涵或一般路堤的暗涵	构造较简单,维修容易,跨径较小时用石盖板,跨径较大时用钢筋混凝土盖板
拱涵	跨越深沟或高路堤时设置。山区石料资源丰富,可用石拱涵	跨径较大,承载能力较大,但自重引起的恒荷载也较大,施工工序较烦琐
箱涵	软土地基时设置	整体性强,但用钢量多,造价高,施工较困难

4.3.1.4 按洞顶填土情况划分

涵洞按洞顶填土情况可分为圈涵和暗涵两类。圈涵是指洞顶填土高度小于 50cm 的涵洞,适用于低路堤、浅沟渠;暗涵是指洞顶填土大于 50cm 的涵洞,适用于高路提、深沟渠。

4.3.1.5 按水力性质划分

此种分类方法是根据水流通过涵洞的可能状态进行必要的判断,定出涵洞水力计算图式。涵洞水力计算图式可分为无压力式、半压力式和压力式 3 种。另外,当路基顶面标高低于横穿沟渠的水面标高时,也可设置倒虹吸管涵洞。关于无压力式、半压力式、压力式涵洞和倒虹吸管涵洞水流的外观描述和适用性见表 4-5。

表 4-5 不同水力性质涵洞的分类

水力性质	外观描述	适用性
无压力式	进口水流深度小于洞口高度,进口后不远处形成收缩断面。下游水面不影响水流出口,水流流经全涵保持自由水面	要求涵顶高出水面,涵前不允许壅水或壅水不高
半压力式	水流充满进口,呈有压状态,但进口不远的收缩断面及以后的其余部分均为自由水面,呈无压状态	全涵净高相等,涵前允许一定的壅高,且略高于涵进口净高
有压力式	涵前壅水较高,全涵内充满水流。一般出口被下游水面淹没	深沟高路堤,在不危害下游农田、房屋前提下,涵前允许较高壅水
倒虹吸管	进、出水口设置竖井,水流充满全部涵身	横穿路线的沟渠水面标高基本同于或略高于路基标高

4.3.2 涵洞构造

涵洞是由洞身及洞口建筑组成的排水构造物。洞身的作用是承受活荷载压力和土压力等并将其传递给地基,它应具有保证设计流量通过的必要孔径,同时本身须坚固、稳定。洞口建筑连接着洞身及路基边坡,应与洞身较好地衔接并形成良好的宣泄水流条件。洞口分进水口和出水口两个基本部分。为使水流能安全地通过涵洞,减弱对前后涵底的冲刷,需对涵底和进、出水口河床进行一定范围的加固铺砌,必要时在涵洞前后加设调治构造物和消能设施。

4.3.2.1 洞身构造

(1)圆管涵

圆管涵的各部分构造如图 4-7 所示,主要由管身、基础、接缝及防水层组成。

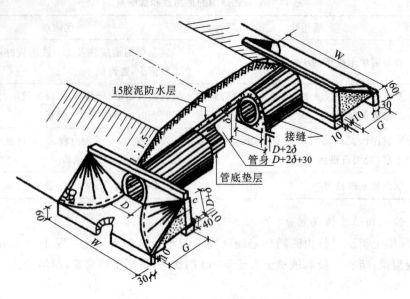

图 4-7　圆管涵组成(尺寸单位:cm)

①管身。圆管涵管身主要由各分段圆管节和支承管节的基础垫层组成,如图 4-8 所示。当整节钢筋混凝土圆管无铰时,称为刚性管节;当沿横截面四周对称加设 4 个铰时,称为柔性管节。

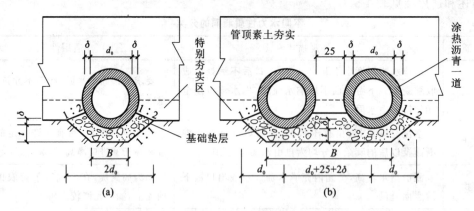

图 4-8　圆管涵洞身(尺寸单位:cm)
(a)单孔断面;(b)双孔或多孔断面
d_0—孔径(净跨);δ—管壁厚度;B—基底宽度;t—基础垫层厚度

圆管涵常用孔径 d_0 为 50cm(农田灌溉时用)、75cm、100cm、125cm、150cm,对应的管壁厚度 δ 分别为 6cm、8cm、10cm、12cm、14cm。基础垫层厚度 t 根据基底土质确定,当为卵石、砾石、中粗砂及整体岩层地基时,$t=0$;当为亚砂土、黏土及破碎岩层地基时,$t=15$cm;当为干燥地区的黏土、亚黏上、亚砂土及细砂的地基时,$t=30$cm。

②基础。圆管涵基础视地基强度不同可采用混凝土或浆砌片石基础(一般用于土质较软弱的地基)、垫层基础(适用于砂砾、碎石、卵石及密实均匀的黏土或砂土地基)、混凝土平整层(岩石地基)等。

③管接。管接指预制钢筋混凝土管头接缝,此缝同时起伸缩缝的作用。但主要作用是保证两管衔接紧密,防止漏水,避免对路基造成危险。一般接口构造形式为平接口。

④防水层。圆管四周设防水层,以防渗水侵蚀,一般用塑性黏土,厚 15~20cm。

（2）盖板涵

盖板涵各部分组成如图 4-9 所示，主要由盖板、涵台、基础、伸缩缝及防水层等部分组成。

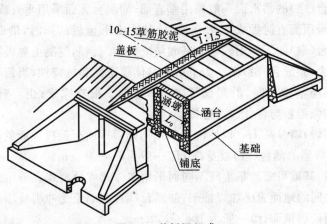

图 4-9　盖板涵组成

①盖板。有石盖板及钢筋混凝土盖板等。当跨径较小，洞顶具有一定填土高度时，可采用石盖板；当路径较大时，宜采用钢筋混凝土盖扳，如图 4-10 所示。

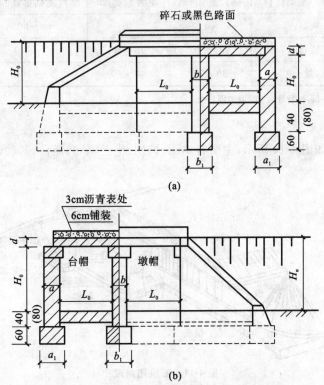

图 4-10　盖板涵洞身（尺寸单位：cm）

（a）石盖板涵；（b）钢筋混凝土盖板涵

L_0—跨径；d—板厚；H_0—净高；a—涵台宽；a_1—涵台基础宽；b—涵墩宽；b_1—涵墩基础宽

石盖板涵常用跨径 L_0 为 75cm，100cm，125cm；盖板厚度 d 随洞顶填土高度与路径而变化，一般为 15～40cm。作盖板的石料必须是不易风化、无裂缝、强度较大的优质石板。石盖板涵由于其抗弯性能较差，目前已较少采用。

钢筋混凝土盖板涵跨径为 150cm、200cm、250cm、300cm、400cm，相应的盖板厚度 d 为 15～22cm。当 L_0 达 500cm 以上时为小桥，相应的盖板厚度 d 可为 25～30cm。

②涵台。圬工涵台（墩）的临水面一般采用垂直面，而涵台背面采用垂直或斜坡面，涵台（墩）顶面一般做成平面。涵台顶面有时做成 L 形企口，使其在支承盖板的同时，借助盖板的支撑作用来加强涵台的稳定。涵台（墩）的下部用砂浆与基础结成整体。钢筋混凝土盖板涵的涵台（墩）上部往往比台（墩）身尺寸略大，做成台（墩）帽。为了增加整体稳定性和抗震性，当跨径大于 2m 且涵洞较高时，可在涵底铺砌层与基础之间，沿涵长每隔 2m 增设 1 根支撑梁；也可分别在盖板两端和台（墩）帽内预埋栓钉，加强盖板与台（墩）的连接。

石盖板涵的涵台（墩）墙身高 H_0（以原沟底面或铺砌层顶面至盖板顶面的高度计）一般为 75～175cm，钢筋混凝土盖板涵的涵台（墩）墙身高 H_0 一般为 75～450cm。

③基础。涵台（墩）基础可随地基土质不同而采用整体式或分离式。采用分离式基础且涵内流速较大时，可在基础之间的地面表层加以铺砌，使涵台（墩）基础免受冲刷破坏。基础底面的埋置深度（以距原沟底面或铺砌层顶面计）一般为 100～140cm。

盖板涵的涵台（墩）宽度 a 及 b，涵台（墩）基础宽度 a_1 和 b_1 的常用值见表 4-6。

表 4-6　　　　　　　　　　　　　　盖板涵尺寸常用值

盖板种类	涵台（墩）基础材料	涵台宽 a/cm	涵墩宽 b/cm	涵台基础宽 a_1/cm	涵墩基础宽 b_1/cm
石盖板	块石	40	40	50～60	60～80
钢筋混凝土盖板	块石	40～120	40～80	60～140	80～130
	混凝土	30～70	40～80	50～100	80～130

注：a，a_1，b，b_1 值随跨径 L_0 和墙身高 H_0 增加而增大。

（3）拱涵

拱涵各组成部分如图 4-11 所示，主要有拱圈、护拱、拱上侧墙、涵台、基础、铺底、沉降缝及排水设施等。

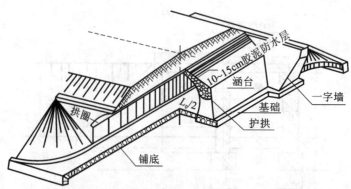

图 4-11　石拱涵组成

拱圈是拱涵的承重结构部分，可由石料、混凝土、砖等材料构成。涵洞的横截面形式有半圆拱、圆弧拱、卵形拱。卵形拱不便施工，很少采用，应用最多的是圆弧拱涵洞，如图 4-12 所示。

拱涵的常用跨径 L_0 为 100cm、150cm、200cm、250cm、300cm、400cm。拱涵的拱圈厚度 d 一般为 25～35cm。圆弧拱的矢跨比 f_0/l_0 一般取 1/3 或 1/4。拱涵的其他几何尺寸取值范围如下：台（墩）高 H_0 一般为 50～400cm，台顶护拱宽度 a 为 40～140cm，台身底宽 a_1 为 70～260cm，墩身宽度 b 为 50～140cm。a，a_1，b 的取值随着跨径 L_0、台（墩）高 H_0 的增加而增大。

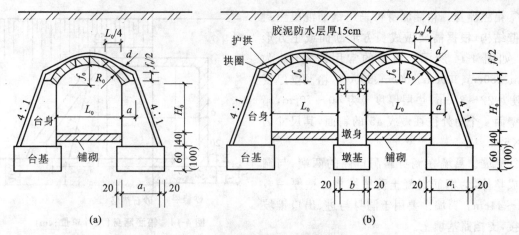

图 4-12 圆弧拱涵洞洞身（尺寸单位：cm）

(a)单孔洞身；(b)双孔洞身

涵台基础视地基土质情况，分别采用整体式或分离式。整体式基础主要用于卵形涵及小跨径涵洞。对于松软地基上的涵洞，为了分散压力，也可用整体式基础。对于跨径大于 2~3m 的涵洞，宜采用分离式基础。

当采用分离式基础且涵内流速较高时，可在基础之间地面表层加以铺砌。有时为了较好地抵抗地基反力，避免基础可能出现的弯曲变形，可在基础之间设置反拱式涵底。若基础之间在 10cm厚砂垫层上做石料铺砌或浇筑混凝土涵底，可在涵台基础与铺砌（涵底）间设纵向沉降缝，以免基础沉陷时铺砌（涵底）受到破坏。

基础底面埋置深度一般为 1m，但地基土质较差时，可适当加深。当基础设在冻土层中时，除了以上的要求之外，其基底最少应设置在冰冻线下 25cm。

（4）箱涵

箱涵为整体闭合式钢筋混凝土框架结构，具有良好的整体性和抗震性能。箱涵施工较复杂且造价高，所以仅在软弱地基及高等级公路上采用。箱涵构造及组成如图 4-13 所示，主要由钢筋混凝土涵身、翼墙、基础、变形缝等部分组成。

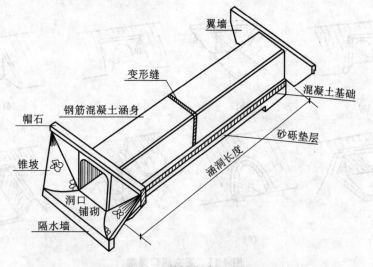

图 4-13 箱涵构造及组成

①箱涵涵身。箱涵涵身可采用钢筋混凝土封闭薄壁结构，根据需要做成长方形断面或正方形断面，如图 4-14 所示。箱涵的常用跨径 L_0 为 200cm、250cm、300cm、400cm、500cm，箱涵壁厚度 δ 一般为 $22\sim35$cm，垫层厚度 t 为 $40\sim70$cm，箱涵内壁面 4 个角处往往做成 45° 的斜面，其尺寸为 5cm×5cm。

②翼墙。翼墙在涵身靠洞口侧的两端，与洞身连成整体，为钢筋混凝土薄壁结构。壁厚一般为 $31\sim41$cm。翼墙主要用于洞身与进、出口锥坡的连接，支挡路基填土。

③基础。箱涵基础一般为双层结构，上层为混凝土结构，厚 10cm，下层为砂砾垫层，厚度为 $40\sim70$cm。

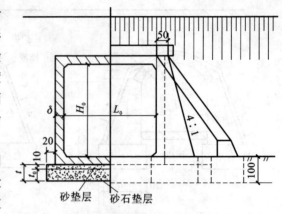

图 4-14 箱涵涵身(尺寸单位:cm)

L_0—跨径；H_0—净高；δ—箱涵壁厚度；
t_0—砂石垫层厚度；t—垫层厚度

④变形缝。变形缝均设在洞身中部，连同基础变形缝设置 1 道，用 4cm×6cm 的槽口设于顶、底板的上面和侧墙的外面。

4.3.2.2 洞口构造

洞口由进水口和出水口两部分组成。洞口应与洞身、路基衔接平顺，并起到调节水流和形成良好流态(流线)的作用，使洞身、洞口(包括基础)、两侧路基以及上下游附近河床免受急流冲刷。另外，洞口形式的选定，还直接影响涵洞的宣泄能力和河床加固类型的选用。

（1）正交洞口

洞口类型有八字式、端墙式、锥坡式、直墙式、扭坡式、平头式、走廊式及流线型等，如图 4-15 所示，其中常用的有八字式、端墙式、锥坡式、平头式和走廊式。

①八字式[图 4-15(a)]。其洞口为敞开斜置，两边八字形翼墙墙身高度随路堤的边坡而变化。为缩短翼墙长度并便于施工，将其端部建为矮墙。八字翼墙配合路基边坡设置，工作量较小，水力性能好，施工简单，造价较低，因而是最常用的洞口形式。

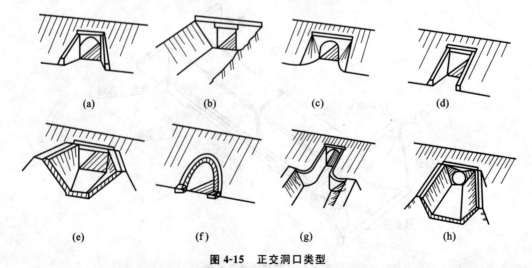

(a)　　　　　(b)　　　　　(c)　　　　　(d)

(e)　　　　　(f)　　　　　(g)　　　　　(h)

图 4-15 正交洞口类型

(a)八字式；(b)端墙式；(c)锥坡式；(d)直墙式；(e)扭坡式；(f)平头式；(g)走廊式；(h)流线型

八字式翼墙的敞开角(一边翼墙的迎水面与涵身轴线之间的夹角)按水力条件选取最适宜的角度,由试验得知,进口处13°左右,出口处不宜大于10°(但习惯上用30°)。经验证明,其敞开角不宜过大,否则靠近翼墙端部处易发生涡流以致加大冲刷。因此,应根据具体的沟渠地形情况灵活设置,以利于合理地汇积和扩散水流,并顺畅地与原有沟渠相衔接。

　　②端墙式[图4-15(b)]。端墙式(又称一字墙式)洞口为垂直涵洞纵轴线、部分挡住路堤边坡的矮墙,墙身高度由涵前壅水高度而定,若兼作路基挡土墙时,应按挡土墙需要的高度确定。端墙式洞口构造简单,但水力性能不好,适用于流速较小的人工渠道或不易受冲刷影响的岩石河沟。

　　在人工渠道上,端墙应伸入渠道两侧边坡内一定距离。为防止涡流淘刷,必要时对靠近端墙附近的渠段进行砌石加固。

　　土质很好的河沟上,当流速很小时,路堤边坡可直接以锥形填土在洞口两侧衔接。但端墙应伸入路堤边坡内一定距离,同时锥形填土需保持稳定。

　　③锥坡式[图4-15(c)]。锥坡式洞口是在端墙式的基础上将侧向伸出的锥形填土表面予以铺砌,视水流被涵洞的侧向挤束程度和水流流速的大小,可采用浆砌或干砌。这种洞口多用于宽浅河流及涵洞对水流压缩较大的河沟。锥坡式洞口圬工体积较大,不如八字式经济,但对于较大较高的涵洞,因这种结构形式的稳定性较好,是常用的洞口形式。

　　④直墙式[图4-15(d)]。直墙式洞口可视为敞开角为零的八字式洞口。这种洞口要求涵洞跨径与沟宽基本一致,且无须集纳与扩散水流,适用于边坡规则的人工渠道,以及窄而深、河床纵断面变化不大的天然河沟。这种洞口形式,因翼墙短且洞口铺砌少,较为经济。在山区进水口前、迎陡坡设置的急流槽后,配合消力池也常采用直墙式翼墙与之衔接。

　　⑤扭坡式[图4-15(e)]。扭坡式洞口主要用于盖板涵、箱涵、拱涵洞身与人工灌溉渠的连接。其设置目的是将原灌溉渠梯形断面的边坡通过洞口逐渐过渡为涵身迎水面的坡度(涵身迎水面往往是垂直的),这样可使水流顺畅,但施工工艺稍复杂。

　　⑥平头式[图4-15(f)]。平头式(又称领圈式)常用于混凝土圆管涵。因为需要制作特殊的洞口管节,所以模板耗用较多。但它较八字式洞口可省材料45%～85%,而宣泄能力仅减少8%～10%。平头式洞口适用于水流通过涵洞挤束不大和流速较小的情况。流速较大时,应对路堤边坡迎水面铺砌加固。另外,当需大批使用时,可考虑集中预制。

　　⑦走廊式[图4-15(g)]。走廊式洞口是由两道平行的翼墙在前端展开成八字形或圆曲线形构成的。这种进水口使涵前的壅水水位在洞口处提前收缩跌落,因此可以降低无压力式涵洞的计算高度或提高涵洞中的计算水深,从而提高涵洞的宣泄能力。

　　⑧流线型[图4-15(h)]。流线型洞口主要是指将涵洞进水口在立面上升高形成流线型,有时平面上也做成流线型,使沿涵长方向的涵洞净空符合水流进洞收缩的实际情况。当流线型洞口用于压力式涵洞时,可使洞内满流;当用于无压力式涵洞时,可增大涵前水深,有效地提高涵洞的宣泄能力。

　　各种洞口类型的适用性和优缺点归纳比较见表4-7。

表4-7　　　　　　　　　　　　　　　**各种洞口类型的适用性和优缺点**

洞口形式	适用性	优缺点
八字式	平坦顺直,纵断面高差不大的河沟,配合路堤边坡设置,广泛用于需收纳、扩散水流处	水力性能较好;施工简单,工程量较少
端墙式	平原地区流速很小,流量不大的河沟、水渠	构造简单,造价低,但水力性能不好

续表

洞口形式	适用性	优缺点
锥坡式	宽浅河沟上,对水流压缩较大的涵洞,常与较高、较大的涵洞配合使用	水力性能较好,能增强路堤和洞身稳定性,但工程量较大
直墙式	涵洞跨径与沟宽基本一致,无须集纳与扩散水流的河沟人工渠道	水力性能良好,工程量少,在山区能配合急流槽、消力池使用,应用不广泛
扭坡式	涵洞跨径与沟宽基本一致,无须集纳与扩散水流的河沟人工渠道	水力性能较好,水流对涵洞冲刷小,施工工艺较复杂
平头式	水流过涵洞侧向挤束不大,流速较小。洞口管节需大批使用,可集中生产时采用	节省材料,工艺较复杂,水力性能稍差
走廊式	需收纳、扩散水流的无压力式涵洞,涵洞孔径选用偏小时采用	水力性能较好,工程量比八字式多,施工较复杂
流线型	需通过流速、流量较大的水流路幅较宽,涵身较长,大量使用时采用	充分发挥涵洞孔径的宣泄能力,水力性能最好,但施工工艺复杂,材料用量较多

(2)斜交洞口的处理

当涵洞与路线斜交时,其洞口所采用的各种形式与正交时基本相同。根据洞身的构造不同有两种处理方法,如图 4-16 所示。

①斜交斜做。为求外形美观及适应水流条件,可使涵洞洞身端部与路线平行,此种做法称为"斜交斜做"。对于盖板涵和箱涵,运用斜交斜做法比较普遍。在这种情况下,除洞口外,还需对盖板或箱涵涵身的两端另行设计,以适应斜边的需要。

②斜交正做。在圆管涵或拱涵中,为避免两端圆管或拱的施工困难,可采用"斜交正做"法处理洞口。即涵身部分与正交时完全相同,而洞口的端墙高度予以调整,一般将端墙设计成斜坡形或阶梯形。为使水流顺畅,宜配合路堤边校对洞口另行设计。

当斜交涵管采用平头式洞口时,其突出路基之外的三角台,则以铺砌护道边坡的方法予以加固,如图 4-16(e)所示。

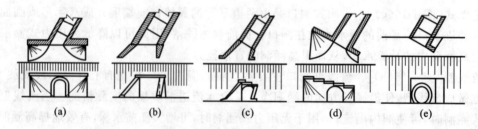

(a)　　　　(b)　　　　(c)　　　　(d)　　　　(e)

图 4-16　斜交涵洞的洞口布置
(a),(b)斜交斜做洞口;(c),(d)斜交正做洞口;(e)斜交圆涵平头式洞口

4.4　梁式桥的上部构造及施工

4.4.1　梁式桥的上部构造

上部结构是指桥梁结构中直接承受和传递车辆和其他荷载,并跨越各种障碍物的主要承重结

构,包括桥跨结构、桥面附属工程、支座等,如图 4-1 所示。

4.4.1.1 简支梁桥构造

简支梁桥上部由支座、简支梁、桥面铺装、排水防水系统、人行道、缘石、栏杆、照明灯具和伸缩缝等组成。简支梁有普通钢筋混凝土梁和预应力钢筋混凝土梁两种类型。由于简支梁是静定结构,结构内力不受地基变形的影响,对基础要求较低,能适用于在地基较差的桥址上建桥。在多孔简支梁桥中,相邻桥孔各自单独受力,便于预制、架设,简化施工管理,施工费用低,因此在城市高架桥、跨河大桥的引桥上被广泛采用。为了减少伸缩缝设置,改善行车平整舒适性,国内目前常采用桥面连续的预应力混凝土简支梁桥。

我国预应力混凝土简支梁桥的标准跨径在 50m 以下。

简支梁桥按施工工艺分为整体式和装配式(分片式)两大类,整体式梁一般适用于就地浇筑施工,而装配式简支梁为预制拼装施工,是目前广泛采用的桥梁类型。

简支梁桥按承重结构(梁)的横截面形式,可分为简支板桥、简支肋梁桥、简支箱形梁桥和组合梁桥。

(1)简支板桥

在所有的桥梁形式中,板桥因其建筑高度小、外形最简单而久用不衰。

①整体式简支板桥,其上部结构一般做成实体式等厚度的矩形截面整体板或为了减轻自重做成矮肋板式截面,也可以做成单波或双波的优美截面,如图 4-17 所示。跨径一般为 4~10m。整体式板桥采用现浇混凝土施工。

②装配式简支板桥,其跨径一般为 6~20m,按横截面形式分为实心板和空心板两种。实心板一般使用跨径在

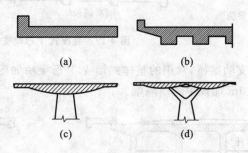

图 4-17 整体式板桥横截面形式

10m 以下,当跨径增大时,则宜采用空心板截面,钢筋混凝土空心板桥目前适用范围为 6~13m,预应力混凝土空心板桥在 8~20m。空心板的主要开孔形式有矩形、圆形、圆端形、菱形等,如图 4-18 所示。板间横向连接方式有企口混凝土铰连接和钢板焊接连接。

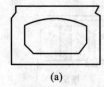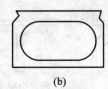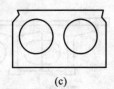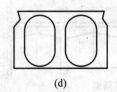

(a)   (b)   (c)   (d)

图 4-18 空心板的横截面形式

(2)简支肋梁桥

肋梁桥因其在横截面上具有明显的肋形结构而得名。常用截面形式有 T 形和 I 形,其中 T 形梁桥如图 4-19 所示;I 形桥梁通常作为预制部分与现浇桥面板构成组合梁,将在本节组合梁部分进行介绍。

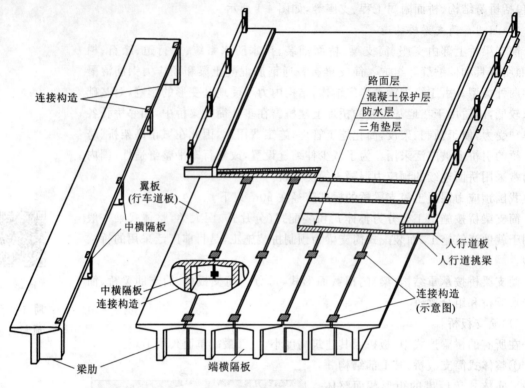

图 4-19　装配式 T 形简支梁

　　①整体式简支肋梁桥,常用的整体式简支 T 形梁桥如图 4-20 所示,为加强整体性,必须设置端横隔梁,并每隔 10m 加设中间横隔梁。

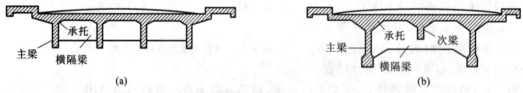

图 4-20　整体式 T 形梁横断面

　　②预制装配式简支肋梁桥,常用结构形式为装配式 T 形梁桥,其横断面如图 4-21 所示。横向连接采用横隔梁,端横隔梁是必须设置的,跨内每隔 4～8m 设置一道横隔梁。

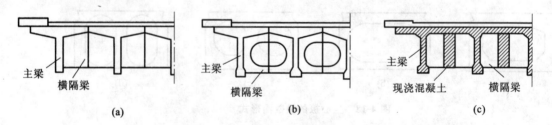

图 4-21　装配式 T 形梁横断面

（3）简支箱形梁桥

箱形截面具有良好的受力性能,与同等截面面积的肋梁桥和板桥相比,闭口的箱体具有很大的抗扭刚度和横向抗弯刚度。

整体式箱形梁既可在桥孔支架现浇,也可整体预制、整孔架设。其截面形式有单箱单室、单箱多室等,如图4-22(a)、(b)所示。

装配式简支箱形梁的典型截面如图4-22(c)所示,此种截面目前多用于先简支后连续的结构形式;图4-22(d)为装配式组合箱形梁的典型截面,也称槽形组合梁,目前已较少使用。

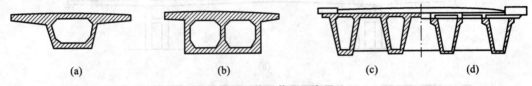

（a）　　　　　　（b）　　　　　　（c）　　　　（d）

图4-22　箱形截面示意图

（4）组合梁桥

组合梁桥也是一种装配式的桥跨结构,即用纵向水平缝将桥梁的梁肋部分和桥面板(翼板)分隔开来,使单梁的整体截面变成板和肋的组合截面。施工时先架设梁肋,再安装预制板,最后在接缝内或连同板现浇一部分混凝土使结构连成整体。

目前,国内外采用的组合式梁桥有两种形式:I形组合梁桥(图4-23)和箱形组合梁桥[图4-22(d)]。

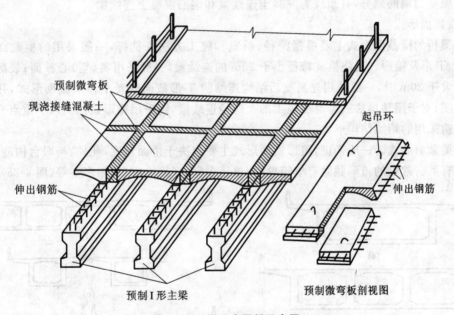

图4-23　I形组合梁桥示意图

4.4.1.2　连续梁构造

上部构造由连续跨过三个以上支座的梁作为主要承重结构的桥梁称为连续梁桥,可以设计成两跨或三跨一联的,也可以设计成多跨一联的(两个伸缩缝或者结构缝之间梁体称为一联)。

连续梁上部组成除梁体结构采用连续梁外,其余与简支梁上部组成相同。按照下部结构的支承形式划分,有普通的单式桥墩、双薄壁柱式桥墩和V形桥墩,如图4-24所示。

（1）立面布置

混凝土连续梁桥按立面布置和结构形式,有多种不同的分类。

①按照桥梁跨径相互关系划分,有等跨连续梁和不等跨连续梁;

②按照桥梁的梁高划分,有等高度连续梁和变高度连续梁;

③按照主梁与下部结构的关系划分,有墩梁分离的连续梁和墩梁固结的连续刚构;

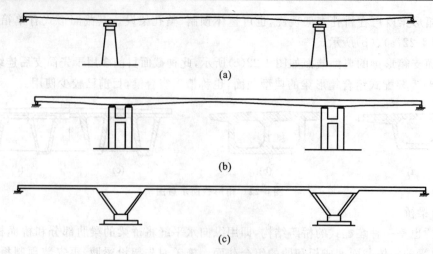

图 4-24　连续梁桥示意图

④按照主梁梁身的构造划分,有实腹式主梁和空腹式桁架结构;

⑤按照受力钢筋划分,有预应力混凝土连续梁和钢筋混凝土连续梁。

(2)横截面形式

连续梁桥的横截面形式主要根据跨径、桥宽和施工方法来选择,一般采用的横截面形式有实(空)心板、T形及箱形。现浇梁或跨径小于 20m 的连续梁,一般采用实(空)心截面;装配式连续梁或者跨径大于 20m 时,一般采用先简支后结构连续的 T 形截面或者小箱梁截面形式,并有相应的标准设计图;对于用顶推法或悬臂法施工的大跨径连续梁,则采用箱形截面。以下重点介绍大跨径桥梁中普遍采用的箱梁结构形式。

①箱梁截面形式。一般来讲,箱形截面形式主要取决于桥面宽度,此外,与墩台构造形式、施工要求等也有关。常见的箱形截面有单箱单室、单箱多室、多箱单室、多箱多室等(图 4-25)。

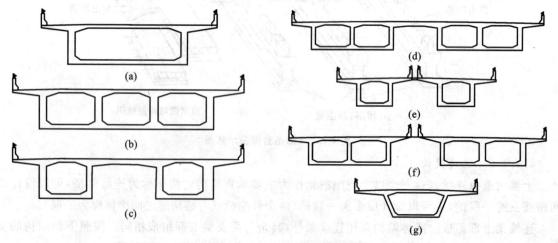

图 4-25　箱形截面形式示意图

在城市高架桥中,考虑美观和建筑高度限制的因素,还可以将箱形结构设计成一种扁平形的低高度截面形式,如图 4-26 所示。

②箱形截面细部组成。箱形梁由顶板、底板、腹板、梗腋(即倒角)等各部分组成,其一般构造形式如图 4-27 所示。按照腹板的垂直程度,可将箱形截面分为直腹板箱形截面(图 4-28)和斜腹板箱形截面(图 4-29)。

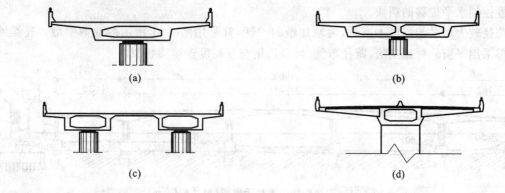

图 4-26　城市高架桥箱形截面形式示意图

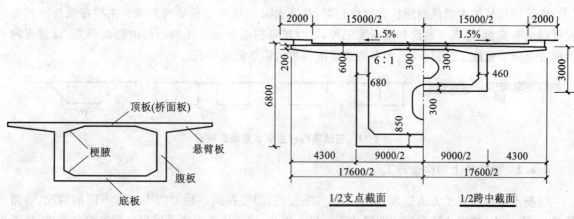

图 4-27　箱形梁一般构造形式

图 4-28　直腹板箱形截面(尺寸单位:cm)

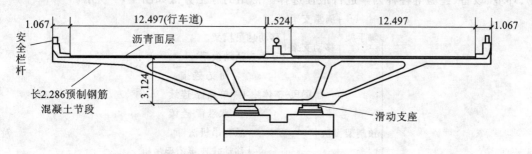

图 4-29　斜腹板箱形截面(尺寸单位:cm)

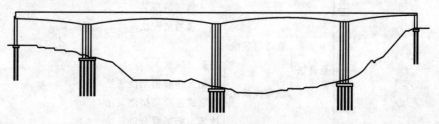

图 4-30　连续刚构体系

（3）连续刚构桥

连续刚构桥是将连续梁桥中间墩与梁固接的一种桥梁结构形式,如图 4-30 所示,连续刚构桥也分为跨中无铰和跨中带铰两种类型,两者一般均采用变高度梁。为保证结构的水平稳定性,桥台

处需设置控制水平位移的挡块。

当跨径较大而墩的高度不高时,为增加墩的柔性,常采用图 4-31 所示的双薄壁墩。连续刚构桥桥型都采用平衡悬臂施工法,跨径布置、梁高选用与变高度连续梁相似。

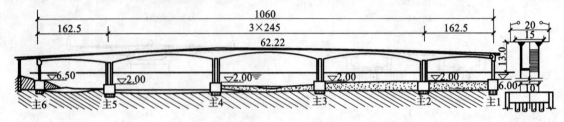

图 4-31　连续刚构体系桥示意图(尺寸单位:m)

连续刚构桥的主梁截面形状与梁桥相同,可做成图 4-32 所示的各种形式。主梁在纵桥向的变化可做成等截面、等高变截面和变高度三种,有时还可把主梁做成几种不同的截面形式,以适应内力的变化和方便施工。目前,绝大多数连续刚构桥为箱形截面形式。

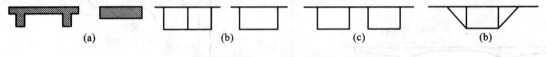

图 4-32　连续刚构桥主梁横截面示意图

4.4.2　梁式桥上部构造施工

混凝土梁桥的施工方法很多,总结工程实践发现,即使在同一种方法中也有不同的情况,所需的机具、劳动力、施工步骤和施工期限也不一样。因此,桥梁施工方法应根据桥梁的设计要求、施工现场、环境、设备、经验等各种因素进行最佳选择。常用的施工方法如图 4-33 所示。

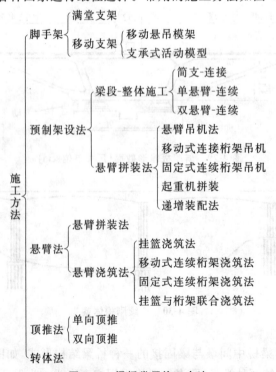

图 4-33　梁桥常用施工方法

以下对预制安装施工法、固定支架整体浇筑施工法、悬臂施工法、移动模架逐孔浇筑法和顶推施工法、转体施工法进行逐一介绍。

4.4.2.1 装配式混凝土简支梁桥施工

所谓装配式梁桥，就是将整孔梁体横向分片（或整孔）或纵向分段在桥梁预制工厂或预制场预制，产品合格后运到桥位处，安装就位。

（1）混凝土梁的预制

混凝土梁的预制工作可在专业的桥梁预制工厂内进行，也可在桥位处的预制场内进行。桥梁预制工厂一般可生产钢筋混凝土梁、先张法或后张法工艺的预应力混凝土梁、混凝土桥梁的节段构件及其他预制构件。

钢筋混凝土构件的预制工程包括模板工程、钢筋工程、混凝土工程、预应力体系和养护工程等。

（2）预制梁的移梁和运输

预制梁的移梁方法，一般采用龙门吊机将预制梁起吊后移到存梁处或转运至现场，如简易预制场无龙门吊机时，可采用自行式吊车起吊移梁，也可用横向滚移方式移梁。

预制梁从桥梁预制工厂或桥位附近的预制场内的制梁区运至存梁区的运输称为场内运输，可以采用轨道运梁平车运输或平板拖车运输，也可用轨道龙门吊机运输或轮胎式搬运机等方法。

预制梁从桥梁预制工厂或桥位附近的预制场运至施工安装现场的运输称为场外运输，常用大型平板拖车、轨道运梁平车、驳船或火车将预制梁运至桥位现场。当桥梁预制工厂距桥位现场甚远时，应首先考虑采用大型平板拖车运输（图 4-34）；当预制场在桥头或桥位处时，应首先考虑采用轨道运梁平车运输。

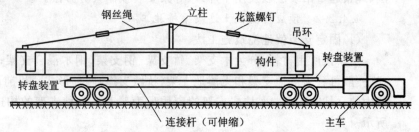

图 4-34　平板拖车运输预制梁示意图

（3）预制梁的安装

在选择安装方法时，可根据桥位地形条件、桥梁跨径、设备能力等具体情况，从节省工程造价、加快施工速度和充分保证施工安全等方面综合考虑，有自行式起重机安装法（图 4-35）、龙门吊起重机安装法（图 4-36）、架桥机安装预制梁法（图 4-37）。

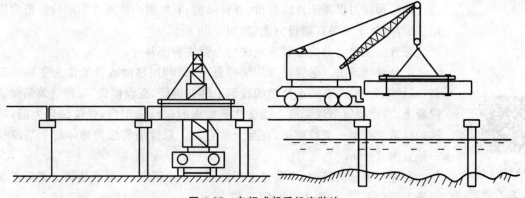

图 4-35　自行式起重机安装法

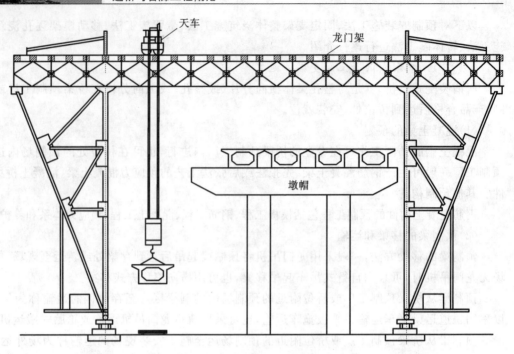

图4-36　龙门吊跨墩架梁法

此外,还有扒杆吊装法、钓鱼法、摆动式支架架设法、移动支架法、浮式架梁法、缆索起重吊装法以及用千斤顶、导梁安装预制梁等方法。

4.4.2.2　预应力混凝土连续梁桥施工

(1)固定支架就地浇筑施工法

支架按所用材料,分为木支架、竹支架、钢支架、钢木混合支架;按其构造形式,一般可分为落地支架和无落地支架(桥墩支撑)两种形式。目前而言,落地支架中的立柱式支架、梁-柱式支架的应用最为普遍。各种支架的构造,如图4-38所示。

支架法施工时一般工艺流程有地基处理、支架搭设、支架预压、设置施工预拱度、支架拆除等。

(2)悬臂施工法

悬臂施工法也称为分段施工法。悬臂施工法是在已建成的桥墩上,以桥墩为中心沿桥梁跨径方向对称的、逐段悬臂接长的施工方法。悬臂施工法是国内外大跨径预应力混凝土连续梁桥、悬臂梁桥、T形刚构桥及连续刚构桥最常用的施工方法,属于一种自架设方式,如图4-39所示。

悬臂施工法可分为悬臂浇筑法与悬臂拼装法两种。

①悬臂浇筑法。悬臂浇筑法简称悬浇,是利用移动式挂篮作为主要施工设备,以桥墩为中心,在桥墩两侧的挂篮上绑扎钢筋、支设模板、对称浇筑箱梁节段混凝土,待已浇筑节段混凝土强度达到要求的张拉强度后,张拉预应力筋,然后移动挂篮进行下一节段施工,直至全桥合龙。悬臂浇筑法的梁体每个节段长度一般宜为2~5m。

在进行逐段浇筑前,应首先进行墩顶0号块施工,一般有落地支架施工或托架施工两种方式,如图4-40~图4-42所示。

连续梁挂篮
施工工艺动画

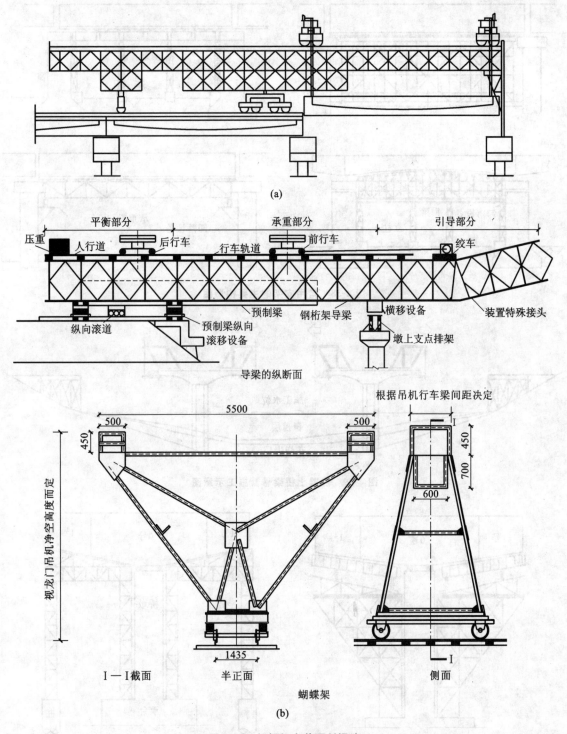

图 4-37　架桥机安装预制梁法

(a)穿巷式吊机架梁;(b)联合架桥机架梁

　　在 0 号块完成后进行各个节段悬臂浇筑,一般常用悬臂挂篮法施工,各种结构挂篮如图 4-43、图 4-44 所示。

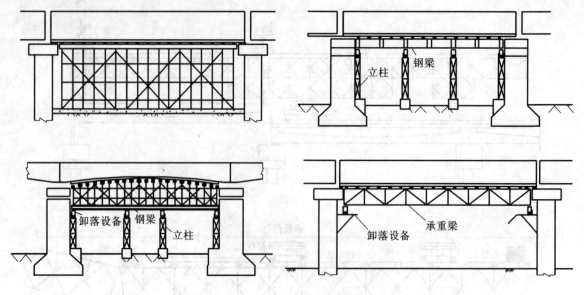

图 4-38　常用支架的主要构造图

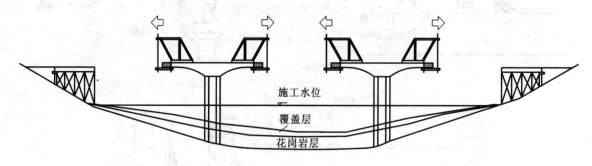

图 4-39　混凝土桥梁悬臂施工示意图

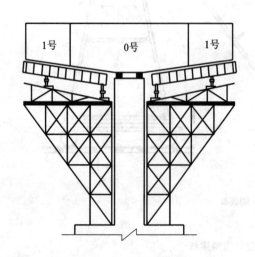

图 4-40　扇形落地式支架示意图

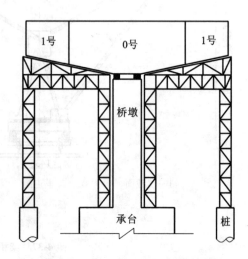

图 4-41　门形落地式支架示意图

　　此外,还有平行桁架式挂篮、平弦无平衡重挂篮、弓弦式挂篮、组合斜拉式挂篮等多种形式,需结合具体工程实际进行选择使用。

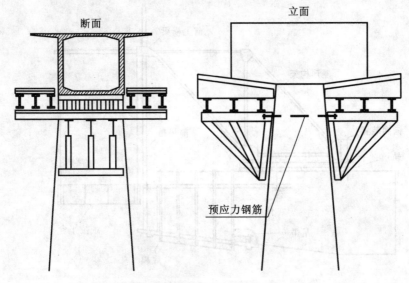

图 4-42　0 号块三角托架示意图

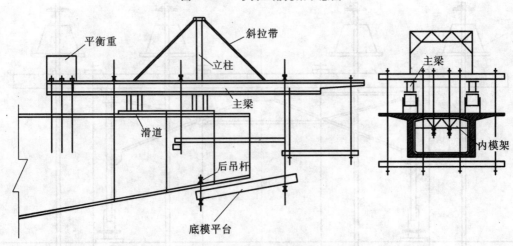

图 4-43　三角斜拉式挂篮

　　在对称悬臂浇筑各节段后,需要按照设计要求进行合龙段施工。合龙段施工时通常由两个挂篮向一个挂篮过渡,所以先拆除一个挂篮,用另一个挂篮行走跨过合龙段至另一端悬臂施工梁段上,形成合龙段施工支架,如图 4-45 所示。

　　②节段悬臂拼装施工。

　　悬臂拼装法是指在预制场预制梁节段,利用移动式悬拼吊机将其起吊至桥位,进行逐节段对称拼装,然后以环氧树脂胶为接缝材料,通过对预应力筋施加应力,使各梁节段连接成整体。一个梁节段张拉锚固后,再拼装下一梁节段。悬臂拼装法梁体的分段一般长度宜为 2～5m,主要有悬臂吊机拼装法、连续桁架拼装法、起重机拼装法等,各种方法主要使用设备及施工示意如图 4-46、图 4-47 所示。

　　③结构体系转换。

　　结构体系转换是指在施工过程中,当某一施工程序完成后,桥梁结构的受力体系发生了变化,如简支体系变换为悬臂体系或连续体系等,这种变换过程简称为体系转换。

连续梁节段
悬臂拼装
施工动画

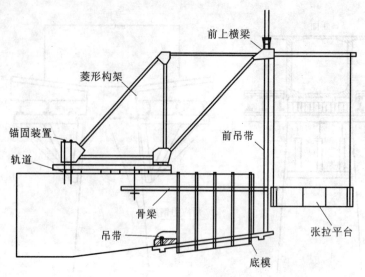

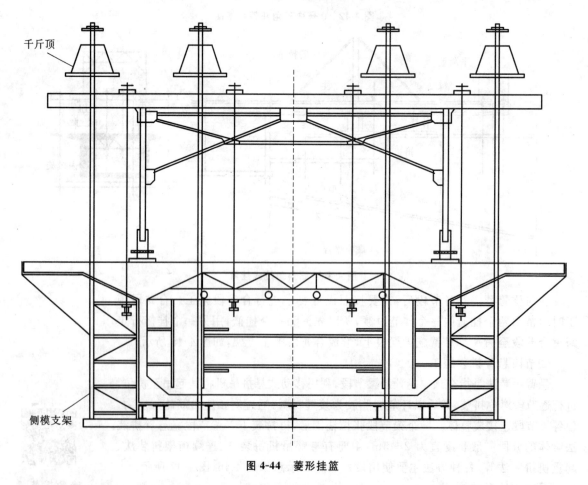

图 4-44　菱形挂篮

（3）顶推施工法

顶推施工法主要应用于预应力混凝土等截面连续梁桥的施工。其施工原理是沿桥纵轴方向，在桥台后设置预制场地，分节段浇筑或拼装混凝土梁体，并用纵向预应力筋连成整体，然后通过水

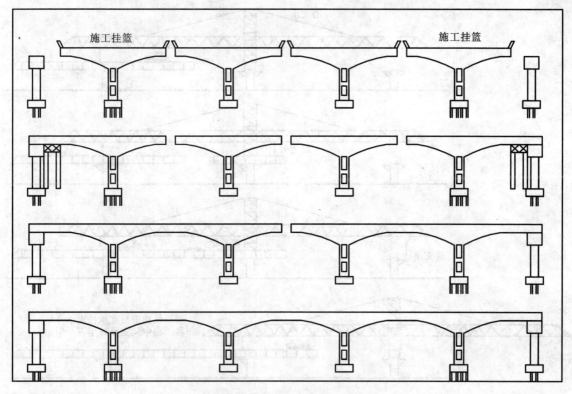

图 4-45 某大桥悬臂浇筑施工顺序图

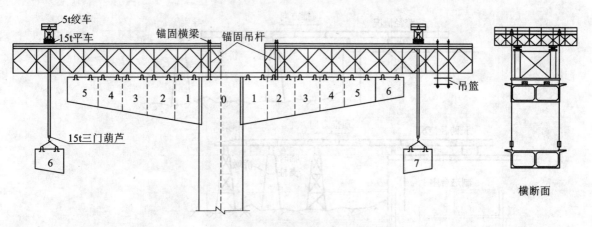

图 4-46 悬臂吊机拼装法

平液压千斤顶施力,借助不锈钢板与聚四氟乙烯模压板组成的滑动装置,将梁逐段向对岸推进,就位后落梁,更换永久支座,完成桥梁施工。

国内外连续梁桥的主梁采用顶推法施工的概况,如图 4-48、图 4-49 所示。

(4)移动模架逐孔施工法

所谓移动模架逐孔施工法,就是在可移动的支架、模板上完成一孔桥梁的全部工序,即模板工程、钢筋工程、浇筑混凝土和张拉预应力筋等,然后移动支架、模板,进行下一孔梁的施工。

对中小跨径连续梁桥或建造在陆地上的桥跨结构,可以使用落地式或轨道移动式支架逐孔施工,如图 4-50 所示。

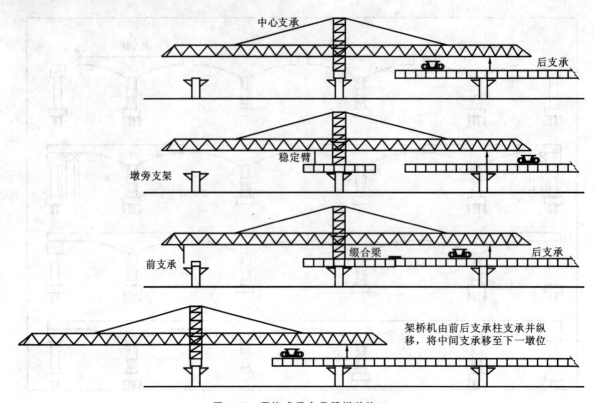

图 4-47　用桁式吊车悬臂拼装施工

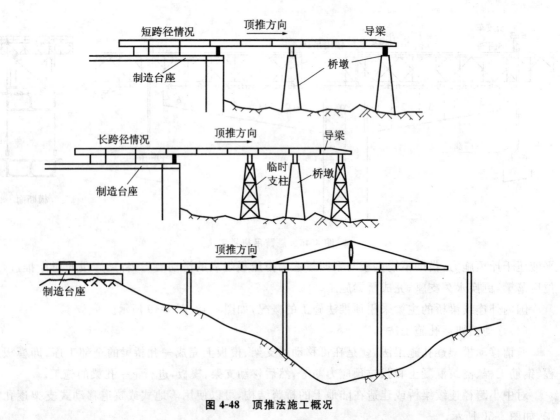

图 4-48　顶推法施工概况

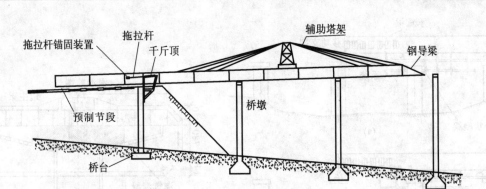

图 4-49 用拉索加劲的顶推法施工

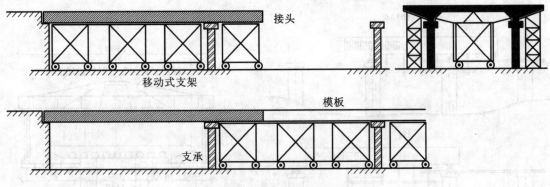

图 4-50 轨道移动式支架逐孔施工

当桥墩较高、桥跨较长或桥下净空受到限制时,可以采用非落地支承的移动模架逐孔现浇施工。常用的移动模架可分为上行式移动模架(图 4-51)与下行式移动模架(图 4-52)两种类型。

(5)转体施工法

转体施工法可以认为是受开启桥的启发而产生的。它是在河流(谷)的两岸或道路主干线、铁路干线两侧或适当的位置,利用地形或搭设支架先将半桥浇筑或拼装完成,之后以桥梁结构本身为转动体,使用一些机具设备,分别将两个半桥转体到桥位轴线位置合龙成桥。

转体法施工相对于上述的施工方法使用得要少些,但在我国也已在许多桥梁上被采用,有了成熟的经验。转体法施工不仅在拱桥中被采用,而且在斜拉桥、T 形刚构和斜腿刚架桥上曾被采用,是一种可靠的施工方法。

转体施工根据桥梁结构的转动方向,可分为竖向转体施工法、水平转体施工法和竖向转体与水平转体相结合的方法,其中水平转体施工法应用最多,将在拱桥部分进行详细介绍。

4.4.2.3 预应力体系施工

在具有预应力体系梁桥施工中,无论采用装配式混凝土梁桥施工还是预应力混凝土连续梁桥施工,都需要进行预应力体系施工。

预应力的施加方法按张拉预应力筋与浇筑混凝土的先后次序分为两种,即先张法(图 4-53)和后张法(图 4-54)。其中,先张法一般用于大批量生产预制桥

先张法预应力
混凝土施工图

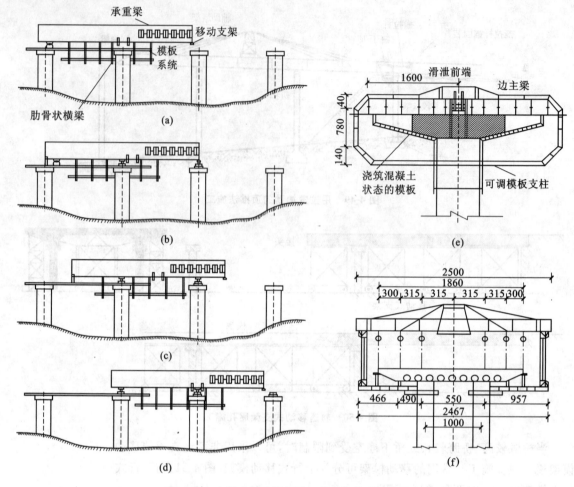

图 4-51　上行式移动模架施工程序和构造示意图

(a)施工完成;(b)移动支撑点;(c)移动模架;(d)待浇状态;(e)移动模架横截面构造(一);(f)移动模架横截面构造(二)

梁构件;而后张法要求先浇筑梁体构件混凝土,经养护达到一定强度后,再在构件上张拉预应力筋。

此处以预应力混凝土连续梁桥的预应力体系施工为例进行介绍。

①预留孔道。

在浇筑梁体混凝土前,需在预应力筋的设计位置预先安放制孔器,待混凝土浇筑后,形成预应力筋的孔道。预留孔道的方法可采用抽芯法或预埋管道法。预埋管道法所用管材有金属波纹管(螺旋管)、钢管和塑料波纹管等。

②预应力筋束张拉。

桥梁工程中通常采用液压拉伸机作为预应力的张拉设备,它由千斤顶和配套的高压油泵、压力表及外接油管等组成。待张拉到设计拉力后,用特制的锚具将预应力筋锚固于混凝土构件上,使混凝土获得并保持其预压应力。

③孔道压浆。

有黏结预应力筋张拉完毕后均需向孔道内压满水泥浆,以保证预应力筋不锈蚀并与构件混凝土连成整体,从而减少预应力损失,并提高结构构件的整体抗弯刚度。孔道压浆应在张拉完毕后尽早进行。

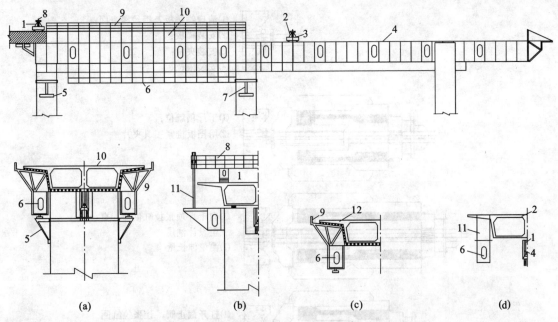

图 4-52 下行式移动模架施工程序和构造示意图

(a)浇筑混凝土时的状态;(b)移动时的后支点;(c)移动模架;(d)移动时的前支点

1—后方台车;2—前方门架;3—前方台车;4—导梁;5—后方托架;6—主桁架;7—前方托架;

8—后方门架;9—外侧模;10—现浇箱梁;11—吊杆;12—已浇箱梁

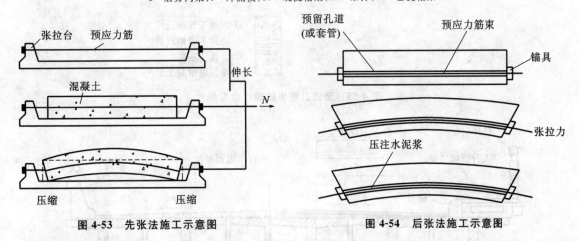

| 图 4-53 先张法施工示意图 | 图 4-54 后张法施工示意图 |

预应力筋张拉操作可以概括为张拉前的准备、安装张拉设备、张拉、锚固、压浆封锚,如图 4-55 所示。

4.4.2.4 桥面附属结构施工

桥面系附属结构包括桥面伸缩装置、桥面防水层、桥面铺装,以及护轮带、人行道、栏杆与护栏、灯柱等附属工程,如图 4-56 所示。虽然这些都是非主体工程,但其设置是否合理、施工质量是否好,将直接影响整个桥梁的使用,特别是安全方面。

(1)桥面铺装施工

桥面铺装对桥梁的总体质量有着直接的影响,行车安全和桥面的耐久性都与桥面铺装的好坏直接相关。目前我国常用的桥面铺装主要有沥青混凝土桥面铺装、水泥混凝土桥面铺装两种,如图 4-56 所示。

(1)清理锚垫板及钢绞线表面;
(2)安装锚板;
(3)安装夹片;
(4)安装限位板

(1)千斤顶就位;
(2)用挡板推紧工具夹片

(1)向千斤顶张拉缸供油,直
　　至设计油压;
(2)测量伸长量

(1)打开截止阀,让张拉缸回
　　油锚固;
(2)向千斤顶回油缸供油,活
　　塞回程

(1)拆除千斤顶;
(2)切除多余钢绞线;
(3)给孔道压浆;
(4)端部用混凝土封平

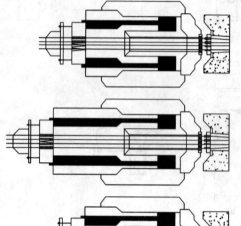

图 4-55　预应力筋张拉操作示意图

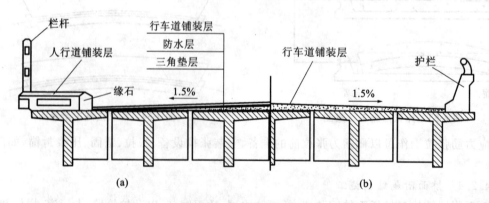

图 4-56　桥面构造示意图

(a)沥青混凝土桥面铺装;(b)水泥混凝土桥面铺装

　　①沥青混凝土桥面铺装。桥面铺装采用沥青混凝土铺装时,为防止沥青混凝土中的集料损坏防水层,宜在防水层上先铺一层沥青砂做保护层,如图 4-57 所示。

　　②水泥混凝土桥面铺装。桥面铺装采用水泥混凝土铺装时,有两种方式:一种是全桥面铺装防水混凝土,其厚度一般为 60~80mm;另一种是在桥面铺装上再设置 70mm 厚的防水混凝土。

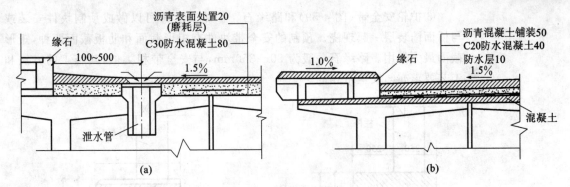

图 4-57　桥面铺装示意图

(a)沥青表面处治桥面铺装；(b)沥青混凝土桥面铺装

桥面铺装施工时应注意,对预应力混凝土梁式桥,由于预应力损失、桥面铺装等第二部分恒荷载及活荷载的作用等因素,均会对梁体挠度造成一定影响。当上挠度过大时,将使桥面铺装施工产生困难,导致桥面铺装层在跨中较薄而支点外较厚,不能满足设计厚度的要求。因此,除应在梁体施工时采取有效措施防止过大的挠度外,当梁体的实际上挠度已较大,并不可避免将对桥面铺装层的施工造成不利影响时,应采取调整桥面高程等措施,以保证铺装层的厚度。

(2)人行道、护栏、缘石施工

人行道、护栏、缘石等都属于桥面系附属工程,它们对桥梁的正常使用并较好地完成桥梁功能也是非常重要的。下面将简要介绍这些附属工程的施工。

①人行道施工。人行道顶面一般高出桥面 250～300mm,按人行道板安装在主梁上的位置分搁置式和悬臂式。有吊装能力时,可将人行道板和梁整体分块预制,整体悬砌出边梁之外,使施工快而方便。人行道板一般是预制拼装,也可现浇。人行道应在桥面断缝处做成伸缩缝,人行道防水层通过人行道板与路缘石砌缝外与桥面防水层连成整体。

②栏杆。栏杆(护栏)是桥梁工程的重要组成部分,对桥梁工程图的评价起着直观的作用。栏杆施工不仅要保证质量,还要满足艺术和美观的要求,如图 4-58 所示。栏杆(护栏)施工的一般规定和要求:安装或现浇栏杆(护栏),应在人行道板施工完成后进行;金属制栏杆(护栏)构件在安装前应进行质量检查和试验;栏杆(护栏)必须全桥对直、校平;栏杆(护栏)的连接必须牢固;栏杆(护栏)的外表应平整、光洁、美观,钢筋混凝土栏杆(护栏)不应出现蜂窝、麻面;伸缩缝要妥善处理。

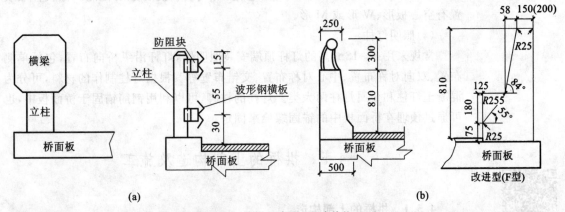

图 4-58　护栏示意图(尺寸单位:cm)

(a)钢筋混凝土梁柱式护栏;(b)钢筋混凝土墙式护栏

③护轮安全带(图 4-59)和路缘石。护轮安全带可以做成预制块件安装或与桥面铺装层一起现浇。预制的安全带块件有矩形截面和肋板截面两种,矩形截面最为常用。路缘石一般为 80~350mm,与安全带相类似,其施工的方法和工艺要求亦与安全带相同。

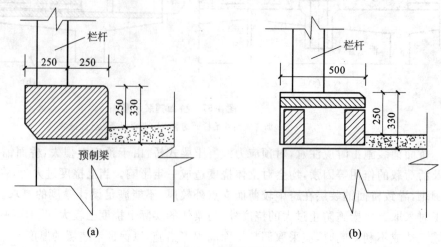

图 4-59　安全带示意图

(3)伸缩缝安装施工

桥梁伸缩缝装置是为了使车辆平稳通过桥面并满足桥面变形的需要,在桥面伸缩接缝所设置的各种装置的总称。目前,我国常用的伸缩装置按传力方式和构造特点大致可分为对接式、钢制支承式、橡胶组合剪切式、模数支撑式和无缝式五大类。

①钢板伸缩装置施工有梳形钢板伸缩装置和滑动钢板伸缩装置。梳形钢板伸缩装置是由梳形板、锚栓、垫板、锚板、封头板及排水槽等组成,有的还在梳齿之间填塞合成橡胶,以起防水作用。滑动钢板伸缩装置,一侧用螺栓锚定牵引板,另一侧搁置在桥台边缘处的角钢上,角钢与牵引板间设置滑板,用钢板的滑动适应结构的伸缩。

②橡胶伸缩装置施工。橡胶伸缩装置是指伸缩体采用橡胶构件的伸缩装置。伸缩体所用的橡胶有良好的耐老化、耐气候和抗腐蚀的性能。橡胶伸缩装置有空心板形、W 形或 M 形。

(4)照明灯柱

常规采用 8~12m 高的灯杆顶端安装照明器,灯杆沿纵桥向布置,包括单侧布置、双向对称布置、中心对称布置、交错布置等。根据灯柱制作的材料,可分为混凝土灯柱和金属灯柱两大类。灯柱的柱脚,可以利用钢筋锚固于桥面板中,也可通过预埋在桥面板中的锚固螺栓来固定。

4.5　拱桥的上部构造及施工

拱桥施工图

4.5.1　拱桥的上部构造

拱桥桥跨结构主要包括主拱圈和拱上建筑,如图 4-60 所示。

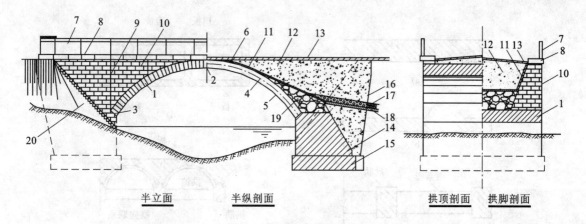

图 4-60 拱桥的基本组成

1—主拱圈；2—拱顶；3—拱脚；4—拱轴线；5—拱腹；6—拱背；7—栏杆；8—路缘；9—伸缩缝；

10—拱上侧墙；11—防水层；12—拱上填料；13—桥面铺装；14—桥台；15—基础；16—桥台侧墙；

17—台后排水盲沟；18—黏土层；19—护拱；20—锥坡

4.5.1.1 主拱圈

拱桥的主拱圈沿拱轴线可以做成等截面或变截面的形式。等截面拱，就是沿桥跨方向主拱的横截面尺寸是相同的[图 4-61(a)]；变截面拱，主拱的横截面从拱顶到拱脚是逐渐变化的。截面变化的方式又可分为两种：一种是截面宽度不变而截面高度逐渐变化[图 4-61(b)]；另一种则正好相反[图 4-61(c)]。

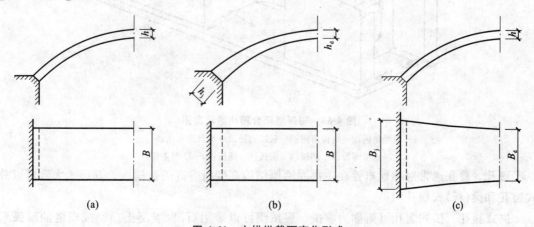

图 4-61 主拱纵截面变化形式

(a)等截面；(b)拱高自拱顶向拱脚增加；(c)拱宽自拱顶向拱脚增加

等截面拱的横截面形式，如图 4-62 所示；等截面箱形拱的构造示意图，如图 4-63 所示。

4.5.1.2 拱上建筑

按照构造方式的不同，拱上建筑可分为实腹式和空腹式两种。

(1)实腹式拱上建筑

实腹式拱上建筑由侧墙、拱腹填料、护拱、变形缝以及防、排水设施和桥面系组成，如图 4-60 所示。

(2)空腹式拱上建筑

空腹式拱上建筑除具有与实腹式拱上建筑相同的构造外，还具有腹孔和腹孔墩。

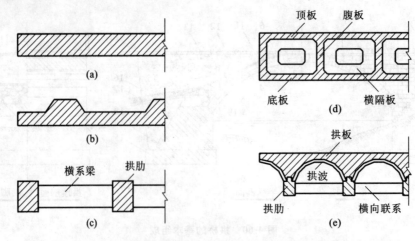

图 4-62　主拱等横截面形式

(a)板拱；(b)板肋拱；(c)肋拱；(d)箱形拱；(e)双曲拱

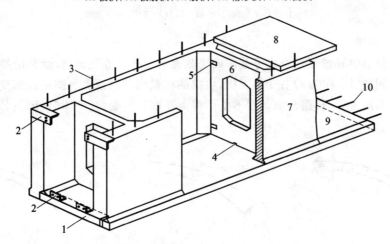

图 4-63　箱形拱闭合箱构造示意图

1—预埋角钢；2—定位角钢；3—联结钢筋；4—预留泄水孔；5—钢板；

6—横隔板；7—侧板；8—顶板；9—底板；10—纵向主筋

①腹孔。腹孔通常对称地布置在主拱圈两侧结构高度所容许的范围内。其形式大致可以分为拱式腹孔和梁(板)式腹孔两类。

a.拱式腹孔。拱式腹孔可简称为腹拱。腹拱圈可以采用石砌、混凝土预制或现浇的圆弧形板拱，也可以采用微弯板和扁壳结构，如图 4-64 所示。

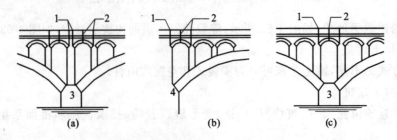

图 4-64　墩台上腹拱的布置方式

1—伸缩缝；2—变形缝；3—桥墩；4—桥台

b.梁(板)式腹孔。梁(板)式腹孔有简支[纵铺桥道板梁,见图 4-65(a)、(b)]、连续[横铺桥道板梁,见图 4-65(c)]和框架式[图 4-65(d)]等多种形式。

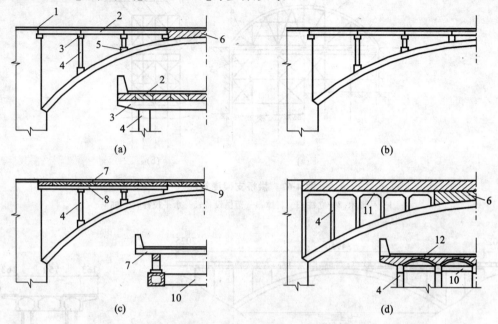

图 4-65　梁(板)式拱上建筑示意图

1—伸缩缝;2—纵铺桥道板(梁);3—盖梁;4—立柱;5—底梁(底座);6—实腹段;
7—横铺桥道板;8—纵向连续梁;9—垫墙;10—横系梁;11—刚架梁;12—拱形板

②腹孔墩。腹孔墩由底梁、墩身和墩帽组成。其按照墩身的结构形式可分为横墙式[图 4-66(a)]和立柱式[图 4-66(b)]两种。

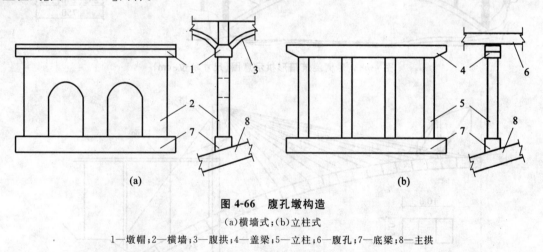

图 4-66　腹孔墩构造

(a)横墙式;(b)立柱式

1—墩帽;2—横墙;3—腹拱;4—盖梁;5—立柱;6—腹孔;7—底梁;8—主拱

4.5.1　拱桥上部构造施工

4.5.1.1　现浇法与拼装法

拱桥上部结构施工,可以按照有原位现浇的方式,包括支架浇筑法(图 4-67)和悬臂浇筑法(图 4-68);也可以按照预制安装法,包括整体安装法和节段悬臂拼装法(图 4-69)。上述两种主要方法与梁式桥上部构造施工方法类似,此处不再赘述。仅对具有代表性的转体法进行介绍。

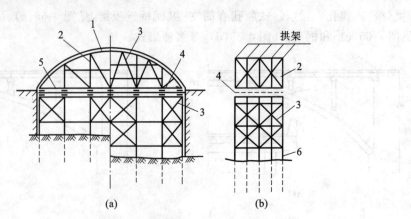

图 4-67　拱桥支架浇筑法

1—弓形木；2—立柱；3—斜撑；4—落拱设备；5—水平拉杆；6—桩

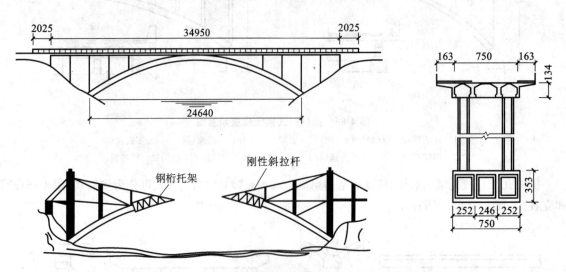

图 4-68　悬臂浇筑箱形拱示意图(尺寸单位：cm)

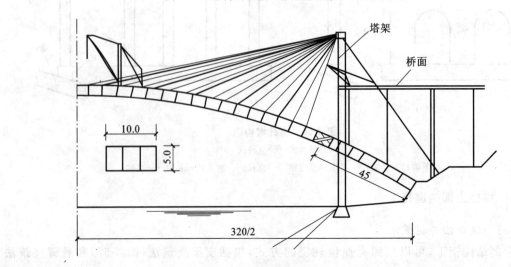

图 4-69　悬臂拼装示意图(尺寸单位：cm)

4.5.1.2 转体法

转体法施工在我国拱桥建设上被广泛采用,已有了成熟的经验,是一种可靠的施工方法。转体施工根据桥梁结构的转动方向,可分为竖向转体施工方法、水平转体施工方法和竖向转体与水平转体相结合的方法,其中水平转体施工方法应用最多。

(1)竖向转体施工方法

竖向转体施工方法简称竖转法,主要用于肋拱桥。我国的习惯做法是拱肋在低位的支架上浇筑或拼装,然后向上提升达到设计位置合龙,即拱圈绕拱座做竖向转动合龙,如图 4-70 所示。

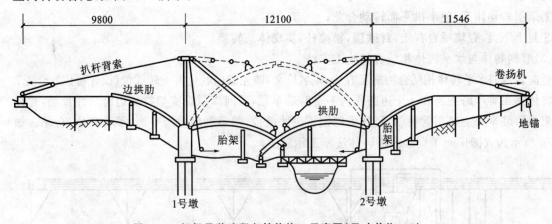

图 4-70 扒杆吊装法竖向转体施工示意图(尺寸单位:cm)

竖转法的转动体系通常由牵引系统、索塔、拉锁组成。竖转法一般在中小跨径的拱桥中采用,其原因是当跨径较大,拱肋较长,竖向转动不易控制,容易出现问题。

(2)水平转体施工方法

水平转体施工方法简称平转法,是我国最先采用的一种施工方法,平转法是将半拱在河岸上的支架上浇筑或拼装好,然后在其平面内转动至设计桥位处合龙(图 4-71)。平转法分为有平衡重转体和无平衡重转体两种施工方法。有平衡重时,上部结构与桥台一起作为转动结构,若桥台不能平衡悬臂主拱,则在桥台上配重以满足平衡,这种方法采用较多。无平衡重转体法取消平衡重,采用锚锭体系平衡悬臂拱的重量。

有平衡重
转体施工动画

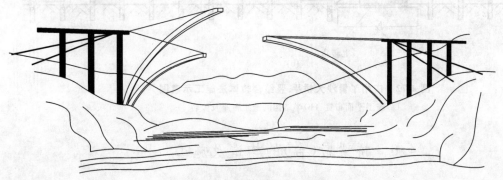

图 4-71 水平转体施工示意图

平转体系由上转盘、下转盘和牵引体系组成,整个上部结构的重量均作用在转盘上。有平衡重平面转体拱桥的主要施工程序如下:

①制作底盘;

②制作上转盘;

③试转上转盘到预制轴线位置;

④浇筑背墙;

⑤浇筑主拱圈上部结构;

⑥张拉拉杆,使上部结构脱离支架,并且和上转盘、背墙形成一个转动体系,通过配重基本把重心调到磨心处;

⑦牵引转动体系,使半拱平面转动合龙;

⑧封上下盘,夯填桥台背土,封拱顶,松拉杆,实现体系转换。

(3)竖向转体与水平转体相结合的施工方法

竖向转体与水平转体相结合的施工方法,顾名思义,即先竖向就位再平转就位(设计桥位)、合龙。

转体施工将半跨主跨和一个边跨作为一个转动单元,沿河岸搭设支架拼装边跨劲性骨架,并在低支架上拼装半跨主跨钢管拱肋,竖转主跨钢管拱肋就位,然后利用边跨平衡,平转就位、合龙。如图4-72所示为我国广州丫髻沙大桥转体法施工示意图。

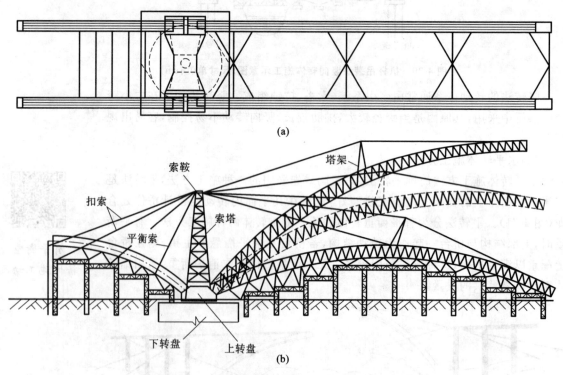

(a)

(b)

图 4-72 广州丫髻沙大桥平-竖结合转体法施工示意图

(a)施工平面布置;(b)半结构的施工台座及竖转

4.6 桥梁墩(台)的构造及施工

桥梁工程下部结构的施工方法是多种多样的,特别是基础部分的施工,受到的约束条件甚多,如地质、水文、施工条件等。墩台作为桥梁结构的组成部分,其结构的可靠性影响整体结构的力学性能和使用。基础形式和施工方法的选择要针对桥跨结构的特点和要求,并结合地形、地质条件、施工条件、技术设备、工期季节、水利水文等多种因素综合考虑。

下面介绍常用的桥墩、桥台构造及施工方法。

4.6.1 桥墩构造

4.6.1.1 实体桥墩

实体桥墩又称重力式桥墩,主要靠自身的重量平衡外荷载,墩身自重大、稳定性好,一般用于地基承载能力强的桥位或流水、漂流物较多的河道中。在多跨拱桥的设计中,由于推力的存在,也常用实体墩,如图 4-73 所示。

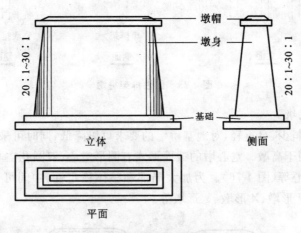

图 4-73 桥梁实体桥墩

4.6.1.2 柱式桥墩

柱式桥墩有单柱式、双柱(多柱)式、哑铃式和混合式四种。单柱式桥墩在水流与桥轴线交角较大及曲线梁桥中用得较多。双柱(多柱)式桥墩是桥梁建筑中采用较多的一种形式,它具有施工方便、造价低和美观等优点。在有较严重漂流物或流冰的河流上或墩身较高时可采用哑铃式或混合式桥墩(图 4-74)。

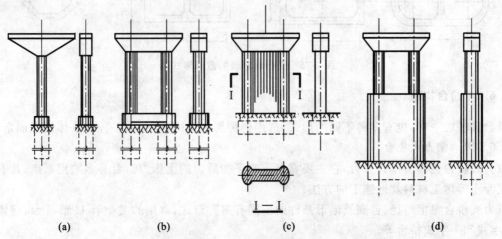

图 4-74 柱式桥墩的类型

(a) 单柱式桥墩;(b) 双柱式或多柱式桥墩;(c) 哑铃式桥墩;(d) 实体式的混合双柱式桥墩

4.6.1.3　柔性排架桩墩

钢筋混凝土柔性排架桩墩,由成排的预制钢筋混凝土打入桩或钻孔桩顶端连以钢筋混凝土盖梁组成。它可分为单排架墩和双排架墩两种(图 4-75)。

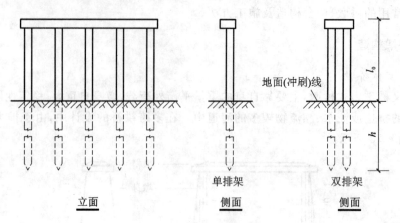

图 4-75　柔性排架桩墩

4.6.1.4　空心薄壁墩

空心薄壁墩由于用料少、自重轻,对地基桥墩的要求可以降低,同时可采用滑模施工,大大加快施工速度,因此特别适用于高墩。空心墩的截面形式有圆形空心、双圆孔空心、圆端形空心、菱形空心、矩形空心、双矩形空心等(图 4-76)。为加大局部和整体稳定性,中间可设置横隔板,除以上常用的桥墩形式外,还有 V 形墩、X 形墩、Y 形墩等。

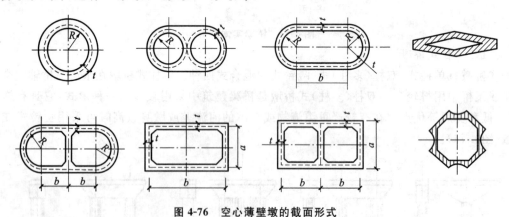

图 4-76　空心薄壁墩的截面形式

4.6.2　桥台构造

桥台和桥墩一样,也有多种不同的形式,选用何种桥台形式,要根据工程的具体情况而定。

4.6.2.1　重力式桥台

重力式桥台也称实体式桥台,它主要靠自重来平衡后台的土压力。台身多数用石砌、片石混凝土或混凝土等圬工材料就地施工的方法。

重力式桥台根据跨径、台高及地形条件的不同有多种形式,常用的类型有 U 形桥台、埋置式桥台、八字式和一字式桥台等。

①U 形桥台由台身(前墙)、台帽、基础与两侧的翼墙组成,在平面上呈 U 形(图 4-77)。

②埋置式桥台台身埋置于台前溜坡内,不需另设翼墙,仅由台帽两端耳墙与路堤衔接。

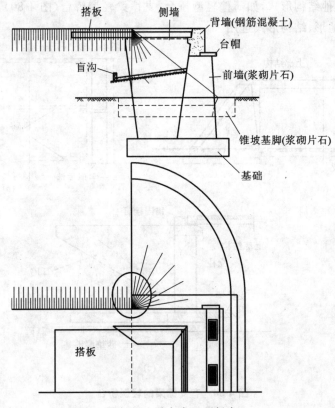

图 4-77　重力式 U 形桥台

③八字式和一字式桥台台身两侧为独立的翼墙,一般将台身和翼墙间设变形缝分开。

4.6.2.2　轻型桥台

钢筋混凝土轻型桥台,其结构特点是利用钢筋混凝土结构的抗弯能力来减少圬工体积而使桥台轻型化。

①框架式轻型桥台是一种在横向呈框架式结构的桩基础轻型桥台,它所受的土压力较小,适用于地基承载能力较低、台身较高、跨径较大的桥梁,如图 4-78 所示。

②锚定板式轻型桥台(锚拉式)有分离式和组合式。分离式的台身主要承受上部结构传递的竖向力和水平力,土压力由锚定板结构承受;组合式的台身则兼有立柱的作用,将锚定板结构与台身结合在一起,假定此时的台身仅承受竖向荷载,所有的水平力全部由锚定板承受,如图 4-79 所示。

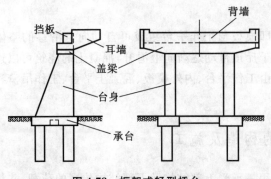

图 4-78　框架式轻型桥台

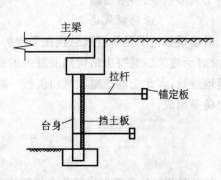

图 4-79　锚定板式轻型桥台

　　轻型桥台还有其他结构形式,如薄壁轻型桥台、支撑梁轻型桥台(图 4-80)、过梁式桥台等多种形式,可根据不同的地形、结构形式选用。

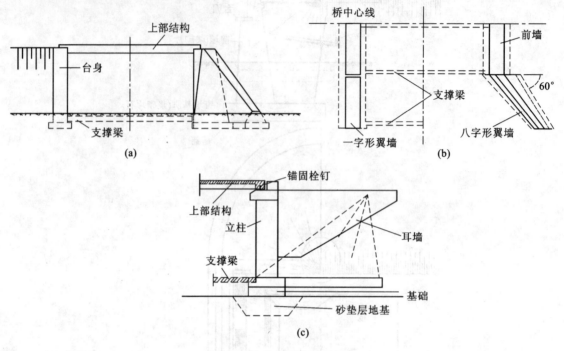

图 4-80　有支撑梁的轻型桥台

4.6.3　桥墩施工

桥墩一般都是就地浇筑,常见的模板和脚手架平台做法有下面几种。

4.6.3.1　支架及模板法

当桥墩高度较小时,可采用从地面或墩顶搭设支架作业平台、安装模板的方法浇筑混凝土。模板可采取多块拼装或整段制作吊装的方法,要视模板的大小和重量,根据吊装机械的起吊能力而定,这种方法是普遍使用的。

4.6.3.2　爬升模板施工

采用爬升模板及平台的施工方法是将工作平台与模板拼成可自动升降的整体装置,利用下节已凝固混凝土中预埋的钢构件进行逐节提升模板与平台结构。该法机械化程度较高,可缩短工期,适用于大型桥墩、桥塔的施工。

4.6.3.3　滑动模板施工

滑动模板施工是将模板悬挂在平台的周围,即模板与工作平台组成可自动向上滑移的整体装置,沿着所施工的混凝土结构随混凝土的浇筑由千斤顶带动逐渐向上滑升,混凝土的浇筑可以连续不断地进行,因此工期最短。滑动模板一般主要由工作平台、内外模板、混凝土平台、工作吊篮和提升设备等组成。

4.7　基础的构造及施工

基础是桥梁的重要组成部分。基础的主要作用是承受上部结构及下部结构传来的荷载,并将它及本身自重传给地基。按基础的埋置深度分为浅基础和深基础,而深基础又包括桩基础和沉井基础。

4.7.1 基础形式

4.7.1.1 浅基础

浅基础是指埋入地层深度较浅,施工一般采用敞开挖基坑修筑的基础。根据受力条件及构造可分为柔性基础[图 4-81(a)]和刚性基础[图 4-81(b)]。

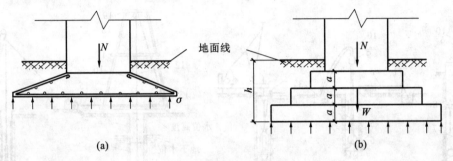

图 4-81 浅基础示意图

4.7.1.2 桩基础

①沉桩。在桥梁基础中常用钢筋混凝土方桩和预应力混凝土方桩作为打入桩基础。

②灌注桩。灌注桩是在现场地基中钻(挖)桩孔,然后向孔内放置钢筋笼再灌注混凝土而成的桩。按成孔方式可分为沉管灌注桩、钻孔灌注桩、挖孔灌注桩。

4.7.1.3 沉井基础

沉井是一种井筒状结构物,是依靠在井内挖土,借助井体自重及其他辅助措施而逐步下沉至预定设计标高,最终形成的建筑物基础的一种深基础形式。

沉井构造由井壁(侧壁)、刃脚、内墙、井孔、封底和顶盖板等组成,如图 4-82 所示。

图 4-82 沉井构造示意图

4.7.2 基础施工

4.7.2.1 明挖扩大基础施工

扩大基础的施工一般是采用明挖的方法进行的。当基底在地下水位以上、土质较好时,可采用坑壁不加支撑的方法开挖;视土质情况,可采取竖向坑壁、斜坡坑壁及阶梯形坑壁,若为阶梯形坑壁,每梯高度以 0.4~1.0m 为宜。当基底在地下水位以下、坑壁土质不稳定等时,可采用坑壁设支撑,支撑的形式有多种,可根据实际情况确定。基坑的施工方法,可采取人工开挖、机械开挖及人工机械配合开挖,要根据开挖土方量来定。有的水中基础也采用明挖的施工方法,这时必须设置围堰。

4.7.2.2 桩基础施工

常见的桩基础有打入桩基础和钻孔灌注桩基础两大类,在公路桥梁中以钻孔灌注桩基础为常用。

(1)打入桩基础

在桥梁基础中常用钢筋混凝土方桩和预应力混凝土方桩,在大型桥梁工程中也采用钢筋混凝土管桩和预应力混凝土管桩,预应力混凝土管桩按混凝土强度等级,又分为预应力混凝土管桩(代号 PC)和高强度预应力混凝土管桩(代号 PHC)。管桩一般由工厂以离心成型法制成。

(2)钻孔灌注桩基础

钻孔灌注桩的关键是钻孔。钻孔的方法可归纳为如下 3 种类型。

①冲击法:用冲击钻机或卷扬机带动冲锤,借助锤头自重下落产生的冲击力,反复冲击破碎土

石或把土石挤入孔壁中,用泥浆浮起钻渣,用抽渣筒或空气吸泥机排出而形成钻孔。

②冲抓法:用冲抓锥靠自重产生冲击力,切入土层或破碎土层,用叶瓣抓土、弃土以形成钻孔。

③旋转法:用钻机通过钻杆带动锥或钻头旋转切削土壤,用泥浆浮起并排出钻渣形成钻孔。

以上每种方法因动力与设备功能的不同而分为多种。图 4-83 所示为几种钻孔方法的施工布置示意。

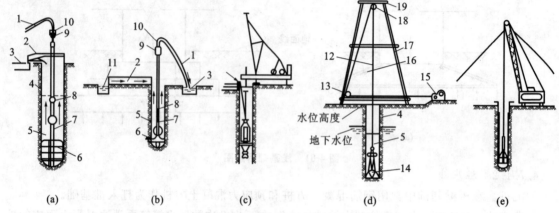

图 4-83　几种钻孔方法的施工布置

(a)正循环旋转钻;(b)反循环旋转钻;(c)潜水工程钻;(d)冲抓钻;(e)冲击钻

1—胶管;2—流槽;3—沉淀池;4—护筒;5—钻孔;6—钻头;7—钻杆;8—接头;9—旋转活接头;10—水龙头;11—泥浆池;
12—吊起钢丝绳;13—卷扬滑轮;14—冲抓锥;15—双筒卷扬机;16—外合钢丝绳;17—钻架;18—人滑轮;19—横梁

钻孔灌注桩基础在桥梁工程中最为常见。钻孔灌注桩工艺适用性很强,不受地质条件限制,钻孔深度可达 100m 以上,常用的桩径有 100cm、120cm、150cm、200cm 和 250cm。钻孔灌注桩按力学性能可分为摩擦桩和柱桩;按施工方法分为冲击成孔、旋转成孔和冲抓成孔等。正、反循环钻孔桩基础施工要考虑的问题比较多,如桩的成孔、钻孔平台、护壁泥浆、护筒、下钢筋笼、浇筑水下混凝土、围堰等。按成桩的施工工艺程序主要有以下工序,施工示意如图 4-84 所示:

①搭设钻孔平台。

②埋设护筒。

③泥浆制备。

④旋转式成孔。

⑤冲抓式钻机成孔法。

⑥冲击式钻机成孔法。

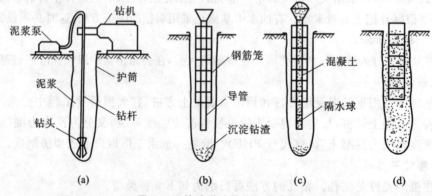

图 4-84　钻孔灌注桩施工示意图

⑦根据实际的成孔方法选用合适的钻头。

钻孔灌注桩施工因成孔方法不同,施工工艺流程会有些差异。

4.8　斜拉桥组成及施工

4.8.1　斜拉桥构造

斜拉桥是以通过或固定于桥塔(索塔)并锚固于桥面系的斜向拉锁作为上部结构主要承重构件的一种新结构。斜拉桥由塔、梁、索三部分构成,如图4-85所示。用高强钢材制成的斜缆索将主梁多点吊起,并将主梁的恒荷载和车辆荷载传至塔柱,再通过塔柱基础传至地基。

斜拉桥图

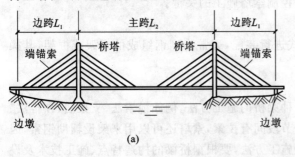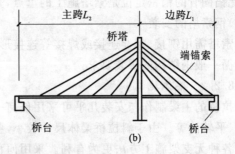

图 4-85　斜拉桥组成示意图
(a)双塔三跨式;(b)单塔双跨式

(1)索面布置

斜缆索沿桥纵向最常用的布置形式有放射形、扇形、竖琴形和星形(图4-86);沿桥的横向一般分为单索面、竖向双索面、斜向双索面三种(图4-87)。

图 4-86　斜拉索沿桥纵向的布置形式
(a)放射形;(b)扇形;(c)竖琴形;(d)星形

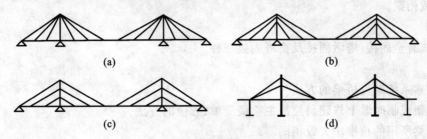

图 4-87　斜拉索沿桥横向的布置形式
(a)单索面;(b)竖向双索面;(c)斜向双索面

(2)斜拉桥分类

斜拉桥按材料可分为钢斜拉桥、混凝土斜拉桥、混合型斜拉桥以及钢、混凝

土结合梁斜拉桥;斜拉桥按总体布置可分为单塔双跨、双塔三跨和多塔多跨三种形式(图 4-85)。

4.8.2　斜拉桥施工

4.8.2.1　索塔施工

索塔施工有现场浇筑法和预制后运到塔位处拼装两种方法。索塔可分为钢结构或工字形、箱形钢筋混凝土结构。

(1)钢筋混凝土索塔施工

①钢筋混凝土索塔施工可以采用塔架现浇、预制吊装、滑模、爬模浇筑等多种方法。

②塔墩固接的索塔,施工脚手架宜在墩上搭设;塔梁固接的索塔,施工脚手架宜在梁上搭设。

③斜拉索的锚固管全部集中在索塔上部的锚固区,其位置的准确性直接影响斜拉桥的工程质量,因此锚固管的精密定位是索塔施工的重点,是控制索塔施工的关键。

(2)钢索塔的安装

钢索塔需用铆接、螺栓连接或焊接等连接形式进行装配,通常为型钢组成的桁架或框架,其操作应遵循一般钢结构的拼装要求。

4.8.2.2　梁体施工

斜拉桥的主梁制作与安装几乎可采用任何一种梁桥的施工方法,例如缆索法、支架法、顶推法、悬臂法、平转法等。由于斜拉桥梁体尺寸较小,各节段间有拉索,索塔还可以用来架设辅助钢索,因此采用各种无支架施工方法更为有利。采用何种施工方法,要根据桥梁的构造特点、施工技术及设备、现场条件等因素确定。由于设计与施工方法密切相关,所以设计单位在设计时就应确定桥梁的主要施工方法。

(1)梁体截面形式

主梁的截面为箱形、工字形或箱形与工字形并用,这三种截面形式占绝大多数,也有少数斜拉桥的主梁用空心板梁或桁架。

(2)梁塔连接方式

梁塔墩的连接形式有全固接、塔墩固接及梁塔固接三种。

(3)梁体施工方法

①缆索法,是用缆索系统架设桥梁的方法。

②支架法,是在支架或临时墩上修建斜拉桥主梁最简单、方便的方法。

③顶推法,与连续梁所用的顶推法大致相同。

④悬臂法,是架设大跨径斜拉桥主梁最常用的方法,可分为整孔浇筑(或拼装)和分段浇筑(或拼装)两种工艺,常需用临时支架等辅助设施架梁或浇筑混凝土。

⑤平转法,与拱桥中采用的平转法相似,即将上部结构分为两半,在沿河岸顺河流方向的矮支架上制作,然后以桥墩为圆心旋转到桥位合龙。

⑥混合法,指将斜拉桥主梁分为三部分(两块边纵梁和一块行车道板)预制或现浇,纵梁可预制,行车道板可现浇或预制。施工时,利用吊机先安装两侧边纵梁并拉拉索,然后浇筑或拼装主梁中间的行车道板。

4.8.2.3　拉索施工

斜拉索是指以高强钢丝为材料的斜缆索,其类型为平行钢丝束绞制工艺和热挤聚乙烯护套等工艺制成的钢绞线(索),前者多为工地现场制作,后者则为工厂制作,具有较高的内在质量和防腐能力,有条件时宜优先考虑采用工厂制作。

（1）拉索与塔、梁的连接

①索与塔的连接有辐射集中于一点和均匀布设在塔上两种连接方法。索在塔上的支承方式有连续式和固定式两种。

②在斜拉桥中，索与梁的连接通常有三种形式：索通过主梁顶板锚固；索锚固在肋板里；设置铰座来锚固。

（2）拉索施工

①拉索安装。它是指拉索吊运就位后，将其两端锚头安装到索塔和梁的预留孔道位置上。

②斜拉索张拉。斜拉索应按设计吨位张拉，其延伸值可以作为校核拉力的参考。

③索力测定与调整。索的初张力大小，关系全桥的受力状态是否合理。随着斜拉桥在国内逐步推广，索力的测定方法及仪器也逐步完善起来。目前，除了用油压表读数来控制张拉力的大小外，还可采用应变力电测法和钢索测力仪来检测索力。索力调整是指在全桥完工后、开放交通前对全桥的索力进行统测和根据测量结果所进行的调整工作，是斜拉桥施工中不可忽视的一项工作。调整拉索的目的是消除多种因素对桥梁引起初始应力应变的影响。

4.9 悬索桥组成及施工

4.9.1 悬索桥构造

悬索桥是以悬索为主要承重结构的桥梁，由主缆、索塔、加劲梁、吊杆、鞍座、锚碇、基础等组成，是目前大跨度桥梁的主要形式之一，如图 4-88 所示。

悬索桥图

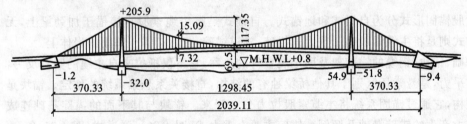

图 4-88　某悬索桥示意图(尺寸单位:m)

悬索桥的主塔一般为钢筋混凝土结构或钢结构，顶部设置索鞍；锚碇承受主缆的巨大拉力，并保持桥跨的稳定；主缆一般采用冷拔高强钢丝束，塔、锚、缆三者共同受力，形成悬索桥的主要受力体系。

大跨度悬索桥的桥面系一般为钢结构，且设有加劲梁。钢筋混凝土梁由于自重较大、抗拉能力差，对柔性结构的悬索桥使用较少。

4.9.2 悬索桥施工

4.9.2.1 悬索桥锚碇与索塔施工

（1）索塔

索塔是悬索桥第一受力体系中支撑主缆的结构，既是悬索桥的主要承重结构，同时又是体现悬索桥整体景观的标志性构件。从受力角度来说，索塔不仅承受直接作用于索塔本身的风、地震、温度等荷载,还要承受主缆、加劲梁等悬索桥悬吊结构的自重以及作用于悬索桥体系上的活荷载、温度等荷载。

悬索桥的索塔,在整个桥梁工程的施工中都算是比较复杂、困难的,桥梁工程高墩施工也是如此。桥塔的结构形式多种多样,常见的塔形有单柱式、双柱式、门架式、H 形、A 字形和倒 Y 形等几种(图 4-89)。

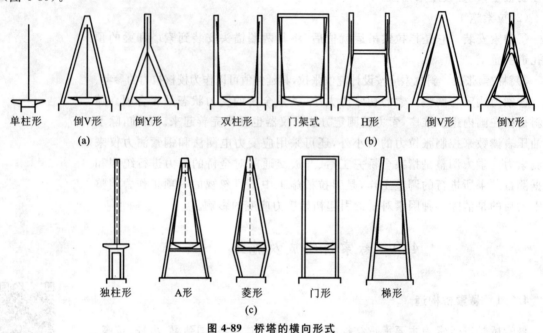

图 4-89　桥塔的横向形式

(a)单索面的塔架形式;(b)双索面的塔架形式;(c)梁体高出塔基甚多时的塔架形式

(2) 锚碇

悬索桥主缆索股锚固形式分为自锚式和地锚式。自锚式是将主缆索股直接锚于加劲梁上,无须锚碇结构。地锚式则是将主缆索股锚于重力式锚碇、隧道锚碇,或直接锚于坚固的岩体上。

锚碇是锚块基础、锚块、钢缆的锚碇架及固定装置等的总称,它不仅抵抗来自主缆的竖直反力,而且抵抗主缆的水平力,是悬索桥区别于其他桥梁独有的结构,直接关系悬索系统的稳定。锚块是直接锚固主缆的结构,它通过锚固系统将主缆索股拉力分散开来。锚块与其下面的锚碇基础连成一体抵抗因主缆拉力产生的锚碇滑动及倾倒。锚碇主要有重力式(图 4-90)、隧道式(图 4-91)等。

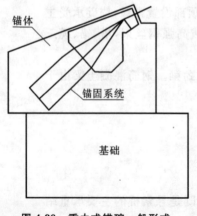

图 4-90　重力式锚碇一般形式

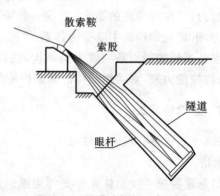

图 4-91　隧道式锚碇一般形式

4.9.2.2 悬索桥主缆架设

(1)牵引系统架设

牵引系统是介于两个锚碇之间,跨越索塔,用于空中拽拉的牵引设备,主要承担猫道架设、主缆架设以及部分牵引吊运工作,是悬索桥上部结构施工的重要设备。牵引系统的常用形式有循环式和往复式两种。

(2)主缆施工方法

对于主跨大于500m的悬索桥,其主缆形式主要为平行线钢缆。平行线钢缆根据架设方法分为空中送丝法(AS法)及预制平行索股法(PPWS)。空中送丝法(AS法)是利用牵引机械往复拽拉钢丝,在现场制作平行索股的施工方法(图4-92)。预制平行索股法(PPWS)是在工厂制作平行索股,然后缠绕在索盘上,运到工地进行架设(图4-93)。

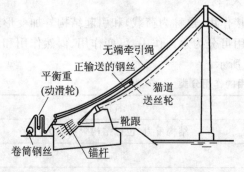

图4-92 空中送丝法工艺示意图

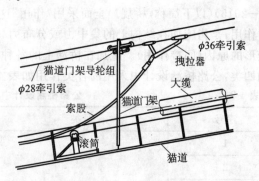

图4-93 门架式拽拉器牵引索股示意图

4.9.2.3 悬索桥加劲梁架设

悬索桥施工的重点是主缆和加劲梁的架设。悬索桥现阶段加劲梁主要有钢桁梁(桁架式加劲梁)和钢箱梁(钢箱式加劲梁)两类,均在工厂内制造,运输到现场通过节段间现场连接的方法成桥。图4-94所示为加劲梁节段起吊示意。

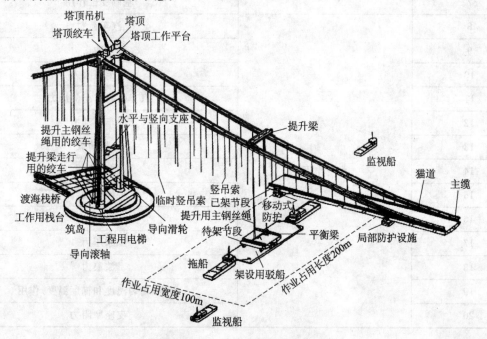

图4-94 加劲梁节段起吊示意图

4.10　桥梁上的作用介绍

"作用"是引起桥涵结构反应的各种原因的统称,可以归纳为性质不同的两大类:一类是直接施加于结构上的外力,例如车辆、结构自重等;另一类是以间接的形式作用于结构上,例如地震、墩台变位、混凝土收缩徐变等,它们产生的效应与结构自身的特征有关。作用种类、形式和大小的选择是否适当,不但关系桥梁结构在使用年限内是否安全、可靠,而且关系桥梁建设费用是否经济合理。

需要说明的是,通常习惯用"荷载"这一术语来概括引起桥涵结构反应的所有原因,《公路工程结构可靠度设计统一标准》(GB/T 50283—1999)开始采用术语"作用"来表述这一概念,而"荷载"仅表示施加于结构上的直接作用。依据上述标准规定的原则,《公路桥涵设计通用规范》(JTG D60—2015)(以下简称《桥规》)全面采用"作用"这一术语。

作用,是指施加在结构上的集中力或分布力(直接作用,也称为荷载)和引起结构外加变形或约束变形的原因(间接作用)。施加在桥涵上的各种作用可分为永久作用、可变作用、偶然作用和地震作用四类,公路桥涵设计中采用的各类作用如表 4-8 所示。

表 4-8　　　　　　　　　　　公路桥涵设计中采用的作用分类

序号	分类	名称
1	永久作用	结构重力(包括结构附加重力)
2		预加力
3		土的重力
4		土侧压力
5		混凝土收缩、徐变作用
6		水浮力
7		基础变位作用
8	可变作用	汽车荷载
9		汽车冲击力
10		汽车离心力
11		汽车引起的土侧压力
12		汽车制动力
13		人群荷载
14		疲劳荷载
15		风荷载
16		流水压力
17		冰压力
18		波浪力
19		温度(均匀温度和梯度温度)作用
20		支座摩阻力

序号	分类	名称
21		船舶的撞击作用
22	偶然作用	漂流物的撞击作用
23		汽车撞击作用
24	地震作用	地震作用

4.10.1 永久作用

公路桥涵结构的设计基准期为 100 年。永久作用是指在设计基准期内始终存在,其量值变化与平均值相比可以忽略不计的作用,或其变化是单调的并趋于某个限值的作用,详见表 4-8 的分类。

(1)结构重力

结构重力包括结构自重及桥面铺装、附属设备等附加重力。结构重力标准值可按照结构物的实际体积或设计拟定的体积乘以材料的重力密度计算。桥梁结构的自重往往占全部设计作用的很大部分,采用轻质高强材料对减轻桥梁自重、增大跨越能力有重要意义。材料重力密度可按表 4-9 取用。

表 4-9 常用材料的重力密度

材料种类	重力密度/(kN/m³)	材料种类	重力密度/(kN/m³)
钢、铸钢	78.5	浆砌片石	23.0
铸铁	72.5	干砌片石或片石	21.0
锌	70.5	沥青混凝土	23.0~24.0
铅	114.0	沥青碎石	22.0
黄铜	81.1	碎(砾)石	21.0
青铜	87.4	填土	17.0~18.0
钢筋混凝土或预应力混凝土	25.0~26.0	填石	19.0~20.0
混凝土或片石混凝土	24.0	石灰三合土、石灰土	17.5
浆砌块石或料石	24.0~25.0		

(2)预加应力

在结构正常使用极限状态设计和使用阶段构件应力计算时,预加力应作为永久作用来计算其主、次效应,并计入相应阶段的应力损失;在结构承载能力极限状态设计时,预加力不作为荷载,而将预应力钢筋作为结构抗力的一部分,但在连续梁等超静定结构中,仍需考虑预加力引起的次效应,具体可按《桥规》第 4.2.2 条规定计算。

(3)土的重力及土侧压力

土的重力及土侧压力包括静土压力、主动土压力等,可按《桥规》第 4.2.3 条规定计算。

(4)混凝土收缩徐变作用

混凝土收缩及徐变作用可按下述规定取用:

①外部超静定的混凝土结构、钢和混凝土的组合结构等应考虑混凝土收缩及徐变的作用。

②混凝土的收缩应变和徐变系数可按《公路钢筋混凝土及预应力混凝土桥涵设计规范》

(JTG D62—2004)的规定计算。

③混凝土徐变的计算可假定徐变与混凝土应力呈线性关系。

④计算圬工拱圈的收缩作用效应时,如考虑徐变影响,作用效应可乘以折减系数0.45。

(5)水的浮力

水的浮力可按下列规定采用:

①基础底面位于透水性地基上的桥梁墩台,当验算稳定时,应考虑设计水位的浮力;当验算地基应力时,可仅考虑低水位的浮力或不考虑水的浮力。

②基础嵌入不透水性地基的桥梁墩台,不考虑水的浮力。

③作用在桩基承台底面的浮力应考虑全部底面积。对嵌入不透水地基并灌注混凝土封闭者,不应考虑桩的浮力;在计算承台浮力时,应扣除桩的截面面积。

④当不能确定地基是否透水时,应以透水或不透水两种情况与其他作用组合,取其最不利者。

⑤水的浮力标准值等于水的重度乘以结构排开水的体积。

4.10.2 可变作用

可变作用是指在设计基准期内,其量值随时间而变化,且变化值与平均值相比不可忽略不计的作用,详见表4-8的分类。

4.10.2.1 汽车荷载

公路桥涵设计时,汽车荷载的计算因式、荷载等级及其标准值、加载方法和纵横向折减等应符合下列规定:

①汽车荷载分为公路-Ⅰ级和公路-Ⅱ级两个等级。

②汽车荷载由车道荷载和车辆荷载组成。车道荷载由均布荷载和集中荷载组成。桥梁结构的整体计算采用车道荷载;桥梁结构的局部加载、涵洞、桥台和挡土墙土压力等的计算采用车辆荷载。车辆荷载与车道荷载的作用不得叠加。

③各级公路桥涵设计的汽车荷载等级应符合表4-10的规定。

表 4-10　　　　　　　　　　　各级公路桥涵的汽车荷载等级

公路等级	高速公路	一级公路	二级公路	三级公路	四级公路
汽车荷载等级	公路-Ⅰ级	公路-Ⅰ级	公路-Ⅰ级	公路-Ⅱ级	公路-Ⅱ级

二级公路为集散公路且交通量小、重型车辆少时,其桥涵的设计可采用公路-Ⅱ级汽车荷载。

对交通组成中重载交通比重较大的公路桥涵,宜采用与该公路交通组成相适应的汽车荷载模式进行结构整体和局部验算。

④车道荷载的计算图示见图4-95。

a.公路-Ⅰ级车道荷载均布荷载标准值为 $q_k=10.5\text{kN/m}$;集中荷载标准值 P_k 取值见表4-11。计算剪力效应时,上述集中荷载标准值应乘以系数1.2。

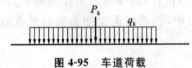
图 4-95　车道荷载

表 4-11　　　　　　　　　　　集中荷载 P_k 取值

计算跨径 L_0/m	$L_0 \leqslant 5$	$5 < L_0 < 50$	$L_0 \geqslant 50$
P_k/kN	270	$2(L_0+130)$	360

注:计算跨径 L_0,设支座的,为相邻两支座中心间的水平距离;不设支座的,为上、下部结构相交面中心间的水平距离。

b. 公路-Ⅱ级车道荷载的均布荷载标准值 q_k 和集中荷载标准值 P_k 按公路-Ⅰ级车道荷载的 3/4 采用。

c. 车道荷载的均布荷载标准值应满布于使结构产生最不利效应的同号影响线上；集中荷载标准值只作用于相应影响线中一个影响线峰值处。

⑤车辆荷载的立面、平面尺寸如图 4-96 所示，主要技术指标规定见表 4-12。公路-Ⅰ级和公路-Ⅱ级汽车荷载采用相同的车辆荷载标准值。

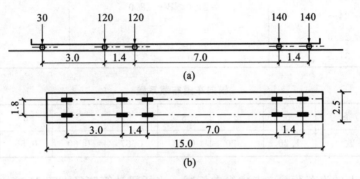

图 4-96　车辆荷载的立面、平面尺寸(尺寸单位：m)

(a)立面布置；(b)平面尺寸

表 4-12　　　　　　　　　　　　　　**车辆荷载的主要技术指标**

项目	单位	技术指标	项目	单位	技术指标
车辆重力标准值	kN	550	轮距	m	1.8
前轴重力标准值	kN	30	前轮着地宽度及长度	m	0.3×0.2
中轴重力标准值	kN	2×120	中、后轮着地宽度及长度	m	0.6×0.2
后轴重力标准值	kN	2×140	车辆外形尺寸(长×宽)	m×m	15×2.5
轴距	m	3+1.4+7+1.4	—	—	—

⑥车道荷载横向分布系数应按图 4-97 所示布置车道荷载进行计算。

⑦桥涵设计车道数应符合表 4-13 的规定。横桥向布置多车道汽车荷载时，应考虑汽车荷载的折减；布置一条车道汽车荷载时，应考虑汽车荷载的提高。横向车道布载系数应符合表 4-14 的规定。多车道布载的荷载效应不得小于两条车道布载的荷载效应。

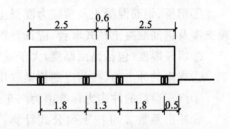

图 4-97　车道荷载横向布置(尺寸单位：m)

表 4-13　　　　　　　　　　**桥涵设计车道数**

桥面宽度 W/m		桥涵设计车道数
车辆单向行驶时	车辆双向行驶时	
$W<7.0$	$6.0 \leqslant W < 14.0$	1
$7.0 \leqslant W < 10.5$		2

续表

桥面宽度 W/m		桥涵设计车道数
车辆单向行驶时	车辆双向行驶时	
10.5≤W<14.0	14.0≤W<21.0	3
14.0≤W<17.5		4
17.5≤W<21.0	21.0≤W<28.0	5
21.0≤W<24.5		6
24.5≤W<28.0	28.0≤W<35.0	7
28.0≤W<31.5		8

表 4-14　　　横向车道布载系数

横向布载车道数/条	1	2	3	4	5	6	7	8
横向车道布载系数	1.20	1.00	0.78	0.67	0.60	0.55	0.52	0.50

⑧大跨径桥梁上的汽车荷载应考虑纵向折减。当桥梁计算跨径大于 150m 时,应按表 4-15 规定的纵向折减系数进行折减。当为多跨连续结构时,整个结构应按最大的计算跨径考虑汽车荷载效应的纵向折减。

表 4-15　　　纵向折减系数

计算跨径 L_0/m	纵向折减系数	计算跨径 L_0/m	纵向折减系数
150<L_0<400	0.97	800≤L_0<1000	0.94
400≤L_0<600	0.96	L_0≥1000	0.93
600≤L_0<800	0.95	—	—

4.10.2.2　汽车荷载冲击力

汽车荷载冲击力应按下列规定计算:

①钢桥、钢筋混凝土及预应力混凝土桥、圬工拱桥等上部构造和钢支座、板式橡胶支座、盆式橡胶支座及钢筋混凝土柱式墩台,应计算汽车的冲击作用。

②填料厚度(包括路面厚度)大于或等于 0.5m 的拱桥、涵洞以及重力式墩台不计冲击力。

③支座的冲击力,按相应的桥梁取用。

④汽车荷载的冲击力标准值为汽车荷载标准值乘以冲击系数 μ。

⑤冲击系数 μ 可按下列公式计算:当 $f<1.5\text{Hz}$ 时,$\mu=0.05$;当 $1.5\text{Hz}\leqslant f\leqslant14\text{Hz}$ 时,$\mu=0.1767\ln f-0.0157$;当 $f>14\text{Hz}$ 时,$\mu=0.45$。式中,f 为结构基频(Hz)。

⑥汽车荷载的局部加载及在 T 梁、箱梁悬臂板上的冲击系数采用 1.3。

4.10.2.3　汽车荷载离心力

汽车荷载离心力可按下列规定计算:

①曲线桥应计算汽车荷载引起的离心力。汽车荷载离心力标准值为按车辆荷载(不计冲击力)标准值乘以离心力系数 C 计算。离心力系数按下式计算:

$$C=\frac{v^2}{127R}$$

式中　v——设计速度,应按桥梁所在路线设计速度采用,km/h;

　　　　R——曲线半径,m。

②计算多车道桥梁的汽车荷载离心力时,车辆荷载标准值应乘以表 4-14 规定的横向车道布载系数。

③离心力着力点在桥面以上 1.2m 处;为计算简便,也可移至桥面上,不计由此引起的作用效应。

4.10.2.4　汽车荷载引起的土压力

汽车荷载引起的土压力采用车辆荷载加载,并可按下列规定计算。

①汽车荷载在桥台或挡土墙后填土的破坏棱体上引起的土侧压力,可按下式换算成等代均布土层厚度 h(m)计算:

$$h = \frac{\sum G}{B l_0 \gamma}$$

式中　γ——土的重度,kN/m³;

　　　　$\sum G$——布置在 $B \times l_0$ 面积内的车轮的总重力,kN;

　　　　l_0——桥台或挡土墙后填土的破坏棱体长度,m;

　　　　B——桥台横向全宽或挡土墙的计算长度,m。

挡土墙的计算长度 B(m)可按下列公式计算,但不应超过挡土墙分段长度:

$$B = 13 + H \tan 30°$$

式中　H——挡土墙高度,m,对墙顶以上有填土的挡土墙,为 2 倍墙顶填土厚度加墙高;当挡土墙分段长度小于 13m 时,B 取分段长度,并应在该长度内按不利情况布置轮重。

②计算涵洞顶上汽车荷载引起的竖向土压力时,车轮按其着地面积的边缘向下做 30°分布。当几个车轮的压力扩散线相重叠时,扩散面积以最外边的扩散线为准。

4.10.2.5　汽车荷载制动力

汽车荷载制动力应按下列规定计算和分配:

①汽车荷载制动力按同向行驶的汽车荷载(不计冲击力)计算,并应按表 4-15 的规定,以使桥梁墩台产生最不利纵向力的加载长度进行纵向折减。

a.一个设计车道上由汽车荷载产生的制动力标准值按 4.10.2.1 小节所述的车道荷载标准值按照在加载长度上计算的总重力的 10% 计算,但公路-Ⅰ级汽车荷载的制动力标准值不得小于 165kN,公路-Ⅱ级汽车荷载的制动力标准值不得小于 90kN。

b.同向行驶双车道的汽车荷载制动力标准值为一个设计车道制动力标准值的 2 倍,同向行驶三车道应为一个设计车道的 2.34 倍。同向行驶四车道应为一个设计车道的 2.68 倍。

②制动力的着力点在桥面以上 1.2m 处,计算墩台时,制动力可移至支座铰中心或支座底面上。计算构桥、拱桥时,制动力的着力点可移至桥面上,但不计因此而产生的竖向力和力矩。

②设有板式橡胶支座的简支梁、连续桥面简支梁或连续梁排架式柔性墩台,应根据支座与墩台的抗推刚度的刚度集成情况分配和传递制动力。设有板式橡胶支座的简支梁刚性墩台,按单跨两端的板式橡胶支座的抗推刚度分配制动力。

③设有固定支座、活动支座(滚动或摆动支座、聚四氟乙烯板支座)的刚性墩台传递的制动力,按表 4-16 的规定采用。每个活动支座传递的制动力,其值不应大于摩阻力。当大于摩阻力时,按摩阻力计算。

表 4-16	刚性墩台各种支座传递的制动力		
桥梁墩台及支座类型		应计的制动力	符号说明
简支梁桥台	固定支座	T_1	T_1——加载长度为计算跨径时的制动力；T_2——加载长度为相邻两跨计算跨径之和时的制动力；T_3——加载长度为一联长度的制动力
	聚四氟乙烯板支座	$0.30\,T_1$	
	滚动(或摆动)支座	$0.25\,T_1$	
简支梁桥墩	两个固定支座	T_2	
	一个固定支座,一个活动支座	*	
	两个聚四氟乙烯板支座	$0.30\,T_2$	
	滚动(或摆动)支座	$0.25\,T_2$	
连续梁桥墩	固定支座	T_3	
	聚四氟乙烯板支座	$0.30\,T_3$	
	滚动(或摆动)支座	$0.25\,T_3$	

* 固定支座按 T_4 计算,活动支座按 $0.30\,T_5$(聚四氟乙烯支座)或 $0.25\,T_5$(滚动或摆动支座)计算,T_4 和 T_5 分别为固定支座或活动支座相应的单跨跨径的制动力,桥墩承受的制动力为上述固定支座与活动支座传递的制动力之和。

4.10.2.6　人群荷载

人群荷载标准值应按下列规定采用：

①人群荷载标准值应根据表 4-17 采用,对跨径不等的连续结构,以最大计算跨径为准。

表 4-17	人群荷载标准值		
计算跨径 L_0/m	$L_0 \leqslant 50$	$50 < L_0 < 150$	$L_0 \geqslant 150$
人群荷载/(kN/m²)	3.0	$3.25 - 0.005L_0$	2.5

a.非机动车、行人密集的公路桥梁,人群荷载标准值取上述标准值(表 4-17)的 1.15 倍。

b.专用人行桥梁,人群荷载标准值为 $3.5\mathrm{kN/m^2}$。

②人群荷载在横向时,应布置在人行道的净宽度内；而在纵向时,应施加于使结构产生最不利荷载效应的区段内。

③人行道板(局部构件)可以一块板为单元,按标准值 $4.0\mathrm{kN/m^2}$ 的均布荷载计算。

④计算人行道栏杆时,作用在栏杆立柱顶上的水平推力标准值取 $0.75\mathrm{kN/m}$；作用在栏杆扶手上的竖向力标准值取 $1.0\mathrm{kN/m}$。

4.10.2.7　疲劳荷载

疲劳荷载的计算模型应符合下列规定：

①疲劳荷载计算模型 I 采用等效的车道荷载,集中荷载为 $0.7P_k$,均布荷载为 $0.3q_k$。P_k 和 q_k 按照第 4.10.2.1 小节所述取值；应考虑多车道的影响,横向车道布载系数按照第 4.10.2.1 小节所述计算。

②疲劳荷载计算模型 II 采用双车模型。两辆模型车轴距与轴重相同,其单车的轴重与轴距布置如图 4-98 所示。计算加载时,两模型车的中心距不得小于 40m。

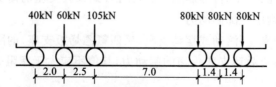

图 4-98　疲劳荷载计算模型 II(尺寸单位：m)

③疲劳荷载计算模型Ⅲ采用单车模型,模型车轴载及分布规定如图 4-99 所示。

④当构件和连接不满足疲劳荷载计算模型Ⅰ验算要求时,应按模型Ⅱ验算。

⑤桥面系构件的疲劳验算应采用疲劳荷载计算模型Ⅲ。

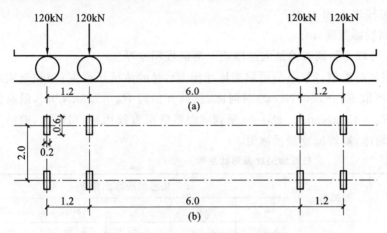

图 4-99　疲劳荷载计算模型Ⅲ(尺寸单位:m)

4.10.2.8　风荷载

风荷载标准值应按《公路桥梁抗风设计规范》(JTG/T D60—2004)的规定计算。

4.10.2.9　流水压力标准值

作用在桥墩上的流水压力标准值可按下式计算:

$$F_w = KA \frac{\gamma v^2}{2g}$$

式中　F_w——流水压力标准值,kN;

　　　γ——水的重度,kN/m;

　　　v——设计流速,m/s;

　　　A——桥墩阻水面积,m²,计算至一般冲刷线处;

　　　g——重力加速度,$g=9.81\text{m/s}^2$;

　　　K——桥墩形状系数,见表 4-18。

流水压力合力的着力点,假定在设计水位线以下 3/10 水深处。

表 4-18　　　　　　　　　　**桥墩形状系数 K**

桥墩形状	K	桥墩形状	K
方形桥墩	1.5	尖端形桥墩	0.7
矩形桥墩(长边与水流平行)	1.3	圆端形桥墩	0.6
圆形桥墩	0.8	—	—

4.10.2.10　波浪力

位于外海、海湾、海峡的桥梁结构,下部结构设计必要时应考虑波浪力的作用影响。

4.10.2.11　冰压力

对具有竖向前棱的桥墩,冰压力可按下列规定取用。

①冰对桩或墩产生的冰压力标准值可按下式计算:

$$F_i = mC_tbtR_{ik}$$

式中　F_i——冰压力标准值,kN。

m——桩或墩迎冰面形状系数,可按表 4-19 取用。

C_t——冰温系数,可按表 4-20 取用。

b——桩或墩迎冰面投影宽度,m。

t——计算冰厚,m,可取实际调查的最大冰厚或开河期堆积冰厚。

R_{ik}——冰的抗压强度标准值,kN/m^2,可取当地冰温 0℃时的冰抗压强度;当缺乏实测资料时,对海冰可取 $R_{ik}=750kN/m^2$;对河冰,流冰开始时 $R_{ik}=750kN/m^2$,最高流冰水位时可取 $R_{ik}=450kN/m^2$。表 4-20 所列冰温系数可直线内插,对海冰,取结冰期最低冰温;对河冰,取解冻期最低冰温。

表 4-19　　　　　　　　　桩或墩迎冰面形状系数 m

迎冰面形状	平面	圆弧形	尖角形的迎冰面角度				
			45°	60°	75°	90°	120°
m	1.00	0.90	0.54	0.59	0.64	0.69	0.77

表 4-20　　　　　　　　　　　冰温系数 C_t

冰温/℃	0	≤-10
C_t	1.0	2.0

a. 当冰块流向桥轴线的角度 $\phi \leqslant 80°$ 时,桥墩竖向边缘的冰荷载应乘以 $\sin\phi$ 予以折减。

b. 冰压力合力应作用在计算结冰水位以下 3/10 冰厚处。

②当流冰范围内桥墩有倾斜表面时,冰压力应分解为水平分力和竖向分力。

水平分力:

$$F_{xi} = m_0 C_t R_{bk} t^2 \tan\beta$$

竖向分力:

$$F_{zi} = \frac{F_{xi}}{\tan\beta}$$

式中　F_{xi}——冰压力的水平分力,kN;

F_{zi}——冰压力的垂直分力,kN;

β——桥墩倾斜的棱边与水平线的夹角,(°);

R_{bk}——冰的抗弯强度标准值,kN/m^2,取 $R_{bk}=0.7R_{ik}$;

m_0——系数,$m_0=0.2b/t$,但不小于 1.0。

③建筑物受冰作用的部位宜采用实体结构。对于具有强烈流冰的河流中的桥墩、柱,其迎冰面宜做成圆弧形、多边形或尖角,并做成 3:1~10:1(竖:横)的斜度,在受冰作用的部位宜缩小其迎冰面投影宽度。

④对流冰期的设计高水位以上 0.5m 到设计低水位以下 1.0m 的部位宜采取抗冻性混凝土或花岗岩镶面或包钢板等防护措施。同时,对建筑物附近的冰体采取适宜的使冰体减小对结构物作用力的措施。

4.10.2.12　温度作用

计算温度作用时的材料线膨胀系数及作用标准值可按下列规定取用:

①桥梁结构当要考虑温度作用时,应根据当地具体情况、结构物使用的材料和施工条件等因素计算由温度作用引起的结构效应。各种结构的线膨胀系数规定见表 4-21。

表 4-21 线膨胀系数

结构种类	线膨胀系数/(1/℃)
钢结构	0.000012
混凝土和钢筋混凝土及预应力混凝土结构	0.000010
混凝土预制块砌体	0.000009
石砌体	0.000008

②计算桥梁结构因均匀温度作用引起的外加变形或约束变形时,应从受到约束时的结构温度开始,考虑最高和最低有效温度的作用效应。当缺乏实际调查资料时,公路混凝土结构和钢结构的最高和最低有效温度标准值可按表 4-22 取用。全国气候分区可查《标准》附录 A,表中括号内数值适用于昆明、南宁、广州、福州地区。

表 4-22 公路桥梁结构的有效温度标准值 （单位:℃）

气候分区	钢桥面板钢桥		混凝土桥面板钢桥		混凝土、石桥	
	最高	最低	最高	最低	最高	最低
严寒地区	46	-43	39	-32	34	-23
寒冷地区	46	-21	39	-15	34	-10
温热地区	46	-9(-3)	39	-6(-1)	34	-3(0)

③计算桥梁结构由于梯度温度引起的效应时,可采用图 4-100 所示的竖向温度梯度曲线,对桥面板表面的最高温度 T_1 规定见表 4-23。对于混凝土结构,当梁高 $H<400mm$ 时,图中 $A=H-100$(mm);当梁高 $H \geqslant 400mm$ 时,$A=300mm$。对带混凝土桥面板的钢结构,$A=300mm$。图 4-100 中的 t 为混凝土桥面板的厚度(mm)。混凝土上部结构和带混凝土桥面板的钢结构的竖向日照反温差为正温差乘以 -0.5。

④对于无悬臂的宽幅箱梁,宜考虑横向温度梯度引起的效应。

⑤计算圬工拱桥考虑徐变影响引起的温差作用效应时,计算的温差效应应乘以折减系数 0.7。

⑥采用沥青混凝土铺装的混凝土桥面板桥梁,必要时应考虑施工阶段沥青摊铺引起的温度影响。

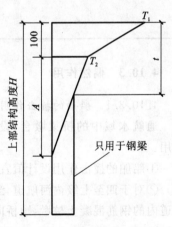

图 4-100 竖向温度梯度曲线

表 4-23 竖向日照正温差计算的温度基数

结构类型	T_1/℃	T_2/℃
水泥混凝土铺装层	25	6.7
50mm 沥青混凝土铺装层	20	6.7
100mm 沥青混凝土铺装层	14	5.5

4.10.2.13　支座摩阻力

支座摩阻力标准值可按下式计算：

$$F = \mu W$$

式中　W——作用在活动支座上由上部结构重力产生的效应。

　　　μ——支座摩擦系数，宜采用实测数据；无实测数据时，可按照表 4-24 取值。

表 4-24　　　　　　　　　　　　　　　支座摩擦系数

支座种类		支座摩擦系数
滚动支座或摆动支座		0.05
板式橡胶支座	支座与混凝土面接触	0.30
	支座与钢板接触	0.20
	聚四氟乙烯板与不锈钢板接触	0.06（加 5201 硅脂润滑后，温度低于 −25℃时为 0.078）
		0.12（不加 5201 硅脂润滑时，温度低于 −25℃时为 0.156）
盆式支座		加 5201 硅脂润滑后，常温型活动支座摩擦系数不大于 0.03（支座适用温度为 −25～+60℃）
		加 5201 硅脂润滑后，耐寒型活动支座摩擦系数不大于 0.06（支座适用温度为 −40～+60℃）
球形支座		加 5201 硅脂润滑后，活动支座摩擦系数不大于 0.03（支座适用温度为 −25～+60℃时）
		加 5201 硅脂润滑后，活动支座摩擦系数不大于 0.05（支座适用温度为 −40～+60℃时）

4.10.3　偶然作用

4.10.3.1　船舶的撞击作用

通航水域中的桥梁墩台，设计时应考虑船舶的撞击作用，其撞击作用设计值可按下列规定采用：

①船舶的撞击作用设计值宜按专题研究确定。

②对于四至七级内河航道，当缺乏实际调查资料时，船舶撞击作用的设计值可按表 4-25 取值，航道内的钢筋混凝土桩墩，顺桥向撞击作用可按表 4-25 所列数值的 50% 取值。

表 4-25　　　　　　　　　　　内河船舶撞击作用设计值

内河航道等级	船舶吨级 DWT/t	横桥向撞击作用/kN	顺桥向撞击作用/kN
四	500	550	450
五	300	400	350
六	100	250	200
七	50	150	125

（3）当缺乏实际调查资料时，海轮撞击作用的设计值可按表 4-26 取值。

表 4-26				海轮撞击作用设计值			
船舶吨级 DWT/t	3000	5000	7500	10000	20000	30000	40000	50000
横桥向撞击作用/kN	19600	25400	31000	35800	50700	62100	71700	80200
顺桥向撞击作用/kN	9800	12700	15500	17900	25350	31050	35850	40100

④规划航道内可能遭受大型船舶撞击作用的桥梁,应根据桥墩的自身抗撞击能力、桥墩的位置和外形、水流流速、水位变化、通航船舶类型和碰撞速度等因素做桥墩防撞设施的设计。当设有与墩台分开的防撞击的防护结构时,桥墩可不计船舶的撞击作用。

⑤内河船舶的撞击作用点,假定为计算通航水位线以上 2m 的桥墩宽度或长度的中点。海轮船舶撞击作用点需视实际情况而定。

4.10.3.2　漂流物的撞击作用

有漂流物的水域中的桥梁墩台,设计时应考虑漂流物的撞击作用,其横桥向撞击力设计值可按下式计算,漂流物的撞击作用点假定为计算通航水位线上桥墩宽度的中点:

$$F = \frac{Wv}{gT}$$

式中　W——漂流物重力,kN,应根据河流中漂流物情况,按实际调查确定;

　　　v——水流速度,m/s;

　　　T——撞击时间,s,应根据实际资料估计,在无实际资料时,可取 1s;

　　　g——重力加速度,$g = 9.81 \text{m/s}^2$。

4.10.3.3　汽车的撞击作用

桥梁结构必要时可考虑汽车的撞击作用。汽车撞击力设计值在车辆行驶方向应取 1000kN,在车辆行驶垂直方向应取 500kN,两个方向的撞击力不同时考虑。撞击力应作用于行车道以上 1.2m 处,直接分布于撞击涉及的构件上。

对设有防撞设施的结构构件,可视防撞设施的防撞能力,对汽车撞击力设计值予以折减,但折减后的汽车撞击力设计值不应低于上述规定值的 1/6。

公路桥梁护栏应按《公路交通安全设施设计规范》(JTG D81—2017)的有关规定执行。

4.10.4　地震作用

公路桥梁地震作用应符合《公路工程抗震规范》(JTG B02—2013)和《公路桥梁抗震设计细则》(JTG/T B02-01—2008)的规定。

4.10.5　作用效应组合

4.10.5.1　不同作用的代表值

公路桥涵设计时,对不同的作用应按下列规定采取不同的代表值:

①永久作用的代表值为其标准值。永久作用标准值可根据统计、计算,并结合工程经验综合分析确定。

②可变作用的代表值包括标准值、组合值、频遇值和准永久值。组合值、频遇值和准永久值可通过可变作用的标准值分别乘以组合值系数 ψ_c、频遇值系数 ψ_f 和准永久值系数 ψ_q 来确定。

③偶然作用取其设计值作为代表值,可根据历史记载、现场观测和试验,并结合工程经验综合分析确定,也可根据有关标准的专门规定确定。

④ 地震作用的代表值为其标准值。地震作用的标准值应根据《公路工程抗震规范》(JTG B02—2013)的规定确定。

作用的设计值应为作用的标准值或组合值乘以相应的作用分项系数。公路桥涵结构设计应考虑结构上可能同时出现的作用,按承载能力极限状态、正常使用极限状态进行作用组合,均应按下列原则取其最不利组合效应进行设计:

① 只有在结构上可能同时出现的作用,才进行组合。当结构或结构构件需做不同受力方向的验算时,则应以不同方向的最不利的作用组合效应进行计算。

② 当可变作用的出现对结构或结构构件产生有利影响时,该作用不应参与组合。实际不可能同时出现的作用或同时参与组合概率很小的作用,按表 4-27 规定不考虑其参与组合。

表 4-27　　　　　　　　　　　　　可变作用不同时组合表

作用名称	不与该作用同时参与组合的作用
汽车制动力	流水压力、冰压力、波浪力、支座摩阻力
流水压力	汽车制动力、冰压力、波浪力
波浪力	汽车制动力、流水压力、冰压力
冰压力	汽车制动力、流水压力、波浪力
支座摩阻力	汽车制动力

施工阶段的作用组合,应按计算需要及结构所处条件而定,结构上的施工人员和施工机具设备均应作为可变作用加以考虑。组合式桥梁,当把底梁作为施工支撑时,作用组合效应宜分两个阶段计算,底梁受荷为第一个阶段,组合梁受荷为第二个阶段。多个偶然作用不同时参与组合。地震作用不与偶然作用同时参与组合。

4.10.5.2　按承载能力极限状态设计时作用效应的组合

公路桥涵结构按承载能力极限状态设计时,对持久设计状况和短暂设计状况应采用作用的基本组合,对偶然设计状况应采用作用的偶然组合,对地震设计状况应采用作用的地震组合,并应符合下列规定。

① 基本组合:永久作用设计值与可变作用设计值相组合。

a. 作用基本组合的效应设计值可按下式计算:

$$S_{ud} = \gamma_0 S \left(\sum_{i=1}^{m} \gamma_{Gi} G_{ik} \gamma_{Q1} \gamma_L Q_{1k} \psi_c \sum_{j=2}^{n} \gamma_{Lj} \gamma_{Qj} Q_{jk} \right)$$

或

$$S_{ud} = \gamma_0 S \left(\sum_{i=1}^{m} G_{id} Q_{1d} \sum_{j=2}^{n} Q_{jd} \right)$$

式中　S_{ud}——承载能力极限状态下作用基本组合的效应设计值。

　　　$S(\cdot)$——作用组合的效应函数。

　　　γ_0——结构重要性系数,按表 4-28 规定的结构设计安全等级采用。按持久状态和短暂状况承载能力极限状态设计时,公路桥涵结构设计安全等级应不低于表 4-28 的规定,对应于设计安全等级一级、二级和三级分别取 1.1、1.0 和 0.9。

　　　γ_{Gi}——第 i 个永久作用的分项系数,按表 4-29 的规定采用。

　　　G_{ik},G_{id}——第 i 个永久作用的标准值和设计值。

　　　γ_{Q1}——汽车荷载(含汽车冲击力、离心力)的分项系数。采用车道荷载计算时 $\gamma_{Q1}=1.4$;采用车辆荷载计算时，$\gamma_{Q1}=1.8$。当某个可变作用在组合中其效应值超过汽车荷载效应时，则该作用取代汽车荷载，$\gamma_{Q1}=1.4$；对专为承受某作用而设置的机构或装置，设计时该作用的分项数取 $\gamma_{Q1}=1.8$；计算人行道栏杆的局部荷载时，取 $\gamma_{Q1}=1.4$。

Q_{1k}，Q_{1d}——汽车荷载（含汽车冲击力、离心力）的标准值和设计值。

γ_{Qj}——在作用组合中除汽车荷载（含汽车冲击力、离心力）、风荷载外的其他第 j 个可变作用的分项系数，取 $\gamma_{Qj}=1.4$，但风荷载的分项系数取 $\gamma_{Qj}=1.1$。

Q_{jk}，Q_{jd}——在作用组合中除汽车荷载（含汽车冲击力、离心力）外的其他第 j 个可变作用的标准值和设计值。

ψ_c——在作用组合中除汽车荷载（含汽车冲击力、离心力）外的其他可变作用的组合值系数，取 $\psi_c=0.75$。

$\psi_c Q_{jk}$——在作用组合中除汽车荷载（含汽车冲击力、离心力）外的第 j 个可变作用的组合值。

γ_{Lj}——第 j 个可变作用的结构设计使用年限荷载调整系数。公路桥涵结构的设计使用年限按《标准》取值时，可变作用的设计使用年限荷载调整系数取 $\gamma_{Lj}=1.0$；否则，γ_{Lj} 取值应按专题研究确定。

表 4-28　　　　　　　　　　　　**公路桥涵结构设计安全等级**

设计安全等级	破坏后果	适用对象
一级	很严重	①各等级公路上的特大桥、大桥、中桥； ②高速公路、一级公路、二级公路、国防公路及城市附近交通繁忙公路上的小桥
二级	严重	①三级、四级公路上的小桥； ②高速公路、一级公路、二级公路、国防公路及城市附近交通繁忙公路上的涵洞
三级	不严重	三级、四级公路上的涵洞

注：本表所列特大桥、大桥、中桥等是按《标准》表 1.0.5 中的单孔跨径确定，对多跨不等跨桥梁，以其中最大跨径为准。

表 4-29　　　　　　　　　　　　**永久作用的分项系数**

序号	作用类别		永久作用分项系数	
			对结构的承载能力不利时	对结构的承载能力有利时
1	混凝土和圬工结构重力（包括结构附加重力）		1.2	1.0
	钢结构重力（包括结构附加重力）		1.1 或 1.2	
2	预加力		1.2	1.0
3	土的重力		1.2	1.0
4	混凝土的收缩及徐变作用		1.0	1.0
5	土侧压力		1.4	1.0
6	水的浮力		1.0	1.0
7	基础变位作用	混凝土和圬工结构	0.5	0.5
		钢结构	1.0	1.0

注：本表序号 1 中，当钢桥采用钢桥面板时，永久作用分项系数取 1.1；当采用混凝土桥面板时，取 1.2。

b. 当作用与作用效应可按线性关系考虑时,作用基本组合的效应设计值 S_{ud} 可通过作用效应代数相加计算。

c. 设计弯桥时,当离心力与制动力同时参与组合时,制动力标准值或设计值按 70% 取用。

② 偶然组合:永久作用标准值与可变作用某种代表值、一种偶然作用设计值相组合;与偶然作用同时出现的可变作用,可根据观测资料和工程经验取用频遇值或准永久值。

a. 作用偶然组合的效应设计值可按下式计算:

$$S_{ad} = S\Big[\sum_{i=1}^{m} G_{ik} A_d (\psi_{f1} \text{ 或 } \psi_{q1}) Q_{1k} \sum_{j=2}^{n} \psi_{qj} Q_{jk}\Big]$$

式中　S_{ad}——承载能力极限状态下作用偶然组合的效应设计值。

　　　A_d——偶然作用的设计值。

　　　$\psi_{f1} Q_{1k}$——汽车荷载的频遇值。

　　　ψ_{q1}, ψ_{qj}——第 i 个和第 j 个可变作用的准永久值系数,汽车荷载(含汽车冲击力、离心力) $\psi_q = 0.4$,风荷载 $\psi_q = 0.75$,温度梯度作用 $\psi_q = 0.8$,其他作用 $\psi_q = 1.0$。

　　　$\psi_{q1} Q_{1k}, \psi_{qj} Q_{jk}$——第 1 个和第 j 个可变作用的准永久值。

b. 当作用与作用效应可按线性关系考虑时,作用偶然组合的效应设计值 S_{ad} 可通过作用效应代数相加计算。

c. 作用地震组合的效应设计值应按《公路工程抗震规范》(JTG B02—2013)的有关规定计算。

4.10.5.3　按正常使用极限状态设计时作用效应的组合

公路桥涵结构按正常作用极限状态设计时,应根据不同的设计要求,采用作用的频遇组合或准永久组合,并应符合下列规定。

① 频遇组合:永久作用标准值与汽车荷载频遇值、其他可变作用准永久值相组合。

a. 作用频遇组合的效应设计值可按下式计算:

$$S_{fd} = S\Big(\sum_{i=1}^{m} G_{ik} \psi_{f1} Q_{1k} \sum_{j=2}^{n} \psi_{qj} Q_{jk}\Big)$$

式中　S_{fd}——作用频遇组合的效应设计值;

　　　ψ_{f1}——汽车荷载(不计汽车冲击力)频遇值系数,取 0.7。

b. 当作用与作用效应可按线性关系考虑时,作用频遇组合的效应设计值 S_{fd} 可通过作用效应代数相加计算。

② 准永久组合:永久作用标准值与可变作用永久值相组合。

a. 作用准永久组合的效应设计值可按下式计算:

$$S_{qd} = S\Big(\sum_{i=1}^{m} G_{ik} \sum_{j=1}^{n} \psi_{qj} Q_{jk}\Big)$$

式中　S_{qd}——作用准永久组合的效应设计值;

　　　ψ_{qj}——汽车荷载(不计汽车冲击力)准永久值系数,取 0.4。

b. 当作用与作用效应可按线性关系考虑时,作用准永久组合的效应设计值 S_{qd} 可通过作用效应代数相加计算。

4.10.5.4　其他规定

① 钢结构构件抗疲劳设计时,除特别指明外,各作用应采用标准值,作用分项系数应取为 1.0。

② 结构构件当需进行弹性阶段截面应力计算时,除特别指明外,各作用应采用标准值,作用分项系数应取为 1.0,各项应力限值应按各设计规范规定采用。

③验算结构的抗倾覆、滑动稳定时,稳定系数、各作用的分项系数及摩擦系数,应根据不同结构按各有关桥涵设计规范的规定确定。支座的摩擦系数可按表 4-24 规定采用。

④构件在吊装、运输时,构件重力应乘以动力系数 1.2(对结构不利时)或0.85(对结构有利时),并可视构件具体情况做适当增减。

知识归纳

(1)桥梁工程上部结构、下部结构、附属工程的基本结构组成及其特点。

(2)桥梁工程施工的基本方法和特点。

(3)桥梁上的各种作用及作用效应组合的计算。

思考题

4-1 桥梁工程的基本分类有哪些?构造有哪些?

4-2 桥梁工程中简支梁和连续梁的构造有哪些?

4-3 装配式混凝土简支梁桥施工方法有哪些?

4-4 预应力混凝土连续梁桥施工方法有哪些?

4-5 预应力体系施工中有哪些注意事项?

4-6 桥梁上的各种作用包括哪些?作用效应组合有哪几种?

思考题答案

5 隧道工程

🎯 内容提要

　　本章主要介绍隧道工程的基本构造、基本施工方法以及隧道施工辅助方法的类型、特点，隧道洞内爆破作业以及隧道施工辅助坑道的种类等。本章的教学重点为矿山法隧道施工开挖方法的种类，难点为隧道施工辅助方法的类型及特点。

《◎》能力要求

　　通过学习本章，学生应该能认知隧道工程的构造及组成，了解隧道矿山法的施工方法。

5.1　隧道工程概述

　　隧道工程是指供交通车辆通行并穿过障碍物的结构物，可分为主体建筑物和附属建筑物。洞身衬砌、洞门和明洞组成了隧道的主体支护结构，其作用是保持岩体的稳定和行车安全。为了保证隧道的正常使用，还需设置一些附属建筑物。

　　隧道施工是指修建隧道及地下洞室的施工方法、施工技术和施工管理的总称。隧道施工方法的选择主要依据工程地质和水文地质条件，根据隧道穿越的地层情况和目前隧道施工方法的发展，隧道施工方法可按以下方式分类：

　　①山岭隧道施工方法有矿山法（钻爆法）、掘进机法；

　　②浅埋及软土隧道施工方法有明挖法、盖板法、浅埋暗挖法、盾构法；

　　③水底隧道施工方法有沉埋法、盾构法。

　　本章中将主要以矿山法为例进行详细介绍。

5.2　洞身工程

5.2.1　洞身工程构造

　　隧道的洞身工程一般包括围岩预加固、锚杆、钢拱架支护、喷射混凝土、防排水体系、混凝土衬砌、仰拱、仰拱填充、排水沟、盖板、电缆槽、洞内防火体系和内部装饰等，如图 5-1～图 5-3 所示。

　　其中隧道衬砌包括以下几种类别。

　　（1）整体式混凝土衬砌

　　整体式混凝土衬砌按照工程类比、不同的围堰采用不同的衬砌厚度，其形式分为直墙式和曲墙式两种，而曲墙式又分为仰拱和无仰拱两种。

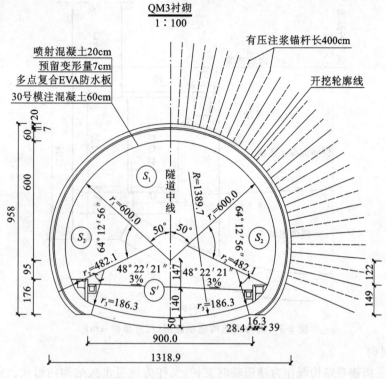

图 5-1　洞身构造示意图(尺寸单位:cm)

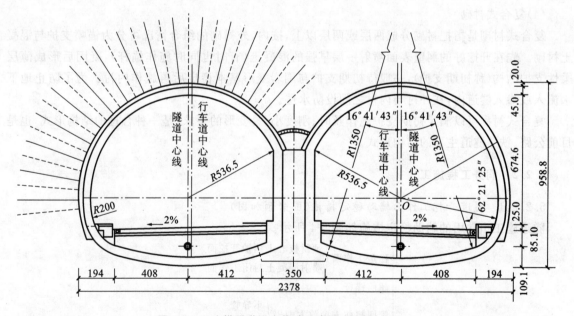

图 5-2　双连拱隧道洞身构造示意图(尺寸单位:cm)

(2)装配式衬砌

装配式衬砌是将衬砌分成若干块构件,这些构件在现场或工厂预制,然后运到坑道内用机械将它们拼装成一环接着一环的衬砌,便于机械化施工,改善劳动条件,节省劳力。目前多在使用盾构法施工的城市地下铁道和水底隧道采用装配式衬砌。

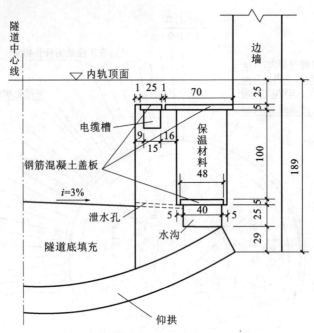

图 5-3   洞身细部构造示意图(尺寸单位：cm)

（3）锚喷式衬砌

锚喷式衬砌是指锚喷结构既作为隧道临时支护，又作为隧道永久结构的形式。它具有隧道开挖后衬砌及时、施工方便和经济的显著特点。特别是纤维混凝土技术显著改善了喷射混凝土的性能。

（4）复合式衬砌

复合式衬砌是指把衬砌分成两层或两层以上，按内、外衬砌的组合情况可分为锚喷支护与混凝土衬砌。先在开挖好的洞壁表面喷射一层早强的混凝土（有时也同时施作锚杆），凝固后形成薄层柔性支护结构（称初期支护），一般待初期支护与围岩变形基本稳定后再施作内衬。为了防止地下水流入或渗入隧道内，在外衬与内衬之间设防水层。

复合式衬砌可以满足初期支护施作及时、刚度小、易变形的要求，是一种合理的结构形式，也是目前公路、铁路隧道主要的结构形式。

5.2.2   洞身工程施工

5.2.2.1   隧道开挖工作面辅助稳定措施(围岩预加固)

隧道施工中常用的辅助稳定措施如图 5-4 所示。

稳定工作面 ┤ 预留核心土挡护开挖面
            └ 喷射混凝土封闭工作面
超前锚杆
管棚超前支护前方围岩 ┤ 小导管
                     └ 长管棚
水平旋喷超前预支护
预切槽超前预支护
注浆加固围岩和墙水 ┤ 超前小导管注浆
                   └ 超前深孔帷幕注浆

图 5-4   隧道施工常用的辅助稳定措施

（1）地面砂浆锚杆

地面砂浆锚杆垂直地表设置，采用Ⅱ级钢筋制作，长度根据隧道覆盖厚度和实际施工能力确定。锚杆钻孔使用一般凿岩机械，钻孔前根据设计要求定出孔位。

（2）超前锚杆或超前小钢管支护

超前锚杆或超前小钢管支护，与钢架支撑配合使用，用早强水泥砂浆锚杆。从钢架腹部穿过，特殊情况下可以在拱架底部或顶部穿入，长度大于循环进尺。在提前形成的围岩锚固圈的保护下进行开挖等作业（图5-5）。

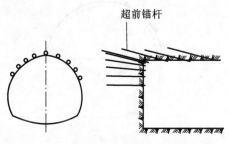

图 5-5 超前锚杆预锚固围岩示意图

（3）管棚钢架超前支护

管棚是指利用钢拱架沿开挖轮廓线以较小的外插角向开挖面前方打入钢管构成的棚架来形成对开挖面前方围岩的预支护（图5-6）。施作时在开挖工作面处先安设受力拱架，标明管棚位置，保证钢架安装垂直度、中线及高程。在钢架上沿隧道开挖轮廓线纵向设管棚孔，钻孔顺序一般由高孔位向低孔位进行。如需增加管棚钢架支护的刚度，可在钢管内注入水泥砂浆。

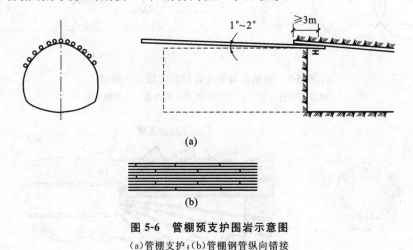

(a)

(b)

图 5-6 管棚预支护围岩示意图

（a）管棚支护；（b）管棚钢管纵向错接

（4）超前小导管预注浆

超前注浆小导管是在开挖前，沿坑道周边向前方围岩钻孔并安装带孔小导管，或直接打入带孔小导管，通过注浆形成有一定厚度的加固圈，在此加固圈保护下进行安全的开挖等作业（图5-7）。施工用小导管通常采用直径为32~50mm的钢管制作，长度宜为3~6m，将小导管打入地层，再进行小导管注浆。

（5）超前围岩预注浆加固

对于破碎岩层，采用超前预注浆加固，可形成有相当厚度和较长区段的筒状加固区，以便于开挖施作（图5-8）。注浆方式根据地质条件、机械设备及注浆孔的深度，选用前进式、后退式或全孔式。注浆孔的布置符合设计要求，钻孔结束后掏孔检查。注浆顺序：先注内圈孔、后注外圈孔；先注无水孔、后注有水孔，从拱顶顺序向下进行。注浆结束后，应利用止浆阀保持孔内压力，直至浆液完全凝固。

（6）平行导坑向正洞预注浆加固

当隧道坑道开挖工作面注浆有困难，或要增加开挖工作面，经技术、经济比选后，可设置由平行导坑向正洞进行预注浆加固（图5-9）。采用从平地导坑向正洞预注浆与开挖工作面预注浆工艺相同。

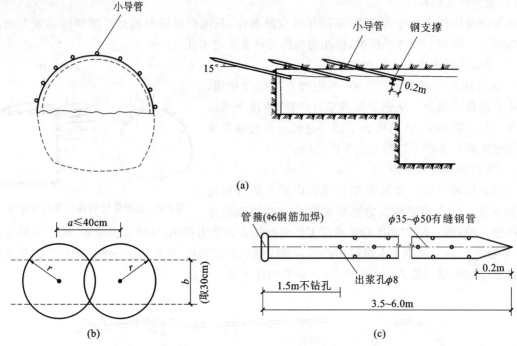

图 5-7　超前小导管注浆预加固围岩示意图

(a)超前上导管布置;(b)注浆半径及孔距选择;(c)小导管全图

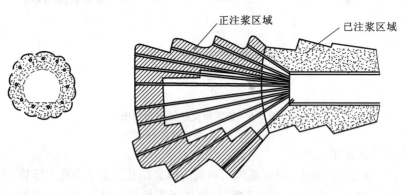

图 5-8　洞内超前注浆示意图

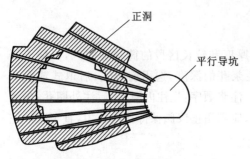

图 5-9　平导超前注浆示意图

(7)周边劈裂注浆及周边短孔预注浆加固

对粒径小于 0.05mm 的粉砂及黏性软弱地层,进行加固围岩和堵封出水,为节省注浆材料,可使用水泥类、水泥-水玻璃类浆液,并采用周边劈裂注浆法进行预注浆,加固围岩或止水。

除上述围岩预加固方法外,还有水平旋喷预支护和机械预切槽法等措施。

5.2.2.2　爆破技术

采用钻爆法开挖坑道时,为了减少超挖、控制对围岩的扰动,应综合研究地质情况、开挖断面大小、开挖进尺快慢、爆破器材性能、钻眼机具和出渣能力等因素,在此基础上编制钻爆设计。

(1)钻爆法开挖设计

钻爆设计应包括炮眼的布置图、数目、深度和角度,装药量,起爆方法和爆破顺序等,并绘制爆破设计图。根据隧道工程地质条件选用开挖法爆破方法;对硬质岩采用全断面一次开挖时,应采用光面爆破法;对软质岩采用预裂爆破法;对松软地层采用分部开挖时,宜采用预留光面层光面爆破法。

(2)光面爆破的技术要求

应根据围岩特点,严格控制周边眼的装药量,采用毫秒微差顺序起爆,应使周边爆破时有最好的临空面。爆破参数应根据工程类比或爆破漏斗及成缝试验选用。

(3)预裂爆破参数选用

预裂爆破参数也可在现场由爆破成缝试验获得。

(4)光面爆破器材选用

光面爆破的爆破器材主要有炸药、非电塑料导爆系统、毫秒雷管和导爆索等。国产光面爆破炸药种类和技术指标如表 5-1 所示。

表 5-1　　　　　　　　　　　　国产光面爆破炸药

炸药名称	药卷直径/mm	炸药密度/(g/mm³)	炸药爆速/(m/s)
EL-102 乳化油	20	1.06~1.30	3500
2 号	22	.1.00	2100~3000
3 号	22	1.00	1600~1800

(5)公路隧道循环进尺的选择

公路隧道掘进循环进尺应根据围岩类别、机具设备、隧道施工月进度要求等合理选择。在有较大型机具设备的条件下,一般中硬及中硬以上的完整围岩可采用深孔(3.0~3.5m)爆破,以加快施工进度;而在软弱围岩开挖时,爆破开挖一次进尺应控制在 1.0~2.0m。

(6)周边眼参数选用和钻眼要求

断面较小或围岩软弱、破碎,或在曲线、折线处对开挖成形要求较高时,周边炮眼间距 E 应取较小值,周边炮眼沿设计开挖轮廓线布置。

5.2.2.3　开挖施工

隧道施工就是要挖除坑道范围内的岩体,并尽量保持坑道围岩的稳定。在选择开挖方法时,应对隧道断面大小及形状、围岩的工程地质条件、支护条件、工期要求、工区长度、机械配备能力、经济性等相关因素进行综合分析,采用恰当的开挖方法,尤其应与支护条件相适应。

隧道开挖方法实际上是指开挖成型方法。按开挖隧道的横断面分布情况来分,开挖方法可分为全断面开挖法、台阶开挖法、分部开挖法等,见表 5-2。

表 5-2　　　　　　　　　　　　隧道主要开挖方法一览表

序号	名称	横断面示意	纵断面示意
1	全断面挖法		

序号	名称	横断面示意	纵断面示意
2	台阶开挖法		
3	环形开挖预留核心土块		
4	单侧壁导坑法		
5	双侧壁导坑法		
6	中洞法		
7	中隔壁法（CD）		
8	交叉中隔壁法（CRD）		

（1）全断面开挖法

按照设计轮廓线一次爆破成型，然后支护再修建衬砌的施工方法，称为全断面开挖法。适用于Ⅰ～Ⅳ级围岩，有钻孔台车或台架及高效率装运机械设备。隧道长度或施工区段不宜太短，一般不小于1km。采用全断面一次开挖法，机械配套有三条主要作业线，见表5-3。

表5-3

隧道机械化施工作业线

作业线	采用的大型机械设备
开挖作业线	钻孔台车、装药台车、装载机配合自卸汽车（无轨运输时）、装渣机配合矿车及电瓶车或内燃机车（有轨运输时）
喷锚作业线	混凝土喷射机、混凝土喷射机械手、喷锚作业平台、进料运输设备及锚杆灌浆设备
模筑衬砌作业线	混凝土拌和作业厂、混凝土运输车及输送泵、施作防水层作业平台、衬砌钢模台车

全断面法施工中开挖断面与作业面空间大，干扰少；有条件充分使用机械，减少人力；工序少，便于施工组织与施工管理，改善劳动条件；开挖一次成型，对围岩扰动少，有利于围岩稳定。

（2）台阶开挖法

根据台阶长度不同，台阶开挖法可划分为以下三种方法。

①长台阶法开挖断面小，有利于维持开挖面的稳定，适用范围较全断面开挖法广，一般适用于Ⅰ～Ⅴ级围岩。在上、下两个台阶上，分别进行开挖、支护、运输、通风、排水等作业线。

②短台阶法适用于Ⅲ～Ⅴ级围岩，台阶长度定为10～15m。上台阶一般采用小药量的松动爆破，出渣采用人工或小型机械转运至下台阶。

③微台阶法是全段面开挖的一种变异形式，适用于Ⅴ～Ⅵ级围岩，一般台阶长度为3～5m。

（3）分部开挖法

分部开挖法包括环形开挖预留核心土法、双侧壁导坑法、中洞法、中隔壁法等。

①环形开挖预留核心土法。

环形开挖预留核心土法常用于Ⅵ级围岩单线和Ⅴ～Ⅵ级围岩双线隧道掘进。施工顺序为：人工或单臂掘进机开挖环形拱部，架立钢支撑，挂钢丝网，喷射混凝土。在拱部初期支护保护下，开挖核心土和下半部，随即接长边墙钢支撑，挂网喷射混凝土，并进行封底。根据围岩变化，适时施作二次衬砌。

②双侧壁导坑法。

双侧壁导坑法适用于Ⅴ～Ⅵ级围岩双线或多线隧道掘进。采用先开挖隧道两侧导坑，相当于先开挖2个小跨度的隧道，并及时施作导坑四周初期支护，再根据地质条件、断面大小，对剩余部分断面进行一次或二次开挖。

③中洞法。

中洞法适用于双连拱隧道。采用先开挖中洞并支护，在中洞内施作隧道中墙混凝土，后开挖两侧的施工方法。

④中隔壁法（CD法）。

中隔壁法是通过软弱、浅埋、大跨度隧道的最有效的施工方法之一，它适用于Ⅴ～Ⅵ级围岩的双线隧道。中隔墙开挖时，应沿一侧自上而下分为两部分或三部分进行，每开挖一步均应及时施作锚喷支护，安设钢架，施作中隔壁。之后在开挖中隔墙的另一侧，其分部次数及支护形式与先开挖的一侧相同。

⑤交叉中隔壁法（CRD法）。

交叉中隔壁法适用于Ⅴ～Ⅵ级围岩浅埋的双线或多线隧道。自上而下分为两至三部分开挖中隔墙一侧，及时支护并封闭临时仰拱，待完成①—②部后，即开始另一侧③—④部开挖及支护，形成左右两侧开挖及支护相互交叉的情形。

5.2.2.4　装渣与运输

将开挖的石渣迅速装车运出洞外，是提高隧道掘进速度的重要环节。出渣作业约占全部开挖作业的50%，控制隧道的施工进度。

（1）装渣

装渣就是把开挖下来的石渣转入运输车辆。出渣量按照开挖后的虚渣体积计算，即单循环出渣量按设计单循环进尺岩体体积 V 与超挖系数（一般取1.05～1.15）和岩体松胀系数 R（表5-4）的乘积计算。

表5-4　　　　　　　　　　　岩体松胀系数 R

岩体级别	Ⅵ		Ⅴ		Ⅳ	Ⅲ	Ⅱ	Ⅰ
土石名称	砂砾	黏性土	砂夹卵石	硬黏土	石质	石质	石质	石质
松胀系数	1.15	1.25	1.30	1.35	1.6	1.7	1.8	1.9

装渣方式可采用人力装渣或机械装渣。隧道用的装渣机又称装岩机，按照走行方式有轨道走行和轮胎走行两种。施工中常见的装渣机有：翻斗式装渣机又称铲斗后卸式装渣机，有风动和电动之分、蟹爪式装渣机、立爪式装渣机、挖掘式装渣机、铲斗式装渣机等。

（2）运输

隧道施工的洞内运输（出渣和运料）分为有轨运输和无轨运输。

①有轨运输出渣车辆普遍采用斗车、梭式矿车和槽式矿车等。常用的牵引机车有电动（电瓶车）和内燃两类。隧道内钢轨一般采用38kg/m以上的钢轨。曲线轨道应有适当的加宽和外轨超高值。

②无轨运输主要是指汽车运输，采用自卸汽车（又称翻斗车），在现行施工中得到广泛采用。运输灵活，快速，管理简单，配套设备少。但产生废气造成洞内污染严重，尤其在长大隧道中使用，需要有强大的通风设施。

5.2.2.5　锚杆

①隧道工程坑道开挖后，应尽快安设锚杆。一般先喷射混凝土，再钻孔安设锚杆，锚杆的孔位、孔径、孔深及布置形式应符合设计要求。

②锚杆施工前检查砂浆锚杆、缝管式摩擦锚杆以及楔缝式内锚头锚杆的质量，并符合技术要求。此外，还要检查钻孔工具、风压以及其他机械设备，使之保持正常状态。

③锚杆施工孔位应根据设计要求和围岩情况做出标记，沿隧道周边径向钻孔，锚杆的钻孔深度、孔径应符合规定。

④普通水泥砂浆锚杆，是以普通水泥砂浆为黏结剂的全长黏结式锚杆，长度为2～3.5m，锚杆应按设计要求的尺寸截取。

⑤早强水泥砂浆锚杆施工与普通水泥砂浆锚杆基本相同，所不同的是早强水泥砂浆锚杆的黏结剂是由铝硫酸盐早强水泥、砂、早强剂和水组成。

自进式锚杆图

⑥早强药包内锚头锚杆是以快硬水泥卷或早强砂浆卷或树脂卷作为内锚固剂的内锚头锚杆,其施工除应遵守普通水泥浆锚杆的施工规定外,还应注意药包的使用规定。

⑦缝管式摩擦锚杆可根据需要和机具能力,选择不同直径的钻头和管径。通过现场试验确定最合理的径差,采用一般风动凿岩机时配备专用冲击器。

⑧楔缝式内锚头锚杆具有一定的预张力,采用测力矩扳手或定力矩扳手来拧紧螺母,以控制锚固力。楔缝式锚杆安设后应立即上好托板,并拧紧螺母。

⑨胀壳式内锚头预应力锚索钻孔一般采用冲击式潜孔钻,也可选用各种旋转式地质钻。锚索推送就位后,即可进行安装千斤顶张拉。预应力无明显衰减时,才最后锁定。注浆应饱满,注浆达到设计强度后,进行外锚头封盖。

5.2.2.6 钢拱架支护

在围岩软弱破碎较严重、自稳性差的隧道地段(Ⅰ、Ⅱ级围岩和Ⅲ级围岩中的软岩),钢拱架因其整体刚度较大,可以提供较大的早期支护刚度;钢架支撑可以很好地与锚杆、钢筋网、喷射混凝土合理组合,构成联合支护,增强支护功能的有效性。

①钢拱架构造和制作。

用作支护结构的钢拱架的材料较多,可采用 H 级、V 形钢和工字钢及钢管或钢轨加工制作的钢架。一般在现场采用加工制成的格栅钢拱架较多,采用冷弯或热弯方法加工焊接而成。钢筋格栅钢拱架的腹部八字单元可以在工厂压制,装运到隧道施工现场,按比例 1∶1 的胎膜热弯加工及焊接或铆接而成。钢拱架加工后要进行试拼。

②钢拱架安设与施工。

钢拱架应按设计位置安设,钢架之间必须用钢筋纵向连接,拱脚必须放在特制的基础上或原状土上。钢拱架应垂直于隧道中线。

③为方便安设,每榀钢拱架一般应分为 2~6 个单元,并保证接头刚度。

5.2.2.7 喷射混凝土

喷射混凝土可作为隧道工程Ⅱ~Ⅴ级围岩中的临时性和永久性支护,也可以与各种形式的锚杆、钢纤维、钢拱架、钢筋网等构成复合式支护结构。

喷射混凝土图

(1)喷射混凝土基本原理及特点

喷射混凝土时使用混凝土喷射机,按一定的混合程序,将掺有速凝剂的混凝土拌合料与高压水混合,经过喷嘴喷射到岩壁表面上,混凝土迅速凝固,结成一层支护结构,从而对围岩起到支护作用。

(2)喷射混凝土工艺流程种类

喷射混凝土工艺流程有干喷、潮喷(图 5-10)、湿喷(图 5-11)和混合喷(图 5-12)四种,应根据实际情况选用。

①干喷是用搅拌机将集料和水泥拌和好,投入喷射机料斗,同时加入速凝剂,压缩空气,使干混合料在软管内呈悬浮状态,压送到喷枪,在喷头处加入高压水混合,以较高速度喷射到岩面上。

图 5-10 干喷、潮喷工艺流程示意图

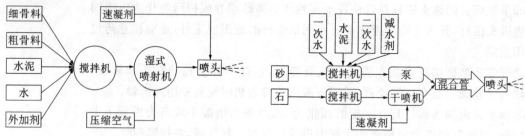

图 5-11　湿喷工艺流程示意图　　　　图 5-12　混合喷法工艺流程示意图

②潮喷是将集料预加少量水,使其呈潮湿状,再加入水泥拌和,从而降低上料、拌和和喷射时的粉尘。潮喷工艺流程和施工用机械同干喷工艺。目前,隧道施工现场较多使用潮喷工艺。

③湿喷是将集料、水泥和水按设计配合比拌和均匀,用湿式喷射机将拌和好的混凝土混合料压送到喷头处,再在喷头上添加速凝剂后喷出。此法回弹和粉尘较少,是值得推广的应用技术。此法对湿喷机械要求较高,机械清洗和故障处理较困难。对于喷层较厚的软岩和渗水隧道,不宜采用湿喷混凝土工艺施工。

④混合喷法(SEC 式喷法)。

混合喷法又称水泥裹砂造壳喷射法,分别由泵送砂浆系统和风送混合料系统两套机具组成。

混合式喷射法是分次投料搅拌工艺与喷射工艺相结合,其关键是水泥裹砂(或砂、碎石)造壳工艺技术。其工艺与干喷工艺基本相同,但混凝土的质量较干喷混凝土的质量好,粉尘和回弹大大降低。由于其机械复杂、故障处理麻烦,一般只在喷射量较大和大断面隧道工程中使用。

5.2.2.8　防排水

隧道衬砌防水工程可采取浇筑抗渗混凝土与铺设塑料防水板相结合的办法进行处理。

抗渗混凝土是混凝土中掺加市场上常见的增强防水剂。防水层一般采用外贴式防水层;对于复合式衬砌,设置夹层防水层。目前,隧道施工多采用防水板工艺,其工艺流程和要求如下:

①防水板铺设前,应测量隧道开挖断面,对欠挖部位加以凿除,表面凹凸显著部位,分层喷射找平;切除外露的锚杆头及钢筋网;隧道开挖中因塌方掉边造成的坑洼或岩溶洞穴,必须做回填处理,并待稳定后再铺设塑料防水层。

②防水板铺设应在初期支护变形基本稳定和在二次衬砌灌筑前进行。采用无纺布做滤层时,防水板与无纺布应密切叠合,整体铺挂。

③防水板搭接方法有环向搭接,即每卷塑料板材沿衬砌横断面环向进行设置;纵向搭接,即板材沿隧道纵断面方向排列。纵向搭接要求呈鱼鳞状,以利于排水。防水板通常采用自动爬行热合机双焊缝焊接,热熔垫圈挂设在初支的喷射混凝土表面,如图 5-13 所示。

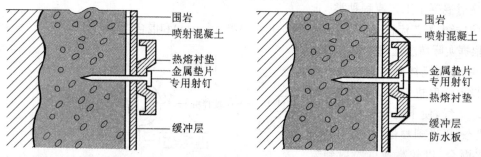

图 5-13　无钉铺设防水板示意图

5.2.2.9 洞身衬砌

整体式衬砌为永久性的隧道模筑混凝土衬砌(常用于传统的矿山法施工)。复合式衬砌由初期支护和二次支护所组成,初期支护是帮助围岩达成施工期间的初步稳定,二次支护则是提供安全储备或承受后期围岩压力。此时隧道已成型,因此二次支护都采用顺作法,即按由下到上、先墙后拱的顺序连续灌筑。在隧道纵向,则需要分段支护,分段长度一般为9～12m。

二次衬砌多采用模筑混凝土作为内层衬砌结构,通常使用整体移动式模板台车完成(图5-14)。

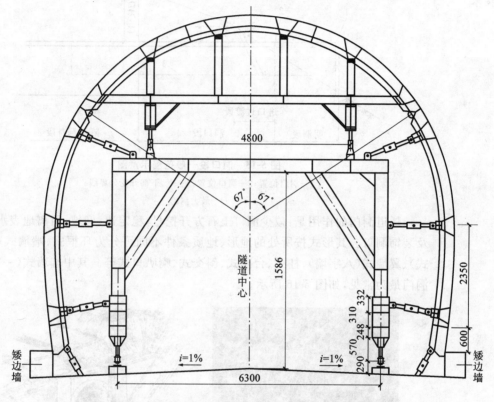

图5-14 整体移动式二次衬砌台车示意图(单位:cm)

在灌注衬砌混凝土时,虽然要求将超挖部分回填,但仍然会有些部位回填不密实,要在衬砌混凝土达到设计强度后,向该部位进行压注单液水泥浆处理,使衬砌与围岩密贴。

对于隧道的仰拱和底板施工,当设计无仰拱时,则铺底通常是在拱墙修筑好后进行,以避免与拱墙衬砌和开挖作业的相互干扰。当设计有仰拱时,则应及时修筑仰拱,使衬砌环向封闭。灌注仰拱和底板时,必须把隧道底部的虚渣、杂物及淤泥清除干净,排除积水;超挖部分要用同级别混凝土灌注密实。

5.3 洞口与明洞工程

5.3.1 洞口与明洞工程构造

5.3.1.1 洞口、洞门

隧道施工的洞口地段,指隧道进口(或出口)附近对隧道施工有影响的地段(图5-15),该地段通常因地质、地形条件复杂需要做特殊处理。隧道洞口工程主要包括边、仰坡土石方,边、仰坡防护,端墙、翼墙等洞门圬工,洞口排水系统,洞口检查设备安装以及洞口段洞身衬砌等。

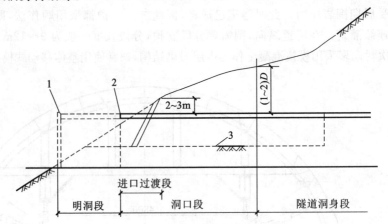

图 5-15 洞口段一般范围示意图

1—洞门位置;2—洞口位置;3—上、下部开挖分界线;

D—最大洞跨

隧道洞门的作用是:减少洞口土石方开挖量,稳定边、仰坡,引离地表水流以及装饰洞口。其形式按所处的地形、地质条件不同可分为环框式、端墙式(一字式)、翼墙式(八字墙)、柱式、台阶式、斜交式、喇叭口式等。其中端墙式(一字式)洞门最为常见,如图 5-16 所示。

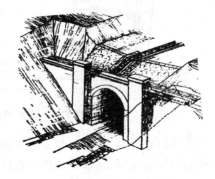

图 5-16 端墙式(一字式)洞门示意图

5.3.1.2 明洞

明洞一般修筑在隧道的进出口处,它是隧道洞口或线路上起防护作用的重要建筑物。明洞的结构类型常因地形、地质条件和危害程度的不同,分为多种形式,采用最多的为拱式明洞和棚式明洞两种。

(1)拱式明洞

拱式明洞由拱圈、边墙和仰拱(铺底)组成,它的内轮廓与隧道相一致,但结构截面的厚度要比隧道大一些(图 5-17)。拱式明洞可分为如下几种。

①路堑式对称型,适用于路堑边坡处于对称或接近对称。此种明洞承受对称荷载,拱、墙均为等截面,边墙为直墙式。洞顶做防水层,上面夯填土石后,覆盖防水黏土层,并在其上做纵向水沟,以排除地表流水。

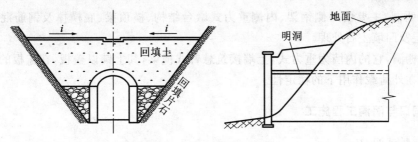

图 5-17　拱式明洞示意图

②路堑式偏压型,适用于两侧边坡高差较大的不对称路堑。它承受不对称荷载,拱圈为等截面,边墙为直墙式,外侧边墙厚度大于内侧边墙厚度。

③半路堑式偏压型,适用于地形倾斜,低侧处路堑外侧有较宽敞的地面供回填土石。此种明洞承受偏压荷载,拱圈等厚,内侧边墙为等厚直墙式,外侧边墙为不等厚斜墙式。

④半路堑式单压型,适用于傍山隧道洞口或傍山线路上的半路堑地段。此种明洞荷载不对称,承受偏侧压力,拱圈等截面(有时也可能采用变截面),内侧边墙为等厚直墙,外墙边墙为设有耳墙的不等厚斜墙。

(2)棚式明洞(简称棚洞)

有些傍山隧道,地形的自然横坡比较陡,外侧没有足够的场地设置外墙及基础或确保其稳定,此时可采用棚式明洞。

棚式明洞常见结构形式有盖板式、钢架式和悬臂式三种。

①盖板式明洞,由内墙、外墙及钢筋混凝土盖板组成简支结构。其上回填土石,以保护盖板不受山体落石的冲击,如图 5-18 所示。

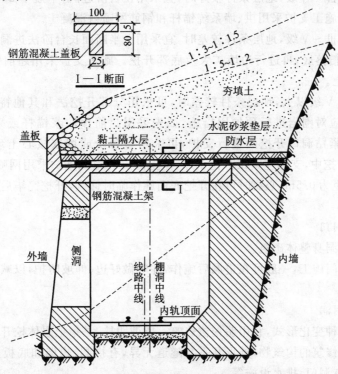

图 5-18　盖板式棚洞示意图(尺寸单位:cm)

②钢架式明洞,主要由外侧钢架、内侧重力式墩台结构、横顶梁、底横撑及钢筋混凝土盖板组成,并做防水层及回填土石处理。

③悬臂式棚洞,它的内墙为重力式,上端接筑悬臂式横梁,其上铺以盖板,在盖板的内端设平衡重来维持结构在外荷载作用下的稳定性。

5.3.2　洞口与明洞工程施工

5.3.2.1　隧道洞口

(1)洞口段施工注意事项

在场地清理做施工准备时,应先清理洞口上方及侧方有可能滑塌的表土、灌木及山坡危石等;平整洞顶地表,排除积水,整理隧道周围流水沟渠;之后施作洞口边、仰坡顶处的天沟。洞口施工宜避开雨季和融雪期。应按照设计要求进行边、仰坡放线,自上而下逐段开挖,不得掏底开挖或上下重叠开挖。洞口部分坞工基础必须置于稳固的地基上。洞门拱墙应与洞内相邻的拱墙衬砌同时施工连接成整体,以确保拱墙连接良好。洞口段施工中最关键的工序是进洞开挖。隧洞进洞前应对边仰坡进行妥善防护或加固,做好排水系统。

(2)洞口段的施工方法

洞口段施工方法的确定取决于诸多因素,如施工机具设备情况、工程地质、水文地质和地形条件,洞外相邻建筑的影响,隧道自身结构特点等。根据地层情况,可分为以下几种施工方法。

①洞口段围岩为Ⅲ级以下,地层条件较好时,一般可采用全断面直接开挖进洞,初始 10～20m 区段的开挖,爆破进尺应控制在 2～3m。施工支护,于拱部可施作局部锚杆;于墙、拱部采用素喷混凝土支护。

②洞口段围岩为Ⅲ～Ⅳ级,地层条件较好时,宜采用正台阶进洞(不短于 20m 区段),爆破进尺控制在 1.5～2.5m。施工支护采用拱、墙系统锚杆和钢筋网喷射混凝土。

③洞口段围岩为Ⅲ～Ⅴ级,地层条件较差时,宜采用上半断面长台阶法进洞施工。上半断面先进 50m 左右后,拉中槽落底,再进行边墙扩大及底部开挖。施工支护采用超前锚杆与系统锚杆相结合,挂网喷射混凝土。

④洞口段围岩为Ⅴ级以上,地层条件较差时,可采用分部开挖法和其他特殊方法进洞施工。具体方法有:开挖前应对围岩进行预加固措施,如先采用超前预注浆锚杆或采用管棚注浆法加固岩层,然后用钢架紧贴洞口开挖面进行支护,再采用短台阶或留取核心土环形开挖法等进行开挖作业。在洞身开挖中,支撑应紧跟开挖工序,随挖随支。施工支护采用网喷混凝土、系统锚杆支护;架立钢拱架间距为 0.5m,必要时可在开挖底面施作临时仰拱,开挖完毕后及早施作混凝土内层衬砌。

5.3.2.2　隧道洞门

洞门施工时宜与洞身整体砌筑。

洞门工程中的洞门施工,一般可在进洞后施作,并应做好边、仰坡防护,以减少洞门施工对洞身施工的干扰。

5.3.2.3　隧道明洞

明洞是隧道的一种变化形式,它用明挖法修筑。所谓明挖,是指把岩体挖开,在露天修筑衬砌,然后回填土石。这样修筑的构筑物,外形几乎与隧道无异,有拱圈、边墙和底板,净空与隧道相同,和地表相连处,也设有洞门、排水设施等。

5.4 辅助坑道

当隧道较长时,可选择设置适当的辅助坑道,如横洞、斜井、竖井、平行导坑等,用以增加施工作业面,加快施工速度,改善施工条件(通风、排水)。

5.4.1 横洞

横洞是隧道侧面修筑的与之相交的坑道。当隧道傍山沿河、侧向覆盖层较薄时,可考虑设置横洞。运输方式可采用无轨运输或有轨运输。

选择横洞与隧道的交角一般不小于 60°,斜交时最好朝向隧道主攻方向。横洞与隧道的连接方式有双联式或单联式,相交处用半径不小于 12m 的曲线相连。

在考虑把横洞作为运营时的通风口的情况下,横洞断面大小应按通风要求及施工需要一并考虑,并宜修筑(至少两端一定长度范围内)永久衬砌。

5.4.2 平行导坑

平行导坑是与隧道平行修筑的坑道。对于长大越岭隧道,由于地形限制,或因机具设备条件、运输道路等条件的限制,无法选用横洞、竖井、斜井等辅助坑道时,为了加快施工进度及超前地质勘查,可采用平行导坑方案。大断面开挖的隧道,一般不需要采用平行导坑。

5.4.2.1 平行导坑在隧道施工中的作用

平行导坑超前掘进,可进行地质勘查,充分掌握前方地质状况;平行导坑通过横洞与正洞相连,可增加正洞工作面,加快施工进度,并且构成巷道式通风系统、排水降水系统、进料出渣运输系统,可以将洞内作业分区段进行,减少相互干扰;此外,还可以构成洞内测量导线网,提高测量精度。

5.4.2.2 平行导坑设计及施工要点

①平行导坑的平面布置一般设于地下水流向隧道的一侧,以利于平行导坑排水,使正洞干燥,同时结合地质情况及弃渣场地等条件综合确定。一般平行导坑距正洞约为 20m。平行导坑底面标高应低于隧道底面标高 0.2～0.6m,以利于正洞的排水和运输。

②初进洞时可在适当长度(500m 左右)布设横通道,以后每隔 120～180m 设一个横通道,以便于运输。

③平行导坑衬砌与否,视地质情况而定,一般可不修筑。当考虑作为永久通风道或泄水洞时应做衬砌。

④为更好地发挥平行导坑增加工作面的作用,以及利用平行导坑超前预测正洞经过带的地质情况,平行导坑应以超前正洞导坑两个横通道以上间距为宜。

⑤平行导坑与正洞的各项作业应分区分段进行,以减少干扰。分区分段长度应结合横通道及运输组织来选择。

5.4.3 斜井

斜井是在隧道侧面上方开挖的与之相连的倾斜坑道。当隧道洞身一侧有较开阔的山谷且覆盖不太厚时,可考虑设置斜井。

斜井设计施工时应注意以下事项:

①当隧道埋深不大,地质条件较好,隧道侧面有沟谷等低洼地形时,可采用斜井作为辅助坑道。

②斜井长度一般不超过200m,以降低工程造价及保证运输效能,因此,在选用较长斜井方案时,应进行经济比较。

③斜井井口位置不应设在洪水淹没处。洞口场地最小宽度一般不应小于20m,以利于井口场地布置及卸料出渣,井身避免穿越含水量大及不良地质区段。

④斜井与隧道正洞的平面连接形式有单联式、斜双联式和正交双联式三种。

⑤提升机械一般用卷扬机牵引斗车,坡度很小时亦可采用皮带输送或无轨运输,斜井内的轨道数视出渣量而定。

⑥井口段应修筑衬砌,其他部分视地质条件及是否作为永久通风道等条件决定是否修筑永久衬砌。

⑦施工期间应做好井口防排水工程,严防洪水淹没。

5.4.4 竖井

竖井是在隧道上方开挖的与隧道相连的竖向坑道。

覆盖层较薄的长隧道或在中间适当位置覆盖层不厚,具备提升设备,施工中又需要增加工作面时,则可采用竖井增加工作面。竖井深度一般不超过150m。竖井的位置可设在隧道一侧,与隧道的距离一般情况下为15～25m,或设置在正上方。

竖井的位置、断面形状,应根据施工要求、通风、是否作为永久通风道、造价等因素综合考虑确定。当隧道设有两个以上竖井时,应做经济性分析,以保证工程造价不致过高。竖井构造包括井口圈、井筒、壁座、井筒与隧道间的连接段、井下集水坑等部分。

井口段常处于松软土壤中,从地面往下1～2m(严寒地区至冻结线以下0.25m)应设置钢筋混凝土锁口圈。施工中,在井口、井底需有必要的安全措施,以防止施工时发生事故。

根据地质及水文条件,竖井采用人工开挖或下沉沉井的方法进行施工。

5.5 附属工程

为了使隧道正常使用,保证安全运营,除上述主体建筑外,还要修筑一些附属建筑物,其中包括防排水设施、电力及通信信号的安放设施及营运通风设施等,此外还包括消火栓、消防水泵接合器、水流指示器、气压水罐、泡沫比例混合器、自动报警系统、防火门等系统设施。

5.5.1 隧道附属建筑物

隧道附属建筑物包括内装、顶棚、路面等。

①常用于隧道的粘贴内装材料有块状混凝土材料,饰面板、镶板等质地致密材料以及瓷砖镶面材料,油漆材料等。

②顶棚用漫反射材料可以避免产生炫光,根据实际需要可做成平顶或拱顶。

③隧道内路面需具有足够的强度和耐久性。路面材料主要有两种,即水泥混凝土和沥青混凝土。路面与车道分隔线等交通标志之间应保证有明亮对比和鲜明的颜色对比。隧道内路基具有足够承载力,要有良好的排水设施。衬砌背后应设置盲沟和导水管,在车道板下面铺设透水性好的路基材料,必要时设置仰拱。

④目前隧道内吸声材料较多,吸声材料兼有内装作用。可用材料有多孔吸声材料,如玻璃棉、矿棉、无机纤维材料及其成型板材等。利用吸声结构吸声的有膜共振吸声结构、板共振吸声结构、

腔共振吸声结构、穿孔板式共振吸声结构等。

5.5.2 其他附属设施

公路隧道的其他附属设施包括通风设施、照明设施、安全设施、应急设施以及共用设施。

知识归纳

(1)隧道工程的基本构造及矿山法施工方法。
(2)隧道施工辅助方法的类型及特点。
(3)隧道施工辅助坑道的种类。

思考题

5-1 隧道工程的基本构造有哪些?

5-2 矿山法隧道施工开挖方法的种类及特点有哪些?

5-3 隧道施工辅助方法的类型、特点有哪些?

5-4 隧道施工辅助坑道的种类有哪些?

5-5 隧道作业中爆破作业有哪些注意事项?

思考题答案

6 高速公路沿线设施

内容提要

　　本章主要介绍高速公路沿线设施,主要包括高速公路的交通安全设施、高速公路的监控系统以及高速公路收费管理及辅助设施。本章的教学重点和难点为高速公路的沿线设施包括的主要内容和作用,以及高速监控系统的组成。

能力要求

5分钟
看完本章

　　通过学习本章,学生应该能了解高速公路沿线设施包括的主要内容及其作用。

6.1　高速公路的交通安全设施

高速公路图

　　随着经济建设的发展,公路、铁路、水路、航空和管道五种运输方式在各自的领域中稳定发展,但公路以其机动、灵活、迅速、直达的特点在五种运输方式中占据领先地位。与此同时,公路运输业对公路的技术标准要求越来越高,其中对公路沿线设施的要求也越来越高。随着高速公路的快速发展,与其高效、快速、安全、舒适的功能相匹配的沿线设施建设已经成为公路建设的重要组成部分。

　　高速公路交通安全设施包括交通标志、标线、安全护栏、防眩设施、隔离设施、视线诱导标等。它们为道路使用者提供各种警告、禁令、指示、指路信息和视线诱导;排除干扰;提供路侧保护,减轻潜在事故的严重程度;防止眩光对驾驶员视觉性能的伤害。因此,各国对这些基础设施的开发研究非常重视。

6.1.1　交通标志

　　用图案、符号或文字对过往的行人和司乘人员(连同车辆)等交通参与者,进行指示、导向、警告、控制和限定的一种交通管理设施,使其获得确切的交通情报,从而达到交通的安全、迅速、低公害与节约能源的目的。

　　由于高速公路车速高,对车辆要提前预告前方情况,所以要设置指路标志和指路预告标志,并力求简洁明了,避免信息过多或不足。

　　(1)交通标志的作用

　　①控制和疏导交通。交通标志是一种被广泛使用的静态控制交通设施,它对道路和桥梁上的交通流起着调节、控制和疏导的作用。另外,它还是实施交通组织的重要的必备设施,没有交通标志,就不可能实施交通组织。

　　②维护交通秩序。道路交通标志是形象的道路语言,是交通行为规范在具体时间和具体地点的体现。它提醒车辆和行人在通行上所应注意的问题,指导

其正确的交通行为,这对维护交通秩序、确保交通安全和畅通起着重要的作用。

③提供交通信息。交通标志能预告行人和车辆驾驶人员前方某一桥梁、某一路段和某一地点的地理或环境状况,如预告前方是否有急弯、岔道、窄路、陡坡、坍塌、沉陷、危桥险情、限载限速、施工现场、城镇村庄、企业学校等,警告人们注意危险,以便提前采取相应的防范措施。

④指引行进方向。交通标志可以明确地表示通达的方向和地名、沿途主要城镇村庄以及旅游胜地和名胜古迹的位置和距离。在交通标志的指引下,行人和车辆可以放心地前进,不会因路线不明而犹豫、疑虑、焦躁和烦恼,以减少不必要的减速或停车与驻足。

⑤执行法规的依据。交通标志既是交通参与者进行合法交通活动的依据,又是执法人员纠正交通违章、处理交通事故、判定事故责任的依据。因而,它起着法律的作用,是交通法规在道路和桥梁上的具体体现。

基于以上作用,交通标志本身必须具有高度的显示性、清晰易见和良好的易读性;要求使交通参与者能很快地认识并完全理解,具有广泛的公认性;要求各方人士都能看懂并识别它的特点。

(2)交通标志的分类

我国道路交通管理条例规定道路交通标志分为主标志和辅助标志两大类。主标志按照含义的不同,可分为警告标志、禁令标志、指示标志、指路标志四类。

①警告标志。它是警告行人和车辆驾驶人员注意前方危险的标志,其形状为顶角朝上的等边三角形,颜色为黄底、黑边、黑色图案。

②禁令标志。它是禁止或限制车辆、行人某种交通行为的标志,其形状分为圆形和顶角朝下的等边三角形,其颜色多为白底、红圈、红杠、黑图案。

③指示标志。它是指示车辆、行人前进方向、停止、鸣喇叭以及转向的标志,其形状有圆形、长方形和正方形,其颜色为蓝底、白色图案。

④指路标志。它是传递道路方向、地点、距离等信息的标志。这种标志按其用途又可分为地名标志、著名地名标志、分界标志、方向标志、地点标志和距离标志等。指路标志的形状多为正方形和长方形,其颜色一般多为蓝底、白色图案,高速公路则为绿底、白色图案。

辅助标志是附设在主标志下面,起辅助说明作用的标志,它不能单独设置与使用,只能用作主标志的附设标志。按用途不同,辅助标志又可分为表示时间、车辆种类、区域与距离、警告与禁令、组合辅助理由等五种。辅助标志的形状为长方形,其颜色为白底、绿字、绿边框。

(3)交通标志的设置形式

道桥交通标志的设置形式与支持方式,一般有立柱式、悬臂式、门式和附着式四种。

①立柱式标志。立柱式标志内缘距路面或路肩或桥面的边缘,不得小于25cm,标志牌的下缘距路面(含桥面)的高度一般为180~250cm。立柱式标志有单柱式和双柱式两种形式,标志牌安装在一根立柱上者称为单柱式,安装在两根立柱上者称为双柱式。前者适用于中、小型尺寸的警告、禁令、指示等标志,后者适用于长方形的指示标志或指路标志。

②悬臂式标志。当柱式标志安装有困难,或者路幅及桥面较宽、交通量较大、外侧车道大型车辆阻挡内侧车道小型车辆视线时,可将支撑立柱上端做成悬出状,使标志牌安装于悬臂上,构成悬臂式标志。此时,标志牌下缘离地面的高度,按道桥规定的净空高度设置。

③门式标志。门式标志也称架空式标志,标志下缘距路面的高度按道桥规定的净空高度来设置。

④附着式标志。在条件许可情况下,利用上跨桥和附近构造物作为标志牌的支持物,直接将标志板安装其上,构成附着式标志,是一种经济又简便的支持方式。附着式标志的安装高度,也应符合道桥规定的有关净空高度。

6.1.2　交通标线

道路交通标线是用不同颜色、线条、符号、箭头、文字、立面标记、突起路标和路边轮廓线标等所组成,常敷设或漆划于路面及构造物上,作为一种交通管理设施,起引导交通与保障交通安全的作用。交通标线可同标志配合使用,亦可单独使用,是道路交通法规的组成部分之一,具有强制性、服务性和诱导性。其在道路交通管理中占有重要地位,对高速公路、快速公路、城市干道及一、二级公路均须按国家规定设置交通标线。

我国的路面画线首先从城市道路开始,以溶剂漆为主,后来开始研究加热型和热熔型涂料。随着高速公路的修建,标线涂料的用量有了很大增长。由于标线设于路面表层,经受日晒雨淋、风雪冰冻,遭受车辆的冲击磨耗,因此对标线涂料有很高的要求。

我国的标线涂料在经历了十多年的试验研究和使用之后,经过经验总结制定了《路面标线涂料》(JT/T 280—2004)、《道路交通标线质量要求和检测方法》(GB/T 16311—2009)等标准,对标线涂料的技术指标和测试方法做了一些规定。从我国道路标线使用情况看,道路标线的涂装率低,反光效果差,标线的完备性、规范性不够,鲜明度和美观性差。目前热熔型和常温型涂料并用,但从发展看,标线应以热熔型涂料为主。

道路交通标线的作用有:①实行交通分离;②渠化平交路口交通;③提示前方路况,保障交通安全;④守法和执法的依据。

标线材料的种类主要有漆类、热溶类、粘铺类、视线诱导器、混凝土预制块和瓷片、白石头等以及反光材料,其中前三种运用较多。

(1)漆类

漆类标线使用材料主要有两种,即常温型和加热型。常温型标线材料是以白色或黄色颜料、充填料与合成树脂漆为主要原料,加上稀释剂搅拌成流体,可在常温下施工敷设。加热型标线材料,一般只用溶剂,不加稀释剂,需加热到 60～70℃后方能使用。

(2)热溶类

热溶类标线材料,是把白色或黄色颜料、充填料、合成树脂等,用化学方法调成的混合物,不需溶剂或稀释剂,在热溶加热器中加热至 180～250℃后即可变为流体,再用专门的热溶施工机械进行敷设。我国已研制出将石油气中的"碳五"作为原料,生产出可直接使用的热溶材料,而且造价低廉。

(3)粘铺类

粘铺类标线材料,是在合成橡胶或合成树脂中,加上颜料制成薄膜,在其背面涂上黏结剂,在清洁后的路面和桥面上涂上冷底油,粘铺压实即可。

(4)视线诱导器

视线诱导器又称路灯,是用黄铜、铝合金、不锈钢、高强塑料等制成带"脚"的圆形、方形、长方形、菱形等,嵌入路面以诱导驾驶员的视线。视线诱导器多采用反光型,以加强夜间的视认效果。

(5)混凝土预制块和瓷片、白石头等

作为路面标线材料,可把预制成的水泥混凝土块或瓷片、白石头等,通过手工或施工机械,嵌入路面而成。

(6)反光材料

为使路面标线具有定向反光性能,可将微型玻璃珠搅拌同时在常温漆内敷设,或者在热溶材料敷上后,于其表面喷洒一层玻璃微珠压入而成。在粘铺类预制标线薄膜中,可在制作过程中封入玻璃微珠,使之有定向反光的特性。

6.1.3　安全护栏

自高速公路在我国开始大量修建以来,人们对安全护栏重要性的认识有了很大提高。护栏是一种吸能结构,在阻止车辆越出路外的同时,还需通过变形来吸收碰撞能量,改变车辆方向,最大限度地减少对乘员的损伤。

护栏的形式按刚度的不同可分为柔性护栏、半刚性护栏和刚性护栏三类。

(1)柔性护栏

柔性护栏一般指的是缆索护栏。这是一种以数根施加了初拉力的缆索固定于支柱上的结构,它完全依靠缆索的拉应力来抵抗车辆的碰撞。缆索在弹性范围内工作,几乎不需更换。这种护栏形式美观,车辆行驶时没有压迫感,但视线诱导效果差。

(2)半刚性护栏

半刚性护栏一般指的是梁式护栏。这是一种用支柱固定的梁式结构,依靠护栏的弯曲变形和张拉力来抵抗车辆的碰撞。梁式护栏按结构的不同可分为波形梁护栏、管梁护栏、箱梁护栏等数种。它们均具有一定的刚度和韧性,通过横梁的变形吸收冲撞能量,损坏部件容易更换,具有一定的视线诱导作用,外形美观。从国内外实际应用情况看,波形梁护栏的应用最广泛。

(3)刚性护栏

刚性护栏一般指的是水泥混凝土墙式护栏。这是一种具有一定断面形状的水泥混凝土墙式结构,依靠汽车爬高、变形和摩擦来吸收碰撞能量。变截面刚性护栏允许失控车辆爬上护栏的斜坡,以缓冲碰撞力,并在护栏不发生明显变形的情况下改变车辆方向。在这种情况下,车辆的爬高运动是关键,护栏的防撞性能取决于车轮压到护栏表面时车辆的动力性能及护栏外廓的形状。单坡刚性护栏主要是通过车体前部与护栏表面摩擦接触和车体变形来吸收碰撞能量,而车辆爬高是次要因素,单坡刚性护栏重心比传统型护栏高,接近车辆碰撞点的高度,这样有力地保证了车辆在碰撞后的安全状态。刚性护栏在碰撞时不变形,几乎不会被损坏,维修费用很低,但对车辆行驶有压迫感,在寒冷地区使用容易积雪。欧洲一些国家把箱梁护栏的箱梁强度设计得很高,车辆碰撞时,仅箱梁发生局部塑性变形,因此也有把高强度箱梁护栏称为刚性护栏。在桥梁护栏设计中也大量采用刚性护栏和半刚性护栏相结合的组合型护栏,即混凝土墙式护栏和金属制梁式护栏组合的结构。

我国常用的护栏形式包括波形梁护栏、混凝土护栏及缆索护栏。

(1)波形梁护栏

设置于中央分隔带的波形梁护栏,在构造上有分设型和组合型之分,如图6-1和图6-2所示。分设型护栏适合于中央分隔带相对较宽,中间带内的构造物较多,并在中间带内埋设有通信、电力管线的路段。从防撞角度考虑,如果重型车比例较高,为了防止失控车辆冲断护栏、越过中央分隔带与对向车辆发生碰撞,分设型护栏相当于有两道防线,因此,越过中央分隔带的事故可以大为减少。组合型护栏适合于中央分隔带宽度较窄,中间带内构造物不多,或埋设通信管线相对较少的路段。但修复困难,建议少用。

(2)混凝土护栏

由于混凝土护栏具有维修养护费用少、使用寿命长、可利用地方材料等显著特点,近几年来欧美一些国家一直想把混凝土护栏推广使用在大交通量的高速公路和城市干道上,并且进行了大量的研究工作。研究人员认识到随着汽车工业的发展,车辆群体朝着微型化和大型化两极发展的趋势更加明显;车体结构安全性能不断提高;普遍使用安全带,使得护栏的作用由原来保护车辆及乘员变为注重保护乘员,更体现生命价值的重视。

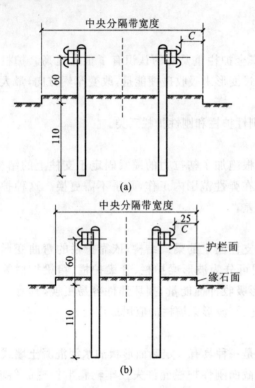

中央分隔带宽度

(a)

中央分隔带宽度

护栏面

缘石面

(b)

图 6-1　分设型护栏的横断面布设图(尺寸单位:cm)

(a)有缘石时;(b)护栏面与缘石面较近时

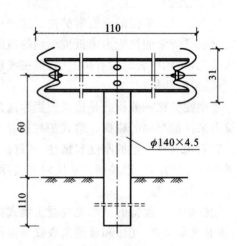

110

31

60

110

$\phi 140 \times 4.5$

图 6-2　组合型波形梁护栏构造图(尺寸单位:cm)

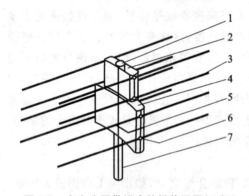

图 6-3　中央分隔带缆索护栏装配图(A 级)

1,7—立柱;2—上托架;3—缆索;4—下托架;
5—固定托架位置的螺孔;6—固定缆索部件

(3)缆索护栏

中央分隔带缆索护栏的防撞等级为 A 级。由于设置于中央分隔带的缆索护栏要考虑上下行两个方向的冲撞可能性,因此,托架分两边对称设置,总共为 8 根缆索,其装配如图 6-3 所示。其主要作用在于上下行车流的分隔,防止失控车辆越过中央分隔带闯入对向车道。因此,从碰撞条件看基本与路侧护栏相一致,但要求上更严格一些。也就是说,要尽可能防止失控车辆闯入对向车道。一般地,缆索护栏适用于交通量低,大型车占有率较小,对景观要求高的公路,特别适合于冬季积雪的公路。缆索护栏在日本、瑞典、美国、加拿大等国有较广泛的使用,但各国的缆索护栏构造略有不同。

6.1.4　隔离栅和防护设施

(1)隔离栅

隔离栅是随着修建全封闭、全立交的高速公路而出现的设施。对隔离栅的结构、分类、防腐处理、施工安装、质量要求和验收等项已在《公路交通安全设施施工技术规范》(JTG F71—2006)中有详细规定,有关隔离栅的产品标准也已颁布,这将使隔离栅的制作走向规范化。

隔离栅可分为编织网、焊接网、钢板网、刺铁丝等网面材料,立柱有圆管、槽钢、角钢和 Y 型钢等几种。今后,应注重整网连续铺设,注重强度高、施工方便、成本低的隔离栅的开发。

对隔离栅金属材料的防腐处理应给予充分重视。热浸镀锌技术因技术比较成熟,工艺可靠,防腐性能好,镀层美观,已被广泛应用。

涂塑(浸塑、静电喷涂)是近几年用于表面处理的新方法,其中浸塑工艺复杂,附着力差;静电喷涂颜色鲜艳,抗酸雨能力强,但涂层寿命受原材料性能、工艺及老化的影响。因此,工程应用时需有充分的试验数据或实用证明后方可考虑试用。

(2)防护设施

防护设施包括桥梁护网、防落石网、防雪栅、防风栅等,这些均是保证公路畅通,防护人、车安全的栏栅设施。由于防护的对象不同,其结构有很大的变化。除桥梁护网外,其他几种设施在公路上用得还不是很多,今后应加强这方面的研究和工程应用,不断总结经验。

6.1.5 防眩设施

汽车前照灯产生的眩光是危害公路夜间行车的主要因素,它使驾驶员获得信息的质量显著降低,视觉性能受到伤害,容易产生紧张与疲劳,是发生交通事故的潜在因素。尤其在高速公路上,由于车速很高,夜间对向车前照灯对驾驶员的眩目和视距的影响会更加严重。

目前解决汽车前照灯眩光问题的方法有两大类:一类是从汽车前照灯本身加以解决,如采用非对称近光系统、偏振前照灯系统、三光束系统和自动调光系统等。这方面已取得一定的效果,但还没有完全解决眩光的影响,也不能显著提高夜间驾驶员的视距。另一类方法是在高速公路上设置防眩设施。这类方法相对来说更加经济可行,具有一定结构形式;间距和恰当遮光角的防眩设施能有效地减弱眩光给驾驶员造成的不适感。

我国很早就开始对防眩设施进行系统调查研究,主要研究汽车前照灯的远光亮度及照射距离,大、小车会车时驾驶员视线高度和前照灯高度,相会两车的横向位置、纵向距离,要求的遮光程度,会车时道路纵断线形等因素对防眩遮光的影响,确定防眩设施的设计原则,对不同防眩设施类型(如植树、防眩网、防眩板)进行比较选择。

6.1.6 视线诱导设施

视线诱导设施是随着高速公路的修建而逐步受到重视的,这些设施为夜间行驶的驾驶人员提供道路线形轮廓的指示,诱导交通流的交汇运行,指示或警告前方行驶方向的改变,对提高行驶的安全性和舒适性有重大作用。

视线诱导标的主要部件是反射器,其最重要的特性是光学性能。选用高透光率的材料是确保其光学性能的首要条件。据日本建设省土木研究所的试验研究,在静止条件下用远光束照射时,应在500m远处发现,在300m远处清晰地看见。用交会光束(近光灯)照射时,可在200m远处发现,在100m远处清晰可见。

6.2 高速公路监控系统

高速公路车速快、流量大,一旦发生事故,很短时间内就会造成严重堵塞,尤其夜晚,若不及时发现和处理,还会造成连续事故。因此,封闭式高速公路建立监控系统极为必要,可随时传送信息,采取措施,使出事者及时得到救援。高速公路监控系统的设置应当具备以下三方面功能:

①信息采集功能,即实时地采集变化着的道路交通状态,包括交通信息、气象信息、交通异常事件信息等。

②信息分析处理功能,包括对交通运行状态正常与否的判断、交通异常事件严重程度的确认、交通异常状态的预测、对已经发生或可能发生的异常事件处置方案的确定等。

③信息提供功能,包括对高速公路上正在行驶着的驾驶人员提供道路交通状况信息,对行驶车辆发出限制、劝诱、建议性指令,对交通事故和其他异常事件的处理部门提供处置指令,对信息媒体或社会提供更广泛应用的高速公路交通信息。

根据监控系统的功能,监控系统可以理解为由信息采集子系统、信息提供子系统和监控中心三大部分组成。

6.2.1　信息采集子系统

信息采集子系统是高速公路上设置的用来采集信息的设备和配备。采集的信息主要包括如下几个方面:

①交通流信息,如交通量、车辆速度、车流密度、车辆占有率、车重等;设备:交通流信息的采集设备主要是各种类型的车辆检测器;位置:通常将车辆检测器埋设在互通式立交前后的主线上,间距为1～2km,检测器可向中央控制系统提供车身长度及通过时间交通量、车辆速度、车流密度、车辆占有率、车重等。

②气象信息,如风力、风向、降雨、降雪、冰冻、雾区等,这些信息的检测主要靠气象检测器。

③道路环境信息,如路面状况、隧道内的噪声、能见有害气体浓度等。这些情况靠环境检测器检测,如能见度检测器、路面冰冻检测器、光亮度检测器、一氧化碳检测器。

④异常事件信息,如交通事故、车辆抛锚、物品散落、道路设施损坏、道路施工现场等。这些信息主要靠紧急电话、闭路电视、巡逻车等设备和装备进行搜集提供,也可以通过交通流信息进行辅助分析判断。

⑤紧急电话。在高等级公路、长大公路隧道和特大公路桥梁上可设置紧急电话机,设置间距视道路交通量在道路沿线每1km或2km设置一对;隧道内约每300m设置一对;特大公路桥上约每500m设置一对。紧急电话应对向设置在道路沿线两侧的钢防护栏以外,应避免安装在能见度差的地方。紧急电话机箱上应有"紧急电话"字样或醒目标志,每台紧急电话机均要求有独立的编号。路侧紧急电话机可采用箱体式或箱柱式,在箱体上部的迎车方向和面向车行道方向应有表示紧急电话的定向反光标志,标志的图案和尺寸参照有关国家标准,箱体为橘黄色。隧道内的紧急电话机采用箱式,应安装在隧道两侧壁内的紧急电话间内。紧急电话间内应有照明,上方应有紧急电话照明标志。

⑥闭路电视。一般由摄像机、视频切换器、监视器及其相应的配套设备组成。正确地选择摄像机的安装位置是保证有效地发挥闭路电视监视效果的重要一环。原则上摄像机应当安装在交通运行关键路段,根据经验,高速公路上立交区段、大桥、长隧道是比较关键的区段。对功能更强的高速公路监控系统而言,除上述关键路段之外,在高速公路其他部位安装摄像机也是可以的。闭路电视摄像机设置在易发生瓶颈或阻塞的立交处,可以观测500m以内的路段交通情况,也能兼顾收费站及相关道路。安装高度为10～12m。摄像机收集到的信息直接反映在电视监视器中,以供中控室人员分析处理。

6.2.2　信息提供子系统

信息提供子系统是高速公路上设置的用来向道路使用者提供道路交通信息和诱导控制指令的设备,以及向管理、救助部门和社会提供求助指令或道路交通信息的设施。该子系统主要包括以下几个方面：

①向道路使用者提供信息。如前方路段交通阻塞情况、事故告警、气象情况、道路施工情况等。这些情况常通过高速公路上的可变情报板或路侧通信系统提供。

②向道路使用者提供建议或控制指令。如最佳行驶路线、最佳限速车道控制信号、匝道控制信号等。这些指令常通过可变情报板、可变限速标志、车道控制标志或匝道控制设备来实现。

③向管理和救助部门提供信息。在发生如交通事故、车辆抛锚、道路设施损坏等情况时，向消防、急救、服务区、道路养护工区等提供有关指令或信息。这些信息常利用指令电话或业务电话提供。

④向社会提供信息。包括对新闻媒介和高速公路以外的道路使用者提供本条高速公路的交通信息。这些信息的提供往往通过交通广播系统或广域信息网来实现。

情报提供主要通过大型可变情报板、可变限速板和远程预报三种手段和方式。

①大型可变情报板。通过大型可变情报板可及时向车辆提供异常情况、道路行车情况、交通阻塞和交通事故等情报。可变情报板的合理间距为 15km，通常布置在立交出口匝道前的主线上，高速公路入口处，或收费口外的道路上，其结构形式有门架式和 F 形式。

②可变限速板。通过可变限速板可控制行驶速度。当交通量达到最大时，可将速度限制到相应水平，当交通量低于设计值时，则可限制车速，以避免事故的发生。一旦发生事故或拥挤阻塞情况或遇不良气候（大雾、下雪、结冰）条件，应使过往车辆减速，以减少尾端冲撞，防止事故发生，保证道路通畅。为此通常将之布置在运行区段的前端，以便展示行驶要求。

③远程预报。大型可变情报板及可变限速板均系监控路段数百米以内的近程提供信息及监控设施，对于暂处于其他路段的车辆，也需超前提供交通网各处的交通信息，因此远程预报也是高速公路的重要信息提示手段。其中，无线广播的交通台定时预报，已为各国普遍采用，几乎成为"行车伴友"。此外，尚可通过收费站、服务区、停车场的信息板或发放宣传卡等提供信息。

6.2.3 监控中心

监控中心是介于信息采集子系统和信息提供子系统之间的中间环节，是监控系统的核心部分。它的主要职能是信息的接收、分析、判断、预测、确认，交通异常事件的处理决策、指令发布、设备运行状态的监视和控制等。由计算机系统、室内显示设备和监控系统控制台组成。

根据高速公路里程长短、道路路况和监控功能需求的不同，监控中心有集中式和分布式等形式。对集中式而言，一条高速公路只有一个监控中心；对于分布式而言，一条高速公路可能有一个监控中心，下辖若干个分中心，每个分中心管辖一个路段、一座大桥、一条隧道或一组匝道控制设备。对于高速公路网而言，监控系统的规模和监控中心的分散程度会更大些。尽管规模和形式不同，但其基本功能是一致的，即起到信息的分析、处理、交通控制和管理的辅助决策作用。为叙述简单起见，本节提及的监控中心常以集中式的形式来表述。

高速公路监控系统应通过监控中心与外围的管理和服务机构紧密地联系起来，这样才能使监控系统真正发挥作用。当高速公路发生交通事故时，除在监控系统内及时向道路使用者和管理人员通报信息外，还应同时利用指令电话、业务电话、无线电话通知警察局、医院、抢险部门、养护部门及时组织救助，这样不仅可争取时效、减少伤亡、尽快恢复交通，而且可避免事故扩大并产生二次事故，从而增进安全，提高服务水平。

6.3　高速公路收费管理及辅助设施

6.3.1　高速公路收费管理

公路收取通行费使公路的使用趋向于商品化，实行收费制度拓宽了公路建设资金的来源，调动了各方面投资修建高速公路和大型桥梁的积极性，加快了公路建设的步伐。

从广义上讲，收费系统应由收费政策（包括是否收费、为何收费和向谁收费）、经济理论（包括收费依据和收费标准）、管理机制（包括收费机构和收费方式）和收费技术（收费手段）四个部分构成，这四个层次相互联系、相互制约，共同组成一个系统。一般意义上的收费系统是指从车辆进入收费道路开始到实现收费，车辆交纳通行费直到费款安全进入储存点以及能提供各种收费过程相关信息的设备和人员的集合体。它主要包括收费出入口的收费站场、车道控制设备、车道外场设备、计算机终端及收费站的计算机系统、管理某区段道路上各收费站的分中心计算机系统和管理整个路段或区域内各分中心的中心收费计算机系统。

由于收费方式不同，收费系统的构成也有差异。若收费方式是人工收费，则收费系统简单到只有收费人员；若收费方式是全自动收费系统，则其全部由已装入相应管理控制软件的计算机系统和相应的管理软件及外部相关设备组成；介于两者之间的半自动收费系统，尽管其构成系统的各元素组合不一，但基本上是上述内容的增减。我国目前基本上采用半自动收费。

对某一条高速公路来讲，收费系统通常采用以下几种收费制式：全线均等收费制（简称均一制）、按路段收费制（简称开放式）、按实际行驶里程收费制（简称封闭式）。近几年，根据我国的实际情况，出现了将开放式与封闭式相结合的混合式收费系统，即在主线上设一定数量的收费站，同时为减少不合理收费现象在部分匝道设置收费站。

（1）均一制收费制式

均一制是最简单的一种收费制式，其收费站一般均设置在高速公路的各个入口处（包括主线两端入口和各互通立交入口），而主线和匝道的出口都不再设站。这样，每辆车在出入高速公路时只要在一个收费站停车交费，就可以在高速公路内自由行驶，不再受拦阻（收费站全部设在出口亦然）。

由于均一制实行入口一次收费，如果道路里程较长，车辆行驶里程的差距较大，交纳同样的通行费就显得不够公平合理，因而均一制比较适合于城市高速公路和短途城市间的高速公路。这种道路的交通特点是道路总里程较短，道路出入口（互通式立交）多而且间距小，车辆行驶里程差距不大，而交通量很大。均一制能比较好地适应这些特点和要求。

（2）开放式收费制式

这种收费系统的收费站建在高速公路主线上，距离较长的高速公路可以建多个收费站，间距一般在40～60km不等。各个互通立交的入口不再设站，这样车辆可以从互通立交自由进出，不受控制，高速公路对外界呈"开放"状态。

每个收费站的收费标准和均一制一样仅根据车型不同而变化，但各站的标准则因收费站的管辖距离不等而有所区别，这方面和均一制不同。车辆通过收费站时需停车交费，长途车辆可能经过多个收费站而需多次交费，这样大致体现了依据行驶距离决定收费金额的原则。开放式收费系统适用于较短的或互通立交比较稀少的道路，通常独立的桥梁、隧道收费均采用这种制式。

（3）封闭式收费制式

封闭式收费系统是在高速公路的起、终点建主线收费站，在所有互通立交的出、入口建匝道收费站。一般来说,封闭式系统适用于道路距离较长、互通立交较多、车辆行驶里程差距较大的场合。这种制式在我国应用较多,日本、欧美及亚洲部分国家应用也很普遍,我国的京津塘、沈大、广佛、京石、济青、开洛、沪宁、杭甬等高速公路均采用封闭式收费。对于封闭式收费系统,车辆进出高速公路都要二次经过收费站,高速公路对外界呈"封闭"状态。

（4）混合式收费

混合式收费是取开放式和封闭式两者之长（建设费用和管理费用比封闭式低）,又能做到基本合理收费的一种比较实用的收费制式。混合式收费适用于距离长、互通立交间距大、长途行驶车辆较多的道路。混合式收费系统中,在一个区界内行驶的车辆只需停车一次,长途行驶车辆的停车次数可能多于两次。

6.3.2 高速公路的沿线服务设施

高速公路是封闭式的道路,因此,每隔 30～50km 应该设立一个综合性的服务区,给用户提供一个能停车休息、饮食、通信、加油、修理、购物甚至住宿和娱乐的服务中心。

服务区应建在紧靠高速公路并能自由上下高速公路的地方。停车场及旅馆的规模可根据沿线情况定,一般可安排 100 辆车（约 100 亩地）的停车场;有 100 个床位以上的旅馆,一个中型饭店（以快餐为主）、杂货店,一个加油站及汽车修理站。

服务区隶属高速公路管理部门,以利于整个高速公路的协调管理。

高速公路路段中不应设置长途汽车站,因为旅客严禁上路,只有在互通式立交处,车辆才能由高速公路转到地方公路上,这样旅客下车后方可接搭地方公路上的公共汽车。

📖 知识归纳

（1）高速公路交通安全设施包括的内容。
（2）道路交通标志设置的形式。
（3）交通标线的作用和种类。
（4）道路监控系统的组成部分。

🧑 思考题

6-1　道路交通标线的作用是什么?

6-2　高速公路监控系统的设置应当具备哪些功能?

6-3　根据监控系统的功能,简述监控系统组成部分。

思考题答案

7 城市综合管廊工程

内容提要

　　本章主要介绍综合管廊工程概述、分类、规划、设计等内容,并按照综合管廊结构组成讲述其施工方法,对厦门综合管廊工程案例进行讲解和描述。本章的教学重点为综合管廊工程功能介绍及结构组成,难点为管廊工程的规划、设计及施工。

能力要求

5 分钟
看完本章

　　通过学习本章,学生应该能认知综合管廊工程结构组成、运营及施工方法,具备综合管廊工程识图能力,掌握综合管廊工程的管理办法。

7.1　综合管廊工程概述

7.1.1　综合管廊的概念

　　综合管廊,就是地下城市管道综合走廊。即在城市地下建造一个隧道空间,将电力、通信,燃气、供热、给排水等各种工程管线集于一体,设有专门的检修口、吊装口和监测系统,实施统一规划、统一设计、统一建设和管理,是保障城市运行的重要基础设施和"生命线"。

　　综合管廊在我国有"共同沟""综合管沟""共同管道"等多种称谓,在日本称为"共同沟",在我国台湾称为"共同管道",在欧美等国家称为"urban municipal tunnel"。它是实施统一规划、设计、施工和维护,建于城市地下用于铺设市政公用管线的市政公用设施。

　　所谓综合管廊,就是建于城市地下,用于容纳两类及两类以上城市工程管线的构筑物及附属设施,如图 7-1 所示。

图 7-1　综合管廊

7.1.2 综合管廊工程发展概况

7.1.2.1 国外发展

在发达国家，共同沟已经存在了一个多世纪，在系统日趋完善的同时，其规模也有越来越大的趋势。在法国，早在 1833 年，巴黎为了解决地下管线的敷设问题和提高环境质量，开始兴建地下管线共同沟。如今巴黎已经建成总长度约 2400km、系统较为完善的地下排水道及综合管廊网络。此后，英国的伦敦、德国的汉堡等欧洲城市也相继建设地下共同沟。

20 世纪，日本、美国大兴综合管廊。在日本，其国土狭小，城市用地紧张，因而也更加注重地下空间的综合利用，1958 年日本东京开始兴建综合管廊（日本称"共同沟"），1963 年颁布《共同沟特别措施法》。到 21 世纪初，日本已建成 600 余公里的共同沟，并形成了完善的技术标准和管理法规。

较为典型的项目有东京临海副中心地下综合管廊。该综合管廊总长度 16km，工程建设历时 7 年，耗资 3500 亿日元，是目前世界上规模最大、最充分利用地下空间将各种基础设施融为一体的建设项目。该项目为一条距地下 10m、宽 19.2m、高 5.2m 的地下管道井，将上水管、中水管、下水管、煤气管、电力电缆、通信电缆、通信光缆、空调冷热管、垃圾收集管等 9 种城市基础设施管道科学、合理地分布其中，有效利用了地下空间，美化了城市环境，避免了乱拉线、乱挖路现象，方便了管道检修，使城市功能更加完善。该综合管廊内中水管是将污水处理后再进行回用，有效节约了水资源；空调冷热管分别提供 7~15℃ 和 50~80℃ 的水，使制冷、制热实现了区域化；垃圾收集管采取吸尘式，以 90~100km/h 的速度将各种垃圾通过管道送到垃圾处理厂。为了防止地震对综合管廊的破坏，采用了先进的管道变形调节技术和橡胶防震系统。对新的城市规划区域来说，该综合管廊已成为现代都市基础设施建设的理想模式。

美国自 1960 年起开始综合管廊的研究，1971 年开始建设综合管廊，具有代表性的是纽约市从束河下穿越并连接阿斯托里亚和地狱门代植物园的爱迪生市政管线隧道（Consolidated Edison Tunnel）。该市政管线隧道（综合管廊）长约 1554m，高 6~7m，收纳有 345kV 输配电力缆线、电信缆线、污水管和自来水管。

1933 年，苏联在莫斯科、列宁格勒、基辅等地修建了地下共同沟。

1953 年，西班牙在马德里修建地下共同沟。

其他地区如斯德哥尔摩、巴塞罗那、纽约、多伦多、蒙特利尔、里昂、奥斯陆等城市，都建有较完备的地下共同沟系统。

在世界管廊建设 180 多年的历史中，创新是贯穿始终的词汇。首先是理念创新，新管线的铺设方法在世界各地不断涌现；功能不断丰富，像东京临海副中心的市政基础设施如上下水、供电通信、燃气、冷暖气和垃圾收集系统连接到每座建筑，市政管线有 10 种之多，除雨水管道外其余 9 种管线全部纳入共同沟内，施行新城中心区市政管线体系再造，很好地实现了市政管线及共同沟的高效运行。

7.1.2.2 国内发展

我国城市综合管廊探索性建设始于 1959 年的天安门广场，其地下共铺设了 1000 多米长、内宽 3.4m 的综合管廊，廊道内敷设热力、电力、通信、给水等四种管线。

中国第一个
获鲁班奖
综合管廊

改革开放后的 1994 年,上海市政府规划建设了国内第一条规模最大、距离最长的现代化综合管廊——浦东新区张杨路综合管廊(被业界誉为中华第一廊)。该综合管廊属于支线管廊,布置在张杨路两侧,总长度为 11.125km,管廊内收纳了给水、电力、信息与煤气等四种管线。

2006 年在北京中关村西区建成了国内第二条现代化的综合管廊。该综合管廊主线长 2km,支线长 1km,包括水、电、燃气、通信等市政管线。随后,在广州大学城、青岛高新区、上海世博园等新区进行了试点建设。

2015 年 8 月 10 日,国务院发布《关于推进城市地下综合管廊建设的指导意见》(国办发〔2015〕61 号),提出逐步提高城市道路配建地下综合管廊的比例,全面推动地下综合管廊建设,标志着我国综合管廊建设进入了新阶段。

2015 年,住房和城乡建设部在全国 36 个大中城市全面启动地下综合管廊试点工程,当年,确定包头、沈阳、哈尔滨、苏州、厦门、十堰、长沙、海口、六盘水、白银为第一批 10 个试点城市。同时,还特批吉林省开展全省城市试点,即所谓"10+1"模式。根据对上述试点的绩效评价,厦门位居第一,前五位依次是厦门、六盘水、白银、包头、长沙。

2016 年,广州、石家庄、四平、青岛、威海、杭州、保山、南宁、银川、平潭、景德镇、成都、郑州、合肥、海东 15 个城市入选国家第二批综合管廊试点城市,仅 2016 年度就完成 2005km 的管廊开工建设。

2017 年 4 月,由中国交通运输协会、全球城市地下空间研究会、台湾中华基础设施研究发展协会联合主办,经国务院台湾事务办公室与国家发展和改革委员会指导,在厦门举办的"2017 海峡两岸城市双修＋综合管廊＋海绵城市＋地下空间科技创新与融合发展论坛",在综合管廊的规划设计、施工建设及运营管理等方面进行了前沿科学的交流与推动。

按照国务院 2015 年发布的《关于推进城市地下综合管廊建设的指导意见》(国办发〔2015〕61 号),预计到 2020 年,我国将建成超过 10000km 的具有国际先进水平的地下综合管廊并投入运营,并将成为世界城市综合管廊规划建设大国。

建设地下
综合管廊

7.1.3 管廊工程的建设意义

地下综合管廊系统不仅解决城市交通拥堵问题,还极大地方便了电力、通信、燃气、供排水等市政设施的维护和检修。此外,按照我国海绵城市建设贯彻的渗、滞、蓄、净、用、排六字方针,地下空间综合管廊工程可发挥不可或缺的重要作用。

地下综合管廊对满足民生基本需求和提高城市综合承载力发挥着重要作用。综合管廊与传统的管线埋设方式相比,具有以下优点:

①确保道路功能充分发挥。综合管廊的建设可以避免由于敷设和维修地下管线频繁挖掘道路而对交通和居民出行造成的影响和干扰,确保道路交通通畅。

②有效利用城市地下空间。各类市政管线集约布置在综合管廊内,实现了管线的"立体式布置",替代了传统的"平面错开式布置",管线布置紧凑合理,减少了地下管线对道路以下及两侧的占用面积,节约了城市用地。

③确保城市"生命线"的稳定安全,减少后期维护费用。综合管廊对于城市的作用就犹如"动脉"对人体的作用,是城市的"生命线"。"生命线"由综合管廊

保护起来,不接触土壤和地下水,避免了土壤和地下水对管线的腐蚀,增强了其耐久性,同时综合管廊内设有巡视、检修空间,维护管理人员可定期进入综合管廊进行巡视、检查、维修、管理,确保各类管线的稳定安全。

④各种管线的敷设、增减、维修都可以直接在综合管廊内进行,大大减少路面多次翻修的费用和工程管线的维修费用。

⑤改善了城市环境。综合管廊的设置,消除了通信、电力等系统在城市上空布下的"蜘蛛网"及地面上竖立的电线杆、高压塔等,消除了架空线与绿化的矛盾,减少了路面、人行道上各种管线的检查井、室等,有力地改善了城市环境。

⑥增强城市的防震抗灾能力。即使受到强烈台风、雨雪、地震等灾害,城市各种生命线设施由于设置在综合管廊内,因而也就可以避免过去由于电线杆折断、倾倒,电线折断而造成的二次灾害。发生火灾时,由于不存在架空电线,有利于灭火活动迅速进行,将灾害控制在最小范围内,从而有效增强城市的防灾抗灾能力。如1995年日本阪神大地震期间,神户市内大量房屋倒塌、道路被毁,但当地的地下综合管廊却大多完好无损,这大大减轻了震后救灾和重建工作的难度。

与此同时,综合管廊在建设管理中面临的实际困难主要包括:

①建设综合管廊一次投资昂贵,而且各单位如何分担费用的问题较复杂。当综合管廊内敷设的管线较少时,管廊建设费用所占比重较大。

②由于各类管线的主管单位不同,统一管理难度较大。

③必须正确预测远景发展规划,否则将造成容量不足或过大,致使浪费或在综合管廊附近再敷设地下管线,而这种准确的预测比较困难。

④在现有道路下建设时,现状管线与规划新建管线交叉造成施工上的困难,增加工程费用。

⑤各类管线组合在一起,容易发生干扰事故,如电力管线打火就存在引起燃气爆炸的危险,所以必须制订严格的安全防护措施。

六点看懂
"万亿级地下
综合管廊"
建设市场

7.2　综合管廊工程构造

7.2.1　相关术语

(1)综合管廊(utility tunnel)

建于城市地下用于容纳两类及两类以上城市工程管线的构筑物及附属设施。

(2)干线综合管廊(trunk utility tunnel)

用于容纳城市主干工程管线,采用独立的分舱方式建设的综合管廊。

(3)支线综合管廊(branch utility tunnel)

用于容纳城市配给工程管线,采用单舱或双舱方式建设的综合管廊。

(4)缆线管廊(cable trench)

采用浅埋沟道方式建设,设有可开启盖板,但其内部空间不满足人员正常通行要求,用于容纳电力电缆和通信线缆的管廊。

(5)城市工程管线(urban engineering pipeline)

城市范围内为满足生活、生产需要的给水、雨水、污水、再生水、天然水、热力、电力、通信等市政公用管线,不包括工业管线。

(6)通信线缆(communication cable)

用于传输信息数据电信号或光信号的各种导线的总称,包括通信光缆、通信电缆以及智能弱电系统的信号传输线缆。

(7)现浇混凝土综合管廊(cast-in-site utility tunnel)

采用现场整体浇筑混凝土的综合管廊。

(8)预制拼装综合管廊(precast utility tunnel)

在工厂内分节段浇筑成型,现场采用拼装工艺施工成为整体的综合管廊。

(9)管线分支口(junction for pipe or cable)

综合管廊内部管线和外部直埋管线相衔接的部位。

(10)集水坑(sump pit)

用来收集综合管廊内部渗水或管道排空水等的结构物。

(11)安全标识(safety mark)

为便于综合管廊内部管线分类管理、安全引导、警告警示等而设置的铭牌或颜色标识。

(12)舱室(compartment)

由结构本体或防火墙分割的用于敷设管线的封闭空间。

7.2.2　综合管廊的分类

综合管廊一般分为干线综合管廊、支线综合管廊及缆线管廊,如图7-2所示。

图 7-2　干线综合管廊示意图

7.2.2.1　干线综合管廊

一般设置于机动车道或道路中央下方,主要连接原站(如自来水厂、发电厂、热力厂等)与支线综合管廊。其一般不直接服务于沿线地区。干线综合管廊内主要容纳的管线为高压电力电缆、信息主干电缆或光缆、给水主干管道、热力主干管道等,有时结合地形也将排水管道容纳其内。其断面通常为圆形或多格箱形,如图7-3所示。一般要求设置工作通道及照明、通风等设备。干线综合管廊的特点主要为:

①稳定、大流量的运输;

②高度的安全性;

③紧凑的内部结构;

④可直接供给到稳定使用的大型用户;

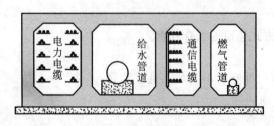

图 7-3　干线综合管廊示意图

⑤一般需要专用的设备；

⑥管理及运营比较简单。

7.2.2.2 支线综合管廊

主要用于将各种管线从干线综合管廊分配、输送至各直接用户。其一般设置在道路的两旁，容纳直接服务于沿线地区的各种管线。其截面以矩形较为常见，一般为单舱或双舱箱形结构，如图7-4所示。一般要求设置工作通道及照明、通风等设备。支线综合管廊的特点主要为：

①有效（内部空间）截面较小；

②结构简单，施工方便；

③设备多为常用定型设备；

④一般不直接服务于大型用户。

7.2.2.3 缆线管廊

采用浅埋沟道方式建设，设有可开启盖板，但其内部空间不满足人员正常通行要求，用于容纳电力电缆和通信线缆的管廊。一般设置在道路的人行道下面，其埋深较浅。截面以矩形较为常见，如图7-5所示。一般工作通道不要求通行，管廊内不要求设置工作通道及照明、通风等设备，仅设置维护时可开启的盖板或工作手孔即可。

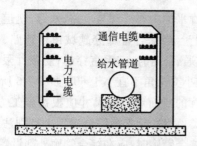

图7-4 支线综合管廊示意图

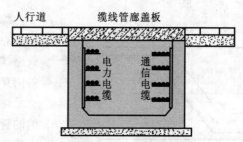

图7-5 缆线管廊示意图

7.3 综合管廊工程规划与设计

7.3.1 综合管廊工程的规划

城市中的给水、雨水、污水、再生水、天然水、热力、电力、通信等工程管线均可以纳入综合管廊，它的建设应以综合管廊工程规划为依据，并应统一规划、设计、施工和维护，同时满足管线的使用和运营维护要求。综合管廊工程设计应包含总体设计、结构设计、附属设施设计等，纳入综合管廊的管线应进行专项管线设计。

在综合管廊工程规划建设过程中，要充分考虑集约利用城市建设用地，提高城市工程管线建设安全与标准，统筹安排城市工程管线在综合管廊中的敷设，保证城市综合管廊工程建设做到安全适用、经济合理、技术先进、便于施工和维护。综合管廊工程建设应遵循"规划先行、适度超前、因地制宜、统筹兼顾"的原则，充分发挥综合管廊的综合效益。

7.3.1.1 一般规划

综合管廊工程规划应集约利用地下空间，统筹规划综合管廊内部空间，协调综合管廊与其他地上、地下工程的关系。

7.3.1.2 平面布局

综合管廊布局应与城市功能区分、建设用地布局和道路网规划相适应。综合管廊工程规划应结合城市地下管线现状,在城市道路、轨道交通、给水、雨水、污水、再生水、天然气、热力、电力、通信等专项规划以及地下管线综合规划的基础上,确定综合管廊的布局。

7.3.1.3 断面

综合管廊断面形式应根据纳入管线的种类及规模、建设方式、预留空间等确定。其断面应满足管线安装、检修、维护作业所需要的空间要求,并根据纳入管线的种类、规模及周边用地功能进行布置。其中天然气管道应在独立舱室内敷设,热力管道采用蒸汽介质时应在独立舱室内敷设,并不得与电力电缆同舱敷设。110kV 及 110kV 以上的电力电缆不应与通信电缆同侧布置。

7.3.1.4 位置

综合管廊位置应根据道路横断面、地下管线和地下空间利用情况确定。干线综合管廊宜设置在机动车道、道路绿化带下;支线综合管廊宜设置在道路绿化带、人行道或非机动车道下;缆线管廊宜设置在人行道下。综合管廊的覆土深度应根据地下设施竖向规划、行车荷载、绿化种植及设计冻深等因素综合确定。

7.3.2 综合管廊工程的总体设计

7.3.2.1 一般规定

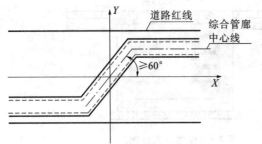

图 7-6 综合管廊最小交叉角示意图

综合管廊平面中心线宜与道路、铁路、轨道交通、公路中心线平行。当综合管廊穿越城市快速路、主干路、铁路、轨道交通、公路时,宜垂直穿越;受条件限制时,可斜向穿越,最小交叉角不宜小于 60°,如图 7-6 所示。

综合管廊的断面形式及尺寸应根据施工方法及容纳的管线种类、数量、分支等综合确定。特别注意,在压力管道进出综合管廊时,应在综合管廊外部设置阀门。

7.3.2.2 空间设计

综合管廊穿越河道时应选择在河床稳定河段,最小覆土深度应按不妨碍河道的整治和管廊安全的原则确定,并满足下列要求:

①在一至五级航道下面敷设,应在航道底设计高程 2.0m 以下;

②在其他河道下面敷设,应在河底设计高程 1.0m 以下;

③在灌溉渠道下面敷设,应在渠底设计高程 0.5m 以下。

综合管廊与相邻地下管线及地下构筑物的最小净距应根据地质条件和相邻构筑物性质确定,且不得小于表 7-1 的规定。

表 7-1　　综合管廊与相邻地下管线及地下构筑物的最小净距　　（单位:m）

相邻情况 ＼ 施工方法	明挖施工	顶管、盾构施工
综合管廊与地下结构物水平净距	1.0	综合管廊外径
综合管廊与地下管线水平净距	1.0	综合管廊外径
综合管廊与地下管线交叉垂直净距	0.5	1.0

综合管廊最小转弯半径应满足其内部各种管线的转弯半径的要求。综合管廊的控制中心与综合管廊之间应设置专用连接通道,通道的净尺寸应满足日常检修通信的要求。管廊内纵向坡度超过 10% 时,应在人员通道部位设置防滑地坪或台阶。

图 7-7 所示为某管廊工程纵断面设计图。

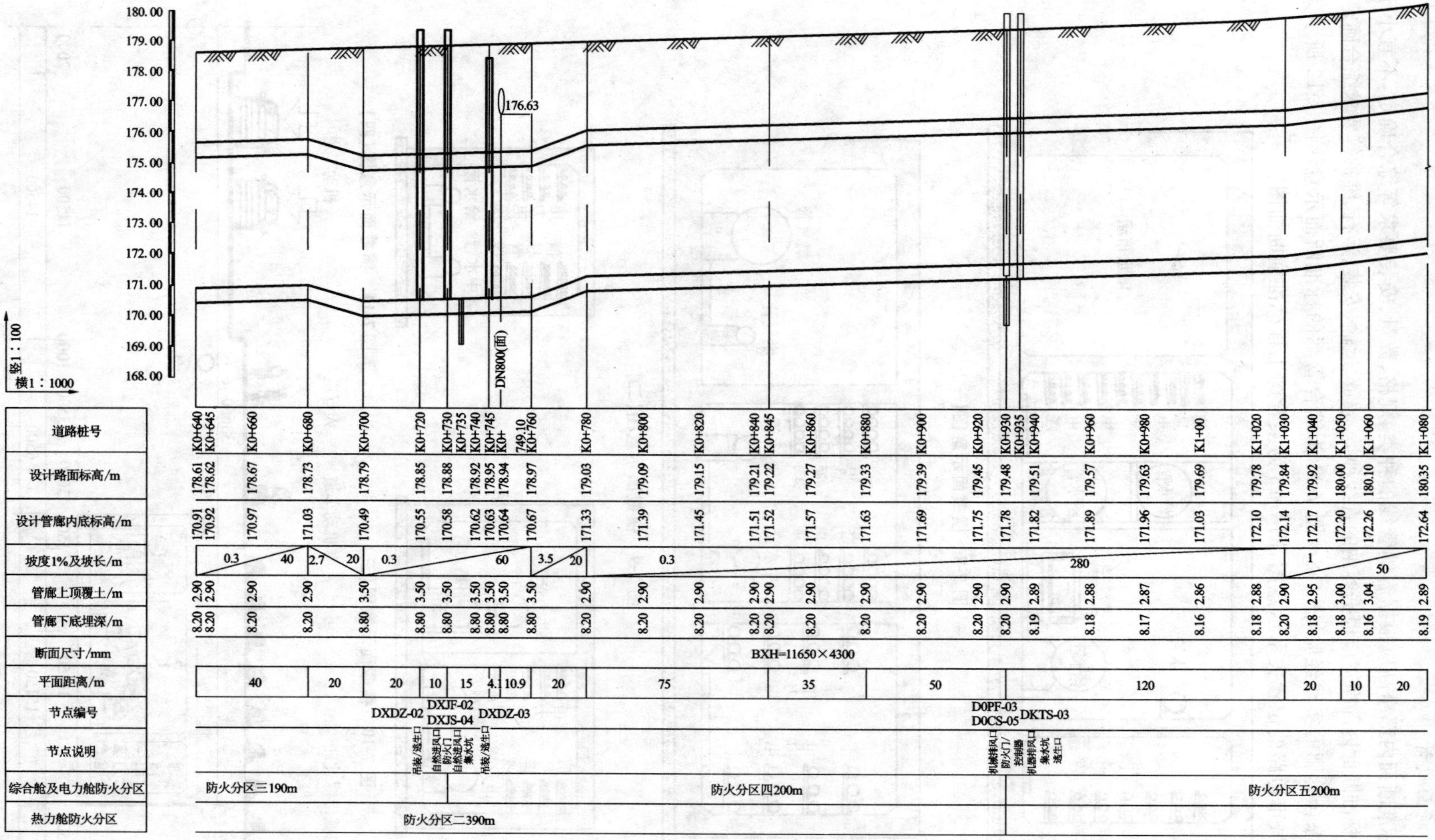

图 7-7 某管廊工程纵断面设计图

道路桩号	KO+640	KO+645	KO+660	KO+680	KO+700	KO+720	KO+730	KO+735	KO+740	KO+745	KO+ 749.10	KO+760	KO+780	KO+800	KO+820	KO+840	KO+845	KO+860	KO+880	KO+900	KO+920	KO+930	KO+935	KO+940	KO+960	KO+980	K1+00	K1+020	K1+030	K1+040	K1+050	K1+060	K1+080
设计路面标高/m	178.61	178.62	178.67	178.73	178.79	178.85	178.88		178.92	178.95	178.94	178.97	179.03	179.09	179.15	179.21	179.22	179.27	179.33	179.39	179.45	179.48		179.51	179.57	179.63	179.69	179.78	179.84	179.92	180.00	180.10	180.35
设计管廊内底标高/m	170.91	170.92	170.97	171.03	170.49	170.55	170.58		170.62	170.63	170.64	170.67	171.33	171.39	171.45	171.51	171.52	171.57	171.63	171.69	171.75	171.78		171.82	171.89	171.96	171.03	172.10	172.14	172.17	172.20	172.26	172.64
坡度1%及坡长/m		0.3	40	2.7	20	0.3					60	3.5	20	0.3									280							1		50	
管廊上顶覆土/m	2.90	2.90	2.90	2.90	3.50	3.50	3.50	3.50	3.50	3.50	3.50	2.90	2.90	2.90	2.90	2.90	2.90	2.90	2.90	2.90	2.90	2.90		2.89	2.88	2.87	2.86	2.88	2.90	2.95	3.00	3.04	2.89
管廊下底埋深/m	8.20	8.20	8.20	8.20	8.80	8.80	8.80	8.80	8.80	8.80	8.80	8.20	8.20	8.20	8.20	8.20	8.20	8.20	8.20	8.20	8.20	8.20		8.19	8.18	8.17	8.16	8.18	8.20	8.18	8.18	8.16	8.19
断面尺寸/mm															BXH=11650×4300																		
平面距离/m		40		20	20	10	15	4.	10.9		20		75					35			50					120				20		10	20
节点编号					DXDZ-02	DXJF-02 DXJS-04		DXDZ-03													D0PF-03 D0CS-05	DKTS-03												
节点说明						吊装/进出 自然进风/ 防火门 自然进风口 集水坑		吊装/进出口													机械排风/ 防火门/ 控制器 机械排风口 集水坑 进出口													
综合舱及电力舱防火分区		防火分区三190m											防火分区四200m																防火分区五200m				
热力舱防火分区					防火分区二390m																												

7.3.2.3　断面设计

综合管廊标准断面内部净高应根据容纳管线的种类、规格、数量、安装要求等综合确定,不宜小于2.4m。综合管廊标准断面内部净宽应根据容纳的管线种类、数量、运输、安装、运行、维护等要求综合确定。

根据国内综合管廊的实践经验,图 7-8~图 7-11 为综合管廊的标准断面示意。图 7-12 所示为某管廊工程与城市道路的位置关系示意图,图 7-13 为某管廊工程标准横断面图。

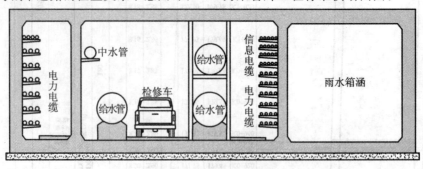

图 7-8　横截面示意图(一)

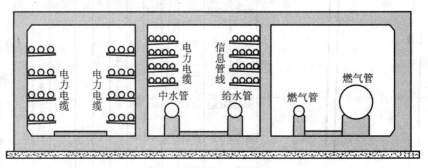

图 7-9　横截面示意图(二)

图 7-10　横截面示意图(三)　　　　图 7-11　横截面示意图(四)

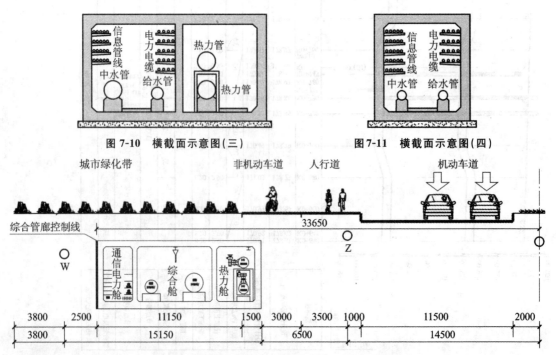

图 7-12　某管廊工程与城市道路的位置关系示意图

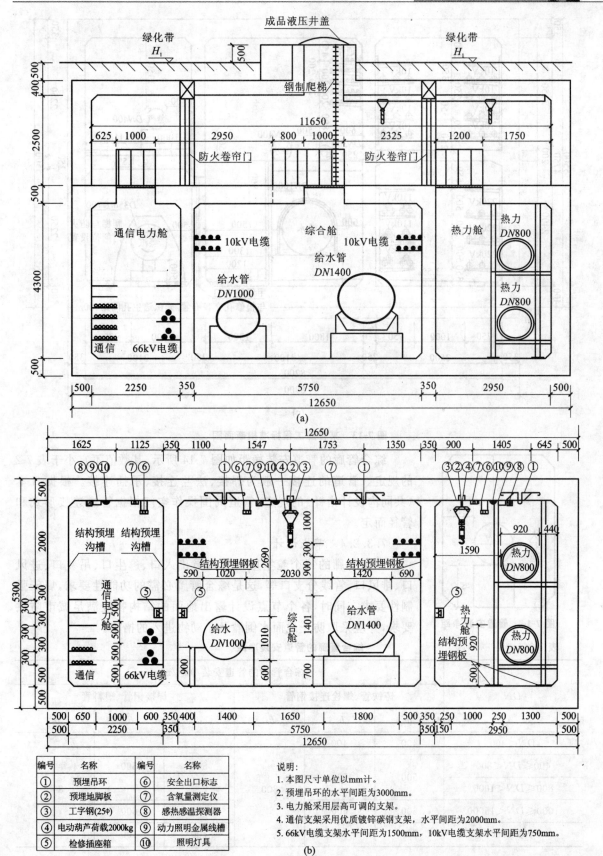

(a)

(b)

编号	名称	编号	名称
①	预埋吊环	⑥	安全出口标志
②	预埋地脚板	⑦	含氧量测定仪
③	工字钢(25Φ)	⑧	感热感温探测器
④	电动葫芦荷载2000kg	⑨	动力照明金属线槽
⑤	检修插座箱	⑩	照明灯具

说明:
1. 本图尺寸单位以mm计。
2. 预埋吊环的水平间距为3000mm。
3. 电力舱采用层高可调的支架。
4. 通信支架采用优质镀锌碳钢支架,水平间距为2000mm。
5. 66kV电缆支架水平间距为1500mm,10kV电缆支架水平间距为750mm。

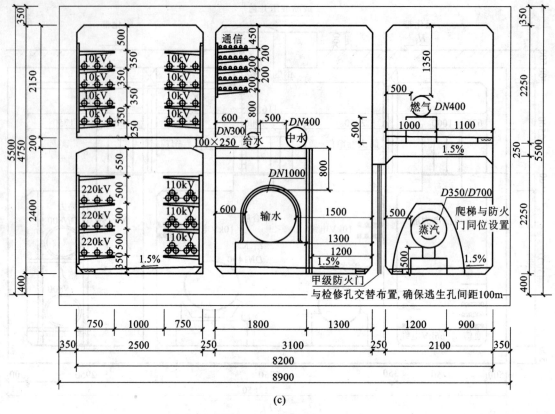

(c)

图 7-13　某管廊工程标准横断面图

综合管廊的管道安装净距如图 7-14 所示,其数值不宜小于表 7-2 的规定。管道的连接一般为焊接、法兰连接、承插连接。根据日本《共同沟设计指针》的规定,管道周围操作空间根据管道连接形式和管径而定。

7.3.2.4　节点设计

综合管廊的每个舱室应设置人员出入口、逃生口、吊装口、进风口、排风口、管线分支口等,这是综合管廊必需的功能性要求,属于强制性要求。同时,各个节点设计露出地面的结构物应满足城市防洪要求,并应采取防止地面水倒灌及小动物进入的措施。

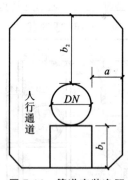

图 7-14　管道安装净距

表 7-2　　　　　　　　　　　　　　　　　　**综合管廊的管道安装净距**

DN	综合管廊的管道安装净距/mm					
	铸铁管、螺栓连接钢管			焊接钢管、塑料管		
	a	b_1	b_2	a	b_1	b_2
DN<400	400	400	800	500	500	800
400≤DN<800	500	500		500	500	
800≤DN<1000						
1000≤DN<15000	600	600		600	600	
DN≥15000	700	700		700	700	

综合管廊人员出入口应与逃生口（图 7-15）、吊装口、进风口结合设置，且不应少于 2 个。

天然气管道舱室的排风口与其他舱室排风口、进风口、人员入口以及周边建（构）筑物口部距离不应小于 10m。天然气管道舱室的各类孔口不得与其他舱室连通，并应设置明显的安全警示标识。

露出地面的各类孔口盖板应设置在内部使用时易于人力开启，且在外部使用时非专业人员难以开启的安全装置。

图 7-15 综合管廊逃生口

7.3.3 管廊的管线设计

7.3.3.1 一般规定

管线设计应以综合管廊总体设计为依据。

7.3.3.2 给水、再生水管道

给水、再生水管道设计应符合《室外给水设计规范》（GB 50013—2006）和《污水再生利用工程设计规范》（GB 50335—2016）的有关规定。

7.3.3.3 排水管渠

雨水管渠、污水管道设计应符合《室外排水设计规范》（GB 50014—2006）的规定。

7.3.3.4 天然气管道

天然气管道设计应符合《城镇燃气设计规范》（GB 50028—2006）的有关规定，天然气管道应采用无缝钢管。天然气调压装置不应设置在综合管廊内。

7.3.3.5 热力管道

热力管道采用钢管、保温层及外护管紧密结合成一体的预制管，并符合国家现行相关标准。管道附件必须进行保温。当热力管道采用蒸汽介质时，排气管应引至综合管廊外部安全空间，并应与周边环境相协调。热力管道及配件保温材料应采用难燃材料或不燃材料。热力管道设计应符合《城镇供热管网设计规范》（CJJ 34—2010）和《城镇供热管网结构设计规范》（CJJ 105—2005）的有关规定。

7.3.3.6 电力电缆

管廊电力电缆应采用阻燃电缆或不燃电缆。电力电缆敷设安装应按支架形式设计，并符合《电力工程电缆设计规范》（GB 50217—2007）和《交流电气装置的接地设计规范》（GB/T 50065—2011）的有关规定。

7.3.3.7 通信线缆

管廊通信线缆应采用阻燃线缆。敷设安装应按桥架形式设计，并应符合《综合布线系统工程设计规范》（GB 50311—2016）和《光缆进线室设计规定》（YD/T 5151—2007）的有关规定。

7.3.4 管廊的附属设施设计

7.3.4.1 消防系统

综合管廊内存在的潜在火源主要是电力电缆因电火花、静电、短路、电热效应等引起的。另一种火源是可燃物质，如泄露的燃气、污水管外溢的沼气等可燃气体，容易在封闭狭小的综合管廊内聚集，造成火灾隐患。鉴于综合管廊的上述火灾特点，综合管廊的防火设计重点包括以下几个方面。

①防火分区设置。

综合管廊内设置防火分区，有利于发生火灾时有效阻止火灾蔓延。综合管廊内一般可每隔

100～200m 设置防火墙,形成防火分区。

②综合管廊的灭火设施。

建设规模大、收容管线多的重要综合管廊内宜设置适当的灭火设施。综合管廊内常用的灭火设施有灭火器、水喷雾系统等。敷设电缆、光缆的综合管廊,可采用脉冲干粉自动灭火设置。

③火灾报警系统。

由于综合管廊在施工和检修、维护时有人员进出,特别在燃气综合管廊内布置有易燃气体的管道,为确保人身安全和管线运行安全,综合管廊内应设置火灾报警系统。

④含有下列管线的综合管廊舱室火灾危险性分类应符合表 7-3 所列规定。

表 7-3   综合管廊舱室火灾危险性分类

舱室内容纳管线种类		舱室火灾危险性类别
天然气管道		甲
阻燃电力电缆		丙
通信线缆		丙
热力管道		丙
污水管道		丁
雨水管道、给水管道、再生水管道	塑料管等难燃管材	丁
	钢管、球墨铸铁管等不燃管材	戊

7.3.4.2 通风系统

综合管廊属于封闭的地下构筑物,本身空气流通不畅,使室内小气候更加稳定,通风极差(在不采取任何通风措施之前)。这种密闭环境很容易滋生尘螨、真菌等微生物,还会促使生物性有机物(例如生活污水、有机垃圾等)在微生物作用下产生很多有害气体,常见的有 CO、NH_3 等,同时还会引起管廊内氧气含量减少。因此综合管廊须设置通风系统,以便在可燃气体泄露或有毒气体浓度过高时能及时通风,确保维修人员人身安全,降低事故发生率。当管廊内发生火灾时,通风系统有利于控制火势的蔓延、人员的疏散和有害气体及烟雾的及时排出。

综合管廊宜采用自然进风和机械排风相结合的通风方式。天然气管道舱和含有污水管道的舱室应采用机械进、排风的通风方式。

①自然通风可以分为利用风压通风和利用热压通风。

②机械通风包括自然进风、机械排风,机械进风、自然排风和机械进风、机械排风三种形式。机械通风主要是通过机械装置(如排风扇、轴流风机等)对管廊内部气体进行强制性流通。

③在自然通风的基础上,发展出了辅以无风管的诱导式通风技术,即在管廊内沿纵向布置若干台诱导风机,使室外新鲜空气从自然进风口进入管廊后以接力形式流向排风口,达到通风效果。

④防烟排烟。综合管廊发生火灾时通常采用密闭或机械排烟措施。

7.3.4.3 供电系统

综合管廊供配电系统接线方案、电源供电电压、供电点、供电回路数、容量等应依据综合管廊建设规模、周边电源情况、综合管廊运行管理模式,并经技术经济比较后确定。

7.3.4.4 照明系统

综合管廊内应设正常照明和应急照明。其中,正常照明的灯具光源以节能型荧光灯为主。应急照明灯具附带后备蓄电池,应急时间不小于 30min。

7.3.4.5　监控与报警系统

综合管廊监控与报警系统宜分为环境与设备监控系统、安全防范系统、通信系统、预警与报警系统、地理信息系统和统一管理信息平台等,如图7-16所示。综合管廊的管理、维护、防灾、安保、设备的远程控制,均在监控中心内部完成。

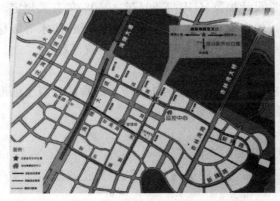 

图7-16　综合管廊定位图及信息监控平台

7.3.4.6　排水系统

综合管廊内需要排除的集水主要包括以下几个方面:

①供水管道连接处的漏水;

②供水管道检修时的放空水;

③供水管道发生事故时的漏水;

④综合管道内的冲洗水;

⑤综合管廊结构缝处的漏水;

⑥综合管廊开口处的漏水;

⑦消防排水。

综合管廊内应设置自动排水系统,其要求为排水区间长度不宜大于200m,低点应设置集水坑及自动水位排水泵。综合管廊的底板宜设置排水明沟,并应通过排水明沟将管廊内积水汇集到集水坑,排水明沟的坡度不应小于0.2%。

综合管廊的排水应就近接入城市排水系统,并应设置逆止阀。天然气管道舱应设置独立集水坑。在管廊内排出的废水温度不应高于40℃。

7.3.4.7　标识系统

综合管廊的主出入口内应设置综合管廊介绍牌,并应标明综合管廊建设时间、规模、容纳管线。

7.3.4.8　接地系统

综合管廊内集中敷设了大量的电缆,为了综合管廊运行安全,应有可靠的接地系统。综合管廊接地网还应与各变电所接地系统可靠连接,接地电阻应不大于1Ω。

7.3.5　综合管廊的结构设计

7.3.5.1　一般规定

综合管廊结构设计应对承载能力极限状态和正常使用极限状态进行计算。

①承载能力极限状态:对应管廊结构达到最大承载能力,管廊主体结构或连接构件因材料强度被超过而破坏;管廊结构因过量变形而不能继续承载或丧失稳定;管廊结构作为刚体失去平衡(横

向滑移、上浮)。

②正常使用极限状态:对应于管廊结构符合正常使用或耐久性能的某项规定限制,影响正常使用的变形量限制,影响耐久性能的控制开裂或局部裂缝宽度限制等。

综合管廊工程的结构设计使用年限应为 100 年。综合管廊结构应根据设计使用年限和环境类别进行耐久性设计,并应符合《混凝土结构耐久性设计规范》(GB/T 50476—2008)的有关规定。

综合管廊工程按乙类建筑物进行抗震设计。综合管廊的结构安全等级为一级,防水等级标准为二级。对埋设在历史最高水位以下的综合管廊,要根据设计条件计算结构的抗浮稳定。

7.3.5.2　材料

综合管廊结构的主要材料宜采用高性能混凝土、高强钢筋。钢筋混凝土结构的混凝土强度等级不应低于 C30,预应力混凝土结构的混凝土强度等级不应低于 C40。

7.3.5.3　结构上的作用

综合管廊结构上的作用,按性质可分为永久作用和可变作用。

①永久作用:包括结构自重、土压力、预加压力、重力流管道内的水重、混凝土收缩和徐变产生的荷载、地基的不均匀沉降等。

②可变作用:包括人群荷载、车辆荷载、管线及附件荷载、压力管道内的静水压力(运行工作压力或设计内水压力)及真空压力、地表水或地下水压力及浮力、温度作用、冻胀力、施工荷载等。

7.3.5.4　现浇混凝土综合管廊结构

现浇混凝土综合管廊结构一般为矩形箱涵结构,结构的截面内力计算模型宜采用闭合框架模型,如图 7-17 所示。

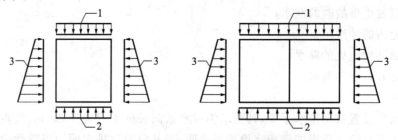

图 7-17　现浇综合管廊闭合框架计算模型

1—综合管廊顶板荷载;2—综合管廊地基反力;3—综合管廊侧向水土压力

7.3.5.5　预制拼装综合管廊结构

预制拼装综合管廊结构宜采用预应力筋连接接头、螺栓连接接头或承插式接头。预制拼装综合管廊结构计算模型为封闭框架,但是由于受拼缝刚度的影响,在计算时应考虑拼缝刚度对内力折减的影响。预制拼装综合管廊闭合框架计算模型如图 7-18 所示。

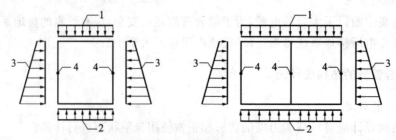

图 7-18　预制拼装综合管廊闭合框架计算模型

1—综合管廊顶板荷载;2—综合管廊地基反力;3—综合管廊侧向水土压力;4—拼缝接头旋转弹簧

仅带纵向拼缝接头的预制拼装综合管廊结构的截面内力计算模型宜采用与现浇混凝土综合管廊结构相同的闭合框架模型。

7.3.5.6 构造要求

　　综合管廊结构应在纵向设置变形缝。由于地下结构的伸(膨胀)缝、缩(收缩)缝、沉降缝等结构缝是防水防渗的薄弱部位,应尽可能少设,故将前述三种结构缝功能整合设置为变形缝。变形缝的最大间距应为30m,缝宽不宜小于30mm。

　　变形缝间距是综合考虑了混凝土结构温度收缩、基坑施工等因素确定的,在采取以下措施的情况下,变形缝间距可适当加大,但不宜大于40m:

　　①采取减小混凝土收缩或温度变化的措施;

　　②采用专门的预加应力或配构造钢筋的措施;

　　③采用低收缩混凝土材料,采取跳仓浇筑、后浇带、控制缝等施工方法,并加强施工养护。

　　变形缝应设置橡胶止水带、填缝材料和嵌缝材料等止水构造。混凝土综合管廊结构主要承重侧壁的厚度不宜小于250mm,非承重侧壁和隔壁等构件的厚度不宜小于200mm。混凝土综合管廊结构中钢筋的混凝土保护层厚度、结构迎水面不应小于50mm。

7.4　综合管廊工程施工与维护

7.4.1　综合管廊工程的施工

7.4.1.1　一般规定

　　综合管廊施工前应根据工程需要进行下列调查:现场地形、地貌、地下管线、地下构筑物、其他设施和障碍物情况;工程用地、交通运输、施工便道及其他环境条件;施工给水、雨水、污水、动力及其他条件;工程材料、施工机械、主要设备和特种物资情况;地表水水文资料,在寒冷地区施工时还应掌握地表水的冻结资料和土层冰冻资料以及与施工有关的其他情况和资料。

　　综合管廊防水工程的施工及验收应按《地下防水工程质量验收规范》(GB 50208—2011)的相关规定执行。

7.4.1.2　基础工程

　　综合管廊工程基坑(槽)开挖前,应根据围护结构的类型、工程水文地质条件、施工工艺和地面荷载等因素制订施工方案。

　　综合管廊两侧回填应对称、分层、均匀。管廊顶板上部1000mm范围内回填材料应采用人工分层夯实,大型碾压机不得直接在管廊顶板上部施工。

　　综合管廊回填土压实度应符合设计要求。当设计无要求时,应符合表7-4的规定。

表7-4　　　　　　　　　　　　　　　综合管廊回填土压实度

	检查项目	压实度/%	检查频率		检查方法
			范围	组数	
1	绿化带下	≥90	管廊两侧回填土 按50延米/层	1(三点)	环刀法
2	人行道、机动车道下	≥95		1(三点)	环刀法

　　综合管廊基础施工及质量验收除应满足上述规定外,还应符合《建筑地基基础工程施工质量验收规范》(GB 50202—2002)的有关规定。

7.4.1.3 现浇钢筋混凝土结构

综合管廊模板施工前进行模板及支架设计。模板及支撑的强度、刚度及稳定性应满足受力要求。

混凝土的浇筑应在模板和支架检验合格后进行。入模时应防止离析。连续浇筑时,每层浇筑高度应满足振捣密实的要求。预留孔、预埋管、预埋件及止水带等周边混凝土浇筑时,应辅助人工插捣。

混凝土底板和顶板应连续浇筑,不得留置施工缝。设计有变形缝时,应按变形缝分仓浇筑,并应符合《混凝土结构工程施工质量验收规范》(GB 50204—2015)的有关规定。图 7-19 所示为现浇钢筋混凝土结构综合管廊施工现场。由于处于地下环境并受地下水侵蚀,接头防水问题成为推广应用预制拼装综合管廊亟待解决的关键问题。目前,现浇整体式综合管廊普遍采取埋入带钢边橡胶止水带的方法解决结构变形缝的防水问题。

图 7-19 现浇钢筋混凝土结构综合管廊施工

7.4.1.4 预制拼装钢筋混凝土结构

预制拼装钢筋混凝土构件的模板,应采用精加工的钢模板。构件堆放的场地应平整夯实,并应具有良好的排水措施。图 7-20 所示为预制拼装的管廊工程节段及施工。

构件运输及吊装时,混凝土强度应符合设计要求。当设计无要求时,不应低于设计强度的75%。预制构件安装前,应复验合格。当构件上有裂纹且宽度超过 0.2mm 时,应进行鉴定。预制构件和现浇结构之间、预制构件之间的连接应按设计要求进行施工。

目前,地下空间结构预制接头的防水措施普遍采用遇水膨胀橡胶密封垫预压防水法。

管廊的其他施工技术还有多舱预制装配施工技术、整体移动模架施工技术、叠合整体式施工技术以及地下空间暗挖法施工技术等,如图 7-21 所示。

7.4.1.5 预应力工程

预应力筋张拉或放张时,混凝土强度应符合设计要求。当设计无要求时,不应低于设计的混凝土立方体抗压强度标准值的75%。预应力筋张拉锚固后,实际建立的预应力值与工程设计规定检验值的相对允许偏差应为±5%。

图 7-20　预制拼装的管廊工程节段及施工

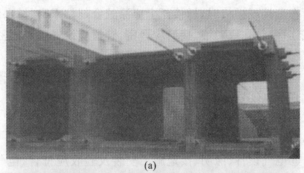

(a)

(b)

(c)

图 7-21　管廊工程的其他施工方法

(a)多舱预制装配施工；(b)整体移动模架施工；(c)叠合整体式施工

后张法有黏结预应力筋张拉后应尽早进行孔道灌浆,孔道内水泥浆应饱满、密实。锚具的封闭保护应符合设计要求。

7.4.1.6 砌体结构

砌体结构所用的材料应符合:石材强度等级不应低于 MU40,并应质地坚实,无风化削层和裂纹。砌筑砂浆应采用水泥砂浆,强度等级应符合设计要求,且不应低于 M10。

砌体结构中的预埋管、预留洞口结构应采用加强措施,并应采取防渗措施。

砌体结构的砌筑施工除上述要求外,还应符合《砌体结构工程施工质量验收规范》(GB 50203—2011)的相关规定和设计要求。

7.4.1.7 附属工程

综合管廊预埋过路排管的管口应无毛刺和尖锐棱角。排管弯制后不应有裂缝和显著的凹瘪现象,弯扁程度不宜大于排管外径的 10%。为了满足今后电缆的穿越敷设,管口出现毛刺或尖锐棱角会对电缆表皮造成破坏,因而应重点检查。

①电缆排管。金属电缆排管不得直接对焊,应采用套管焊接的方式;硬质塑料管在套接或插接时,插接面上应涂胶合剂粘牢密封;水泥管宜采用管箍或套接方式连接,管孔应对准,接缝应严密,管箍应设置防水垫密封。

②支架及桥架宜优先选用耐腐蚀的复合材料。

③电缆支架的加工、安装及验收应符合《电气装置安装工程电缆线路施工及验收规范》(GB 50168—2006)的有关规定。

④仪表工程的安装及验收应符合《自动化仪表工程施工及质量验收规范》(GB 50093—2013)的有关规定。

⑤电气设备、照明、接地施工安装及验收应符合《电气装置安装工程电缆线路施工及验收规范》(GB 50168—2006)、《建筑电气工程施工质量验收规范》(GB 50303—2015)、《建筑电气照明装置施工与验收规范》(GB 50617—2010)与《电气装置安装工程接地装置施工及验收规范》(GB 50169—2016)的有关规定。

⑥火灾自动报警系统施工及验收应符合《火灾自动报警系统施工及验收规范》(GB 50166—2007)的有关规定。

⑦通风系统施工及验收应符合《风机、压缩机、泵安装工程施工及验收规范》(GB 50275—2010)和《通风与空调工程施工质量验收规范》(GB 50243—2016)的有关规定。

7.4.1.8 管线

管线主要包括电力电缆施工,通信管线施工,给水、排水管道施工,热力管道施工,天然气管道施工等,均应符合相关的国家现行标准。受篇幅所限,不再赘述。

7.4.2 综合管廊的维护

7.4.2.1 维护管理

综合管廊建成后,应由专业单位进行日常管理。利用综合管廊结构本体的雨水渠,每年非雨季清理疏通不应少于 2 次。综合管廊投入运营后应定期检测评定,对综合管廊本体、附属设施、内部管线设施的运行状况应进行安全评估,并应及时处理安全隐患。

管廊施工案例

7.4.2.2　资料管理

综合管廊建设、运营维护过程中,档案资料的存放、保管应符合国家现行标准的有关规定。综合管廊相关设施进行维修及改造后,应将维修和改造的技术资料进行整理、存档。

7.5　厦门地下综合管廊工程案例

厦门市认真贯彻落实创新、协调、绿色、开放、共享"五大发展"理念和中央城市工作会议精神,按照"规划先行,实用为先,因地制宜,科学安排"的原则,利用"多规合一"平台,有序推进全市地下综合管廊规划建设工作,取得了显著成效。

厦门市在国内较早启动地下综合管廊建设,2005 年,在建设翔安海底隧道时同步建设了干线综合管廊;2007 年,在湖边水库片区结合高压架空线入地缆化,同步建设福建省第一条干支线地下综合管廊;并结合新城建设和旧城改造陆续建设了集美新城、翔安南部新城综合管廊。同时厦门市成立了专业化的综合管廊建设管理单位——厦门市政管廊投资管理有限公司,负责全市综合管廊的投融资、建设和运营管理工作。

7.5.1　厦门市地下综合管廊基本情况

至 2016 年年底,厦门市已投入干、支线综合管廊 24.58km、缆线管廊约 50.46km,完成投资约 15.27 亿元。已纳入综合管廊的各类市政管线超过 210km。在建的干、支线综合管廊长 52.68km,缆线管廊约 31.17km。根据《厦门市地下综合管廊专项规划》,至 2030 年,将建设综合管廊约 152.8km,其中"十三五"期间规划建设地下综合管廊约 70km,主要集中在马銮湾、软件园三期、环东海域东部新城、同安翔安高新技术产业基地、美峰生态组团等片区。在"十三五"期间,厦门市计划建设干、支线综合管廊约 70km,总投资约 58 亿元,如图 7-22 所示。

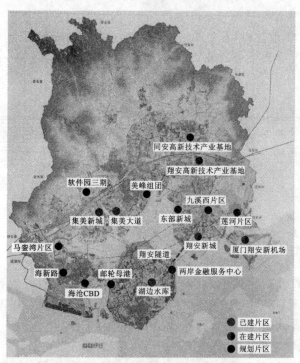

图 7-22　厦门市综合管廊建设总体规划图

7.5.1.1　湖边水库综合管廊

福建省第一条综合管廊,于 2007 年结合片区高压架空线入地缆化同步建设,总长 5.2km,总投资 2.4 亿元。入廊管线包括 110kV 和 220kV 高压电力、10kV 电力、通信电缆(含有线、交通)、给水管、中水管等,如图 7-23 所示。

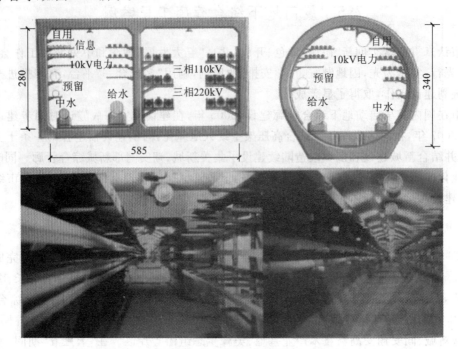

图 7-23　厦门市湖边水库综合管廊(尺寸单位:cm)

7.5.1.2　马銮湾片区综合管廊

结合片区清淤造地、围堰建设,总长 15.48km(中心岛 9.4km,西片区 6km),总投资 9.18 亿元。入廊管线包括 110kV 高压电力、10kV 电力、通信电缆(含有线、交通)、给水管、中水管等,如图 7-24 所示。

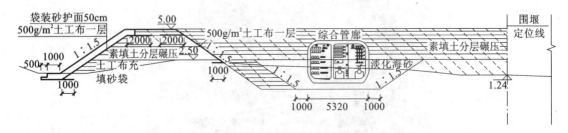

图 7-24　厦门市马銮湾片区综合管廊(尺寸单位:mm,标高单位:m)

7.5.1.3　集美新城核心区综合管廊

结合城市主干道建设及高压输电线路下地缆化工程,布置"三横三纵一环"综合管廊,总长 7.77km,总投资 5.51 亿元。入廊管线包括 110kV 和 220kV 高压电力、10kV 电力、通信电缆(含有线、交通)、给水管、中水管、雨水管、污水管等,如图 7-25 所示。

7.5.1.4　集美大道综合管廊(试点项目)

2013 年结合 220kV 厦门电力进岛第一通道扩建工程架空线路缆化同步建设,总长 5.9km,总

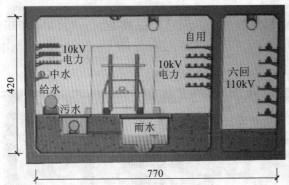

图 7-25　厦门市集美新城核心区综合管廊(尺寸单位:cm)

投资 5 亿元。入廊管线包括 110kV 和 220kV 高压电力、10kV 电力、通信电缆(含有线、交通)、给水管、中水管等,如图 7-26 所示。

7.5.1.5　翔安南部新城综合管廊(试点项目)

位于翔安南部新城,结合片区内高压电力隧道走向布置综合管廊,总长 10.814km,总投资 5.56 亿元。入廊管线包括 110kV 和 220kV 高压电缆、10kV 电力、通信电缆(含有线、交通)、给水管、中水管、其他预留管位等,如图 7-27 所示。

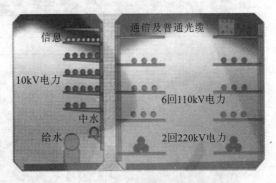

图 7-26　厦门市集美大道综合管廊

图 7-27　厦门市翔安南部新城综合管廊

7.5.1.6　翔安新机场片区综合管廊(试点项目)

翔安新机场片区综合管廊位于翔安区大嶝岛,总长 22.2km,总投资 18 亿元,项目采取 PPP 模式。入廊管线包括 110kV 和 220kV 高压电力、10kV 电力、通信电缆(含有线、交通)、给水管、中水管、雨水、污水和燃气管道等,如图 7-28 所示。

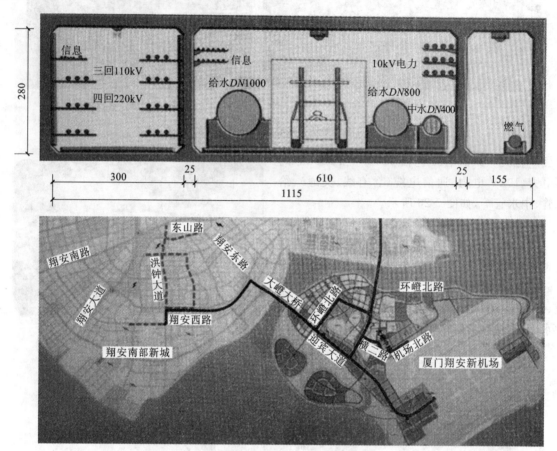

图 7-28　厦门市翔安新机场片区综合管廊(尺寸单位:cm)

7.5.2　厦门地下综合管廊建设亮点

7.5.2.1　高起点规划

2011 年 8 月,制定《关于城市综合管廊规划设计的规划指引》,明确了综合管廊规划设计的规划指引目标、指引要点、适用范围等内容;按照国务院《关于推进地下综合管廊建设的指导意见》(国办发〔2015〕6 号)、《城市地下综合管廊工程规划编制指引》(建城〔2015〕70 号)要求,坚持因地制宜、远近结合、统一规划、统筹建设的原则,与地下空间规划、轨道交通规划、市政专项规划等相衔接,编制完成《厦门市综合管廊专项规划》。

根据厦门市综合管廊专项规划,结合各重点开发片区的建设,编制完成马銮湾片区、现代服务业基地丙洲片区、同安翔安高新技术产业基地等片区综合管廊专项规划。

7.5.2.2　高标准设计

厦门市集美新城集美大道、翔安南部新城综合管廊按照《城市综合管廊工程技术规范》(GB 50838—2012)设计,在 2015 年的建设中,依据《城市综合管廊工程技术规范》(GB 50838—2015)对附属设施系统进行提前改造。

翔安新机场片区综合管廊,按照《城市综合管廊工程技术规范》(GB 50838—2015)设计,配置检修车辆通道,并将雨水、污水等重力流管线合理纳入综合管廊,同时根据管径选择性地将天然气以单舱形式纳入综合管廊;根据规范要求,结合厦门市地下管廊建设运营经验,制定了《厦门市综合管廊工程技术规范》。

7.5.2.3 高质量建设

①通过高压电力架空线缆化入地,节约土地资源。湖边水库综合管廊通过片区高压线入地缆化同步建设综合管廊,节约大量建设用地,解决城市"蜘蛛网";集美大道通过进岛电力架空线入地缆化,建设 5.9km 综合管廊,改善片区低开景观效果,提高土地利用效率。

②国内首个大规模采用预制拼装工艺。厦门市是国内首个大规模采用预制拼装工艺建设综合管廊的城市,经过建设探索,目前已形成了较为完善、成熟的预制拼装工艺和技术标准,在 2015 年 10 月住建部城建司的考察中,获得了肯定。

③率先实现重力流管线入廊。厦门市在全国《城市综合管廊工程技术规范》(GB 50838—2015)颁布前,率先将雨水、污水等重力流管线合理纳入综合管廊,开创了国内综合管廊重力流管线入廊的先例。

④结合清淤造地同步建设综合管廊。基于厦门沿海城市特性,通过清淤、填海造地,同步实施综合管廊建设,减少土方量开挖,节约综合管廊建设成本。

⑤结合过海隧道同步建设综合管廊。厦门市在建设翔安海底隧道时,同步建设干线综合管廊,顺利投入使用,并规划在未来建设海底隧道时,同步配套综合管廊,保障岛内外主干线的安全输送,全力打通厦门的"生命动脉"。

⑥结合地铁建设综合管廊。厦门市积极探索综合管廊同步结合地铁建设新形式,优化地铁内空间容纳弱电管线,将综合管廊融进地铁建设,为国内首创形式,见图 7-29。

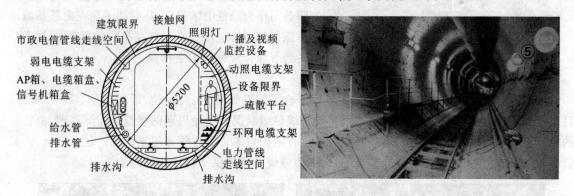

图 7-29 厦门市结合地铁建设的综合管廊

7.5.2.4 健全的运营维护保障机制

①建立强制入廊制度。2011 年以市政府令的形式颁布了《厦门市城市综合管廊管理办法》(以下简称《办法》),明确提出城市地下管线强制入廊的规定,并于 2016 年 5 月完成该办法的修订工作。2015 年 7 月出台《关于加快地下综合管廊试点项目建设的实施意见》,明确提出严格规范管线入廊管理,采用行政手段加大地下管线规划施工审批管理及入廊执法力度,确保地下综合管廊得到充分有效利用,发挥经济和社会综合效益。已建成的综合管廊区域,所有市政管线均已入廊,并逐步投入运营。

②完善入廊收费标准。《厦门市物价局关于暂定城市综合管廊使用费和维护收费标准通知》（2013 年），明确了入廊管线的使用费和日常管理维护费的收费标准。收费情况：截至 2016 年 4 月，厦门市管廊公司已收取入廊费 1041.87 万元，日常维护费 363.99 万元。根据《关于城市地下综合管廊实行有偿使用制度的指导意见》（发改价格〔2015〕2754 号）的要求，修改、完善收费标准。

③市场化运作。2014 年成立厦门市政管廊投资管理有限公司，负责城市综合管廊投融资、建设和运营工作。采用"政府扶持、企业运作"的模式，推动管廊建设运营专业化发展。管廊公司将做大做强，培育出厦门市大型专业化地下综合管廊建设和运营管理企业，实现跨区域输出管廊建设、运营管理相关经验。

④规范政府补贴标准。为保障综合管廊建设管理可持续化，厦门市制定了《厦门市地下综合管廊运营维护补贴资金管理办法》，同时辅以出台《厦门市地下综合管廊运营维护管理考核办法》，根据市行政主管部门对管廊运营维护的考核结果，向管廊公司拨付运营维护补贴资金，以拟补市场运营初期的资金不足。

7.5.2.5 PPP 模式建立

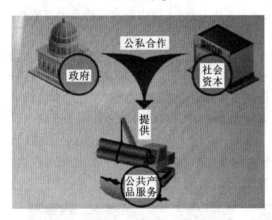

图 7-30   PPP 合作模式示意图

厦门市翔安新机场片区地下综合管廊项目是厦门市第一个 PPP 项目（图 7-30），按照财政部、住建部的相关指示，将该项目打造成全国的 PPP 示范项目；管廊公司作为政府方出资代表与社会资本组成合资公司，社会资本占股 90%，管廊公司占股 10%。

作为厦门市首个 PPP 项目，翔安新机场片区综合管廊 PPP 项目方案成熟，招标过程中信息公开，操作规范，竞争充分，选择"优秀的企业，优惠的价格"，实现了"多方共赢"和"零投诉"，最终由中国铁建股份有限公司作为项目中标单位，并启动了翔安南部新城地下综合管廊的运营维护 PPP 项目的前期工作，探索新的地下综合管廊 PPP 合作模式。

7.5.2.6 "智慧管廊"的建设

厦门智慧管廊管控平台的建设（图 7-31），整合了物联传感、人员定位、即时通信、GIS（地理信息系统）等技术，实现对管廊主体结构、设备及管线健康状况全生命周期的智慧化监测管理，由传统的管养方式向智慧化管理转型，大幅降低管廊运营维护成本。通过管廊规划设计的辅助分析、入廊管线管理、数据信息的动态交互与共享等，为城市建设管理提供了科学的辅助支持。

图 7-31   厦门智慧管廊管控平台

7.5.3　厦门市政管廊相关管理制度

为了让广大读者更好地了解市政管廊的管理工作要求,此处摘录了厦门市政管廊投资管理有限公司《厦门市政管廊入廊施工管理制度》及《厦门市政综合管廊巡回检查制度》,以供学习与参考。

厦门市政管廊入廊施工管理制度

一、范围

本制度规定了我司管辖的地下综合管廊各类市政管线入廊施工的工作原则、规范和要求。

本制度适用于各管线施工单位、管廊及其附属实施维护单位等各类入廊施工人员。

二、组织管理

以公司运维部部门经理为主、片区主管为辅,抓好本制度的落实、监督、检查与考核。

三、管线入廊施工

管线入廊项目相关合同签订完成并缴清各类合同款项后,由管线施工单位与厦门市政管廊投资管理有限公司(以下简称"管廊公司")签署"厦门市政管廊投资管理有限公司施工安全文明协议书"(以下简称"施工协议书"),并缴交施工保证金。保证金以相应项目管廊有偿使用费的10%进行收取,最高限额为20万元。

管廊入廊施工单位在施工协议书签订完成并缴交施工保证金后,方可填写"入廊作业工作票"并报管廊公司审批、许可、盖章。

管线入廊施工单位凭经管理公司审批盖章的"入廊施工工作票",到作业点所属片区管廊管理中心申请入廊施工。

四、维护施工

维护施工包括管廊主体及附属设施维护施工、各类管线维护施工。日常维护施工须根据上报备案的维护计划进行。

维护施工单位须与管廊公司签署施工协议书,上报年度维护计划,并缴交年度施工保证金,保证金金额为每年人民币叁万元整。

管线维护施工单位在施工协议书签订完成并缴交施工保证金后,方可依据年度维护计划填写"入廊作业工作票"并报管廊公司审批、许可、盖章。

维护施工单位凭经管廊公司审批盖章的"入廊作业工作票",到所属片区管廊管廊中心申请入廊施工。如遇特殊情况,需进行入廊维护抢修的,应先报管廊公司批准。

五、施工作业

管廊公司相关负责人或各片区主管应在施工前,向施工负责人进行技术交底,告知其现场实际情况、规定施工单位的作业范围及相关注意事项,督促其执行相应安全防护措施,必要时应带施工负责人到现场进行确认,施工负责人需在交底材料上签字确认。

各施工单位的施工设备、材料,由各施工单位自行保管,施工人员离开管廊时自行带走,严禁存放在管廊内,管廊公司不负责安全保管工作。

施工过程中,造成其他单位损失的,由事故造成方承担全部责任并进行赔偿,包括经济损失、法律责任、安全责任及由此产生的后果。

各施工单位如需在管廊内进行动火作业,应向管廊公司申请,经批准后方可在指定区域和时间内进行动火作业。

如需临时借用工具或仪表,须经值班员批准并做好登记。用后及时归还,由值班员签字确认。

如有损坏,借用单位须进行赔偿。

施工负责人在工作过程中,对班组人员的安全操作规范、安全保障措施进行现场监督和指导。对施工单位成员的所有行为负责。施工单位必须服从管廊公司值班员的安排和管理。

禁止利用管线支架、管线悬吊重物及起重设备。禁止在综合管廊的结构上打孔或在规定地点以外安装起重滑车、卷扬机等设备。

六、验收、移交

在施工结束后,工作负责人应组织班组成员,对施工作业区域进行清扫,将工具、废料、垃圾等带出管廊。

施工负责人在施工结束后应对班组人数进行清点,并一同离开管廊。

施工负责人在施工结束后,所有班组人员均离开管廊,应向管廊公司值班员申请办理施工终结手续。工作负责人应陪同值班员一同到作业现场进行检查,确认管线敷设是否规范,管廊及其内部附属设施、相邻管线设施无损坏后,按相关制度办理施工终结手续。

施工结束后,经值班员现场检查合格后,确认没有违反本制度,未对管廊及其附属设施、已入廊管线造成破坏的,在向管廊公司提供相关竣工验收资料后,将全额返还文明施工保证金。

若施工期间出现违反相关法律法规、管理制度的行为,将按规定从文明施工保证金中予以扣除。若造成管廊及其附属设施、相关管线损坏的,一律照价赔偿。

七、工作票具体事宜依据《厦门市政管廊投资管理有限公司入廊作业安全组织措施》执行。

八、本制度未明确事宜,依据国家标准执行。

厦门市政综合管廊巡回检查制度

一、范围

本标准规定了设备巡回检查的要求、内容、路线及周期。

本标准适用于我司巡查人员。

二、总则

巡回检查是掌握运行设备健康状况,积累第一手资料,及时发现设备异常,排除设备隐患,防止事故发生,保持管廊安全经济运行必不可少的重要措施,值班人员必须认真进行巡回检查。

巡回检查分为定时巡回检查和重点巡回检查。

①定时巡回检查:值班员按规定,每四个小时进行一次巡回检查。检查范围为所在片区管廊及其附属设施。

②重点巡回检查:是针对当前管廊运行情况,系统、设备存在的缺陷,自然条件的变化等,增加次数、项目和内容的巡回检查。

值班人员必须按规定检查项目、内容、时间、次数进行检查工作,不得有遗漏。若因特殊原因无法进行巡查的应在值班记录中进行说明。值班记录中,应准确如实记录巡查起止时间、巡查人员、巡查线路、巡查结果等信息,有缺陷的应填写缺陷整改单。

三、巡查范围

巡查内容包括管廊主体结构、地面设施、内部环境、监控报警、排水、消防、照明、通风系统、标识系统、供电系统等。

四、巡查要求

巡查的人员必须是经过培训,经批准上岗的值班员。入廊巡查工作不得由单人独自进行,必须至少有2名值班人员一同巡查。

巡查人员进行巡回检查前,应向值班长汇报并经许可后,方可进行巡查工作。途中应定点向值班长汇报检查情况,以便随时掌握巡查人员的动态。

巡查员在巡查中应做到:

①巡查前应启动风机进行强制通风15分钟以上,人员才可入管廊进行巡查。

②巡查时要思想集中,高度注意有无异常情况,做到全面仔细、突出重点,及时发现设备异常,并进行正确处理。

③巡查人员必须随时携带手电筒、测温仪、测电等必要工具,以保证检查质量及人身、设备安全。

④巡查人员进入危险区域或接近危险源(如积水严重、密闭空间、高电压设备)检查时,应严格执行相关专业法规的安全事项。

⑤巡查人员应了解设备的特性及其与系统的关系,了解设备正常工作时的温度、震动和音响情况,熟知其操作、控制方式。

⑥绝对禁止触及裸露导线,工作中的转动设备。

五、重点巡查

遇有下列情况时,巡检人员在巡查时应重点检查,必要时可另行安排重点检查:

①各类管线入廊及维护施工时;

②新装设备、设备技改、更换、维修后;

③存在缺陷的设备、有过频发性故障的设备;

④值班记录中指明的异常设备和注意事项;

⑤自然条件变化(有台风、暴雨预警时)。

知识归纳

(1)综合管廊工程的基本分类及其特点。

(2)管廊工程的总体设计类别。

(3)综合管廊的管线设计类别及附属设施。

(4)综合管廊工程设计时考虑的各种作用。

(5)综合管廊工程的施工类别。

思考题

7-1 综合管廊的基本分类及其特点有哪些?

7-2 综合管廊的管线设计类别及附属设施有哪些?

7-3 综合管廊工程设计时考虑的各种作用包括哪些?

7-4 综合管廊工程的施工类别有哪些?

思考题答案

参 考 文 献

[1] 叶国铮.道路与桥梁工程概论.2 版.北京:人民交通出版社,2006.

[2] 杨少伟.道路勘测设计.北京:人民交通出版社,2008.

[3] 中华人民共和国交通部.JTG B01—2014　公路工程技术标准.北京:人民交通出版社,2015.

[4] 孙家驷.道路勘测设计.3 版.北京:人民交通出版社,2012.

[5] 廖明军.道路勘测设计.3 版.北京:人民交通出版社,2012.

[6] 刘元才.道路勘测设计.北京:中国电力出版社,2010.

[7] 苏志忠.道路与桥梁工程概论.2 版.北京:人民交通出版社,2017.

[8] 叶国铮.道路与桥梁工程概论.2 版.北京:人民交通出版社,2006.

[9] 战高峰.公路路基路面工程.武汉:武汉理工大学出版社,2007.

[10] 叶国铮.道路与桥梁工程概论.北京:人民交通出版社,2006.

[11] 邓学钧.路基路面工程.北京:人民交通出版社,2005.

[12] 朱林.路基路面工程.安徽:合肥工业大学出版社,2008.

[13] 陈忠达.路基路面工程.北京:人民交通出版社,2009.

[14] 黄晓明.路基路面工程.5 版.北京:人民交通出版社,2017.

[15] 廖明军.路基路面工程.武汉:武汉大学出版社,2014.

[16] 万德臣.路基路面工程.北京:高等教育出版社,2005.

[17] 袁玉卿.路基路面工程.北京:中国电力出版社,2010.

[18] 吴颖锋.城市道路设计与施工.北京:北京大学出版社,2012.

[19] 中华人民共和国交通运输部.JTG D50—2017　公路沥青路面设计规范.北京:人民交通出版
　　社,2017.

[20] 中华人民共和国交通运输部.JTG D30—2015　公路路基设计规范.北京:人民交通出版
　　社,2015.

[21] 中华人民共和国交通运输部.JTG D40—2011　公路水泥混凝土路面设计规范.北京:人民交
　　通出版社,2011.

[22] 盛可鉴.公路工程施工技术.北京:人民交通出版社,2013.

[23] 范立础.桥梁工程(上).北京:人民交通出版社,2001.

[24] 邵旭东.桥梁工程.2 版.北京:人民交通出版社,2007.

[25] 刘龄嘉.桥梁工程.2 版.北京:人民交通出版社,2013.

[26] 陈明宪.斜拉桥建造技术.北京:人民交通出版社,2003.

[27] 盛可鉴.公路工程施工技术.北京:人民交通出版社,2013.

[28] 朱永全,宋玉香.隧道工程.2 版.北京:中国铁道出版社,2008.

[29] 吴芳.交通工程学院.北京:人民交通出版社,2014.

[30] 苏志忠.道路与桥梁工程概论.2 版.北京:人民交通出版社,2017.

[31] 叶国铮.道路与桥梁工程概论.2 版.北京:人民交通出版社,2006.

[32] 中华人民共和国住房和城乡建设部,中华人民共和国国家质量检验检疫总局.GB 50838—2015 城市综合管廊工程技术规范.北京:中国计划出版社,2015.

[33] 王恒栋.综合管廊工程理论与实践.北京:中国建筑工业出版社,2013.